PARIS. — IMPRIMERIE DE P.-A. BOURDIER ET Cie, RUE MAZARINE, 30.

DIX-SEPTIÈME LEÇON.

Les trois manières de Chateaubriand. — Caractère de son épopée. — Appareil d'emprunt. — L'antique refait. — Beauté descriptive. — Paradis et Enfer : embarras. — Récit d'Eudore. — Parti pris de tout christianiser. — Hiéroclès trop laid. — Un charme dans la confession. — Le golfe de Naples ; pureté et mollesse. — Trouble de Cymodocée. — Impressions de voyage d'Eudore. — La bataille des Franks. — L'art sous l'Empire.

Messieurs,

Avant *les Martyrs*, M. de Chateaubriand avait déjà fait une ébauche d'épopée, *les Natchez*, dont il n'avait publié que les épisodes retouchés de *René* et d'*Atala*. Ces *Natchez* ont été imprimés plus tard, dans l'édition de 1826. A vrai dire, c'est la première manière épique de M. de Chateaubriand ; *les Martyrs* ne sont que la seconde, et *le dernier Abencérage* peut nous représenter la troisième.

Dans ces trois manières successives, on a toute l'échelle du talent. Le poëte, qui avait commencé par une sorte de grandeur et aussi d'extravagance d'imagination, mais qui avait rencontré la passion et la flamme, arrive à se réduire, à se maîtriser, et il atteint en quelque sorte la perfection classique de son genre et de son génie. On peut même trouver qu'il la dépasse dans *le dernier Abencérage*, lequel déjà, malgré sa grâce chevaleresque, est un peu raide et un peu sec de lignes. Sa manière se force de plus en plus en avançant.

Quant aux *Martyrs*, ils représentent bien certainement

le moment le plus parfait et le plus juste, celui dans lequel le talent se montre encore très-développé, et où il n'est pourtant plus aussi extraordinaire et aussi étrange.

Je dis ceci en songeant aux *Natchez* que je n'aborderai pas, car nous n'en sortirions jamais : qu'il nous suffise d'en avoir pris une idée par ce qui en est à la fois le plus brillant et le plus fidèle échantillon, par *Atala*. Les *Natchez* ont été comme une vaste forêt vierge dans laquelle l'auteur avait tout jeté d'abord, tellement qu'il a pu y puiser pour toutes ses compositions suivantes sans presque paraître l'entamer.

On ne saurait se figurer en effet, si l'on n'a pris la peine (car c'en est une) de tout lire, quelle prodigieuse fertilité d'imagination il y a déployée, que d'inventions, que de machines, surtout quelle profusion de figures proprement dites, de similitudes, les plus ingénieuses à côté des plus bizarres, un mélange à tout moment de grotesque et de charmant. Mais certes, au sortir de ce poëme il était rompu aux images, il avait la main faite à tout en ce genre. Jamais l'art de la comparaison homérique n'a été poussé plus loin, non pas seulement le procédé de l'imitation directe, mais celui de la transposition. C'est un tour de force perpétuel que cette reprise d'Homère en iroquois. Après *les Natchez,* tout ce qui nous étonne en ce genre dans *les Martyrs* n'était pour l'auteur qu'un jeu. — Je reviens à l'esprit de l'épopée des *Martyrs.*

Le caractère propre à l'épopée de Chateaubriand et en général à tout son talent, c'est l'élévation, — la tendance à l'élévation. Exprimant dans le *Génie du Christianisme* ses idées sur le beau en poésie, il a nettement marqué en quoi il le distingue et le sépare du naturel proprement dit, au risque même de sacrifier ce dernier. Selon lui, l'Iphigénie de Racine, étouffant sa passion et l'amour de la vie, intéresse bien plus que l'Iphigénie d'Euripide pleurant son trépas : « Ce ne sont pas toujours les choses purement naturelles qui touchent : il est naturel de craindre la mort, et cependant une victime qui se lamente sèche les pleurs qu'on versait pour elle. Le cœur humain veut plus qu'il ne peut ; il veut surtout admirer : il a en soi-même un élan vers une beauté inconnue, pour laquelle il fut créé dans son origine [1]. » Il en concluait à la prééminence poétique du Christianisme : « Ainsi les Muses, disait-il, qui haïssent le genre médiocre et tempéré, doivent s'accommoder infiniment d'une Religion qui montre toujours ses personnages au-dessus ou au-dessous de l'homme. » Je ne sais comment il accommode cette prétention avec cette autre pensée qu'il laisse échapper quelques pages plus loin [2] : « Les siècles héroïques sont favorables à la poésie, parce qu'ils ont cette vieillesse et cette incertitude de tradition que demandent les Muses, naturellement un peu menteuses. » Si la Religion chrétienne, d'une part, est une religion de vérité, et si, de l'autre, les Muses sont naturellement un peu menteuses (*Græcia mendax*), comment donc s'accordent-elles si bien ensemble, et comment les Muses gagnent-elles tant en passant au service du Christianisme et en s'y morigénant ? Quoi qu'il en soit, il exprime en toute occasion ses préférences pour une certaine perfection plus grande que nature : « Le poëte chrétien, plus heureux qu'Homère, n'est point forcé de ternir sa peinture en y plaçant l'homme barbare ou l'homme *naturel* ; le Christianisme lui donne le parfait héros. » Il est à craindre, d'après cette poétique, que ses personnages ne soient tout d'une pièce, et ils le seront volontiers, ses héros comme ses monstres [3].

---

[1] *Génie du Christianisme*, 2ᵉ partie, liv. II, chap. VIII.
[2] Chap. XI.
[3] C'est le contraire de Shakspeare. On l'a dit, *il n'y a point de héros dans Shakspeare*, il y a des hommes qui parlent et agissent avec leurs

Tout le début des *Martyrs* se sent de l'appareil épique obligé ; c'est imité, traduit, c'est du pastiche fait avec talent. Je ne dis pas cela des invocations seulement, mais des personnages et de leur entrée en scène. Démodocus est un grand prêtre homérique, tout affublé des lambeaux et des centons de son aïeul (*pannis homericis*). Le talent propre à l'auteur se retrouve d'abord dans les descriptions : ainsi, quand il nous peint le retour de Cymodocée s'en revenant seule la nuit avec sa nourrice de la fête de Diane qui s'était célébrée à Limné :

« C'était une de ces nuits dont les ombres transparentes semblent craindre de cacher le beau ciel de la Grèce : ce n'étaient point des ténèbres, c'était seulement l'absence du jour. L'air était doux comme le lait et le miel, et l'on sentait à le respirer un charme inexprimable. Les sommets du Taygète, les promontoires opposés de Colonides et d'Acritas, la mer de Messénie brillaient de la plus tendre lumière ; une flotte ionienne baissait ses voiles pour entrer au port de Coronée, comme une troupe de colombes passagères ploie ses ailes pour se reposer sur un rivage hospitalier ; Alcyon gémissait doucement sur son nid, et le vent de la nuit apportait à Cymodocée les parfums du dictame et la voix lointaine de Neptune ; assis dans la vallée, le berger contemplait la lune au milieu du brillant cortége des étoiles, et il se réjouissait dans son cœur. »

Voilà le talent ; mais on sent le calcul et la mythologie

passions et leur sens divers, avec ce mélange de bien et de mal qui est proprement la vie. Je fais acception de la différence de genre entre le drame et l'épopée : et encore pourrait-on dire que l'épopée, qui a pour elle le temps et l'espace, est tenue de représenter plus au complet le développement humain. Toujours est-il que M. de Chateaubriand se place à un point de vue tout opposé : il pousse à l'art, et il est allé jusqu'à prétendre que dans l'ordre poétique Racine est plus *naturel* que Shakspeare ! (Voir *Mélanges littéraires*, page 66, édit. de 1826.)

de décadence ou plutôt de renaissance, un peu la mythologie d'opéra, dans ces raffinements et ces ajustements tout symétriques qu'on rencontre bientôt après. Ainsi, quand Cymodocée égarée aperçoit près d'une source Eudore endormi :

« La lumière de l'astre de la nuit, passant entre les branches de deux cyprès, éclairait le visage du chasseur : tel un successeur d'Apelles a représenté le sommeil d'Endymion. La fille de Démodocus crut en effet que ce jeune homme était l'amant de la reine des forêts : une plainte du Zéphyr lui parut être un soupir de la déesse, et elle prit un rayon fugitif de la lune dans le bocage pour le bord de la tunique blanche de Diane qui se retirait. »

Ce peut être là du Girodet, ce n'est plus de l'Homère. Ce n'est plus même du Longus. On a reproché à M. de Chateaubriand (et c'est Benjamin Constant qui a soulevé cette critique[1]) d'avoir offert dans *les Martyrs* le tableau d'un Paganisme homérique classique qui ne pouvait plus être celui de la Grèce dans cet âge d'amalgame, à cette époque dégénérée. Je ne ferai même pas cette objection : il me suffit que Longus, dans ces charmantes pastorales de *Daphnis et Chloé*, ait continué de nous offrir cette mythologie riante et gracieuse, pour que M. de Chateaubriand ait eu le droit de nous la présenter aussi. Mon objection, qui n'est pas historique, mais toute littéraire, c'est qu'en nous l'offrant, il l'a forcée.

En tout, soit dans la composition, soit dans les comparaisons et le détail du style, ce qui manque tout à fait aux *Martyrs* et dont l'absence, à la longue, fatigue le lecteur, c'est un peu de négligence (cet ἀρέλεια dont il parle tant et qu'il a si peu), un peu de nonchaloir, le *quandoque*

---

[1] Voir le *Mercure* du 31 mai 1817.

bonus...; jamais un peu de cette bonhomie qui s'oublie et qui sommeille. Jamais il ne lui arrivera, en liant sa gerbe, de laisser échapper par mégarde un épi.

Quand on vient de relire les premiers livres de *l'Odyssée*, on est surtout frappé de cette différence et l'on admire combien l'antique au naturel, puisé à la source, est moins chargé que cet antique refait et de troisième main.

On avait déjà l'antique au second degré chez Fénelon. Le *Télémaque* n'est, à vrai dire, qu'une charmante intercalation de *l'Odyssée*, une intercalation qui se glisse ingénieusement entre les chants IV et V du poëme. Mais l'aimable auteur du *Télémaque*, l'imagination toute remplie de ses souvenirs, n'a affecté aucun effort; il ne lutte pas, il ne vise pas à l'antagonisme. Comme il est à la fois naturellement antique et naturellement chrétien, le Christianisme sous sa plume coule et s'infuse avec douceur sous la forme homérique, et la varie insensiblement, sans paraître l'altérer.

« Avez-vous jamais vu la source du Clitumne? dit Pline. Si vous ne l'avez pas vue, voyez-la. Une colline modérée s'élève avec un bouquet de cyprès antique et sombre. A ses pieds bouillonne la source, en veines nombreuses, inégales. Elle se fait d'abord tout un profond bassin d'où il lui faut quelque effort pour sortir; puis elle se répand en une large nappe, d'un flot de cristal : vous compteriez les pièces d'argent qu'on y jette et les cailloux qui brillent au fond. De là elle continue d'aller non par aucune pente, mais par sa propre abondance et comme par son poids. C'est une fontaine à sa source, et déjà un fleuve... » Telle est l'image fidèle de cette marche heureuse et facile du *Télémaque*, que le poëte des *Martyrs* dans son effort surpasse quelquefois, mais n'égale jamais.

On a dit des *Gaules* de Bernardin de Saint-Pierre et de

leur *simplicité cherchée* : « Au premier abord cela a l'air plus antique que Fénelon, mais au fond cela l'est beaucoup moins[1]. » On peut le dire à plus forte raison des *Martyrs*.

L'arrivée de Démodocus et de sa fille dans la famille de Lasthenès est véritablement belle, et l'auteur ne la doit qu'à lui : il a su peindre, dans ces scènes patriarcales et toutes bibliques de la postérité de Philopœmen, le charme simple et vertueux d'une famille de premiers Chrétiens. Cela est neuf, cela est vrai ; les souvenirs et les traditions diverses s'y combinent sans se heurter. Il y a de l'Hésiode, mais la réminiscence d'Ascrée s'adoucit encore en venant se ranger à l'ombre du noyer béni.

En revanche, le Paradis qui suit est bien obscur et tourmenté ; le poëte ne sait qu'inventer et se jette dans les merveilles de l'Apocalypse. Il perd là dans son Ciel tout ce qu'il venait de gagner sur la terre. En général on a remarqué que les Paradis sont ennuyeux, tels qu'on les décrit : on s'entend mieux à nous figurer les Enfers ou même les Purgatoires : « Mais quant au Paradis, disait une femme d'esprit, c'est plus difficile, on manque de renseignements. »

« Est-ce l'homme infirme et malheureux, demande Chateaubriand, qui pourrait parler des félicités suprêmes ? Ombres fugitives et déplorables, savons-nous ce que c'est que le bonheur ? Lorsque l'âme du chrétien fidèle abandonne son corps, comme un pilote expérimenté quitte le fragile vaisseau que l'Océan engloutit, elle seule connaît la vraie béatitude. Le souverain bien des Élus est de savoir que ce bien sans mesure sera sans terme ; ils sont incessamment dans l'état délicieux d'un mortel qui vient de faire une action vertueuse ou héroïque, d'un génie sublime qui enfante une grande pensée,

---

[1] Conversation de Joubert et de Chênedollé.

d'un homme qui sent les transports d'un amour légitime, ou les charmes d'une amitié longtemps éprouvée par le malheur. Ainsi les nobles passions ne sont point éteintes dans le cœur des Justes, mais seulement purifiées : les frères, les époux, les amis continuent de s'aimer; et ces attachements qui vivent et se concentrent dans le sein de la Divinité même, prennent quelque chose de la grandeur et de l'éternité de Dieu. »

On voit l'embarras du poëte[1]; au moins il a imaginé une joie morale. Il cherchera plus loin à mettre la contre-partie de cette idée dans son Enfer, lorsqu'après avoir épuisé les horreurs, les flammes, les bûchers, les cent *nœuds de diamant*, il ajoute à tous ces maux des Réprouvés la peine des afflictions morales qui se raviment et redoublent à chaque éloge immérité qu'ils reçoivent sur la terre : *Laudantur ubi non sunt, cruciantur ubi sunt.* Chaque

---

[1] Au fond, Chateaubriand a dû d'autant moins réussir à peindre le Paradis qu'il ne désirait pas vivre, ni par conséquent *revivre*, qu'il n'aimait pas sincèrement la vie. Pour lui c'était assez d'une, et déjà trop. Une femme qui, au contraire, est dévorée, elle, de la soif de vivre, qui est comme affamée d'être, de sentir, de veiller toujours, Mme de Gasparin, s'est tourmentée récemment pour se former et nous donner une idée du mode d'existence dans le Ciel chrétien. Il faut voir dans *les Horizons célestes* (1860) les chapitres intitulés : *L'Ame ne dort pas;* — *L'identité personnelle,* etc. Il y règne une fiévreuse ardeur, une sorte de généreuse frénésie, l'ambition insatiable d'un moi qui ne veut pas absolument cesser d'être, qui ne veut rien perdre et prétend tout gagner, qui veut posséder tout son avenir sans rien lâcher pour cela de son passé. Ne lui parlez pas d'oubli, même d'un oubli partiel : une seule goutte du Léthé, ce serait déjà trop. « Je t'en rends grâce, mon Dieu! le fleuve Léthé coula aux Champs Élysées, il n'arrose pas le Paradis des Chrétiens. » Quelle personnalité vivace, acharnée, mais quelle âme! L'Éternité, si elle lui était donnée pour se reposer, lui paraîtrait un supplice. Mais comment remplir cette Éternité? Ce qu'il y a de plus sage, c'est quand elle dit aux croyants, à ses frères et sœurs en Jésus-Christ : « N'ayez peur, *Dieu s'en tirera!* » Chateaubriand, avec sa même idée du Paradis, reste bien pâle auprès de Mme de Gasparin. Ce n'est qu'un artiste en firmament ; elle est une croyante.

louange, chaque hommage sur la terre a son contre-coup
là-bas en remords et en douleur; c'est comme une goutte
d'huile bouillante qui renflamme les tourments :

« Les douleurs de l'hypocrite s'augmentent de la vénération que ses fausses vertus continuent d'inspirer au monde. Les titres magnifiques que le siècle déçu donne à des morts renommés, font le tourment de ces morts dans les flammes de la vérité et de la vengeance. Les vœux qu'une tendre amitié offre au Ciel pour des âmes perdues désolent, au fond de l'abîme, ces âmes inconsolables. C'est alors qu'on voit sortir du sépulcre ces coupables qui viennent révéler à la terre les châtiments de la justice divine et dire aux hommes : « Ne priez « pas pour moi, je suis jugé. »

Théologiquement (s'il est permis de toucher ce point de vue qui ne saurait être tout à fait absent dans l'examen d'un tel ouvrage), on a remarqué que dans le dialogue qui se passe au Paradis entre le Père éternel et le Rédempteur, il est question d'Eudore comme d'une nouvelle *victime* choisie pour le triomphe du Christianisme sur la terre, comme d'une nouvelle *hostie entière* exigée pour *désarmer le courroux du Père* et pour *replonger Lucifer dans l'Abîme*. On dirait vraiment que la première et grande Victime, la Victime unique qui n'est autre que le Christ lui-même, ne suffit pas désormais et à jamais. Eudore est un rédempteur en second, un *quasi*-rédempteur. Ce sont là au moins des exagérations poétiques du mérite des saints. Reste à savoir si elles sont permises en un tel sujet. Nous laisserons les docteurs en décider; mais c'est toujours un inconvénient pour un poëme d'être dans le cas d'avoir affaire avec les docteurs.

Le récit d'Eudore commence ; c'est la belle partie de l'ouvrage. Dans une petite île qui marque le confluent du

Ladon et de l'Alphée, et qui rappelle la scène de quelques beaux dialogues de Platon ou de Cicéron, la famille de Lasthenès s'assemble pour entendre le jeune héros de la pénitence. L'évêque Cyrille est présent ; Démodocus y assiste ainsi que sa fille. Eudore, sûr alors de n'être point interrompu, reprend dès l'origine le récit de ses aventures. Tout dans les lieux d'alentour comme chez les auditeurs qui font cercle, tout figure aux yeux et retrace à la pensée le contraste des deux religions : la jeune prêtresse des Muses et le fleuve amant d'Aréthuse sont là, et aussi l'Évêque déjà martyr.

Les premières paroles d'Eudore sont tout empreintes de l'inspiration et du sentiment antiques. Le jeune descendant de Philopœmen rappelle comment ce sang qu'il tient du héros est la première origine de ses malheurs ; le chrétien retrouve des accents qui sont un écho de Plutarque : « J'eus pour ancêtre paternel Philopœmen. Vous savez qu'il osa seul s'opposer aux Romains, quand ce peuple libre ravit la liberté à la Grèce. Mon aïeul succomba dans sa noble entreprise ; mais qu'importent la mort et les revers, si notre nom, prononcé dans la postérité, va faire battre un cœur généreux, deux mille ans après notre vie ! » Les Romains exigèrent depuis que l'aîné de cette famille héroïque fût envoyé à Rome, dès qu'il aurait atteint l'âge de seize ans, pour y servir d'otage et s'y façonner aux habitudes de ses maîtres. C'est donc à seize ans qu'Eudore quitte sa patrie et qu'il s'embarque pour la grande ville. Une tempête qui vient à propos, et qui le rejette sur les côtes d'Asie et de la Troade, en vue du tombeau d'Achille, le met à même de parcourir au retour et de décrire les îles brillantes de l'Archipel : « Nous parcourûmes cet Archipel de la Grèce où l'aménité des rivages, l'éclat de la lumière... (il faut tout lire). » Un Grec qui est sur le même vaisseau qu'Eudore verse des larmes au souvenir des grandeurs évanouies de sa patrie :

« Son désespoir redoubla lorsque nous traversâmes le golfe de Mégare. Devant nous était Égine, à droite le Pirée, à gauche Corinthe. Ces villes, jadis si florissantes, n'offraient que des monceaux de ruines. Les matelots mêmes parurent touchés de ce spectacle. La foule accourue sur le pont gardait le silence : chacun tenait ses regards attachés à ces débris; chacun en tirait peut-être secrètement une consolation dans ses maux en songeant combien nos propres douleurs sont peu de chose comparées à ces calamités qui frappent des nations entières, et qui avaient étendu sous nos yeux les cadavres de ces cités.

« Cette leçon semblait au-dessus de ma raison naissante, cependant je l'entendis; mais d'autres jeunes gens qui se trouvaient avec moi sur le vaisseau y furent insensibles. D'où venait cette différence? De nos religions : ils étaient païens, j'étais chrétien. »

Eudore n'a fait en cet endroit que traduire la lettre célèbre de Sulpicius à Cicéron, c'est-à-dire traduire un païen. Il peut donc nous sembler un peu excessif qu'il refuse en ce moment même le sentiment de ces choses aux jeunes gens de son âge, uniquement parce qu'ils sont païens. Quoi qu'en dise Eudore, de jeunes Grecs de seize ans étaient peut-être fort en état, à cette date de la fin du IIIe siècle, de sentir la moralité de ce spectacle et de verser de nobles larmes : il suffisait qu'ils fussent bien doués.

La liaison d'Eudore à Rome avec les jeunes Augustin, Jérôme, et le prince Constantin, avec les deux premiers surtout, est pleine de charme : on y sent passer, comme dans un parfum étouffant, les souvenirs ou les rêves délicieux de toute jeunesse poétique à peine éclose. En revanche, tout à côté, le sophiste Hiéroclès est chargé de couleurs odieuses qui repoussent plus qu'il n'était besoin : c'est un personnage sacrifié ; on sent trop l'odieux combiné à dessein par le peintre :

« Sa personne même semble repousser l'affection et la confiance : son front étroit et comprimé annonce l'obstination et l'esprit de système ; ses yeux faux ont quelque chose d'inquiet comme ceux d'une bête sauvage ; son regard est à la fois timide et féroce ; ses lèvres épaisses sont presque toujours entr'ouvertes par un sourire vil et cruel ; ses cheveux rares et inflexibles, qui pendent en désordre, semblent n'appartenir en rien à cette chevelure que Dieu jeta comme un voile sur les épaules du jeune homme, et comme une couronne sur la tête du vieillard. Je ne sais quoi de cynique et de honteux respire dans tous les traits du sophiste : on voit que ses ignobles mains porteraient mal l'épée du soldat, mais qu'elles tiendraient aisément la plume de l'athée ou le fer du bourreau. — Telle est la laideur de l'homme quand il est, pour ainsi dire, resté seul avec son corps, et qu'il renonce à son âme. »

C'est là une laideur systématique et qui manque son effet à force de le chercher. L'auteur parle de *sophiste* ; il y a du procédé de *sophiste* dans ce portrait-là. Je crois déjà lire une page de cette autre plume non moins célèbre, et qui, versatile et violente, catholique ou révoltée, aimait ces sortes d'insultes jetées à la face de l'adversaire ; plus d'un trait pourrait être de La Mennais. Et n'y a-t-il pas encore aujourd'hui des esprits de qualité superfine, qui se croient intéressés à soutenir que Julien l'Apostat était laid et avait la lèvre inférieure pendante ? C'est un reste de mauvais Chateaubriand.

Dans les confessions en général (je ne parle, bien entendu, que des confessions littéraires, j'ignore s'il en est ainsi des autres), un des charmes qui les prolongent et es multiplient, c'est qu'on aime à repasser sur certaines fautes même dont on se repent: Un habile homme, qui connaissait bien le cœur, l'a remarqué : « Il y a peu de conversions où l'on ne sente un mélange secret de la douceur du souvenir et de la douleur de la pénitence. On pleure, il est vrai, avec une pleine amertume, un crime odieux ; mais le souvenir des vices *qui nous furent chers* laisse toujours un peu de tendresse pour eux, mêlée à nos larmes : il y a quelque chose d'amoureux au repentir d'une passion amoureuse ; et cette passion est en nous si naturelle, qu'on ne se repent point sans amour d'avoir aimé [1]. » Nulle part cette pensée fine du moraliste ne se vérifie mieux qu'en lisant cette partie du récit d'Eudore qui nous retrace l'été passé à Naples :

« Je compterais, Seigneurs, parmi les beaux jours de ma vie l'été que je passai près de Naples avec Augustin et Jérôme, s'il pouvait y avoir de beaux jours dans l'oubli de Dieu et les mensonges des passions... Nous fréquentions surtout à Naples le palais d'Aglaé, dame romaine dont je vous ai déjà prononcé le nom. Elle était de race de sénateurs et fille du proconsul Arsace. Ses richesses étaient immenses : soixante-treize intendants gouvernaient son bien, et elle avait donné trois fois les jeux publics à ses dépens. Sa beauté égalait ses talents et ses grâces ; elle réunissait autour d'elle tout ce qui conservait encore l'élégance des manières et le goût des lettres et des arts. Heureuse, si dans la décadence de Rome elle eût mieux aimé devenir une seconde Cornélie, que de rappeler le souvenir des femmes trop célèbres chantées par Ovide, Properce et Tibulle !...

« Nous passions une partie des nuits au milieu de cette compagnie séduisante et dangereuse ; j'habitais avec Augustin

---

[1] Saint-Évremond, dans ce charmant essai : *Que la dévotion est le dernier des amours.* — Tels les pleurs des Héloïse, des La Vallière, des Eudore.

et Jérôme la villa de Constantin, bâtie sur le penchant du mont Pausilype. Chaque matin, aussitôt que l'aurore commençait à paraître, je me rendais sous un portique qui s'étendait le long de la mer. Le soleil se levait devant moi sur le Vésuve : il illuminait de ses feux les plus doux la chaîne des montagnes de Salerne, l'azur de la mer parsemée des voiles blanches des pêcheurs, les îles de Caprée, d'OEnaria et de Prochita, la mer, le cap Misène, et Baïes avec tous ses enchantements.

« Des fleurs et des fruits humides de rosée sont moins suaves et moins frais que le paysage de Naples sortant des ombres de la nuit. J'étais toujours surpris en arrivant au portique de me trouver au bord de la mer; car les vagues dans cet endroit faisaient à peine entendre le léger murmure d'une fontaine. En extase devant ce tableau, je m'appuyais contre une colonne, et, sans pensée, sans désir, sans projet, je restais des heures entières à respirer un air délicieux. Le charme était si profond, qu'il me semblait que cet air divin transformait ma propre substance, et qu'avec un plaisir indicible je m'élevais vers le firmament comme un pur esprit. Dieu tout puissant! que j'étais loin d'être cette intelligence céleste dégagée des chaînes des passions! combien ce corps grossier m'attachait à la poussière du monde, et que j'étais misérable d'être si sensible aux charmes de la création et de penser si peu au Créateur ! Ah! tandis que, libre en apparence, je croyais nager dans la lumière, quelque chrétien chargé de fers et plongé pour la foi dans les cachots était celui qui abandonnait véritablement la terre et montait glorieux dans les rayons du Soleil éternel !

« Hélas! nous poursuivions nos faux plaisirs! Attendre ou chercher une beauté coupable, la voir s'avancer dans une nacelle et nous sourire du milieu des flots, voguer avec elle sur la mer dont nous semions la surface de fleurs, suivre l'enchanteresse au fond de ce bois de myrtes et dans les champs heureux où Virgile plaça l'Élysée : telle était l'occupation de nos jours, source intarissable de larmes et de repentir. Peut-être est-il des climats dangereux à la vertu par leur extrême volupté. Et n'est-ce point ce que voulut enseigner une fable ingénieuse en racontant que Parthénope fut bâtie sur le tombeau d'une Sirène ? L'éclat velouté de la campagne, la tiède température de l'air, les contours arrondis des montagnes, les molles inflexions des fleuves et des vallées sont à Naples autant de séductions pour les sens, que tout repose et que rien ne blesse. Le Napolitain demi-nu, content de se sentir vivre sous les influences d'un ciel propice, refuse de travailler aussitôt qu'il a gagné l'obole qui suffit au pain du jour. Il passe la moitié de sa vie immobile aux rayons du soleil, et l'autre à se faire traîner dans un char en poussant des cris de joie; la nuit il se jette sur les marches d'un temple et dort, sans souci de l'avenir, aux pieds des statues de ses dieux. »

Tous ceux qui ont vu Naples et qui se sont bercés au golfe de la Sirène salueront ici la divine peinture. J'ai dit que M. de Chateaubriand, dans le partage de l'Italie, occupait plutôt Rome et qu'il laissait Naples à Lamartine; mais ici les voilà rivaux, et Lamartine a eu besoin encore de toute la mélodie de son vers pour n'être point effacé par le prosateur qui le devance. Dans cette belle pièce du *Passé* à M. de Virieu (je ne veux pas tout citer, je ne veux donner que la note) :

>Combien de fois près du rivage
>Où Nisida dort sur les mers,
>La beauté crédule ou volage,
>Accourut à nos doux concerts !
>Combien de fois la barque errante
>Berça sur l'onde transparente
>Deux couples par l'Amour conduits,
>Tandis qu'une déesse amie
>Jetait sur la vague endormie
>Le voile parfumé des nuits !

N'est-ce pas juste le même motif que dans ce couplet de Chateaubriand-*Eudore :* « Attendre ou chercher une beauté coupable... » Et encore, toutes ces stances célestes sur *Ischia :*

> Maintenant sous le ciel tout repose, ou tout aime :
> La vague, en ondulant, vient dormir sur le bord ;
> La fleur dort sur sa tige, et la nature même
> Sous le dais de la nuit se recueille et s'endort.
>
> Vois : la mousse a pour nous tapissé la vallée ;
> Le pampre s'y recourbe en replis tortueux,
> Et l'haleine de l'onde, à l'oranger mêlée,
> De ses fleurs qu'elle effeuille embaume mes cheveux.
>
> A la molle clarté de la voûte sereine
> Nous chanterons ensemble assis sous le jasmin,
> Jusqu'à l'heure où la lune, en glissant vers Misène,
> Se perd en pâlissant dans les feux du matin...

C'est divin de mélodie, mais c'est plus vague de contour et plus amolli de ton que Chateaubriand dans la même peinture. Le paysage de Naples n'est pas si noyé, l'horizon n'est pas si vaporeux que le font paraître à la longue les vers de Lamartine. Il y a la netteté dans la suavité[1].

On retrouve dans cette partie du récit d'Eudore plus d'une réminiscence de saint Augustin ; par exemple : « Ne croyez pas que nous fussions heureux au milieu de ces voluptés trompeuses : une inquiétude indéfinissable nous tourmentait. Notre bonheur eût été d'être aimés aussi

---

[1] Ce qui a fait dire à un disciple de ces deux maîtres, refaisant après eux le même pèlerinage : « Ce soir 31 mai, en descendant du Vésuve à cinq heures et demie, admirable vue du golfe : fine projection des îles sur une mer blanche, sous un ciel un peu voilé ; ineffable beauté ! découpures élégantes ; Capri sévère, Ischia prolongée, les bizarres et gracieux chaînons de Procida ; le cap Misène isolé avec sa langue de terre mince et jolie, le château de l'OEuf en petit l'imitant, le Pausilype entre deux, doucement jeté : en tout un grand paysage de lointain, dessiné par Raphaël. »

bien que d'aimer, car on veut trouver la vie dans ce qu'on aime ; mais, au lieu de vérité et de paix dans nos tendresses, nous ne rencontrions qu'imposture, larmes, jalousie, indifférence... » — Au chapitre premier du 3ᵉ livre des *Confessions*, saint Augustin s'écrie, dans un sentiment qui semble le même : « Nondum amabam et amare amabam... Quærebam quod amarem, amans amare... Sed si non haberent animam, non utique amarentur. Amare et amari dulce mihi erat magis... » Mais si on lit saint Augustin d'une manière continue, on en éprouvera un effet total tout différent : l'impression qui résulte de ces peintures de voluptés n'est point agréable ; il les flétrit, il les enlaidit et les salit le plus qu'il peut en son style bizarre empreint d'une rhétorique sincère, et à peine çà et là quelque mot flatteur vient-il rappeler l'enchantement du passé. Ici, chez Eudore, chez le chrétien par littérature, c'est le contraire, et je ne lui en fais pas un reproche : une confession nue, réelle et avec le vice peint en laid, serait intolérable.

Une remarque pourtant ne saurait échapper ; il a beau s'arrêter parfois en s'écriant : « Mais pourquoi, Seigneurs, continuerais-je à vous peindre les désordres de trois insensés ? » il se complaît évidemment à les décrire et à se confesser devant Cymodocée ; c'est une coquette à sa manière que ce bel Eudore[1]. Il est immanquable que la jeune

---

[1] Tandis qu'Eudore parle et, d'une voix hypocrite à force d'être mélodieuse, caresse si longuement son repentir, il me semble entendre à deux pas de là, derrière un arbre, un Faune moqueur qui joue sur sa flûte un air tendre, et j'y mets ces paroles de La Fontaine : *Hélas ! quand reviendront de semblables moments ?...* ou encore ce joli vers de Moncrif sur les belles heures envolées :

Rendez-les moi, grands Dieux, pour les reperdre encore !

Les roseaux du Ladon devaient soupirer quelque chose comme cela, à certains moments du récit, bien moins chrétien que voluptueux.

fille va devenir amoureuse en l'écoutant. Démodocus, est-il dit, n'avait presque rien compris au récit d'Eudore[1] : « Cymodocée, au contraire, avait merveilleusement entendu le fils de Lasthenès; mais elle ne savait pourquoi elle se sentait si triste en pensant qu'Eudore avait beaucoup aimé, et qu'il se repentait d'avoir aimé. Penchée sur le sein de son père, elle lui disait tout bas : Mon père, je pleure comme si j'étais chrétienne ! »

Si le vieux Cyrille avait eu toute sa présence d'esprit épiscopale, il aurait dit à Eudore : « C'est bien, mon fils, mais passez un peu plus légèrement sur vos chers repentirs ; attendez que nous soyons seuls et entre vieillards : la pudeur ne permet pas d'étaler ces confessions complaisantes devant des vierges. »

Il y a un moment sans doute où Eudore sent lui-même qu'il ne peut continuer avec convenance ; c'est quand il va aborder l'épisode de Velléda : « Ici Eudore s'interrompit tout à coup : il parut embarrassé, baissa les yeux, les reporta malgré lui sur Cymodocée, qui rougit comme si elle eût pénétré la pensée d'Eudore : »

Cyrille, il le faut bien, s'aperçoit de leur trouble, et trouve un prétexte pour faire sortir les jeunes filles. Mais quand Cymodocée sort à ce moment, il est déjà bien tard, et la biche de Diane emporte le trait dont elle est blessée. Après tout il n'y a pas grand mal ; et je ne relève ce point

---

[1] Ce bonhomme Démodocus est par trop ridicule ; lâchons le mot, c'est une *ganache* homérique ; il ne peut ouvrir la bouche sans laisser échapper une ingénuité. — Quel âge peut donc avoir Démodocus? Il s'est marié *jeune*, il a perdu sa femme de très-bonne heure ; elle lui a donné une fille unique qui a quinze ou seize ans au moment où le poëme commence : Démodocus a tout au plus quarante ans. C'est s'y prendre un peu trop tôt pour baisser et radoter. « Mon fils, tels sont les vieillards, lui fait-on dire ; lorsqu'ils ont commencé un discours, ils s'enchantent de leur propre sagesse ; un dieu les pousse, et ils ne peuvent plus s'arrêter. » Il parle de lui comme d'un Nestor. Il n'est que la charge de Nestor.

que parce que l'auteur s'est piqué d'une entière orthodoxie : il n'a pu obtenir tout son charme qu'en y dérogeant[1].

Eudore est envoyé à l'armée du Rhin sous Constance. Ses impressions de voyage sont presque exactement celles qu'avait éprouvées M. de Chateaubriand parcourant les mêmes lieux :

« J'abandonnai les Apennins pour descendre dans la Gaule Cisalpine. Le ciel devint d'un bleu plus dur, et je cherchai vainement sur les montagnes cette espèce de pluie de lumière qui enveloppe les monts de la Grèce et de la haute Italie. J'aperçus de loin la cime blanchie des Alpes ; je gravis bientôt leurs vastes flancs. Tout ce qui vient de la nature dans ces montagnes me parut grand et indestructible; tout ce qui appartient à l'homme me sembla fragile et misérable : d'une part des arbres centenaires, des cascades qui tombent depuis des siècles, des rochers vainqueurs du temps et d'Annibal; de l'autre des ponts de bois, des parcs de brebis, des huttes de terre. Serait-ce qu'à la vue des masses éternelles qui l'environnent, le chevrier des Alpes, vivement frappé de la brièveté de sa vie, ne s'est pas donné la peine d'élever des monuments plus durables que lui ? »

Il juge les Alpes comme notre voyageur les a jugées ; on peut comparer cet endroit de son récit avec ce qu'on lit dans les lettres à M. Joubert et dans le Journal de voyage en Italie[2] ; le carton est entré tout entier dans le

---

[1] L'auteur lui-même a très-bien senti ce que l'évêque Cyrille aurait dû sentir, lorsqu'il a dit : « Quelle naïve pudeur embellissait la vierge innocente lorsqu'il racontait les coupables plaisirs de Rome et de Baïes ! »

[2] « Ayant passé Saint-Jean de Maurienne, et étant arrivé vers le coucher du soleil à Saint-André ; je ne trouvai point de chevaux et fus obligé de m'arrêter. J'allai me promener hors du village. L'air devint transparent à la crête des monts... J'entendais la voix du rossignol et le cri de l'aigle ; je voyais les aliziers fleuris dans la vallée et les neiges sur la

tableau. Cela sera perpétuel dans le récit d'Eudore et dans l'ensemble des *Martyrs*. Lorsque plus tard l'auteur aura publié l'*Itinéraire*, le procédé sera encore plus frappant; on aura les tableaux en double : les uns dans le poëme, avec les légers changements et les resserrements qu'exige le cadre; les autres plus étalés dans les récits du voyageur. Il serait bien dur de prétendre sacrifier les uns ou les autres; je ne suis pas *philosophe scythe* à ce point. Je revois avec plaisir dans l'*Itinéraire* à Jérusalem ce même voyage, cette même route au Jourdain et à la mer Morte où j'ai déjà suivi exactement Cymodocée en compagnie de Dorothé et de Jérôme : pourtant, j'oserai dire que si *les Martyrs* étaient un plus parfait poëme, un poëme doué d'un souffle plus intérieur et plus vivant, il serait fâcheux, pour l'effet durable, d'en avoir ainsi en double les scènes et de connaître le *comment* de la composition, d'en suivre du doigt le mécanisme. Il peut être curieux pour le critique de faire ces comparaisons et ces rapprochements; mais de la part du poëte c'est n'avoir pas assez de confiance en son œuvre que de n'en pas détruire et supprimer l'échafaudage. Au reste, c'est là un trait de plus de l'époque que nous étudions : on ne veut rien perdre; notes et matériaux, tout sert à deux fins; le poëte est son propre commentateur, et il publie après coup ses pièces à l'appui, qui ne se trouvent pas être moins intéressantes que le poëme lui-même [1].

montagne : un château, ouvrage des Carthaginois selon la tradition populaire, montrait ses débris sur la pointe d'un roc. *Tout ce qui vient de l'homme dans ces lieux est chétif et fragile; des parcs de brebis formés de joncs entrelacés, des maisons de terre bâties en deux jours : comme si le chevrier de la Savoie, à l'aspect des masses éternelles qui l'environnent, n'avait pas cru devoir se fatiguer pour les besoins passagers de sa courte vie! comme si la tour d'Annibal en ruine l'eût averti du peu de durée et de la vanité des monuments!* »

[1] On trouve, il est vrai, chez Bossuet des morceaux et de beaux *lieux*

J'ai déjà cité précédemment[1] l'arrivée d'Eudore à l'armée, sa veille nocturne et ses impressions qui, sous le costume romain et dans un reflet idéal, ne sont autres que celles du jeune soldat de l'armée de Condé : il y a là d'admirables pages.

La description de la bataille contre les Franks a de la grandeur. L'auteur y a rassemblé des noms plus ou moins historiques, qui ne se produiront réellement que plus tard; Pharamond, Clodion, Mérovée. Le canevas des *Martyrs* est tissu de ces anachronismes. C'est son procédé habituel de tout rapprocher ainsi, de grouper, bon gré mal gré, tout ce qui est frappant : il le fait pour les images dans ses tableaux, il le fait pour les personnages dans cette poétique histoire; il supprime les intervalles. Je crois voir un jardinier qui ferait une pépinière toute composée de grands chênes et de cèdres. Quant à ce qui est des Franks, c'est un des endroits où ce genre de rapprochement et d'anachronisme a le moins d'inconvénients : dans ce terrible combat, digne de *l'Iliade* et des derniers livres de *l'Énéide*, il y a de grandes images; il y en a de maniérées à force de vouloir paraître antiques. Par exemple, quand la Légion chrétienne s'avance au secours des Romains qui pliaient : « Les Romains qui fuyaient tournent le visage; l'espérance revient au cœur du plus faible et du moins courageux : ainsi après un orage de nuit, quand le soleil du matin paraît dans l'Orient, le laboureur rassuré admire l'astre qui répand un

---

communs sur la mort, qui ont servi et *resservi* dans plusieurs de ses sermons ou de ses oraisons funèbres : mais c'est là une des nécessités et comme un des droits de l'orateur, dont la parole peut se répéter plus d'une fois en s'envolant. Et d'ailleurs, Bossuet n'a pas publié lui-même tous les discours où l'on remarque ces doubles et triples emplois; on les a donnés, depuis sa mort seulement, d'après ses brouillons.

[1] Dans la cinquième Leçon.

doux éclat sur la nature; sous les lierres de la cabane antique, le jeune passereau pousse des cris de joie; le vieillard vient s'asseoir sur le seuil de la porte; il entend des bruits charmants au-dessus de sa tête, et il bénit l'Éternel. » Il est bien d'entremêler les images de la vie pastorale au milieu des combats : Homère le fait quelquefois avec un singulier bonheur en nous peignant la mort de ses guerriers. Une scène de pasteurs en relief sur le bouclier d'Achille nous ravit; mais il ne faut pas que l'on voie le calcul et le jeu de scène, car à l'instant l'effet qui résulte d'une surprise agréable et naturelle est manqué. Et ici la recherche du contraste saute aux yeux.

Au moment où le camp des Barbares est forcé, un nouvel ennemi se présente aux Romains : les femmes germaines se ruent au-devant d'eux, se donnant à elles-mêmes la mort. Le poëte s'est ici inspiré magnifiquement du passage de Tacite : « Et in proximo pignora, unde feminarum ululatus audiri, unde vagitus infantium : hi cuique sanctissimi testes, hi maximi laudatores [1]... » Et la suite : « Memoriæ proditur quasdam acies inclinatas jam et labantes a feminis restitutas constantia precum et objectu pectorum... » Cet *ululatus* des femmes barbares retentit à cette heure terrible et suprême de la mêlée : il y a pourtant excès dans l'image et oubli du terrible à en montrer quelques-unes qui « arrêtent par *la barbe* le Sicambre qui fuit et le ramènent au combat. »

L'accident soudain des flots, de cette marée de l'équinoxe, accourant comme un furieux monstre marin au secours des Franks vaincus, est d'une imagination puissante et sauvage : l'arrangement inévitable s'y retrouve encore :

« Les Romains reculent devant l'armée des flots; les Franks

---

[1] *De moribus Germanorum*, VII.

reprennent courage : ils croient que le monstre marin, père de leur jeune prince, est sorti de ses grottes azurées pour les secourir. Ils profitent de notre désordre ; ils nous repoussent, ils nous pressent ; ils secondent les efforts de la mer. Une scène extraordinaire frappe les yeux de toutes parts : là les bœufs épouvantés nagent avec les chariots qu'ils entraînent ; ils ne laissent voir au-dessus des vagues que leurs cornes recourbées, et ressemblent à une multitude de Fleuves qui auraient apporté eux-mêmes leurs tributs à l'Océan ; ici les Saliens mettent à flots leurs bateaux de cuir, et nous frappent à coups de rames et d'avirons. Mérovée s'était fait une nacelle d'un large bouclier d'osier : porté sur cette conque guerrière, il nous poursuivait escorté de ses pairs qui bondissaient autour de lui comme des Tritons. »

M. Augustin Thierry, dans sa Préface des *Récits mérovingiens*, a rendu un éclatant hommage à cette scène grandiose et a raconté un peu complaisamment l'effet qu'il en reçut dans la première jeunesse [1].

---

[1] « Ce moment d'enthousiasme, dit-il, fut peut-être décisif pour ma vocation à venir. Je n'eus alors aucune conscience de ce qui venait de se passer en moi ; *mon attention ne s'y arrêta pas ; je l'oubliai même durant plusieurs années* ; mais, lorsque après d'inévitables tâtonnements pour le choix d'une carrière je me fus livré tout entier à l'histoire, je me rappelai cet incident de ma vie et ses moindres circonstances avec une singulière précision. » M. A. Thierry est assurément seul juge de ses impressions ; pourtant on pourrait bien demander ce que c'est qu'une impulsion qu'on reçoit et *qu'on oublie durant plusieurs années;* et alors cela peut-il s'appeler une impulsion *décisive?* — La Gaule des *Martyrs*, en un mot, pouvait conduire aussi bien, si l'on n'y prenait garde, à *la Gaule poétique* de Marchangy. Il fallait un autre effort parti d'une autre école pour dégager le véritable esprit historique. M. Thierry, disciple de Walter Scott en même temps que du très-peu féodal Saint-Simon, le savait mieux que personne ; mais quand il écrivait cela, il en était, et l'on en était, avec M. de Chateaubriand, à un prêté-rendu universel de louanges et de compliments. C'était le moment où Béranger lui-même tâchait de lui faire croire cette chose prodigieuse, que sans le *Génie du Christianisme* il n'aurait pas fait ses jolies chansons, sans compter qu'en se donnant Chateaubriand pour parrain et en reniant Voltaire, son air d'originalité s'en accommodait mieux.

L'Empire, après tout, n'est pas si déshérité qu'on le dit, et son triomphe militaire a trouvé plus d'une fois, au retour, des splendeurs rivales dans les arts contemporains : témoin cette bataille des Franks, une bataille de Gros, ou *la Vestale* de Spontini. Orchestre ou peinture, on y pourrait admirer des effets analogues, un ensemble éblouissant et souverain.

DIX-HUITIÈME LEÇON.

Eudore prisonnier des Franks; — en chasse au Pont-Euxin; — au tombeau d'Ovide. — Scène et peinture de l'Enfer; — difficulté et impossibilité. — Épisode de Velléda. — Création neuve. — Passion et magie. — Attendrissement du rêveur sur lui-même. — L'auteur docile à la critique. — Procédé perpétuel des *Martyrs*. — Effort et lutte sans défaite.

MESSIEURS,

Eudore, devenu prisonnier des Franks, trouve le Christianisme déjà introduit parmi eux : encore un anachronisme. Une Clotilde, qui est une première *épreuve* de la Clotilde de Clovis, une jeune femme du vieux Pharamond, a été convertie par Zacharie, et ce Zacharie, pauvre esclave, est un descendant de Cassius, tout comme Eudore est le descendant de Philopœmen. N'admirez-vous pas la rencontre? Était-il donc nécessaire que Zacharie fût à ce point le pendant d'Eudore? Plus tard, pour qu'aucun rapprochement forcé ne manque, ce même Zacharie se retrouvera juste à point nommé avec Eudore dans les cachots de Rome comme chrétien destiné au martyre. Le dernier descendant des vieux Romains, le dernier rejeton des Grecs héroïques, avec Cymodocée la dernière des Homérides, se donnent rendez-vous au pied de la Croix. Tous ces contrastes, toutes ces symétries, faites à la main et *au pouce,* sont d'un petit effet, déclamatoire et théâtral, contraire à la vraie harmonie.

Eudore accompagne Mérovée à une chasse lointaine,

une chasse à l'ours et à l'aurochs : « Nous parcourûmes avec une *rapidité incroyable* les régions qui s'étendent depuis la mer de Scandie jusqu'aux grèves du Pont-Euxin. Ces forêts servent de passage à cent peuples barbares qui roulent tour à tour leurs torrents vers l'Empire romain... »

— Avec une *rapidité incroyable*, je le crois bien. Voilà encore quelque chose d'impossible : une partie de chasse qui pousse en une quinzaine des bords du Rhin au Pont-Euxin! Puis l'arrangement tout aussitôt et le compartiment classique, académique, qui recommence : « Un jour, m'étant un peu écarté de la troupe des chasseurs, je me trouvai presque[1] au bord de l'Ister, à la vue des flots du Pont-Euxin. Je découvris un tombeau de pierre sur lequel croissait un laurier. J'arrachai les herbes qui couvraient quelques lettres latines, et bientôt je parvins à lire ce premier vers des Élégies d'un poëte infortuné : *Mon livre, vous irez à Rome, et vous irez à Rome sans moi.* Je ne saurais vous peindre ce que j'éprouvai en retrouvant au fond de ce désert le tombeau d'Ovide. »

Ce tombeau d'Ovide devient l'occasion de la délivrance d'Eudore : « La Providence avait ordonné que je retrouverais la liberté au tombeau d'Ovide[2]. Lorsque nous repassâmes auprès de ce monument, une louve qui s'y était cachée pour y déposer ses petits, s'élança sur Mérovée. Je tuai cet animal furieux. Dès ce moment mon jeune maître me promit de demander ma liberté à son père. »

Après quelques incidents que je passe, Eudore est délivré et retourne en Gaule. — Ici son récit est quelque

---

[1] « Autre petite inexactitude, dit Hoffman ; car en venant du Nord, pour arriver au tombeau d'Ovide, il ne fallait pas seulement aller *presque* jusqu'au Danube, mais il fallait le passer. »

[2] Singulier lieu d'élection de la part de la Providence !

temps interrompu, et l'on a une scène de l'Enfer[1]. Satan, qui observe l'amour naissant de Cymodocée et d'Eudore, veut en profiter pour faire naître de nouveaux orages et susciter des persécutions. La scène de l'abîme à laquelle nous assistons est tout ce qu'on peut imaginer de plus pénible, de plus forgé à froid, de plus désagréable. C'est là qu'est cette fantasmagorie célèbre : « Un Fantôme s'élance sur le seuil des portes inexorables : c'est la Mort. Elle se montre comme une tache obscure sur les flammes des cachots qui brûlent derrière elle; son squelette laisse passer les rayons livides de la lumière infernale entre les creux de ses ossements... » — On a dit de Milton qu'à force de gravir *des pieds et des mains*, et à la sueur de son front, il avait atteint jusqu'à Homère : ici, avec un pareil effort, M. de Chateaubriand n'a pas atteint jusqu'à Milton. C'est là qu'on voit, *lié par cent nœuds de diamant sur un trône de bronze, le démon du Désespoir*, qui *domine l'empire des Chagrins ;* — et « au centre de l'abîme, au milieu d'un Océan qui roule du sang et des larmes, un noir château, ouvrage du Désespoir et de la Mort[2]; » — et l'*Athéisme* en personne, exécrable fantôme que Satan même n'avait point enfanté, et qui devint amoureux de la Mort lorsqu'elle parut aux Enfers; le démon du *Sophisme*, père de l'*Athéisme* et dont la figure est toute calquée sur celle d'Hiéroclès; Astarté, le plus beau des Anges tombés, après Satan, et qui s'est perdu non par aucun sentiment de haine contre l'Éternel, mais uniquement pour suivre un Ange qu'il aimait; — et les âmes des Réprouvés qui accourent au Conseil des Démons, traînant avec elles

---

[1] Il y aura dans les derniers chants du poëme une scène du Purgatoire ; on a eu, au troisième livre, une scène du Paradis : elles sont, au reste, toutes les trois très-artistement placées.

[2] Qu'on lise et que l'on compare : cela rappelle certaines allégories du *Roman de la Rose* ou des écrits en prose d'Alain Chartier.

quelque partie de leur supplice, « l'une son suaire embrasé, l'autre sa chape de plomb, celle-ci les glaçons qui pendaient à ses yeux remplis de larmes, celle-là les serpents dont elle était dévorée. » Toutes ces inventions froidement réchauffées de Dante et de Milton, et destituées de l'esprit qui les animait en leur lieu original, font la plus odieuse impression sur le lecteur, et ne peuvent être rachetées par un ou deux endroits où la pensée morale essaye de se produire sans tout cet appareil.

La difficulté de peindre aujourd'hui, dans un poëme chrétien, l'Enfer et le Paradis, c'est qu'il les faudrait tout spirituels, sensibles à la fois et invisibles, afin que poétiquement du moins, ou avec une intelligence chrétienne éclairée, on y pût croire. Mais une telle combinaison est au-dessus sans doute de l'imagination humaine : nous sommes devenus exigeants et dégoûtés, sceptiques et scrupuleux, n'offrant au poëte aucune prise à cet égard ni aucune facilité, comme le faisaient les Puritains de son temps à Milton, et à Dante les imaginations fortes et dures du moyen âge. Ces poëtes trouvaient où mordre, où jeter l'ancre. — Au fond réfléchissez un peu et rendez-vous compte : les progrès de la physique, de l'astronomie, la connaissance précise du système du monde et de la conformation du globe terrestre ont ôté le *lieu* réel possible aux Enfers comme aux Paradis. Refaites donc un firmament, avec tout un échafaudage de *Thrônes* et de *Dominations*, quand vous êtes le contemporain de Laplace ; essayez de concevoir un Enfer souterrain ou *cimmérien*, quand vous êtes le contemporain de Léopold de Buch ou de Humboldt ! On n'a de refuge que dans l'invisible, et l'invisible ne se peint pas.

Heureusement, Eudore reprend son récit ; il raconte comment, après sa délivrance de captivité, il rentre en Gaule et devient l'un des premiers lieutenants de Constance. Il a traversé *Lutèce*, ce *misérable hameau* qu'on appelait la capitale des *Parisii :* bientôt, dans une expédition en Grande-Bretagne, il attaque l'ennemi « sur le Thamésis, fleuve couvert de roseaux, qui baigne le village marécageux de *Londinum*. » Ces contrastes plaisent à Eudore, qui sait apparemment l'avenir; mais il les multiplie trop, et peut-être, en ce qui est de Lutèce, il les exagère. Dans la peinture qu'il fait de la Gaule, il suit cet éternel procédé des contrastes :

« J'employai plusieurs mois à visiter les Gaules, avant de me rendre à ma province. Jamais pays n'offrira un pareil mélange de mœurs, de religions, de civilisation, de barbarie. Partagé entre les Grecs, les Romains et les Gaulois, entre les Chrétiens et les adorateurs de Jupiter et de Teutatès, il présente tous les contrastes.

« De longues voies romaines se déroulent à travers les forêts des Druides. Dans les colonies des vainqueurs, au milieu des bois sauvages, vous apercevez les plus beaux monuments de l'architecture grecque et romaine, des aqueducs à trois galeries suspendus sur des torrents, des amphithéâtres, des capitoles, des temples d'une élégance parfaite ; et non loin de ces colonies, vous trouvez les huttes arrondies des Gaulois, leurs forteresses de solives et de pierres, à la porte desquelles sont cloués des pieds de louves, des carcasses de hiboux, des os de morts. A Lugdunum, à Narbonne, à Marseille, à Burdigalie, la jeunesse gauloise s'exerce avec succès dans l'art de Démosthène et de Cicéron ; à quelques pas plus loin, dans la montagne, vous n'entendez plus qu'un langage grossier, semblable au croassement des corbeaux. Un château romain se montre sur la cime d'un roc ; une chapelle des Chrétiens s'élève au fond d'une vallée près de l'autel où l'Eubage égorge la victime humaine. J'ai vu le soldat légionnaire veiller au milieu d'un désert sur les remparts d'un camp, et le Gaulois devenu sénateur embarrasser sa toge romaine dans les halliers de ses bois. J'ai vu les vignes de Falerne mûrir sur les coteaux d'Augustodunum, l'olivier de Corinthe fleurir à Marseille, et l'abeille de l'Attique parfumer Narbonne. »

C'est là évidemment abuser des mots et se jouer : toutes les abeilles ne sont pas de l'Attique, tous les oliviers ne sont pas de Corinthe ni toutes les vignes de Falerne. J'appelle cela un *chassez-croisez* de souvenirs : il accumule tout, à plaisir, sous un même coup d'œil, les végétations et les civilisations. Les choses ne sont pas ainsi les unes sur les autres dans la nature.

Mais nous arrivons au grand moment du récit, à l'épisode de Velléda : Velléda la dernière des vierges druidesses, la dernière des *Vellédas*, comme Cymodocée est la dernière des vierges homériques ! tout cela converge à un même rendez-vous comme au *rond-point* dans une forêt.

Eudore est nommé commandant des contrées armoricaines : averti d'un complot tramé par les prêtres gaulois et prêché par une jeune et belle prophétesse du nom de Velléda, il veut lui-même en surprendre le secret : il assiste déguisé aux assemblées nocturnes :

« Vers le soir, je me revêtis de mes armes, que je recouvris d'une saye, et sortant secrètement du château, j'allai me placer sur le rivage du lac, dans l'endroit que les soldats m'avaient indiqué.

« Caché parmi les rochers, j'attendis quelque temps sans voir rien paraître. Tout à coup mon oreille est frappée des sons que le vent m'apporte du milieu du lac. J'écoute, et je distingue les accents d'une voix humaine. En même temps, je découvre un esquif suspendu au sommet d'une vague ; il redescend, disparaît entre deux flots, puis se montre encore sur la cime d'une lame élevée ; il approche du rivage : une femme le conduisait ; elle chantait en luttant contre la tempête, et semblait se jouer dans les vents : on eût dit qu'ils étaient sous sa puissance, tant elle paraissait les braver. Je la voyais jeter tour à tour en sacrifice dans le lac des pièces de toile, des toisons de brebis, des pains de cire et de petites meules d'or et d'argent.

« Bientôt elle touche à la rive, s'élance à terre, attache sa nacelle au tronc d'un saule, et s'enfonce dans le bois, en s'appuyant sur la rame de peuplier qu'elle tenait à la main. Elle passa tout près de moi sans me voir. Sa taille était haute ; une tunique noire, courte et sans manches, servait à peine de voile à sa nudité. Elle portait une faucille d'or suspendue à une ceinture d'airain, et elle était couronnée d'une branche de chêne. La blancheur de ses bras et de son teint, ses yeux bleus, ses lèvres de rose, ses longs cheveux blonds qui flottaient épars, annonçaient la fille des Gaulois et contrastaient, par leur douceur, avec sa démarche fière et sauvage. Elle chantait d'une voix mélodieuse des paroles terribles, et son sein découvert s'abaissait et s'élevait comme l'écume des flots. »

Voilà une figure nouvelle, une création qui vit déjà à nos yeux et telle que M. de Chateaubriand les aime, une sœur d'Atala. — Une personne de mérite et de beaucoup d'esprit, qui a bien connu M. de Chateaubriand et qui a le droit d'être écoutée sur son compte, m'écrivait l'autre jour, se défiant un peu trop de mon sentiment, et de mon goût prononcé pour le naturel et le délicat plutôt que pour le sublime et le grandiose :

« *Atala* n'est-*il* pas plus beau que tout au monde, et original et grand? Mais vous aimez Mme de Sévigné, vous n'avez pas besoin d'élévation dans vos écrivains. Mme de Sévigné est toute petite; le mérite de Chateaubriand, c'est l'élévation, vous n'y tenez pas; la *princesse de Clèves* vous plaît autant que *Corinne*. Rendez-vous donc bien justice à *Atala*, la plus fière du monde, à *Velléda*, sublime et hautaine? » — Non, nous ne méconnaîtrons pas cette figure sublime et hautaine; elle vit pour nous et pour tous, elle réalise à jamais dans notre littérature ce type des femmes gauloises ou germaines dont Tacite a dit : « Inesse quin etiam sanctum aliquid et providum putant; nec aut consilia earum adspernantur, aut responsa negligunt: Vidimus sub divo Vespasiano Veledam diu apud plerosque numinis loco habitam[1]. » Ce qui n'était qu'un nom chez Tacite est devenu une figure vivante sous l'évocation et au coup de baguette de Chateaubriand. Pourtant, malgré la beauté de l'attitude et quelques cris immortels, cette figure de Velléda n'égale pas le développement passionné des personnages de Didon, de Médée et des autres belles victimes de l'amour; l'attendrissement y manque. Saint Augustin n'aurait pas eu à pleurer en la lisant. — La nécessité où est Eudore de maudire son amour en le confessant, et de parler d'Enfer et d'Esprits de ténèbres, resserre, endurcit et gâte un peu le récit.

Et il est douteux d'ailleurs, quand il l'aurait pu, que M. de Chateaubriand eût développé davantage. Ce qu'Eudore fait là par nécessité et convenance de religion, lui il le fait par tendance à l'idéal. Même dans l'expression de la passion, il est tout poétique par le talent et nullement romanesque ; il ne s'attache qu'au sillon de l'éclair. Il prépare peu, il ne prolonge pas. Poëte et amant olympien, il paraît, il embrase, il dévore comme Jupiter quand il se prend aux créatures mortelles.

Après avoir suivi la belle magicienne durant cette course mystérieuse, et avoir assisté à la scène du complot dans la forêt, — scène où il y a un peu d'opéra, mais un grand talent de composition, de mise en scène (ce

---

[1] « Ils pensent même qu'il y a en elles quelque chose de saint et de prophétique : ils ne méprisent leurs conseils, ni ne négligent leurs réponses. Nous avons vu sous l'empereur Vespasien une Velléda qui passa longtemps dans l'esprit du grand nombre pour une espèce de divinité. » (*Des Mœurs des Germains*, VIII.)

sont de grands tableaux un peu drapés de l'école impériale), — Eudore convoque les tribus gauloises au pied de la forteresse, et là il leur déclare qu'il sait tout :

« Les Barbares furent glacés d'effroi. Environnés de soldats romains, ils crurent toucher à leur dernier moment. Tout à coup des gémissements se font entendre. Une troupe de femmes se précipite dans l'assemblée. Elles étaient chrétiennes, et portaient dans leurs bras leurs enfants nouvellement baptisés. Elles tombent à mes genoux, me demandent grâce pour leurs époux, leurs fils et leurs frères ; elles me présentent leurs nouveau-nés, et me supplient, au nom de cette génération pacifique, d'être doux et charitable. »

Voilà encore les contrastes : arrangez, s'il se peut, cette soudaine génération pacifique qui sort on ne sait d'où, avec la génération féroce de tout à l'heure qui peuplait les forêts. Mais il voulait donner à son tour son tableau des *Sabines*, — ses *Sabines* chrétiennes ; car il procède de David aussi.

Eudore exige des otages. Velléda et son père Ségenax lui sont livrés, tout rentre dans l'ordre : « Cette rencontre eut pour moi seul des suites dont il me reste à vous entretenir. »

« Ici Eudore s'interrompit tout à coup. Il parut embarrassé, baissa les yeux, les reporta malgré lui sur Cymodocée, qui rougit comme si elle eût pénétré la pensée d'Eudore. Cyrille s'aperçut de leur trouble, et s'adressant aussitôt à l'épouse de Lasthenès : « Séphora, dit-il, je veux offrir le saint sacrifice pour Eudore, quand il aura fini de raconter son histoire. Me pourriez-vous faire préparer l'autel ? » —

« Séphora se leva, et ses filles la suivirent. La timide Cymodocée n'osa rester seule avec les vieillards : elle accompagna les femmes, non sans éprouver un mortel regret. »

J'ai dit précédemment ce qu'il me semble de cette sortie tardive, mais gracieuse encore, de Cymodocée. La prêtresse d'Homère a pu entrevoir déjà la prêtresse de Teutatès, mais elle ne doit pas la regarder en face.

Le livre x est le iv® livre de cette *Énéide* dont le bel Eudore est le pieux Énée; la figure de la belle magicienne y règne ; à défaut de mollesse, on y admire la passion superbe et une haute fantaisie :

« Cette femme était extraordinaire. Elle avait ainsi que toutes les Gauloises, quelque chose de capricieux et d'attirant. Son regard était prompt, sa bouche un peu dédaigneuse, et son sourire singulièrement doux et spirituel. Ses manières étaient tantôt hautaines, tantôt voluptueuses ; il y avait dans toute sa personne de l'abandon et de la dignité, de l'innocence et de l'art. J'aurais été étonné de trouver dans une espèce de sauvage une connaissance approfondie des Lettres grecques et de l'histoire de son pays, si je n'avais su que Velléda descendait de la famille de l'Archi-Druide, et qu'elle avait été élevée par un Senani, pour être attachée à l'Ordre savant des prêtres gaulois. L'orgueil dominait chez cette barbare, et l'exaltation de ses sentiments allait souvent jusqu'au désordre. »

A quoi bon cette connaissance approfondie des Lettres grecques? Il veut toujours des contrastes, des assemblages et des cumuls, il y a du trop. Velléda du moins offre un caractère et une personnalité consistante qu'Atala n'avait pas. Ses apparitions soudaines ont à la fois magie et noblesse :

« Tout à coup, à l'une des extrémités de la galerie, un pâle crépuscule blanchit les ombres. La clarté augmente par degrés, et bientôt je vois paraître Velléda. Elle tenait à la main une de ces lampes romaines qui pendent au bout d'une chaîne d'or[1]. Ses cheveux blonds, relevés à la grecque sur le sommet de sa tête, étaient ornés d'une couronne de verveine, plante sacrée parmi les Druides. Elle portait pour tout vêtement une tunique blanche : *fille de roi a moins de beauté, de noblesse et de grandeur...* »

Eudore prend ici (par un anachronisme qu'on lui pardonne) un style légèrement *moyen-âge*.

La démence de l'amante, combinée avec la crédulité de la magicienne, donne un caractère à part à l'égarement de Velléda.

« Jamais, Seigneurs, je n'ai éprouvé une *douleur* pareille. Rien n'est affreux comme de troubler l'innocence... » Ces paroles d'Eudore font sourire : c'est plutôt *douceur* que *douleur* qu'il veut dire ; il n'en est pas de comparable, pour ces grandes âmes de héros ou d'archange déchu, au plaisir de troubler un jeune cœur, et, mieux qu'une Ève encore, une Marguerite innocente. Qu'on se rappelle la mort de la jeune Napolitaine dans les *Harmonies* (*le premier Regret*) :

> Mon image en son cœur se grava la première,
> Comme dans l'œil qui s'ouvre au matin la lumière ;
> Elle ne regarda plus rien après ce jour ;
> De l'heure qu'elle aima, l'univers fut amour !
> Elle me confondait avec sa propre vie,
> Voyait tout dans mon âme ; et je faisais partie

---

[1] Ici encore Lucile, ce *génie-fée*, a dû fournir quelques traits : « De la concentration de l'âme naissaient chez ma sœur des effets d'esprit extraordinaires : endormie, elle avait des songes prophétiques ; éveillée, elle semblait lire dans l'avenir. Sur un palier de l'escalier de la grande tour battait une pendule qui sonnait le temps au silence. Lucile, dans ses insomnies, s'allait asseoir sur une marche en face de cette pendule : elle regardait le cadran à la lueur de sa lampe posée à terre. Lorsque

De ce monde enchanté qui flottait sous ses yeux,
Du bonheur de la terre et de l'espoir des Cieux.
. . . .
Ainsi, quand je partis, tout trembla dans cette âme ;
Le rayon s'éteignit ; et sa mourante flamme
Remonta dans le Ciel pour n'en plus revenir ;
Elle n'attendit pas un second avenir,
Elle ne languit pas de doute en espérance,
Et ne disputa pas sa vie à la souffrance :
Elle but d'un seul trait le vase de douleur,
Dans sa première larme elle noya son cœur !
Et, semblable à l'oiseau, moins pur et moins beau qu'elle,
Qui le soir, pour dormir, met son cou sous son aile,
Elle s'enveloppa d'un muet désespoir,
Et s'endormit aussi ; mais, hélas ! loin du soir...

Elle est morte pour lui, c'est dommage. En attendant, poëte, cela lui fait plaisir ; il y rêve avec complaisance, et, s'il laisse tomber une larme, c'est pour la faire éclore en une adorable élégie, — qui serait pourtant plus adorable encore si un accent très-sensible de fatuité ne la gâtait pas.

Pour Eudore les choses se passent moins facilement ; elles ne se dénouent pas d'elles-mêmes, elles se tranchent. Mais (confession à part) l'*orgueilleuse faiblesse* de son cœur en est également chatouillée.

Eudore pour se délivrer des obsessions de sa belle captive, renvoie Velléda et son père du château, et il se croit libre en effet ; il respire :

« Je commençais à retrouver un peu de repos ; j'espérais

les deux aiguilles, unies à minuit, enfantaient dans leur conjonction formidable l'heure des désordres et des crimes, Lucile entendait des bruits qui lui révélaient des trépas lointains... Dans les bruyères de la Calédonie Lucile eût été une femme céleste de Walter Scott douée de la seconde vue : dans les bruyères armoricaines elle n'était qu'une solitaire avantagée de beauté, de génie et de malheur. » (*Mémoires d'Outre-tombe*). Est-ce Lucile qui se souvient ici de Velléda ? Était-ce Velléda qui se souvenait de Lucile ?

que Velléda s'était enfin guérie de son fatal amour. Fatigué de la prison où je m'étais tenu renfermé, je voulus respirer l'air de le campagne. Je jetai une peau d'ours sur mes épaules, j'armai mon bras de l'épieu d'un chasseur, et sortant du château, j'allai m'asseoir sur une haute colline d'où l'on aperçoit le détroit britannique.

« Comme Ulysse regrettant son Ithaque, ou comme les Troyennes exilées aux champs de la Sicile, je regardais la vaste étendue des flots et je pleurais. Né au pied du mont Taygète, me disais-je, le triste murmure de la mer est le premier son qui ait frappé mon oreille, en venant à la vie. A combien de rivages n'ai-je pas vu depuis se briser les *mêmes* flots [1] que je contemple ici ? Qui m'eût dit, il y a quelques années, que j'entendrais gémir sur les côtes d'Italie, sur les grèves des Bataves, des Bretons, des Gaulois, ces vagues que je voyais se dérouler sur les beaux sables de la Messénie ? Quel sera le terme de mes pèlerinages ?... »

Ce sont les termes mêmes, empruntés et répétés de cette page, toute personnelle à l'auteur, que nous avons lue dans le *Voyage en Italie :*

« Né sur les rochers de l'Armorique, le premier bruit qui a frappé mon oreille en venant au monde, est celui de la mer ; et sur combien de rivages n'ai-je pas vu depuis se briser ces mêmes flots que je retrouve ici ?

« Qui m'eût dit, il y a quelques années, que j'entendrais gémir au tombeau de Scipion et de Virgile ces vagues qui se déroulaient à mes pieds sur les côtes de l'Angleterre, ou sur les grèves du Maryland ? Mon nom est dans la cabane du Sauvage de la Floride ; le voilà sur le livre de l'Ermite du Vésuve. Quand déposerai-je à la porte de mes pères le bâton et le manteau du voyageur ? »

---

[1] Tous les flots se ressemblent, mais ce ne sont pas les *mêmes* flots, les mêmes vagues qu'il voyait se briser en des lieux si divers. Sans être un Condillac on peut trouver à redire à l'exactitude de la pensée.

Il le répétera encore dans l'*Itinéraire :*

« Que de lieux avaient déjà vu mon sommeil paisible ou troublé ! Que de fois, à la clarté des mêmes étoiles, dans les forêts de l'Amérique, sur les chemins de l'Allemagne, dans les bruyères de l'Angleterre, dans les champs de l'Italie, au milieu de la mer, je m'étais livré à ces mêmes pensées touchant les agitations de la vie !... »

Ce serait assez d'une fois, sans multiplier ainsi ces étonnements de sa propre destinée, laquelle n'est, après tout, que celle de beaucoup d'autres.

Je n'analyserai pas la fin de l'épisode : on n'analyse point la foudre. « Cette rencontre imprévue porta le dernier coup à ma raison. Tel est le danger des passions que, même sans les partager, vous respirez dans leur atmosphère quelque chose d'empoisonné qui vous enivre... »

La scène du rocher druidique, de nuit, pendant la tempête, répond assez à celle de la tempête d'*Atala*. Le cri d'Eudore : « *Tu seras aimée !* » et ce qui suit : « *l'Enfer donna le signal... les Esprits de ténèbres hurlèrent dans l'abîme,* » rappelle exactement le cri de Chactas : « *Superbes forêts qui agitiez vos lianes,... Pins embrasés...* » il semble que, pour ces âmes extrêmes, l'accent même du bonheur ne soit jamais plus doux que lorsqu'il se confond avec le cri forcené de l'imprécation et du désespoir[1] : ils ne conçoivent le bonheur que dans la foudre.

---

[1] Se rappeler, dans les *Natchez*, la Lettre de René à Céluta, précédemment citée (quinzième leçon) : « ... le sein nu et déchiré, les cheveux trempés de la vapeur de la nuit, je croyais voir une femme qui se jetait dans mes bras ; elle me disait : *Viens échanger des feux avec moi, et perdre la vie ! mêlons des voluptés à la mort ! que la voûte du ciel nous cache en tombant sur nous !* » Toujours et partout la même note aiguë

Un tel épisode, par sa nature et par les circonstances où il se place, ne pouvait se prolonger : il finit un peu brusquement, mais avec un art admirable, dans une de ces scènes dramatiques que Chateaubriand excelle à composer. Le vieux Ségenax, s'apercevant un peu tard du tendre délire de sa fille, soulève les Gaulois pour se venger d'Eudore qui a déshonoré, dit-il, la prêtresse sacrée. Au milieu de cette scène de tumulte et de carnage, au moment où Ségenax, qu'Eudore essaye en vain de sauver, tombe atteint d'une javeline, Velléda, depuis quelque temps absente, reparaît :

« Dans ce moment, un char paraît à l'extrémité de la plaine. Penchée sur les coursiers, une femme échevelée excite leur ardeur, et semble vouloir leur donner des ailes. Velléda n'avait point trouvé son père : elle avait appris qu'il assemblait les Gaulois pour venger l'honneur de sa fille. La Druidesse

fondamentale. — Ce désir de la mort associé et mêlé à l'idée du plaisir n'est pas précisément ce qu'il y a d'étrange ; ce rapprochement d'amour et de mort se retrouverait chez bien des élégiaques, mais à l'état naturel, si je puis dire. Le premier exemple est dans l'Hymne homérique *à Vénus*, lorsque le beau pasteur Anchise que la Déesse en personne, déguisée en mortelle, vient enflammer sur le mont Ida, s'écrie dans sa jeune ardeur : « Puisque tu es mortelle et que tu as une simple femme pour mère,... puisque tu es venue ici par la volonté de l'immortel messager Mercure, et que tu dois être mon épouse tous les jours de ma vie, il n'est aucun Dieu ni aucun homme qui puisse ici m'empêcher de me fondre en ton amour aussitôt, dès à présent : non, quand même le divin Archer, Apollon en personne, serait là avec son arc d'argent pour me lancer des flèches funestes, je choisirais encore, ô femme pareille aux Déesses, pour prix d'être monté dans ta couche, de descendre dans la maison de Pluton ! » Mais, comme je l'ai remarqué ailleurs (*Étude sur Virgile*, page 279), ce n'est là que le cri naturel de la passion : *Non, quand je devrais mourir...* Chateaubriand, venu tard et blasé, y-a mis le raffinement : *Que la mort vienne exprès, ce sera plus doux, ce sera plus vif...* La mort lui est un ragoût de plus. — Ce libertin d'Ovide a dit quelque chose de tel, mais il l'a dit mollement, nonchalamment : il n'y a mis ni l'éclair ni le tonnerre.

voit qu'elle est trahie, et connaît toute l'étendue de sa faute. Elle vole sur les traces du vieillard, arrive dans la plaine où se donnait le combat fatal, pousse ses chevaux à travers les rangs, et me découvre gémissant sur son père étendu mort à mes pieds. Transportée de douleur, Velléda arrête ses coursiers, et s'écrie du haut de son char :

« Gaulois, suspendez vos coups. C'est moi qui ai causé vos « maux, c'est moi qui ai tué mon père. Cessez d'exposer vos « jours pour une fille criminelle. Le Romain est innocent. La « vierge de Sayne n'a point été outragée : elle s'est livrée elle-« même, elle a violé volontairement ses vœux. Puisse ma mort « rendre la paix à ma patrie ! »

« Alors, arrachant de son front sa couronne de verveine, et prenant à sa ceinture sa faucille d'or, comme si elle allait faire un sacrifice aux Dieux :

« Je ne souillerai plus, dit-elle, ces ornements d'une ves-« tale ! »

« Aussitôt elle porte à sa gorge l'instrument sacré : le sang jaillit. Comme une moissonneuse qui a fini son ouvrage, et qui s'endort fatiguée au bout du sillon, Velléda s'affaisse sur le char ; la faucille d'or échappe à sa main défaillante, et sa tête se penche doucement sur son épaule. Elle veut prononcer encore le nom de celui qu'elle aime, mais sa bouche ne fait entendre qu'un murmure confus : déjà je n'étais plus que dans les songes de la fille des Gaules, et un invincible sommeil avait fermé ses yeux. »

De telles beautés consacrent à jamais une physionomie et la fixent dans une attitude immortelle, comme Niobé, comme Ariane, *Saxea ut effigies Bacchantis*, comme Sapho se précipitant du rocher. Velléda, du haut de son char, inclinant sa belle tête sous sa faucille d'or, vivra toujours dans les songes de tout poëte et de tout amant.

Elle vivra après Didon, après Médée ; — moins coupable que Phèdre et plus heureuse (car du moins elle fut aimée) ; — après Herminie et Clorinde ; — toute poétique et sans rien de romanesque ; — avec la Magicienne de Théocrite, et plus noble que cette dernière ; — son beau front touché de la foudre et pleinement éclairé du rayon idéal qui divinise.

On raconte sur cet épisode de Velléda une anecdote dont le critique doit naturellement s'emparer pour en faire une leçon. Cette anecdote, je l'ai fait maintes fois redire à d'anciens amis de M. de Chateaubriand, à des amis de son bon temps et de sa jeunesse, avant ce je ne sais quoi de poli et de glacé qu'ajoute la gloire. M. de Chateaubriand était revenu à Paris de son pèlerinage à Jérusalem ; il avait acheté (automne de 1807) dans la vallée d'Aulnay, dans ce qu'on appelait *la Vallée aux loups*, un petit enclos qu'il travaillait à embellir et à planter, tout en mettant la dernière main à ses *Martyrs*. Quand l'ouvrage fut terminé, vers le printemps de 1808, il convoquait chaque dimanche ses amis de Paris pour leur lire quelque livre du nouveau poëme : c'était Madame de Vintimille, MM. de Fontanes, Joubert, Molé, Pasquier, peut-être encore M. Gueneau de Mussy ; voilà, je crois, tout le petit cercle au complet. Ce dimanche-là c'était l'épisode de Velléda qu'il avait à lire. Il commence : au bout de quelque temps, l'auteur s'aperçoit, au silence des auditeurs, que la lecture ne prend pas. Sa voix s'altère ; il continue pourtant, il achève. Suit un grand silence. Fontanes, à la fin, prend la parole : c'était à lui en effet qu'il appartenait de parler pour briser la glace et pour proférer au nom de tous l'oracle du goût : « Eh bien ! ce n'est pas cela, vous vous êtes trompé... » et il entra dans quelques détails : probablement l'auteur n'avait pas su concilier d'abord ce qui convenait à la situation délicate d'Eudore qui se confesse, et à l'intérêt si vif du souvenir qu'il doit retracer ; il penchait trop d'un côté ou d'un autre. Quoi qu'il en soit, à la suite de Fontanes, tous parlèrent. Madame de Vintimille (c'est le rôle des femmes) essaya de relever les beaux passages, de montrer qu'il y aurait peu à faire pour réparer, pour perfectionner. Chacun fit de même. M. de Chateaubriand écoutait en silence : puis il répondit ; il essaya longtemps de résister et d'opposer ses raisons. Cependant une larme roulait dans ses yeux : il dit qu'il essayerait de remanier, de refaire, — de faire mieux, mais qu'il ne l'espérait pas. Huit jours après, jour pour jour, c'est-à-dire le dimanche suivant, les mêmes amis étaient convoqués pour entendre cette même *Velléda*, et l'épisode, tel que nous l'avons, était accueilli d'eux avec ravissement, avec un applaudissement sans mélange[1].

Eudore achève son récit. Le malheur dont il a été cause décide de son repentir : il quitte ses charges militaires, renonce aux honneurs, et part pour faire agréer sa résolution de Dioclétien qui est alors en Égypte : c'est une occasion de voyage et de description. L'auteur y décrit cette Égypte qu'il a lui-même visitée au retour de Jérusalem. Il y a de grands traits, mais qui visent à être des traits. En parlant de la ville d'Alexandrie :

« La forme même de la cité, dit-il, frappait mes regards : elle se dessine comme une cuirasse macédonienne sur les sables de la Lybie[2] ; soit pour rappeler le souvenir de son fondateur, soit pour dire aux voyageurs que les armes du héros

---

[1] M. de Chateaubriand était très-sensible à la critique du dehors, mais en général très-docile à la critique du dedans, à celle de ses amis. Doué d'une extrême facilité de travail, il acceptait aisément les conseils et les suppressions de ses amis, comme quelqu'un qui se sent toujours en mesure de recommencer. Du temps de sa polémique avec M. de Villèle, il arriva bien des fois à M. Bertin l'aîné de ne pas mettre dans les *Débats* son article du matin quand il y voyait quelque inconvénient ; il pouvait y retrancher aussi, et sans le fâcher jamais.

[2] Ce n'est pas à une *cuirasse*, c'est à une *épée* que Victor Hugo a

grec étaient fécondes, et que la pique d'Alexandre faisait éclore des cités au désert, comme la lance de Minerve fit sortir l'olivier fleuri du sein de la terre. Pardonnez, Seigneurs, à cette image empruntée d'une source impure. »

Il eût mieux valu s'interdire l'image. Une source *impure !* c'est peu poli pour Démodocus qui n'en connaît point d'autre. — Le désert de Scété, le soleil d'un matin d'orage, la tempête dans les sables, tout cela est de main de maître :

« Nous reprîmes notre route avant le retour de la lumière. Le soleil se leva dépouillé de ses rayons, et *semblable à une meule de fer rougie.* La chaleur augmentait à chaque instant. Vers la troisième heure du jour, le dromadaire commença à donner des signes d'inquiétude : il enfonçait ses naseaux dans le sable, et soufflait avec violence. Par intervalles, l'autruche poussait des sons lugubres... Soudain de l'extrémité du désert accourt un tourbillon. Le sol emporté devant nous manque à nos pas, tandis que d'autres colonnes de sable, enlevées derrière nous, roulent sur nos têtes... L'ouragan redouble de rage : il creuse jusqu'aux antiques fondements de la terre, et répand dans le ciel les entrailles brûlantes du désert... »

comparé une autre ville, dans cette strophe d'une Ode *aux Ruines de Montfort-l'Amaury :*

> Là souvent je m'assieds, aux jours passés fidèle,
> Sur un débris qui fut un mur de citadelle :
> Je médite longtemps, en mon cœur replié ;
> Et la ville, à mes pieds, d'arbres enveloppée,
> Étend ses bras en croix et s'allonge en épée,
> *Comme le fer d'un preux dans la plaine oublié.*

C'est là une des conquêtes pittoresques de la bonne École romantique. Heureuse lorsque, dans son art, elle s'est bornée à trouver naturellement l'image vive et vraie adaptée aux choses, et qu'elle n'a pas violenté les choses pour les contraindre à tout coup à l'image !

Enfin Eudore termine le récit de ses pérégrinations; et nous nous retrouvons avec lui et avec ses hôtes aux bords de l'Alphée, dans cette Arcadie de la pénitence.

Le poëte invoque l'Esprit-Saint : il va décrire la conjuration des Démons contre Cymodocée et Eudore ; l'ennuyeux recommence. Galérius, Hiéroclès sont encore plus laids et plus odieux que les Démons qui les font agir : c'est dans toutes ces parties qu'il faudrait absolument le charme des vers pour rafraîchir et égayer le récit ; cette prose tendue ne laisse aucune trêve. Pour y suppléer, le poëte fait tout aussitôt des miracles de description de clair de lune et d'évocations mythologiques qu'il reproduit avec une indicible harmonie :

« Cymodocée s'avançait involontairement vers le lieu où le fils de Lasthénès avait achevé de conter son histoire. Lorsqu'une chevrette des Pyrénées s'est reposée pendant le jour avec le pasteur au fond d'un vallon, si, la nuit, s'échappant de la crèche, elle vient chercher le pâturage accoutumé, le berger la retrouve le matin sous le cytise en fleurs qu'il a choisi pour abri : ainsi la fille d'Homère monte peu à peu vers la grotte habitée par le chasseur Arcadien. »

Cette richesse et cette fertilité de comparaisons est perpétuelle, et il ne faut pas moins pour triompher du désagréable de certains tableaux. Dès qu'il sent que le Diable devient un peu trop laid, il le déguise ; il remet en avant les images antiques dont il a le secret et dont il sait presque trop bien la *recette* :

« Aussitôt le Démon de la Volupté se revêt de tous ses charmes. Il prend à la main une torche odorante, et traverse les bois de l'Arcadie. Les Zéphyrs agitent doucement la lumière du flambeau : tels, au milieu des bocages d'Amathonte, ils se jouent dans la chevelure parfumée de la mère des Grâces. Le fantôme magique fait naître, sur ses pas une foule de prestiges. La nature semble se ranimer à sa présence ; la colombe gémit, le rossignol soupire, le cerf suit en bramant sa légère compagne. Les Esprits séducteurs, qui enchantent les forêts de l'Alphée, entr'ouvrent les chênes amollis, et montrent çà et là leurs têtes de Nymphes. On entend des voix mystérieuses dans la cime des arbres, tandis que les Divinités champêtres dansent avec des chaînes de fleurs autour du Démon de la Volupté. »

Il continue de tirer des mots je ne sais quoi de lumineux et d'harmonieux que lui seul sait leur faire rendre ; mais on commence à y être accoutumé avec lui, et l'on se blase.

Cymodocée, protégée par l'Ange des saintes amours, renonce pour Eudore au culte d'Homère : afin de la soustraire aux persécutions d'Hiéroclès, tandis que son fiancé se voit obligé de partir pour Rome, elle est envoyée à Jérusalem sous la conduite de Dorothé qui se charge de la remettre entre les mains de la pieuse Hélène, mère de Constantin. De là, voyage à Jérusalem et description ; on ne manque pas de voir Chypre en passant : « On célébrait alors la fête de la déesse d'Amathonte : l'onde molle et silencieuse baignait le pied du temple de Dionée, bâti sur un promontoire au milieu des vagues tranquilles. De jeunes filles demi-nues dansaient dans un bois de myrtes... »

J'ai parlé d'une recette propre à l'auteur : nous la savons maintenant si bien qu'il nous semble presque que nous ferions, si nous le voulions, du Chateaubriand : ne nous y fions pourtant pas trop, nous pourrions bien rester en chemin. Car tout à côté des inventions pénibles, systématiques, qui nous avertissent que nous n'avons plus affaire au bel art pur, nous retrouvons à chaque pas des beautés, des miracles d'imagination et d'harmonie, des surprises de talent : et ce sera ainsi jusqu'au bout. — Dans *les Martyrs*, M. de Chateaubriand a livré la plus grande bataille que le talent puisse livrer, la bataille *épique* ; — je dis la plus grande, et ce serait strictement vrai si son poëme était en vers, — du moins une très-grande : il suffit à sa gloire de dire qu'il ne l'a point perdue.

DIX-NEUVIÈME LEÇON.

Suite des *Martyrs*. — Alternative de beautés et de défauts : — ceux-ci plus sensibles en avançant. — Début du dernier chant; admirable adieu à la Muse. — Poésie et histoire. — La vie coupée par le milieu. — Jugement général du poëme. — Les articles critiques du temps : — Hoffman; — M. De Place. — Fontanes, ami consolateur. — Chateaubriand blessé.

Messieurs,

Le site de Jérusalem et de la Judée nous est admirablement dépeint dans son affreuse nudité :

« Au premier aspect de cette région désolée, un grand ennui saisit le cœur. Mais lorsque, passant de solitude en solitude, l'espace s'étend sans bornes devant vous, peu à peu l'ennui se dissipe, le voyageur éprouve une terreur secrète, qui, loin d'abaisser l'âme, donne du courage et élève le génie. Des aspects extraordinaires décèlent de toutes parts une terre travaillée par des miracles : le soleil brûlant, l'aigle impétueux, l'humble hysope, le cèdre superbe, le figuier stérile, toute la poésie, tous les tableaux de l'Écriture sont là. Chaque nom renferme un mystère, chaque grotte déclare l'avenir, chaque sommet retentit des accents d'un prophète. Dieu même a parlé sur ces bords : les torrents desséchés, les rochers fendus, les tombeaux entr'ouverts attestent le prodige; le Désert paraît encore muet de terreur, et l'on dirait qu'il n'a osé rompre le silence depuis qu'il a entendu la voix de l'Éternel. »

Hélène a fait bâtir autour du sépulcre de Jésus-Christ une basilique de marbre et de porphyre, dont les portes de bronze offrent dans leurs sculptures prophétiques les scènes anticipées de *la Jérusalem délivrée* :

« Un solitaire des rives du Jourdain, animé de l'esprit prophétique, avait donné le dessin de ces portes à deux célèbres sculpteurs de Laodicée. On voyait la Ville sainte tombée au pouvoir d'un peuple infidèle, assiégée par des héros chrétiens : on les reconnaissait à la Croix qui brillait sur leurs habits. Le vêtement et les armes de ces héros étaient étrangers ; mais les soldats romains croyaient retrouver quelques traits des Franks et des Gaulois parmi ces guerriers à venir [1]. Sur leur front éclataient l'audace, l'esprit d'entreprise et d'aventure, avec une noblesse, une franchise, un honneur ignorés des Ajax et des Achille. Ici le camp paraissait ému à la vue d'une femme séduisante, qui semblait implorer le secours d'une troupe de jeunes princes ; là, cette même Enchanteresse enlevait un héros sur les nuages et le transportait dans des jardins délicieux ; plus loin, une assemblée d'Esprits de ténèbres était convoquée dans les salles brûlantes de l'Enfer : le rauque son de la trompette du Tartare appelle les habitants des ombres éternelles ; les noires cavernes en sont ébranlées, et le bruit, d'abîme en abîme, roule et retombe [2]. Avec quel at-

---

[1] Virgile avait déjà signalé ces traits de la race blonde sur le bouclier divin de son héros :

> Aurea cæsaries ollis, atque aurea vestis.

[2] C'est une allusion très-directe à la fameuse octave (la troisième) du chant IV de *la Jérusalem délivrée* :

> Chiama gli abitator dell' ombre eterne
> Il rauco suon della tartarea tromba.
> Treman le spaziose atre caverne,
> E l'aer cieco a quel rumor rimbomba...

Comment ce chef-d'œuvre d'harmonie imitative se peut-il conclure de la scène figurée sur les portes de la basilique ? Comment la sculpture peut-elle suggérer le son ? Ne pressons pas trop le poëte : le souvenir se confond ici avec l'imagination, et l'octave connue se remet à faire bruit à son oreille : le bronze lui-même en retentit.

tendrissement Cymodocée aperçut une femme mourante sous l'armure d'un guerrier! Le chrétien qui lui perça le sein va tout en pleurs puiser de l'eau dans son casque, et revient donner une vie éternelle à la beauté qu'il priva d'un jour passager. Enfin la Cité sainte est attaquée de toutes parts, et l'étendard de la Croix flotte sur les murs de Jérusalem. L'artiste divin avait aussi représenté parmi tant de merveilles le poëte qui devait un jour les chanter : il paraissait écouter au milieu d'un camp le cri de la religion, de l'honneur et de l'amour; et plein d'un noble enthousiasme, il écrivait ses vers sur un bouclier. »

C'est brillant, c'est ingénieux; c'est le pendant du bouclier d'Achille, surtout du bouclier d'Énée [1] : toutes les machines épiques sont en jeu dans *les Martyrs*, rien n'est oublié; mais d'où vient que cela manque de charme? Qu'on relise Virgile, au contraire :

> Talia per clypeum Vulcani dona parentis
> Miratur, rerumque ignarus imagine gaudet,
> Attollens humero famamque et fata nepotum.

De telles impressions tiennent-elles aux vers ou au sentiment? ou simplement à ce que ces beautés anciennes se sont gravées les premières dans notre mémoire et dans nos cœurs? Je ne sais, mais je n'en trouve point de telles dans *les Martyrs*.

Cependant Eudore a prononcé son très-beau discours en l'honneur du Christianisme au Capitole : il est jeté dans les cachots. Hiéroclès et Galérius deviennent de plus en plus dégoûtants et odieux. De son côté, là-bas à Bethléem, Jérôme, qui prend à première vue Cymodocée pour un beau démon et qui s'opiniâtre à l'exorciser (*Vade retro*,

---

[1] *Énéide*, liv. VIII.

Satanas), est un peu exagéré et grotesque. Le poëte aussitôt se rachète en multipliant les gracieuses comparaisons autour de Cymodocée :

« On reconnaissait dans son langage les accents confus de son ancienne religion et de sa religion nouvelle : ainsi, dans le calme d'une nuit pure, deux harpes suspendues au souffle d'Éole mêlent leurs plaintes fugitives ; ainsi frémissent ensemble deux lyres, dont l'une laisse échapper les tons graves du mode Dorien, et l'autre les accords voluptueux de la molle Ionie ; ainsi, dans les Savanes de la Floride, deux cigognes argentées, agitant de concert leurs ailes sonores, font entendre un doux bruit au haut du ciel : assis au bord de la forêt, l'Indien prête l'oreille aux sons répandus dans les airs, et croit reconnaître dans cette harmonie la voix des âmes de ses pères. »

Le grand paysage dur et maudit de la mer Morte, ce désert d'un amer et stérile abandon est opposé aux souvenirs encore frais du Taygète. On a une scène toute pastorale de caravane arabe dans le désert. Bref, Cymodocée, à travers les tempêtes, est ramenée à Rome. Eudore confesse sa foi dans les tortures ; saluons ici une belle pensée : « Eudore, dans le cours de ses actes glorieux, avait offert secrètement son sacrifice pour le salut de sa mère... » Celle-ci, qui, morte, gémissait encore au Purgatoire, en est délivrée. Ce Purgatoire, que le poëte nous entr'ouvre, n'a rien pourtant qui satisfasse ni les simples ni les docteurs, et, dans sa première version des *Martyrs* on remarqua que l'auteur y avait mis un peu imprudemment le duelliste qui a tué et le prêtre faible qui a scandalisé [1].

---

[1] Fénelon, bien autrement chrétien par le cœur que Chateaubriand, a eu aussi ses légers oublis de doctrine : dans *Télémaque*, au livre XI, il laisse échapper, à propos de Protésilas tombé en disgrâce et condamné à l'exil, une idée païenne sur le suicide : « Il (*Protésilas*) appelle en vain à son secours la cruelle mort, qui sourde à ses prières ne daigne pas

Dans tous ces derniers livres, le poëte a redoublé d'efforts et comme d'exploits de talent pour sauver la monotonie des scènes odieuses et pour jeter quelque charme à travers les tortures. On a une reproduction et un peu une parodie de la scène connue de Dioclétien à Salone; un hymne à Bacchus, dans lequel je distingue un couplet délicieux [1]; de gracieuses images toutes les fois que reparaît Cymodocée [2], les deux religions confondant jusqu'à la fin leurs couleurs dans cette âme pareille à une aube blanchissante. Malgré tout, l'intérêt est lent, et l'impression pénible. Je ne détacherai que l'admirable début du livre XXIVe et dernier, où le poëte parle en son propre nom. Ce sont les adieux du poëte à la Muse : et en effet, il n'y est plus guère revenu depuis qu'à de rares instants et avec un esprit partagé; ce sont ses vrais adieux :

« O Muse, qui daignas me soutenir dans une carrière aussi

le délivrer de tant de maux, et qu'il n'a pas le *courage* de se donner lui-même. » Fénelon a eu une distraction stoïcienne, Chateaubriand une distraction chevaleresque.

[1] « Descends parmi nous, ô consolateur d'Ariadne, toi qui parcours les sommets de l'Ismare, du Rhodope et du Cythéron ! Dieu de la joie, enfant de la fille de Cadmus, les Nymphes de Nyssa t'élevèrent par le secours des Grâces dans une caverne embaumée. A peine sorti de la cuisse de Jupiter, tu domptas les humains rebelles à ton culte. Tu te moquas des pirates de Tyrsène, qui t'enlevaient comme l'enfant d'un mortel. Tu fis couler un vin délicieux dans le noir vaisseau, et tomber du haut des voiles les branches d'une vigne féconde ; un lierre chargé de ses fruits entoura le mât verdoyant ; des couronnes couvrirent les bancs des rameurs ; un lion parut à la poupe : les matelots, changés en dauphins, s'élancèrent dans les vagues profondes. Tu riais, ô roi Évohé ! »

[2] « Les Chrétiens, au comble de la joie, couvrent d'un casque les cheveux de la jeune fille ; ils enveloppent Cymodocée dans une de ces toges blanches bordées de pourpre, que les adolescents prenaient à Rome au sortir de l'enfance : on eût cru voir la légère Camille, le bel Ascagne ou l'infortuné Marcellus... » Et plus loin, quand on la ramène à son père : « Le casque de la jeune martyre roule à terre, ses cheveux descendent sur ses épaules : é guerrier devient une vierge charmante... »

longue que périlleuse, retourne maintenant aux célestes demeures ! J'aperçois les bornes de la course ; je vais descendre du char, et pour chanter l'hymne des morts, je n'ai plus besoin de ton secours. Quel Français ignore aujourd'hui les cantiques funèbres? Qui de nous n'a mené le deuil autour d'un tombeau, n'a fait retentir le cri des funérailles ? C'en est fait, ô Muse ! encore un moment, et pour toujours j'abandonne tes autels ! Je ne dirai plus les amours et les songes séduisants des hommes : il faut quitter la lyre avec la jeunesse. Adieu, consolatrice de mes jours, toi qui partageas mes plaisirs, et bien plus souvent mes douleurs ! Puis-je me séparer de toi sans répandre des larmes[1] ? J'étais à peine sorti de l'enfance, tu montas sur mon vaisseau rapide, et tu chantas les tempêtes qui déchiraient ma voile ; tu me suivis sous le toit d'écorce du Sauvage, et tu me fis trouver dans les solitudes américaines les bois du Pinde. A quel bord n'as-tu pas conduit mes rêveries ou mes malheurs? Porté sur ton aile, j'ai découvert au milieu des nuages les montagnes désolées de Morven, j'ai pénétré les forêts d'Erminsul, j'ai vu couler les flots du Tibre, j'ai salué les oliviers du Céphise et les lauriers de l'Eurotas. Tu me montras les hauts cyprès du Bosphore et les sépulcres déserts du Simoïs. Avec toi je traversai l'Hermus, rival du Pactole ; avec toi j'adorai les eaux du Jourdain, et je priai sur la montagne de Sion. Memphis et Carthage nous ont vus méditer sur leurs ruines, et dans les débris des palais de Grenade, nous évoquâmes les souvenirs de l'honneur et de l'amour. Tu me disais alors :

« Sache apprécier cette gloire dont un obscur et faible voya« geur peut parcourir le théâtre en quelques jours. »

« O Muse, je n'oublierai point tes leçons ! je ne laisserai point tomber mon cœur des régions élevées où tu l'as placé. Les talents de l'esprit que tu dispenses s'affaiblissent par le cours des ans ; la voix perd sa fraîcheur, les doigts se glacent sur le luth ; mais les nobles sentiments que tu inspires peu-

---

[1] Voilà les vraies larmes de Chateaubriand, des larmes de poëte, — de celui qui disait : « Je n'ai jamais pleuré que d'admiration. »

vent rester quand tes autres dons ont disparu. Fidèle compagne de ma vie, en remontant dans les Cieux laisse-moi l'indépendance et la vertu. Qu'elles viennent ces Vierges austères, qu'elles viennent fermer pour moi le livre de la Poésie et m'ouvrir les pages de l'Histoire. J'ai consacré l'âge des illusions à la riante peinture du mensonge : j'emploierai l'âge des regrets au tableau sévère de la vérité. »

Illusion dernière, là encore où l'on se pique de prendre congé des illusions ! Il croyait entrer dans les portiques austères de l'histoire, il allait descendre dans l'arène enflammée de la polémique et dans les guerres de l'ambition[1]. Du moins le chevalier n'y rendit jamais son épée, et il put dire jusqu'à la fin : *Tout est perdu, fors l'honneur*.

Il y a un moment solennel dans la vie, quand la jeunesse expire, et avec elle, notre sensibilité première, notre imagination naturelle et facile. Sous une forme ou sous une autre, tous les grands poëtes ont senti cette heure décisive et l'ont exprimée : c'est ainsi que dans la pièce des *Novissima verba*, Lamartine a dit :

> Quand vous vous desséchez sur le cœur qui vous aime,
> Ou que ce cœur flétri se dessèche lui-même ;
> Quand le foyer divin qui brûle encore en nous
> Ne peut plus rallumer sa flamme éteinte en vous[2] ;

---

[1] « La polémique est mon allure naturelle... Il me faut toujours un adversaire, n'importe où... » C'est ce que disait M. de Chateaubriand à M. de Marcellus, en dictant à celui-ci une dépêche à Londres, en 1822. Il faisait alors, tout ambassadeur qu'il était, de la polémique contre les ministres, en les poussant presque malgré eux à la guerre d'Espagne ; bientôt, ministre lui-même, il fit de la polémique contre ses collègues : il finira par faire une polémique à mort contre ses anciens amis, contre son ancien parti et contre sa cause.

[2] Le poëte parle ici de l'amour et des femmes, mais il ne dit pas bien ce qu'il veut dire ; car il suivrait de sa phrase que la femme se dessèche et se flétrit, que le cœur de la femme n'a plus de flamme pour aimer, tandis qu'il veut seulement dire : Quand nous devenons vieux, et que

Que nul sein ne bat plus quand le nôtre soupire,
Que nul front ne rougit sous notre œil qu'il attire;
Et que la conscience avec un cri d'effroi
Nous dit : *Ce n'est plus toi qu'elles aiment en toi !*
Alors, comme un Esprit exilé de sa sphère
Se résigne en pleurant aux ombres de la terre,
Détachant de vos pas nos yeux voilés de pleurs,
Aux faux biens d'ici-bas nous dévouons nos cœurs;
Les uns, sacrifiant leur vie à leur mémoire,
Adorent un écho qu'ils appellent la gloire ;
Ceux-ci de la faveur assiégent les sentiers
Et veulent au néant arriver les premiers !
Ceux-là, des voluptés vidant la coupe infâme,
Pour mourir tout vivants assoupissent leur âme ;
D'autres, accumulant pour enfouir encor,
Recueillent dans la fange une poussière d'or.
Mais mon œil a percé ces ombres de la vie :
Aucun de ces faux biens que le vulgaire envie,
Gloire, puissance, orgueil, éprouvés tour à tour,
N'ont pesé dans mon cœur un soupir de l'amour,
D'un de ses souvenirs même effacé la trace,
Ni de mon âme une heure agité la surface,
Pas plus que le nuage ou l'ombre des rameaux
Ne ride en s'y peignant la surface des eaux.
Après l'amour éteint, si je vécus encore,
C'est pour la vérité, soif aussi qui dévore !

Ce que Lamartine salue, en le quittant, sous le nom d'amour, de sensibilité et de tendresse, Chateaubriand le saluait sous le nom d'imagination, de Muses et de poésie. Tous deux se promettaient de vouer le reste de leur vie à la vérité : mais cette vérité ne tarde pas à se déguiser elle-même à l'âge mûr tout aussi bien qu'à la jeunesse; et les illusions de cette seconde moitié de la vie, pour être moins légères et moins gracieuses que les premières,

les jeunes femmes dans leur grâce et leur fraîcheur ne peuvent plus nous aimer et en aiment d'autres que nous... Quel dommage qu'un si beau jet de source s'écoule en des membres de phrases qui le plus souvent ne se tiennent pas, et dont il est impossible, à la réflexion, de se rendre compte ! Le poëte ne s'est jamais relu.

ne sont pas toujours pour cela plus élevées ni plus sérieuses [1].

Pour moi, Messieurs, je ne concevrai jamais, quand on est poëte à ce degré, qu'on renonce systématiquement à la poésie dans cette seconde et large moitié de la carrière. Et ne serait-ce donc pas encore le plus noble, le plus sérieux comme le plus savoureux emploi de cette saison plus mûre, et j'oserai dire l'emploi le plus utile aux hommes, que d'appliquer son génie, encore plein et déjà reposé, à des sujets de son choix médités et agrandis? Virgile, après les *Géorgiques,* a-t-il jeté ses pinceaux? A quel âge Milton a-t-il composé son *Paradis* immortel? Étaient-ce donc des œuvres de jeune homme que les poëmes d'Homère? « Mais la poésie et les vers, a dit un

---

[1] L'antique et généreux Properce vouait également sa jeunesse au culte des Muses et aux chants passionnés, et il se réservait pour l'âge mûr l'étude de la nature, de la physique, de l'astronomie, les questions naturelles, et même celles qui touchaient à l'autre vie (Élég. III, 5) :

> Tum mihi Naturæ libeat perdiscere mores,
> Quis Deus hanc mundi temperet arte domum, etc.

On conçoit en effet qu'un poëte érotique ne sache trop que faire de lui après la jeunesse passée. Quelqu'un a dit « qu'un poëte est un homme qui s'engage à être toujours jeune; » et c'est là un engagement bien périlleux. Mais, de fait, le vrai poëte reste jeune bien plus longtemps qu'un autre. — Goethe avait ressenti aussi ce ralentissement ou cette fuite de la poésie qui menace de nous quitter avec la jeunesse, et il attribuait à l'influence généreuse de Schiller (à qui lui-même il fut si utile) d'avoir rouvert en lui à temps la source féconde : « L'heureuse rencontre de nos deux natures, lui écrivait-il, nous a déjà procuré maint avantage, et j'espère que cet échange agira toujours de la même manière. Si j'ai fait valoir la réalité à vos yeux, vous m'avez appris à considérer d'un œil plus équitable la diversité de l'homme intérieur ; *vous m'avez refait une jeunesse et ressuscité en moi le poëte, alors qu'il s'en fallait de bien peu qu'il ne cessât d'exister.* » (Lettre du 6 janvier 1798). Goethe avait quarante-neuf ans quand il écrivait cela à son ami, de dix ans plus jeune.

orateur ancien[1], auxquels vous voulez consacrer votre vie, ne conduisent ni aux honneurs ni à la fortune : tout leur fruit se borne à un plaisir court, à une louange vaine et stérile. » Ici je vous arrête, et avec un autre Ancien[2], je réponds : « Il est vrai que la poésie ne mène ni aux honneurs ni aux consulats ; mais en est-elle pour cela plus vaine ? Ah ! loin de redouter les bois, les forêts et cette profondeur secrète de la solitude au sein de laquelle on oublie les hommes après les avoir trop bien connus, et d'où on peut les peindre de loin sans se ternir, je la mets bien au-dessus de cette autre vie banale et bruyante de l'orateur politique toujours assiégé : on y jouit de la paix, de la douceur de vivre avec soi, de l'innocence retrouvée ; et la gloire de l'œuvre, qui en sort avec le temps, est plus durable. Vous avez beau me vanter les consulats, j'aime bien mieux la solitaire et paisible retraite où se recueillait Virgile, et d'où pourtant il sut attirer sur lui et la faveur d'Auguste et les regards du peuple romain. »

Et puis (ce que cet Ancien ne dit pas), ne croyez point que la poésie éloigne tant de la vérité, de l'expérience humaine et de ce monde *actuel* qu'ambitionnent avant

---

[1] Aper, dans le *Dialogue des Orateurs* : « Nam carmina et versus, quibus totam vitam Maternus insumere optat, neque dignitatem ullam auctoribus suis conciliant, neque utilitates alunt : voluptatem autem brevem, laudem inanem et infructuosam consequuntur. » (§ IX.)

[2] Maternus, dans le même Dialogue. — Je ne traduis pas, je ne donne que le sens général ; mais que le texte est beau ! « Nemora vero, et luci, et secretum ipsum quod Aper increpabat, tantam mihi afferunt voluptatem ut inter præcipuos carminum fructus numerem quod nec in strepitu, nec sedente ante ostium litigatore, nec inter sordes ac lacrymas reorum componuntur, sed secedit animus in loca pura atque innocentia, fruiturque sedibus sacris... Ac ne fortunam quidem vatum, et illud felix contubernium, comparare timuerim cum inquieta et anxia oratorum vita ; licet illos certamina et pericula sua ad consulatus evexerint : malo securum et secretum Virgilii secessum, in quo tamen neque apud divum Augustum gratia caruit, neque apud populum Romanum notitia. » (§§ XII et XIII.)

tout les politiques : un peu de poésie éloigne de l'histoire et de la réalité des choses, beaucoup de poésie y ramène. Théocrite et Tibulle peuvent être souvent des hors-d'œuvre dans la vie; mais Dante, Aristophane et Shakespeare se retrouvent pour nous des contemporains, des guides toujours présents en des jours de révolution, tout autant que Montesquieu ou Machiavel. Seulement, même en ce qu'ils offrent d'amer, il règne un charme.

Telle est, Messieurs, ma plaidoirie en faveur de la poésie : j'en demande pardon à M. de Chateaubriand, à M. de Lamartine; ce sont eux qui m'ont fourni les meilleures armes contre eux-mêmes [1].

Peut-être ai-je tort, après tout, d'y regarder de si près, de vouloir me rendre compte des hommes comme je les ai vus, comme je les vois, de ne pas les prendre comme ils le voudraient, d'après leur pose en public et dans l'ensemble de leurs lignes.

« La première moitié de ma vie à la poésie, s'est dit M. de Chateaubriand, la seconde moitié à l'histoire, à la politique. » N'a-t-il pas suffisamment rempli ce programme? Les admirateurs et les panégyristes peuvent, sans trop d'effort, l'en louer : et la postérité elle-même aime mieux peut-être, en définitive, s'en tenir aux prin-

---

[1] Il est vrai, je le reconnais, que des poètes de l'ordre de Chateaubriand et de Lamartine, s'ils ne s'étaient occupés jusqu'à la fin que de leurs poëmes, n'auraient pas tenu à tout instant dans le monde la place qu'ils y tiennent de leur vivant. Je conçois qu'ils auraient pu bien des fois sourire de pitié en voyant tel politique qui n'est que cela, et qu'il ne tenait qu'à eux de surpasser, les traiter d'un air de supériorité et d'indifférence, ne pas compter avec eux, ne causer avec eux dans un salon qu'après avoir fait honneur et raison aux meneurs du jour; ils n'auraient peut-être pas eu la place d'honneur à un dîner diplomatique. C'est irritant, j'en conviens; cela donne envie de dire : *Et moi aussi, je vais vous prouver qu'il faut compter avec nous*. Mais quand on croit fermement à l'immortalité, quand on est sûr d'avoir *le dernier mot* auprès de la race future, qu'est-ce que ces misères?

cipaux aspects qu'on lui présente ; elle ne dédaigne pas d'être complice des hommes éminents dont elle a à garder mémoire.

Chaque grand talent, chaque génie a un plan idéal intérieur, un exemplaire primitif de soi auquel il revient dès qu'il prend la plume, en se réservant trop souvent d'y déroger dans le cours de la vie. Mais quand il n'y a pas trop dérogé ni avec trop d'éclat, c'est cet exemplaire, ou l'affiche qu'on en fait, qui de loin domine et fait loi. C'est là-dessus que se règle ensuite la légende pour réparer ou inventer les détails à distance. Vous qui avez vu les choses de près, ne venez plus parler du réel : tout ce qui dérange le simulacre olympien a tort et n'est point accepté.

Dans un temps où il n'y a presque pas de critique proprement dite, je veux dire d'examen scrupuleux et sincère, les critiques eux-mêmes se font peuple et poussent à l'idole, à la statue.

C'est cependant un plaisir pour certains esprits, et le dernier de tous, de vouloir savoir la vérité, et c'est un plaisir encore pour eux, fût-ce même inutilement, de la dire.

Je reviens. Si j'avais à juger dans leur ensemble *les Martyrs*, je dirais que c'est un poëme *composite*, où toutes les beautés païennes et chrétiennes sont artificiellement ramassées dans un étroit espace ; c'est de l'art qui me rappelle exactement celui de la Villa d'Adrien, dans laquelle cet Empereur, passionné pour le beau, avait réalisé ses impressions de voyage en pierres et en marbre, dans des proportions moindres, mais encore grandioses :

> Alexandrie, Athène avec art assemblées,
> Lacs, canaux merveilleux, Pœcile et Propylées,

Et tout ce qu'en cent lieux il avait admiré,
Et qu'il revoyait là sous sa main enserré.

« Au bout d'un petit bois d'ormes et de chênes verts, a dit M. de Chateaubriand décrivant cette Villa, on aperçoit des ruines qui se prolongent le long de la *Vallée de Tempé*; doubles et triples portiques, qui servaient à soutenir les terrasses des *Fabriques* d'Adrien. » *Fabriques* en effet, mais d'un Empereur artiste qui possédait le monde et qui installait ses antithèses grandioses sur toutes les collines de son vaste enclos. Tel est pour moi l'effet des *Martyrs*, et pas plus que dans la Villa Adriana, il n'y manque de ces grands aspects mélancoliques qui le soir, au milieu des ruines, à travers les échappées de nature, aux rayons du soleil couchant, nous rendent l'impression d'un paysage du Poussin, mais d'un paysage baigné dans l'or. Le poëme des *Martyrs*, comme la Villa d'Adrien, atteste une troisième époque de la restauration des arts; et je dirai du poëte ce que lui-même a dit de l'Empereur : « Adrien fut un prince remarquable, mais non un des plus grands empereurs Romains ; c'est pourtant un de ceux dont on se souvient le plus aujourd'hui. Il a laissé partout ses traces. »

Tel aussi a été Chateaubriand, non pas un des véritablement grands artistes des beaux siècles, non pas un des tout premiers ni même des seconds en beauté, mais un de ceux qui viennent immédiatement après ceux-là, et qui, en toute carrière, laisseront le plus de traces d'eux-mêmes et le plus de souvenir sur cette pente de la décadence, sous les regards d'une postérité qui ne saura plus bien où est le vrai beau.

Le succès des *Martyrs* ne fut pas ce que l'espérait l'auteur et que l'avaient auguré quelques-uns de ses amis. Chênedollé a dit judicieusement : « Chateaubriand a épuisé l'admiration ; il ne peut pas se flatter de faire avec ses Martyrs le même bruit, d'exciter le même délire qu'avec le *Génie du Christianisme*. Il ne peut que confirmer sa réputation et non l'augmenter : il ne peut espérer que de conquérir définitivement l'estime des gens de goût, de leur arracher cet aveu : *Nous avions raison*. — Au moment où le *Génie du Christianisme* parut, l'envie n'avait pas encore eu le temps de prendre ses mesures ; on aime à caresser le talent à son aurore : plus tard, on se venge, sur une réputation faite, de l'enthousiasme et de l'admiration qu'on a employée à la faire. »

Je n'entrerai pas dans le détail des critiques qui furent faites aux *Martyrs* par les contemporains. M. de Chateaubriand a cru devoir y répondre lui-même en tête de l'édition de 1810. Les articles d'Hoffman dans le *Journal de l'Empire*[1] furent ceux qui lui tinrent le plus au cœur. Toutes les parties faibles ou bizarres de la composition et des caractères y sont judicieusement relevées ; les inexactitudes géographiques[2] n'y trouvent pas grâce. L'auteur a depuis profité de plus d'une de ces remarques. Mais ce qui manque tout à fait à la critique d'Hoffman, c'est le sentiment poétique des beautés : il n'a que des railleries pour l'épisode de Velléda. De même, le secret de ce style modelé sur l'antique lui échappe dans le détail. A un endroit, s'étonnant que le poëte ait pu dire de Démodocus qui retrouve sa fille : « A l'apparition subite de sa fille, il est prêt à mourir de joie. Cymodocée se jette

---

[1] Voir dans les OEuvres d'Hoffman, tome IX, page 125.
[2] Ainsi quand le paysan *Volsque* est présenté comme arrivant au *Forum* avec les bœufs du *Clitumne* : « Il faut que le bonhomme les ait achetés à quelque foire ; car le *Clitumnus* était au nord de Rome chez les Falisques, tandis que les Volsques étaient au midi, au delà de la montagne de Circé. » Ainsi quand Eudore, dans sa partie de chasse avec Mérovée, découvre le tombeau d'Ovide *presque* au bord de l'Ister, et en deçà.

dans ses bras ; et, pendant quelques moments, on n'entendit que des sanglots entrecoupés : tels sont les cris dont retentit le nid des oiseaux, lorsque la mère apporte la nourriture à ses petits ; » il dira : « comme si les cris du besoin physique devaient être comparés aux accents qui sortent du cœur d'un père quand il revoit l'enfant qu'il croyait avoir perdu. » Mais Homère ne fait-il pas cela à tout instant, confondant à plaisir et mêlant dans ses comparaisons les deux ordres d'instincts et de sensations naturelles ? C'est ce qu'ignorait, tout instruit qu'il était, et ce que ne pouvait deviner ni sentir de lui-même l'aimable et spirituel auteur des *Rendez-vous bourgeois*. A part quelques hommes de goût, le commun des critiques en France ne possédait alors qu'une assez maigre poétique de l'Antiquité ; on s'étonnait d'expressions et d'épithètes toutes simples. Le chevalier de Boufflers avait trouvé fort singulier, par exemple, que l'auteur du *Génie du Christianisme* parlât quelque part du Zéphyr comme d'un vent violent : il en était, lui, au Zéphyr du xviiie siècle et de Watteau, à cet éternel Zéphyr qui régnait en France depuis Voiture. Le délicat et puissant Catulle (puissant au moins de touche) le connaissait mieux :

Horrificans Zephyrus proclivas concitat undas.

Aussi dans une des notes ajoutées aux *Martyrs*, à propos de l'Hymne à Bacchus, M. de Chateaubriand disait, en avertissant poliment ses contradicteurs : « Faute d'attention, un critique peu versé dans l'Antiquité pourrait se méprendre à ces passages et tomber dans des erreurs désagréables. »

Tout en disant qu'il ne prétendait pas donner une conclusion en forme, Hoffman concluait ainsi :

« Mon opinion est trop peu importante en littérature pour

qu'il me soit permis de rien décider ; mais en récapitulant tout ce que j'ai dit sur *les Martyrs*, on trouve que ce prétendu poëme est *le mauvais ouvrage d'un homme qui a un grand talent.* Si je me trompe sur la première partie de cette opinion, il est donc possible que je me trompe sur la seconde ; car il serait bien étonnant que j'eusse toujours un goût excellent quand je fais l'éloge de l'auteur, et toujours un mauvais goût quand je le critique. Aujourd'hui je parle avec d'autant moins de défiance que mon sentiment est plus d'accord avec le sentiment général. Les admirateurs des *Martyrs* sont devenus plus rares et plus modestes ; ils ne menacent plus d'une révolution en littérature et en poésie ; la désertion a beaucoup éclairci leurs rangs ; et le temps n'est pas loin où ils auront quelque honte de leur ridicule enthousiasme. La conception de cet ouvrage est une grande folie, et le mélange du sacré et du profane y est un grand scandale. Je ne serais pas étonné que quelques prélats, quelques pasteurs, ou autres personnages bien pieux, s'élevassent fortement contre une production dont l'effet est si contraire à l'intention de l'auteur. En revanche, *les Martyrs* plairont beaucoup aux philosophes et aux amateurs de la mythologie païenne, à laquelle M. de Chateaubriand a donné, sans le vouloir, une si grande supériorité. »

On répondit à Hoffman, et ce fut un homme instruit et religieux qui s'en chargea ; mais la réponse fut anonyme ; elle se fit loin du centre, dans *sept* articles du *Bulletin de Lyon*, à partir du 13 mai 1809. Cet anonyme, de tout temps demeuré obscur, mais estimé de quelques-uns, M. De Place, se livra à un examen approfondi des *Martyr* et s'attacha à les défendre, surtout au point de vue du Christianisme ; il y blâmait en même temps ce qui, précisément, en était le plus beau au regard de la passion et de la poésie ; il passait condamnation sur cet épisode de Velléda, l'honneur du poëme. Qu'est-ce qu'un critique qui viendrait défendre *l'Énéide* au point

de vue mythologique, en excluant le quatrième livre [1] ?
La dissertation de M. De Place, sa brochure de province,
n'arriva point à Paris et n'y eut aucun écho. Les plaisanteries d'Hoffman au contraire, dans ce silence de
l'Empire, quand les moindres querelles littéraires se

---

[1] Le début de ces articles de M. De Place est assez spirituel ; je donnerai ces premières pages pour que l'on puisse par là prendre une idée du reste. Pauvres critiques, nous faisons de notre mieux pour nous sauver les uns les autres de l'oubli ; mais le meilleur nageur, et qui tâche de soutenir sur l'eau son camarade qui allait au fond, n'ira pas lui-même très-loin :

« Quand on s'est imposé, disait le journaliste de Lyon en commençant, la triste tâche d'attaquer un livre accueilli par l'empressement public, et d'en retarder ou d'en contrarier le succès, il n'est pas de moyen plus prompt, pour réussir, que d'épier les dispositions de ceux auxquels l'ouvrage doit plaire, d'en profiter habilement pour répandre des insinuations perfides, et de le présenter sous un jour favorable ou odieux. En pareil cas, on ne manque jamais de rappeler l'utilité de la critique, et l'on a bien soin d'en exagérer les droits afin de pouvoir ensuite outrager plus à son aise ceux de la vérité et de la décence. Après ces précautions on défigure, en quelques traits de plume, les conceptions du génie, et l'on parvient ainsi sans peine à les rendre bizarres et ridicules. Comme les passions les plus basses sont toujours les plus aveugles, le mépris attaché au nom des Zoïles passés n'arrête pas leurs vils imitateurs. Une protestation banale d'impartialité devient pour eux le passe-port des imputations les plus mensongères, du plus grossier persiflage.

« Si, par exemple, il est question d'un poëme, on se hâte de dire :

« On ne voit dans ce livre que la peinture criminelle de la beauté des
« Nymphes, de leur parure, de leurs danses, de leurs chansons, de leurs
« jeux, de leurs intrigues, de leurs avances ; des rendez-vous, des tête-
« à-tête, des parties de chasse, des festins, etc., etc. La jeunesse, sous
« l'autorité des lois et sans le moindre obstacle de la pudeur, s'y livre
« à toutes sortes de voluptés et de dissolutions : les charmes, les amours
« des bergers et des bergères sont l'ornement du pays que parcourt le
« héros, et du roman qui ne respire que le libertinage et le vice. »

« Vient ensuite un article pour les *anachronismes*, un autre pour les *erreurs géographiques*, un troisième pour les *voyages sans fin*, un quatrième pour le *caractère des personnages, la plupart habillés à la grotesque*, un cinquième pour les *intentions* ; et, après ces longs détails, on conclut en disant que *l'auteur est toujours monté sur des échasses* ; que les aventures du héros ressemblent à celles de *don Quichotte* ou de *Gusman d'Alfarache* ; que le héros lui-même n'est parfois qu'un *imbécile*, le vieillard un *extravagant*, le prêtre un *comédien* ; que tout est *guindé*, *singulier*,

grossissaient et faisaient événement, portèrent coup et eurent un effet dont rien ne peut donner idée aujourd'hui que l'on est aguerri et bronzé.

Fontanes crut devoir relever le courage de son ami, comme Boileau soutenait de son mieux celui de Racine

extraordinaire; que le livre, *plein de défauts*, n'offre souvent qu'*un pompeux galimatias;* que c'est *un véritable pot-pourri* dans lequel *Dieu est mêlé avec le Démon, la lumière avec les ténèbres;* qu'en somme *il n'est bon qu'à corrompre l'esprit et le cœur : Accepisti ingenium aureum,* dit-on au poëte, *et ministras libidinibus.* Puis on déclare qu'on est *de bonne foi,* que *la satire et la médisance sont les vices qu'on hait le plus,* et l'on proteste de *son profond respect.*

« S'il est un livre dont les Lettres françaises puissent se glorifier avec quelque raison, c'est sans doute le *Télémaque* de l'immortel archevêque de Cambrai ; et cependant c'est contre *Télémaque* qu'a été écrit tout ce qu'on vient de lire. Je n'y ai pas ajouté un seul mot (voir Faydit). La science de l'illustre prélat, sa piété profonde, la noblesse de son caractère, l'aménité de ses mœurs, ne purent imposer silence à ses ennemis ; il ne fut à leurs yeux qu'un bel esprit occupé de *vaines chimères,* un *sujet ingrat.*

« Il était réservé à notre siècle de produire un ouvrage qui rappellerait celui de Fénelon et l'acharnement de ses détracteurs. On dirait que semblable à ces personnages de distinction qui ne paraissent jamais en public qu'ils ne soient aussitôt entourés par la populace, la gloire littéraire ne saurait se montrer sans traîner à sa suite la médiocrité et l'envie. Tel est en effet le pitoyable spectacle auquel a donné lieu l'apparition des *Martyrs.* D'après les épreuves qu'avait subies le *Génie du Christianisme,* il était facile de présumer qu'un livre destiné à étayer une opinion littéraire, déjà tour à tour contredite et défendue par des hommes du plus grand talent, aurait à soutenir des attaques bien plus violentes que toutes celles qui avaient précédé ; mais qui pouvait s'attendre que, parmi les critiques qui entreraient dans la lice, quelques-uns s'abaisseraient au rang des Gueudeville et des Faydit ? Un des rédacteurs d'un Journal célèbre n'a pas craint de descendre si bas. Cet écrivain n'a pas senti qu'en s'écartant de la modération et de l'équité dont quelques adversaires des *Martyrs* lui ont donné l'exemple, il compromettait tout à la fois les intérêts de sa réputation et le succès même de la cause qu'il entreprenait de défendre.

« Je vais examiner successivement les divers articles de sa misérable critique. Je considérerai le livre de M. de Chateaubriand sous ses divers points de vue religieux et littéraires ; et je hasarderai en même temps quelques idées sur l'Épopée moderne, etc., etc. » M. De Place fit en effet tout ce qu'il annonçait et traita le sujet à fond. Peine inutile !

après *Phèdre*, après *Athalie;* il lui dit aussi sur tous les tons, il ne cessa de lui répéter avec énergie et confiance : « *Ils y reviendront.* » On connaît, mais je ne saurais omettre ici les Stances célèbres qui honorent son talent non moins que son cœur, et qu'il retoucha jusqu'à la fin de sa vie ; je donne la version dernière :

Le Tasse, errant de ville,
Un jour, accablé de ses maux,
S'assit près du laurier fertile
Qui, sur la tombe de Virgile,
Étend toujours ses verts rameaux.

En contemplant l'urne sacrée,
Ses yeux de larmes sont couverts ;
Et là, d'une voix éplorée,
Il raconte à l'Ombre adorée
Les longs tourments qu'il a soufferts.

Il veut fuir l'ingrate Ausonie ;
Des talents il maudit le don,
Quand touché des pleurs du génie,
Devant le chantre d'Herminie
Paraît le chantre de Didon :

« Eh quoi ! dit-il, tu fis Armide
Et tu peux accuser ton sort !
Souviens-toi que le Méonide,
Notre modèle et notre guide,
Ne devint grand qu'après sa mort.

« L'infortune, en sa coupe amère,
L'abreuva d'affronts et de pleurs ;
Et quelque jour un autre Homère
Doit, au fond d'une île étrangère,
Mourir aveugle et sans honneurs.

« Plus heureux je passai ma vie
Près d'Horace et de Varius ;
Pollion, Auguste et Livie
Me protégeaient contre l'envie,
Et faisaient taire Mévius.

« Mais Énée aux champs de Laurente
Attendait mes derniers tableaux,
Quand près de moi la mort errante
Vint glacer ma main expirante
Et fit échapper mes pinceaux.

« De l'indigence et du naufrage
Camoëns connut les tourments ;
Naguère les Nymphes du Tage,
Sur leur mélodieux rivage,
Ont redit ses gémissements.

« Ainsi les maîtres de la lyre
Partout exhalent leurs chagrins ;
Vivants, la haine les déchire ;
Et ces dieux que la terre admire
Ont peu compté de jours sereins.

« Longtemps la gloire fugitive
Semble tromper leur noble orgueil ;
La gloire enfin pour eux arrive,
Et toujours sa palme tardive
Croît plus belle au pied d'un cercueil.

« Torquato, d'asile en asile
L'envie ose en vain t'outrager ;
Enfant des Muses, sois tranquille,
Ton Renaud vivra comme Achille :
L'arrêt du temps doit te venger.

« Le bruit confus de la cabale
A tes pieds va bientôt mourir ;
Bientôt à moi-même on t'égale,
Et pour ta pompe triomphale
Le Capitole va s'ouvrir. »

— Virgile a dit : O doux présage !
A peine il rentre en son tombeau ;
Et le vieux laurier qui l'ombrage,
Trois fois inclinant son feuillage,
Refleurit plus fier et plus beau.

Les derniers mots que l'Ombre achève
Du Tasse ont calmé les regrets :
Plein de courage il se relève,
Et tenant sa lyre et son glaive,
Du destin brave tous les traits [1].

Chateaubriand, le sort du Tasse
Doit t'instruire et te consoler ;
Trop heureux qui, suivant sa trace,
Au prix de la même disgrâce,
Dans l'avenir peut l'égaler !

Contre toi, du peuple critique
Que peut l'injuste opinion ?
Tu retrouvas la Muse antique
Sous la poussière poétique
Et de Solime et d'Ilion.

Du grand peintre de l'Odyssée
Tous les trésors te sont ouverts ;
Et dans ta prose cadencée
Les soupirs de Cymodocée
Ont la douceur des plus beaux vers [2].

---

[1] *Braver les traits du destin...*, expressions communes, usées, images vagues, fausse élégance chez ceux même qui passaient pour les derniers des classiques et pour de purs Raciniens (Fontanes, Parny). Voilà en quoi l'ancien style poétique réputé classique avait absolument besoin d'être renouvelé. Mais, dans ce renouvellement, s'en est-on tenu aux sources vives, et, en retraversant la nature, ne s'est-on pas jeté bien vite au delà, dans un autre genre de *convenu?* L'ancien convenu était fade et coulant, le nouveau est choquant et baroque. Je tiens ferme pourtant sur un point : une rénovation était nécessaire.

[2] « Chateaubriand est le seul écrivain en prose qui donne la sensation du vers : d'autres ont eu un sentiment exquis de l'harmonie, mais c'est une harmonie oratoire : lui seul a une harmonie de poésie. » (Chênedollé.) — Ce que les Isocrate et les Démétrius enseignaient et pratiquaient autrefois quant au nombre du style oratoire, M. de Chateaubriand l'a trouvé en français pour le style poétique. Il disait n'avoir rien écrit avec autant de soin que le chant *du cygne* soupiré par Cymodocée dans sa prison, et qui était comme le pendant de la chanson de mort de Chactas. Qu'on relise tout haut cet hymne mélodieux : « Légers vais-

> Aux regrets d'Eudore coupable
> Je trouve un charme différent ;
> Et tu joins dans la même fable
> Ce qu'Athène a de plus aimable,
> Ce que Sion a de plus grand [1],

Et encore, dans une Ode de 1812 *contre le Faux Goût*, on lit cette strophe si bien sentie :

> Si quelque Muse nouvelle
> Vient encor charmer Paris,
> Combien je tremble pour elle !
> L'Envie accourt à grands cris.

seaux de l'Ausonie...! » Il en a fait tout un bouquet de fleurs virginales, cueillies dans cette *prairie qu'arrose la pudeur* (se rappeler l'*Hippolyte* d'Euripide). C'est parce que le nom de Cymodocée réveillait en son imagination émue l'ineffable douceur de ces soupirs, que Ballanche jeune et resté adolescent ne pouvait prononcer tout haut ce simple nom sans verser à l'instant des larmes. Générations d'aujourd'hui, ne sauriez-vous plus comprendre cela ?

[1] On lisait dans les premières versions ces deux stances finales, où il était fait allusion à l'institution des Prix décennaux que l'Empereur venait de proposer :

> Ta gloire est sûre, il faut l'attendre ;
> Ce n'est point un présage vain :
> Chérile n'osera prétendre
> Au prix qu'un nouvel Alexandre
> Promet à l'illustre écrivain.

> Que le mérite se console,
> Un Héros gouverne aujourd'hui ;
> Des arts il veut rouvrir l'école,
> Et faire asseoir au Capitole
> Tous les talents dignes de lui.

J'aurais indiqué ces variantes dans l'édition de Fontanes que j'ai donnée en 1839, mais j'y étais gêné par les scrupules royalistes de la fille de l'auteur et par l'espèce de surveillant chicaneur qu'elle nous avait imposé, M. Roger. J'ai dû accepter ces entraves et subir ces ennuis par amour et respect pour la mémoire de Fontanes : les procédés ultérieurs de la comtesse Christine de Fontanes à mon égard m'ayant dégagé, je dis ce qui est vrai.

> Par le monstre repoussée,
> L'aimable Cymodocée
> S'enfuit les larmes aux yeux ;
> Et sur sa lyre touchante,
> Seule au désert, elle chante
> L'amour, l'honneur et les Cieux.

Malgré tous ces baumes le cœur du poëte resta ulcéré : il publia, peu après, son *Itinéraire* (1811) qu'il avait en portefeuille, et il y renouvela les mêmes adieux à la Muse. En effet, il ne rentra décidément sur la scène que par la politique en 1814.

Nous n'avons plus, pour l'épuiser dans son premier rôle, qu'à parler de l'*Itinéraire* et aussi à dire un mot du *Dernier Abencérage* qui, bien que publié quinze années seulement plus tard, remonte par sa composition à cette date de l'Empire.

VINGTIÈME LEÇON.

L'*Itinéraire* : pourquoi entrepris? — Diversité des motifs. — Poursuite de l'image. — Vérité et gaieté. — Une Grèce non solennelle. — Ruines de Sparte; grandeur historique. — Critique du docteur d'Argos. — L'Acropole d'Athènes; triomphe du peintre. — Seconde moitié de l'*Itinéraire* moins agréable. — *Le dernier Abencérage*. — Perfection et roideur. — La *Romance d'Hélène*; de la poésie en vers de Chateaubriand.

Messieurs,

L'*Itinéraire* passe pour un ouvrage à peu près irréprochable et pour offrir la perfection de la manière littéraire de M. de Chateaubriand. Quand un écrivain a paru extraordinaire à ses débuts, que chaque œuvre de lui a excité de violents orages, après que cette fureur critique s'est pourtant apaisée, s'il arrive qu'il publie un livre où il se rabatte un peu, et où il soit, par la nature du sujet, plus au niveau de tous, on se met à croire que c'est lui qui a changé et non pas qu'on s'est habitué soi-même. Il y a de l'un et de l'autre de ces résultats dans l'*Itinéraire* : l'auteur est plus simple, plus courant comme il convient dans un récit, et le public, qui s'attendait à je ne sais quoi d'étrange, devient tout à coup indulgent : il y a rapprochement des deux parts et on signe la paix.

« Si je disais, écrit l'auteur dans la Préface, que cet *Itinéraire* n'était point destiné à voir le jour, que je le donne au public à regret et comme malgré moi, je dirais la vérité, et vraisemblablement on ne me croirait pas.

« Je n'ai point fait un voyage pour l'écrire ; j'avais un autre dessein ; ce dessein, je l'ai rempli dans *les Martyrs*. J'allais chercher des *images* ; voilà tout. ».

Ceux qui avaient trouvé les tableaux des *Martyrs* trop éclatants trouvèrent plus à leur gré les esquisses de l'*Itinéraire*, grandes esquisses qui ne laissent pas d'être aussi des tableaux.

Les éloges que l'on donne à l'*Itinéraire* me paraissent s'appliquer surtout à la première partie du Voyage. La seconde moitié, qui offre encore de belles pages, est, selon moi, d'un intérêt médiocre, fatigante à lire, et le tout est plus surchargé d'érudition que je ne le voudrais. Dans la première partie, on vérifie mieux ce que dit l'auteur :

« J'ai déclaré que je n'avais aucune prétention, ni comme savant, ni même comme voyageur. Mon *Itinéraire* est la course rapide d'un homme qui va voir le ciel, la terre et l'eau, et qui revient à ses foyers avec quelques images nouvelles dans la tête et quelques sentiments de plus dans le cœur. »

C'est pour cela que je trouve qu'en beaucoup d'endroits, l'auteur nous accable, plus qu'il n'était besoin, sous les noms et les citations des voyageurs ses devanciers. M. de Chateaubriand a de ces poussées et de ces traînées d'érudition dont il abuse [1]. Ce que j'aime à suivre

---

[1] Il était capable, il avait surtout été capable, dans sa jeunesse, de ces poussées et de ces fougues d'érudition ; mais il ne savait ni revoir ni vérifier, ni donner le dernier coup d'œil aux choses. Aussi, dans les parties d'ouvrages qu'il a publiées dans sa vieillesse, et qui auraient exigé ce genre d'attention, y a-t-il des erreurs et des inexactitudes sans nombre. La plupart des pages érudites qui s'y glissent ou qui s'y *fourrent* lui ont été procurées par des amis. Lui, il avait une antipathie et une aversion bien singulière de la part d'un quasi-historien : il ne pouvait souffrir les livres. Mme de Chateaubriand écrivait, le 10 juillet 1839, à

en lui; c'est surtout le premier des Childe-Harold du siècle dans son poétique pèlerinage.

Il se piquait encore d'être un pèlerin d'une autre sorte et d'un autre âge :

« Il peut paraître étrange aujourd'hui de parler de vœux et de pèlerinages ; mais sur ce point je suis sans pudeur, et je me suis rangé depuis longtemps dans la classe des superstitieux et des faibles. Je serai peut-être le dernier Français sorti de mon pays pour voyager en Terre-Sainte avec les idées, le *but* et les sentiments d'un ancien pèlerin. Mais si je n'ai point les vertus qui brillèrent jadis dans les sires de Coucy, de Nesles, de Chastillon, de Montfort, du moins la foi me reste ; à cette marque je pourrais encore me faire reconnaître des antiques Croisés. »

C'est sans doute parce que ce rôle de pèlerin officiel domine toute la seconde partie du Voyage qu'il en amortit l'intérêt. Nous savons maintenant que ce rôle-là n'était qu'à demi vrai, et qu'il y avait dans cette prétention de la part de l'auteur des *Martyrs* une dernière fiction épique. L'auteur des *Mémoires d'Outre-tombe* nous a édifiés depuis : Je suis forcé de rappeler ici le passage déjà cité dans une des leçons précédentes [1], mais qui a toute sa valeur en cet endroit :

« Mais ai-je tout dit dans l'*Itinéraire* sur ce voyage commencé au port de Desdemona et d'Othello ? Allais-je au tombeau du Christ dans les dispositions du repentir ? Une seule pensée

un vieil ami de Lyon, l'abbé de Bonnevie : « Le bon abbé Deguerry vous aura dit que nous sommes très-contents de notre appartement. M. de Chateaubriand surtout en est enchanté, parce qu'il n'y a pas moyen d'y placer un livre : vous connaissez l'horreur du patron pour ces nids à rats qu'on appelle bibliothèques. »

[1] Dans la troisième Leçon.

m'absorbait; je comptais avec impatience les moments. Du bord de mon navire, les regards attachés à l'Étoile du soir, je lui demandais des vents pour cingler plus vite, de la gloire *pour me faire aimer* [1]. J'espérais en trouver à Sparte, à Sion, à Memphis, à Carthage, et l'apporter à l'Alhambra. Comme le cœur me battait en abordant les côtes d'Espagne! Aurait-on gardé mon souvenir ainsi que j'avais traversé mes épreuves? Que de malheurs ont suivi ce mystère! Le soleil les éclaire encore [2]... Si je cueille à la dérobée un instant de bonheur,

---

[1] *Et de trois!* — Premier motif : chercher des images. — Second motif : visiter, en Croyant, les lieux saints. — Troisième motif : se faire aimer d'une beauté sensible à la gloire. — Il est peintre, pèlerin et amoureux.

[2] La personne à laquelle il est fait ici allusion (Mme de Mouchy) eut la raison égarée durant les dernières années de sa vie. — Mme de Duras qui connaissait, elle aussi, « les chagrins dont on devrait mourir et dont on ne meurt pas, » parle ainsi de Mme de Mouchy dans une lettre à Mme Swetchine (20 septembre 1817) : « Je vous ai montré des lettres de ma pauvre amie; vous avez admiré avec moi la supériorité de son esprit, l'élévation de ses sentiments, et cette délicatesse, cette fierté blessée qui depuis longtemps empoisonnait sa vie, car il n'y a pas de situation plus cruelle, selon moi, que de valoir mieux que sa conduite; on se juge avec tant de sévérité, et pourtant l'abaissement est si pénible! Et quand on a réuni tout ce que la beauté, la grâce, l'esprit, l'élégance des manières, peuvent inspirer d'admiration, qu'on a joui de cette admiration et qu'on sent qu'on vous la dispute, quelles affreuses réflexions ne doit-on pas faire! Et puis, il faut joindre à cela des sentiments blessés ou point compris, enfin ce malaise d'un cœur mal avec lui-même, et cependant trop haut pour exiger.

« Enfin, chère amie, tout l'ensemble de cette situation a produit ce que cela devait produire, sa tête s'est égarée; son imagination s'est frappée, et elle a perdu la raison. Je ne puis vous dire la peine et le mal que cela m'a fait. Cette pauvre amie est bien aise de me voir; sa folie n'est point violente, mais elle est déchirante. La terreur l'a saisie, elle croit qu'on va l'assassiner, que tout ce qu'elle prend est empoisonné...; enfin mille folies. Elle s'est confessée; elle croit toujours mourir la nuit qui va suivre, mais elle dit qu'elle est heureuse. Elle m'a chargée de la justifier après sa mort, de dire qu'elle ne méritait pas l'abandon où on l'avait laissée, enfin des choses où l'on retrouvait, à travers sa folie, les pensées que je savais trop lui être habituelles. Cela est déchirant. On voit, dans cet état où l'on ne déguise rien, combien son âme était douce, et combien elle a dû souffrir... » (*Madame Swetchine, sa Vie et ses Œuvres*, publiées par le comte de Falloux, 1860, tome I, page 214.)

il est troublé par la mémoire de ces jours de séduction, d'enchantement et de délire. »

Ceci devient embarrassant. Entre les diverses explications données par lui-même sur le but de sa sainte aventure, laquelle choisir? Peut-être faudrait-il les accepter toutes, mais je m'en tiens de préférence à la première : « J'allais chercher des *images*, voilà tout. »

Ah! poëte et artiste, le mot est lâché; vous alliez chercher des images et pas autre chose; et vos couleurs trouvées, votre tableau fait, vous étiez content. — Demandez à vos successeurs poëtes ce qu'ils sont allés aussi chercher dans l'Orient : s'ils sont sincères, ils répondront : Des images, aussi des images, tout au plus quelques impressions. Villehardouin, Richard Cœur-de-lion et saint Louis allaient dans l'Orient pour autre chose; et même si Racine y était allé en son temps, s'il avait accompagné M. de Guilleragues, les images pour lui ne seraient venues que bien tard et après.

Voilà, Messieurs, ce que j'appelle être le premier grand artiste d'une époque de décadence : désormais, partout où il y aura des images qui le tenteront, il ira, — non pas seulement à Jérusalem, mais jusque dans le camp des infidèles; — que cherche-t-il dans le libéralisme, dans le républicanisme, dans ce monde de Béranger, de Carrel? — des images, toujours des images : il les veut nobles sans doute, brillantes, à effet, glorieuses, partout où il les trouve; il les veut faites pour parer et rehausser celui qui s'en revêt et qui en blasonne son écusson; mais il les veut par-dessus toute chose; il les moissonne avec leur panache en fleur; il en fait trophée et gloire.

Trouver la plus belle phrase sur les descendants de saint Louis et de Robert-le-Fort, la plus belle phrase sur Napoléon à Sainte-Hélène, la plus belle sur le tombeau de Jésus-Christ, la plus belle phrase sur la république future éventuelle, la plus belle phrase et la plus splendide sur la ruine et le cataclysme du vieux monde : qu'il y ait réussi, et il sera content.

Il n'y a pas un accord parfait, — que dis-je? il y a un vide et un abîme entre ses buts avoués et ses buts secrets, entre son sentiment intime (indifférent) et son expression éclatante. Le côté faible, le creux de l'inspiration nous est révélé. — Quoi qu'il en soit, il appelle l'*Itinéraire* les *Mémoires d'une année de sa vie*, et c'en est peut-être la meilleure partie, celle qui fut écrite à l'heure la plus sentie et la plus heureuse.

Il y a de l'esprit dans l'*Itinéraire*. Cela repose et rafraîchit après tant de solennités. Le domestique milanais Joseph (ce marchand d'étain à Smyrne), le domestique français Julien, viennent se mêler à propos, dans des coins de tableau, par leurs naïvetés ou par de piquantes mésaventures : on a mis le pied dès le premier moment dans une vraie Grèce, qui n'a rien de factice ni de convenu :

« Les courses sont de huit à dix lieues avec les mêmes chevaux ; on leur laisse prendre haleine, sans manger, à peu près à moitié chemin ; on remonte ensuite et l'on continue sa route. Le soir on arrive quelquefois à un khan, masure abandonnée où l'on dort parmi toutes sortes d'insectes et de reptiles sur un plancher vermoulu. On ne vous doit rien dans ce khan, lorsque vous n'avez pas de firman de poste : c'est à vous de vous procurer des vivres comme vous pouvez. Mon janissaire allait à la chasse dans les villages ; il rapportait quelquefois des poulets que je m'obstinais à payer ; nous les faisions rôtir sur des branches vertes d'olivier, ou bouillir avec du riz pour en faire un pilau. Assis à terre autour de ce festin, nous le déchirions avec nos doigts ; le repas fini, nous allions nous laver la barbe et les mains au premier ruisseau. Voilà comme on voyage aujourd'hui dans le pays d'Alcibiade et d'Aspasie. »

En quittant Coron où il s'embarque pour la Messénie :
« Je m'embarquai avec Joseph et mon nouveau janissaire, qui devait me conduire à l'embouchure du Pamisus, au fond du golfe de Messénie. Quelques heures d'une belle traversée me portèrent dans le lit du plus grand fleuve du Péloponèse, où notre petite barque échoua faute d'eau. » Les contrastes de la barbarie turque avec la beauté des lieux et la majesté des souvenirs sont touchés souvent avec gaieté et une sorte de bonne humeur. On se dit que c'est en voyage qu'il devait faire bon surtout de rencontrer M. de Chateaubriand ; il se livre d'autant plus alors qu'il sait qu'il passe et qu'il ne reviendra pas. La découverte, ou plutôt la reconnaissance, qu'il fait des ruines de Sparte est imprévue, dramatique, et se couronne par d'admirables scènes de ruines et de paysages historiques :

« Comme j'arrivais à son sommet (au sommet de la colline de la citadelle), le soleil se levait derrière les monts Ménélaïons. Quel beau spectacle ! mais qu'il était triste ! L'Eurotas coulant solitaire sous les débris du pont Babyx ; des ruines de toutes parts, et pas un homme parmi ces ruines ! Je restai immobile, dans une espèce de stupeur, à contempler cette scène. Un mélange d'admiration et de douleur arrêtait mes pas et ma pensée ; le silence était profond autour de moi : je voulus du moins faire parler l'écho dans des lieux où la voix humaine ne se faisait plus entendre, et je criai de toute ma force : *Léonidas !* Aucune ruine ne répéta ce grand nom, et Sparte même sembla l'avoir oublié.

« Si des ruines où s'attachent des souvenirs illustres font bien voir la vanité de tout ici-bas, il faut pourtant convenir que des noms qui survivent à des Empires, et qui immortalisent des temps et des lieux, sont quelque chose. Après tout, ne dédaignons pas trop la gloire ; rien n'est plus beau qu'elle, si ce n'est la vertu. Le comble du bonheur serait de réunir l'une à l'autre dans cette vie ; et c'était l'objet de l'unique prière que les Spartiates adressaient aux Dieux : « *Ut pulchra bonis adderent* [1] ! »

« J'ai compté dans ce vaste espace (à l'Est, entre la citadelle et l'Eurotas) sept ruines debout et hors de terre, mais tout à fait informes et dégradées. Comme je pouvais choisir, j'ai donné à l'un de ces débris le nom du temple d'Hélène; à l'autre, celui du tombeau d'Alcman : j'ai cru voir les monuments héroïques d'Égée et de Cadmus; je me suis déterminé ainsi pour la fable, et n'ai reconnu pour l'histoire que le temple de Lycurgue. J'avoue que je préfère au brouet noir et à la Cryptie la mémoire du seul poëte que Lacédémone ait produit, et la couronne de fleurs que les filles de Sparte cueillirent pour Hélène dans l'île du Plataniste :

. . . . O ubi campi,
Spérchiusque, et virginibus bacchata Lacænis
Taygeta ! . . . .

« Tout cet emplacement de Lacédémone est inculte : le soleil l'embrase en silence et dévore incessamment le marbre des tombeaux. Quand je vis ce désert, aucune plante n'en décorait

---

[1] Le voilà en plein dans la nature humaine héroïque et splendide ; voilà le Chateaubriand avant le rôle et le parti pris, avant le *Génie du Christianisme*. Il pense comme Vauvenargues, ce jeune Ancien : « Celui qui recherche la gloire par la vertu ne demande que ce qu'il mérite. — La gloire est la preuve de la vertu. » Il est de la religion de Pline le jeune qui disait : « Tous ceux qui ont fait quelque chose de grand et de mémorable, je les estime très-dignes, non-seulement d'excuse, mais encore de louange, s'ils poursuivent cette immortalité qu'ils ont méritée, et s'ils s'efforcent d'assurer, même par des monuments et des inscriptions suprêmes, la gloire durable de leur nom. *Omnes ego qui magnum aliquod memorandumque fecerunt, non modo venia, verum etiam laude dignissimos judico, si immortalitatem quam meruere sectantur, victurique nominis famam supremis etiam titulis prorogare nituntur.* » Et il le prouvera par le choix et le soin de son tombeau. — On rapporte que M. de Talleyrand disait, quand l'*Itinéraire* parut : « Il y a là beaucoup trop d'esprit pour un livre de poste, et pas assez de talent pour un ouvrage. » Le public ne fut pas de cet avis. M. de Talleyrand, on le conçoit, ne devait pas plus goûter l'*Itinéraire* que l'abbé de Montesquiou n'aimait *René* : qu'avait-il à faire de Léonidas ?

les débris ; aucun oiseau, aucun insecte ne les animait, hors des millions de lézards qui montaient et descendaient sans bruit le long des murs brûlants. Une douzaine de chevaux à demi sauvages paissaient çà et là une herbe flétrie ; un pâtre cultivait dans un coin du théâtre quelques pastèques ; et à Magoula, qui donne son triste nom à Lacédémone, on remarquait un petit bois de cyprès...

« La vue dont on jouit en marchant le long de l'Eurotas est bien différente de celle que l'on découvre du sommet de la citadelle. Le fleuve suit un lit tortueux et se cache, comme je l'ai dit, parmi des roseaux et des lauriers roses aussi grands que des arbres ; sur la rive gauche, les monts Ménélaïons, d'un aspect aride et rougeâtre, forment contraste avec la fraîcheur et la verdure du cours de l'Eurotas. Sur la rive droite, le Taygète déploie son magnifique rideau : tout l'espace compris entre ce rideau et le fleuve est occupé par les collines et les ruines de Sparte ; ces collines et ces ruines ne paraissent point désolées comme lorsqu'on les voit de près : elles semblent au contraire teintes de pourpre, de violet, d'or pâle. Ce ne sont point les prairies et les feuilles d'un vert cru et froid qui font les admirables paysages, ce sont les effets de la lumière... »

Mais surtout :

« Après le souper, Joseph apporta ma selle, qui me servait ordinairement d'oreiller ; je m'enveloppai dans mon manteau, et je me couchai au bord de l'Eurotas sous un laurier. La nuit était si pure et si sereine, que la Voie lactée formait comme une aube réfléchie par l'eau du fleuve, et à la clarté de laquelle on aurait pu lire. Je m'endormis les yeux attachés au ciel, ayant précisément au-dessus de ma tête la belle constellation du Cygne de Léda. Je me rappelle encore le plaisir que j'éprouvais autrefois à me reposer ainsi dans les bois de l'Amérique, et surtout à me réveiller au milieu de la nuit. J'écoutais le bruit du vent dans la solitude ; le bramement des daims et des cerfs, le mugissement d'une cataracte éloignée, tandis que mon bûcher, à demi éteint, rougissait en dessous le feuillage des arbres. J'aimais jusqu'à la voix de l'Iroquois lorsqu'il élevait un cri du sein des forêts, et qu'à la clarté des étoiles, dans le silence de la nature, il semblait proclamer sa liberté sans bornes. Tout cela plaît à vingt ans, parce que la vie se suffit, pour ainsi dire, à elle-même, et qu'il y a dans la première jeunesse quelque chose d'inquiet et de vague qui nous porte incessamment aux chimères, *Ipsi sibi somnia fingunt*; mais, dans un âge plus mûr, l'esprit revient à des goûts plus solides : il veut surtout se nourrir des souvenirs et des exemples de l'histoire. Je dormirais encore volontiers au bord de l'Eurotas ou du Jourdain, si les Ombres héroïques des trois cents Spartiates, ou les douze fils de Jacob, devaient visiter mon sommeil; mais je n'irais plus chercher une terre nouvelle qui n'a point été déchirée par le soc de la charrue; il me faut à présent de vieux déserts qui me rendent à volonté les murs de Babylone ou les légions de Pharsale, *grandia ossa!* des champs dont les sillons m'instruisent, et où je retrouve, homme que je suis, le sang, les larmes et les sueurs de l'homme... »

Je ne sais si c'est bien le sentiment de sympathie humaine qui triomphe ici; mais l'âge positif approche; l'ambition politique substitue insensiblement ses perspectives et ses capitoles lointains aux songes flottants, indéfinis, de la poésie et de l'amour.

A Argos il fut reçu par un médecin italien, le docteur Avramiotti, avec qui il eut je ne sais quelle petite pique de susceptibilité. M. de Chateaubriand fait de ce médecin un Vénitien qui s'ennuie en Grèce et qui lui dit : « Vous venez de Venise à présent; je crois que je ferais bien de retourner à Venise. » Et le voyageur ajoute : « Je quittai cet exilé de la Grèce le lendemain à la pointe du jour... Je crois que M. Avramiotti ne fut pas fâché d'être débarrassé de moi : quoiqu'il m'eût reçu avec beaucoup de politesse, il était aisé de voir que ma visite n'était pas venue très à propos. »

Cette remarque, peu obligeante d'intention, valut depuis à M. de Chateaubriand une réponse du docteur Avramiotti qui n'était pas de Venise, mais de Zante où il avait ses biens et sa famille. Sous le titre de *Alcuni Cenni critici*, etc. (*Quelques traits critiques sur le Voyage en Grèce qui compose la première partie de l'*ITINÉRAIRE...), le docteur publia en 1817, à Padoue, une critique fort vive et piquante de l'ouvrage célèbre, et, en général, de la méthode de M. de Chateaubriand en voyage. Millin, rendant compte de l'écrit du docteur dans les *Annales encyclopédiques*[1] disait : « M. Avramiotti peut avoir quelquefois raison, mais il n'a jamais raison sans aigreur. » Il faut convenir qu'ici le premier mot désobligeant était venu de M. de Chateaubriand même. Avramiotti nous paraît, à nous, avoir raison sur toute une partie considérable de l'ouvrage, sur une *moitié* de Chateaubriand voyageur.

Que M. Avramiotti nous assure que M. de Chateaubriand n'a pu descendre à Misitra chez un des principaux Turcs appelé Ibraïm-Bey, attendu qu'aucun Turc de ce nom, d'un rang distingué, n'habite dans ce lieu; ce n'est là probablement qu'une erreur de nom, et qui n'oblige pas à conclure que tout ce qui est raconté de l'intérieur de ce Turc, de la maladie de son enfant, du remède de la centaurée, n'est qu'invention pure. Chateaubriand était fort distrait sur les noms propres qu'il savait le mieux : je le surprends quelque part à appeler l'*amie* de Fontanes Madame d'*Aulnoy* (une contemporaine de Saint-Évremond), au lieu de Madame Du *Fresnoy*. L'aulne ou le *frêne*, peu importe !

Il est plus essentiel de faire remarquer, avec M. Avramiotti, que le voyageur n'a pas découvert, comme il le donnerait volontiers à entendre, les ruines de Sparte;

---

[1] Tome II, pages 159 et suiv.

elles étaient découvertes longtemps avant lui : il n'a fait que les décrire magnifiquement, en assignant avec instinct peut-être, mais certainement avec caprice, les noms qu'il lui plaisait aux différents débris. A un endroit, sur la foi d'une vague et inexacte réminiscence, il croit reconnaître dans une pierre informe un reste de *lion;* cela lui paraît indiquer le tombeau de Léonidas, et il voit selon qu'il désire.

Après avoir déclaré ne rien comprendre à la route que suit le voyageur pour aller de Misitra à Tripolizza, M. Avramiotti, arrivant à ce qui l'intéresse plus particulièrement, nous dit :

« Enfin M. de Chateaubriand arrive chez moi avec une lettre de M. Fornetti, premier dragoman de France dans l'Échelle de Corone ; je lui parle d'Argos ; je l'entretiens des beaux travaux de M. Fauvel. M. de Chateaubriand demande des chevaux pour le lendemain, parce qu'il veut rejoindre le bâtiment qui l'attend à Athènes. Je lui représente qu'il est impossible d'être venu à Argos et de repartir sans avoir vu cette cité célèbre. Nous allons le lendemain au château ; il admire le tout de cette éminence ; je lui fais observer que les généraux seuls se contentent de regarder le terrain d'une hauteur pour disposer leurs troupes ; que les peintres peuvent encore en tirer des paysages, mais que le savant recherche dans ses voyages chaque pierre, chaque inscription : il me répond que la nature ne l'a point fait pour ces études serviles, qu'il lui suffit d'une hauteur pour s'y rappeler les riantes fictions de la Fable et les souvenirs de l'histoire ; voilà en effet pourquoi, volant sur les cimes de l'Olympe et du Pinde, il place à son gré les villes, les temples et les édifices. »

C'est qu'il est peintre en effet et rien que cela ; il est peintre comme d'autres sont conquérants : *Veni, vidi, vici.* Il peint de haut et d'autorité, à vol d'oiseau, à vue d'aigle. Il laisse le déchiffrement pénible aux savants, aux antiquaires. Il *brûle*, il illumine le pays où il passe : les archéologues vous diront le reste.

« Son serviteur, qui lui servait d'interprète, continue Avramiotti, me prie de tâcher d'obtenir de son maître de se reposer au moins un jour, et il m'avoue que *deux heures après son arrivée dans un lieu son maître est impatient de partir,* tant il a envie d'arriver à Athènes pour se délivrer d'un importun patron de navire. »

Ainsi il est et sera partout. Voyageur ou ambassadeur, à peine arrivé il s'ennuie. *L'ennui monte en croupe et galope avec lui.* Il arrive, il repart, il harasse ses gens [1].

Maintenant, comment concilier cela avec ce que dit un autre voyageur en ces mêmes contrées ?

« M. de Chateaubriand n'a jamais peint que ce qu'il a vu. La justesse de sa mémoire était proportionnée à la délicatesse de son organisation. Tous les objets le frappaient par leur aspect le plus original, et il en gardait une impression ineffaçable. Nous avons suivi pas à pas, pour notre compte, une grande partie de l'*Itinéraire de Paris à Jérusalem,* et nous devons à la vérité de déclarer que M. de Chateaubriand est *le plus exact* [2] comme le plus brillant des voyageurs. Nous n'oublierons jamais que, nous trouvant dans le Péloponèse, dépourvu de livres et de cartes, nous avons reconnu les ruines de Lacédémone dans un dédale de maisons éparses et de plantations, et que nous sommes arrivé au théâtre antique sans autre guide que le souvenir des pages de l'*Itinéraire.* »

---

[1] Nous avons déjà fait remarquer cette disposition où il était de tout temps, dans la cinquième Leçon, à l'occasion du voyage d'Amérique.
[2] Quoi? même lorsqu'il prend le Rhyndacus pour le Granique, et qu'averti de sa méprise, il s'y obstine! ou lorsque, côtoyant la Troade sans prendre la peine d'y débarquer, il a cru voir des moulins à vent sur le tombeau d'Achille! Il parlera de ces moulins au commencement des *Mémoires d'Outre-tombe.*

Nous attacherions plus d'importance encore à ce témoignage, s'il ne venait d'un homme de mérite sans doute et de grand savoir, mais de l'un de ceux à qui l'affirmation coûte le moins. La contradiction, d'ailleurs, n'est pas si entière qu'elle le paraît ; l'éloge est vrai de M. de Chateaubriand peintre; il l'est surtout pour les paysages historiques qu'il a retracés, et non pas autant pour les paysages naturels, pour ceux d'Amérique par exemple, ceux qu'il a mis dans *Atala :* n'ayant pu tout voir, il les a faits *composites*, y rassemblant forcément des objets séparés dans la nature par de grandes distances.

Au reste, en tout ce qu'il traite, le même procédé se retrouverait, avec les mêmes qualités et les mêmes défauts : — de grandes choses, de grands traits sur certains points importants, la lumière ou même la foudre sur les sommets; et, dans les intervalles, d'incroyables inadvertances et des négligences sans nom. — Tel il sera dans ses *Études historiques;* tel même dans l'histoire littéraire, quand il l'essayera [1].

Un peu battu à Argos, il va se dédommager et prendre sa revanche à Athènes. Le séjour qu'il y fait, après ce qu'il a dit de Sparte, se sent de la différence des lieux, et le voyageur, tout d'abord reçu en pays civilisé, y est moins grave. Dès l'entrée, on a une petite scène qui est comme un mime de Sophron ou un fragment d'Aristophane :

« Pendant notre dîner nous reçûmes les compliments de ce qu'on appelle dans le Levant la *nation :* cette nation se compose des négociants français, ou dépendants de la France, qui habitent les différentes Échelles. Il n'y a à Athènes qu'une ou deux maisons de cette espèce : elles font le commerce des huiles. M. Roque me fit l'honneur de me rendre visite : il avait une fa-

---

[1] Dans l'Introduction qu'il a mise en tête de sa traduction du *Paradis perdu*.

mille, et il m'invita à l'aller voir avec M. Fauvel ; puis il se mit à parler de la société d'Athènes : « Un étranger fixé depuis « quelque temps à Athènes paraissait avoir senti ou inspiré une « passion qui faisait parler la ville... Il y avait des commérages « vers la maison de Socrate, et l'on tenait des propos du côté « des jardins de Phocion... L'archevêque d'Athènes n'était pas « encore revenu de Constantinople. On ne savait pas si on ob- « tiendrait justice du Pacha de Négrepont, qui menaçait de « lever une contribution à Athènes. Pour se mettre à l'abri « d'un coup de main, on avait réparé le mur de clôture ; ce- « pendant on pouvait tout espérer du chef des Eunuques noirs, « propriétaire d'Athènes, qui certainement avait auprès de Sa « Hautesse plus de crédit que le Pacha (O Solon ! O Thémisto- « cle ! le chef des Eunuques noirs, propriétaire d'Athènes, et « toutes les autres villes de la Grèce enviant cet insigne bon- « heur aux Athéniens !)... Au reste, M. Fauvel avait bien fait de « renvoyer le religieux italien qui demeurait dans la Lanterne « de Démosthène (un des plus jolis monuments d'Athènes), « et d'appeler à sa place un capucin français. Celui-ci avait de « bonnes mœurs, était affable, intelligent, et recevait très-bien « les étrangers qui, selon la coutume, allaient descendre au « couvent français... » Tels étaient les propos et l'objet des conversations à Athènes : on voit que le monde y allait son train, et qu'un voyageur qui s'est bien monté la tête doit être un peu confondu quand il trouve, en arrivant dans la rue des Trépieds, les tracasseries de son village. »

Voulez-vous Athènes, vue du Parthénon, du haut de la citadelle, au lever de l'aurore ? là sont réunies toutes les conditions favorables et chères au talent de M. de Chateaubriand ; aussi est-ce son triomphe :

« Le lendemain (de mon arrivée), à quatre heures et demie du matin, nous montâmes à la citadelle ; son sommet est environné de murs, moitié antiques, moitié modernes ; d'autres murs circulaient autrefois autour de sa base. Dans l'espace que renferment ces murs, se trouvent d'abord les restes des Propylées et les débris du temple de la Victoire. Derrière les Propylées, à gauche, vers la ville, on voit ensuite le Pandroséum et le double temple de Neptune-Érecthée et de Minerve-Polias ; enfin, sur le point le plus éminent de l'Acropolis, s'élève le temple de Minerve : le reste de l'espace est obstrué par les décombres des bâtiments anciens et nouveaux, et par les tentes, les armes et les baraques des Turcs....

« Je n'entrerai point dans la description particulière de chaque monument... La première chose qui vous frappe dans les monuments d'Athènes, c'est la belle couleur de ces monuments. Dans nos climats, sous une atmosphère chargée de fumée et de pluie, la pierre du blanc le plus pur devient bientôt noire ou verdâtre. Le ciel clair et le soleil brillant de la Grèce répandent seulement sur le marbre de Paros et du Pentélique une teinte dorée semblable à celle des épis mûrs ou des feuilles en automne.

« La justesse, l'harmonie et la simplicité des proportions attirent ensuite votre admiration... J'ai vu du haut de l'Acropolis le soleil se lever entre les deux cimes du mont Hymette : les corneilles qui nichent autour de la citadelle, mais qui ne franchissent jamais son sommet, planaient au-dessus de nous ; leurs ailes noires et lustrées étaient glacées de rose par les premiers reflets du jour ; des colonnes de fumée bleue et légère montaient dans l'ombre, le long des flancs de l'Hymette, et annonçaient les parcs ou les chalets des abeilles ; Athènes, l'Acropolis et les débris du Parthénon se coloraient des plus belles teintes de la fleur du pêcher ; les sculptures de Phidias, frappées horizontalement d'un rayon d'or, s'animaient et semblaient se mouvoir sur le marbre par la mobilité des ombres du relief ; au loin, la mer et le Pirée étaient tout blancs de lumière, et la citadelle de Corinthe, renvoyant l'éclat du jour nouveau, brillait sur l'horizon du couchant, comme un rocher de pourpre et de feu.

« Du lieu où nous étions placés, nous aurions pu voir, dans les beaux jours d'Athènes, les flottes sortir du Pirée pour combattre l'ennemi ou pour se rendre aux fêtes de Délos ; nous aurions pu entendre éclater au théâtre de Bacchus les douleurs d'Œdipe, de Philoctète et d'Hécube ; nous aurions pu ouïr les applaudissements des citoyens aux discours de Démosthène. Mais, hélas ! aucun son ne frappait notre oreille... »

M. Avramiotti peut dire tout ce qu'il voudra, il peut avoir raison dans ses critiques de détail; M. Fauvel lui-même, lisant le livre d'Avramiotti, peut y sourire : cela n'empêche pas Chateaubriand d'être le plus grand peintre et le plus fidèle, lorsqu'il s'assied sur le haut de la colline et qu'il décrit avec des mots pleins de lumière tout ce qui est à ses pieds sous le soleil.

Au départ, nous assistons au spectacle du plus aimable songe, à celui du *Pot au lait* élevé aux proportions de la Grèce :

« Je fus, tout le chemin, occupé d'un rêve assez singulier : je me figurais qu'on m'avait donné l'Attique en souveraineté : je faisais publier dans toute l'Europe que quiconque était fatigué des révolutions et désirait trouver la paix vînt se consoler sur les ruines d'Athènes où je promettais repos et sûreté; j'ouvrais des chemins, je bâtissais des auberges, je préparais toutes sortes de commodités pour les voyageurs ; j'achetais un port sur le golfe de Lépante, afin de rendre la traversée d'Otrante à Athènes plus courte et plus facile. On sent bien que je ne négligeais pas les monuments : les chefs-d'œuvre de la citadelle étaient relevés sur leurs plans et d'après leurs ruines, la ville entourée de bons murs était à l'abri du pillage des Turcs. Je fondais une Université où les enfants de toute l'Europe venaient apprendre le grec littéraire et le grec vulgaire. J'invitais les Hydriottes à s'établir au Pirée, et j'avais une marine. Les montagnes nues se couvraient de pins pour redonner des eaux à mes fleuves; j'encourageais l'agriculture ; une foule de Suisses et d'Allemands se mêlaient à mes Albanais ; chaque jour on faisait de nouvelles découvertes, et Athènes sortait du tombeau. — En arrivant à Kératia, je sortis de mon songe, et je me retrouvai *Gros-Jean comme devant.* »

Et voilà comme M. de Chateaubriand, cette imagination royale, était en même temps l'imagination la plus souverainement aimable quand il voulait l'être.

Je ne puis que signaler une belle vue sur le goût suprême des Grecs dans les sites de leurs édifices[1], de belles considérations sur les causes de la décadence de l'ancienne Grèce : dans toute cette partie du voyage, il est Grec et païen malgré lui. Rome même, la Rome antique avec ses monuments tant vantés, lui paraît lourde et barbare depuis qu'il a vu Athènes ; il est Athénien. Puis tout d'un coup, quand il se rappelle son but et son vœu, il s'arrête, il fait ses réserves, il ajoute sa moralité de commande ; mais on sent qu'elle est ajoutée, et comme plaquée. Il chante son hymne en l'honneur des pauvres

---

[1] « Les Grecs n'excellaient pas moins dans le choix des sites de leurs édifices que dans l'architecture de ces édifices mêmes. La plupart des promontoires du Péloponèse, de l'Attique, de l'Ionie et des îles de l'Archipel, étaient marqués par des temples, des trophées ou des tombeaux. Ces monuments, environnés de bois et de rochers, vus dans tous les accidents de la lumière, tantôt au milieu des nuages et de la foudre, tantôt éclairés par la lune, par le soleil couchant, par l'aurore, devaient rendre les côtes de la Grèce d'une incomparable beauté : la terre ainsi décorée se présentait aux yeux du nautonnier sous les traits de la vieille Cybèle qui, couronnée de tours et assise au bord du rivage, commandait à Neptune son fils de répandre ses flots à ses pieds. » — Ainsi lui-même a fait pour son tombeau : il l'a voulu sceller à un site austère, à un rocher du rivage, comme faisaient les Anciens ; il s'est rappelé le tombeau d'Achille, le tombeau de Palinure :

Æternumque locus Palinuri nomen habebit.

Cela ne valait-il pas mieux que de donner son nom à la rue *Coquenard*, comme Lamartine ? — Peu d'années avant la mort de Chateaubriand, un voyageur à Saint-Malo étant allé visiter le Grand-Bé, les marins lui disaient : « C'est que, voyez-vous, Chateaubriand était un grand marin ; il aimait tant la mer qu'il a voulu être enterré tout près pour la voir toujours. » La légende commençait déjà sur son compte, avant même qu'il fût mort. — Voilà la Poésie, voilà la Grèce, avec le vaste et le sombre de l'Océan !

Capucins; c'est une pénitence qu'il s'impose ; mais pourquoi s'en acquitter sans humilité ? « Aucun voyageur avant moi, Spon excepté, n'a rendu justice à ces missions d'Athènes si intéressantes pour un Français. Moi-même je les ai oubliés dans le *Génie du Christianisme.* Chandler parle à peine du religieux qui lui donna l'hospitalité; et je ne sais même s'il daigne le nommer une seule fois. Dieu merci, je suis au-dessus de ces petits scrupules. Quand on m'a obligé, je le dis: ensuite je ne rougis point pour l'art, et ne trouve point le monument de Lysicrates déshonoré, parce qu'il fait partie du couvent d'un Capucin... » — On noterait bien aussi quelques traits affectés et de mauvais goût. Je n'aime pas qu'il vienne compter devant nous les *cinquante mille* francs qu'il a dépensés sur la route. Un critique malin a remarqué que de ces trois voyages en Orient, de Volney, de M. de Chateaubriand et de M. de Lamartine, le premier ne coûta pas 6,000 francs, le deuxième coûta 50,000 francs, et le troisième alla à des sommes fabuleuses ; selon ce critique, le mérite strict et rigoureux des trois ouvrages serait précisément en raison inverse des prix. Je dois ajouter que celui qui jugeait de la sorte était un homme de science et non d'imagination.

Je ne suivrai pas le pèlerin en Asie et en Palestine. Nous connaissons à fond M. de Chateaubriand, et il ne faut pas nous en rassasier. Il y a partout de grandes pages ; on retrouve là plus développées les fortes peintures de la vallée du Jourdain et de la mer Morte. Il est piquant, sur ce terrain, de le comparer avec Volney, celui-ci également grand peintre ou plutôt parfait dessinateur, mais strict et inflexible. Volney a le génie positif et sévère de l'observateur; il n'ajoute rien à la ligne précise. M. de Chateaubriand aurait eu peu à faire, en bien des endroits, pour concilier l'entière sévérité avec la beauté pittoresque ; mais son rôle le reprend, et, à propos de la mer Morte, il se rappelle tout d'un coup qu'il faut être, non pas un physicien (fi donc!), mais un croyant qui ne doit rien expliquer. Il prend à tâche et à honneur de ne douter d'aucune tradition dans un pays « où les habitants actuels sont étrangers, et où l'on a bien de la peine à se ressouvenir de son grand-père. » Je recommande de lire, à côté des récits de Chateaubriand, l'admirable page de Volney où il rapporte le discours de l'un des supérieurs du couvent de Mar-Hanna [1] : on y verra la vérité humaine, profonde, nue et sèche comme le pays même [2]. Dans d'autres ouvrages Volney a eu quelque déclamation ; ici il n'en a aucune ; il n'allait pas en Orient, lui, pour chercher des images, mais bien des faits et des vérités.

Toute l'histoire de Jérusalem est surabondante dans l'*Itinéraire* et bourrée d'une érudition indigeste. J'excepterai seulement une assez belle critique de la *Jérusalem délivrée* faite livre en main, en présence des lieux. Arrivé à Carthage, au retour, l'auteur abusera également des souvenirs et nous donnera de grands lambeaux d'histoire qu'il taillera à son gré et selon le besoin de sa cause. Puisqu'il citait Joinville sur saint Louis, il aurait bien dû rapporter la réprobation judicieuse que ce fidèle historien ne craint pas de faire de la dernière croisade.

[1] *État politique de la Syrie*, chap. XXXI.
[2] Pour se donner tous les contrastes et les points de comparaison, on pourrait jeter les yeux sur le *Journal d'un Voyage au Levant* (1848), écrit par une personne de talent et de foi, mais protestante (Mme de Gasparin). En parcourant ces lieux la Bible à la main, l'auteur s'est convaincu qu'on n'en saurait avoir de connaissance précise et particulière, comme l'entendent les dévots : « On peut dire avec raison d'une ville, d'une position prise en grand : *C'est ici*, c'est sur ces collines, sur les bords de ce fleuve, sous les oliviers de cette montagne ; mais : *C'est sur cette pierre, c'est au pied de cet arbre, c'est dans cette maison*, Dieu ne l'a pas voulu. »

Qu'est-ce qu'un tableau d'histoire où l'on ne montre qu'un seul côté, et où l'on supprime celui qui ne va pas à notre but ? où l'on cite et où l'on omet tour à tour selon que cela sert au but qu'on se propose ? — Il paraît d'ailleurs que Chateaubriand bien guidé, et avec ce premier coup d'œil qu'il avait très-juste, a bien vu au sujet de la colline de Byrsa et de l'emplacement même de Carthage.

Je n'ai plus ici à m'inquiéter des critiques du temps [1] : l'*Itinéraire* réussit. Prenons note seulement d'un petit livre intitulé : *Saint-Géran, anecdote récente, suivie de l'Itinéraire de Lutèce au Mont-Valérien* (1812). C'est une parodie burlesque et basse due à la plume de M. Cadet-Gassicourt ; leçon de belle littérature et de bon goût que prétendait adresser à M. de Chateaubriand cet honorable apothicaire. On y voit les aventures de M. de *Saint-Géran*, le pèlerinage de M. de *Maisonterne*, et l'entrevue de ce dernier avec Madame *Bélise*, comtesse de *Mascarillis*. A un certain endroit, l'âne de M. de Maisonterne, en frappant du pied, découvre le tombeau de saint *Cucuphin*. Hoffman n'a pas eu honte de s'occuper de cette platitude [2].

---

[1] M. de Chateaubriand disait à M. de Marcellus en 1840 : « De mes
« trois principaux ouvrages, le moins bien fait, le *Génie du Christia-*
« *nisme*, me fit le plus d'honneur ; *les Martyrs*, le plus perfectionné,
« ajoutèrent peu à ma faveur auprès du public ; l'*Itinéraire*, qui
« me coûta le moins de peine et qui pourtant est resté mon favori, eut
« beaucoup plus de succès. Le reste de mes travaux appartient à l'his-
« toire et sera diversement apprécié ; mais il me semble à moi-même
« que j'ai écrit sur l'histoire, mais que je ne suis pas historien. »

[2] Les hommes du xviiie siècle et de la génération philosophique se sont trompés sur l'effet que devait produire l'*Itinéraire ;* ils ont eu, du goût de la France et de la disposition des jeunes esprits à naître, une idée inexacte, et ont trop compté sur ce qu'ils appelaient la *raison* française, distincte de l'imagination française. Voici en quels termes une femme d'esprit, une femme de Lettres, admiratrice d'ailleurs et amie particulière de Chateaubriand, parlait de ce livre : « ... J'étudie toujours mon sujet, mais vraiment, en suivant de nouveau Chateaubriand à Jé-

Les Aventures du dernier Abencérage sont le couronnement de l'*Itinéraire*. En s'en revenant par Grenade et l'Alhambra, qui était le terme secret du pèlerinage (comme Jérusalem en était le but apparent) et où l'attendait une tendre promesse, le poëte y cueillit une dernière fleur qui s'est épanouie dans cette production brillante. C'est bien de lui et non d'un autre que le poëte parle en disant :

« Les mois s'écoulent : tantôt errant parmi les ruines de Carthage, tantôt assis sur le tombeau de saint Louis, l'Abencérage exilé appelle le jour qui doit le ramener à Grenade. Ce jour se lève enfin : Aben-Hamet monte sur un vaisseau et fait tourner la proue vers Malaga. Avec quel transport, avec quelle joie mêlée de crainte il aperçut les premiers promontoires de l'Espagne ! Blanca l'attend-elle sur ces bords ? Se souvient-elle encore d'un pauvre Arabe qui ne cessa de l'adorer sous le palmier du désert ? »

Ne reconnaissons-nous pas le pèlerin chrétien sous le turban ? Et encore, dans la promenade des deux amants à l'Alhambra :

« La lune, en se levant, répandit sa clarté douteuse dans les

rusalem, et cherchant le Sinaï (qui n'y est pas), il me semble que deux hommes ont achevé le ridicule du Catholicisme, Voltaire et Chateaubriand ; car quel est le plus comique, celui qui vous parle en riant des mystères, de la Vierge, etc., ou celui qui, après l'autre, reprend le style de Dom Calmet et vous parle respectueusement de l'accouchement de la Vierge, de l'Enfant de Dieu, etc. ? Celui-ci est bien plus drôle et frappe les vieilles croyances d'un ridicule plus profond, plus irrémédiable. Le Christianisme pouvait peut-être se relever des coups de Voltaire, il ne se relèvera pas du *Voyage à Jérusalem* et du *Génie du Christianisme*. » Tout cela est vu à faux : non qu'il faille s'exagérer l'influence de Chateaubriand sur le fond des choses ; il s'inquiète peu du courant profond, et ce courant marche sans lui : mais il a relevé, et nullement ridiculisé la Religion aux yeux des générations du XIXe siècle ; il l'a remise en vogue et à la mode en la décorant.

sanctuaires abandonnés, et dans les parvis déserts de l'Alhambra. Ses blancs rayons dessinaient sur le gazon des parterres, sur les murs des salles, la dentelle d'une architecture aérienne, les cintres des cloîtres, l'ombre mobile des eaux jaillissantes et celle des arbustes balancés par le zéphyr. Le rossignol chantait dans un cyprès qui perçait les dômes d'une mosquée en ruine, et les échos répétaient ses plaintes. Aben-Hamet écrivit, au clair de la lune, le nom de Blanca sur le marbre de la salle des Deux-Sœurs : il traça ce nom en caractères arabes, afin que le voyageur eût un mystère de plus à deviner dans ce palais des mystères. »

On assurait, il y a quelques années, que les noms s'y lisaient encore, mais je ne crois pas que ce fût précisément en arabe qu'ils étaient écrits. — Rien de plus courtois, de plus accompli comme forme et comme sentiment, rien de plus artistement découpé que ce petit récit à quatre personnages. M. de Chateaubriand n'a rien trouvé de plus pur; mais, si je l'ose dire, le tout est trop jeté dans la forme chevaleresque et classique : il y a un peu de sécheresse, de raideur et de maigreur; on est loin de la sève surabondante d'*Atala*.

A propos de son manuscrit de 2383 pages in-folio des *Natchez*, M. de Chateaubriand disait : « Un jeune homme qui entasse pêle-mêle ses idées, ses inventions, ses études, ses lectures, doit produire le chaos ; mais aussi, dans ce chaos, il y a une certaine fécondité qui tient à la puissance de l'âge, et qui diminue en avançant dans la vie. » *Le dernier Abencérage* est l'extrême opposé des *Natchez* dans la manière de M. de Chateaubriand. On peut dire que, comme Épique, il eut trois manières : la première, celle des *Natchez*, dont *Atala* offre le chef-d'œuvre; c'est une forêt vierge où la grandeur et l'extravagance de la végétation apparaît à la clarté d'un sublime orage. La seconde manière, plus sobre, plus définie, dans laquelle il atteint au classique de son génie, est celle des *Martyrs.* Enfin, dans *le dernier Abencérage,* sa manière se serre de plus en plus et se contracte. Tandis que les talents d'effusion, comme Lamartine, vont se versant de plus en plus et s'abandonnent les rênes, les artistes comme Chateaubriand se resserrent jusque-là que chaque trait devient heurté et cassant. Telle est la loi naturelle et comme la formule de cette courbe fatale que décrivent les talents. Fontenelle l'a remarqué déjà à l'occasion du grand Corneille : « Ceux qui ont de la noblesse, de la grandeur, quelque chose de fier et d'austère, contractent aisément par les années je ne sais quoi de sec et de dur. »

Le dernier Abencérage est une fin, un extrême, sans pourtant sortir encore de la ligne de beauté; j'y sens continuellement le *drapé* comme dans les tragédies : c'est de l'Alfieri plus brillant, mais sans plus de mollesse. Les réponses sont toutes par contrastes et par compartiments, par ressorts :

« Et comment m'aimerais-tu donc, si tu étais un Abencérage ? » dit la descendante de Chimène.
« Je t'aimerais, répondit le Maure, plus que la gloire et moins
« que l'honneur [1]... »
« Blanca voulut contraindre les trois chevaliers à se donner
« la main; tous les trois s'y refusèrent : Je hais Aben-Ha-
« met ! » s'écria don Carlos. — « Je l'envie, » dit Lautrec. —
« Et moi, dit l'Abencérage, j'estime don Carlos et je plains Lau-
« trec, mais je ne saurais les aimer. »

L'antithèse des personnages, de tout ce qu'ils font et

---

[1] Cet honneur pour Aben-Hamet consistera à rester *Musulman.* Et n'est-ce pas un peu ainsi que M. de Chateaubriand lui-même est resté jusqu'au bout l'homme de ses rôles et de ses professions publiques, religieuses et autres, par honneur encore plus que par sentiment de la vérité ?

ce qu'ils disent, est trop fortement accentuée. On ne saurait attendre de ces paroles ordinaires qui servent de liaison aux plus sublimes, de la part de gens qui, frère et sœur, se disent dans le tête-à-tête : « Don Carlos, je sens que nous sommes les derniers de notre race ; nous sortons trop de l'ordre commun pour que notre sang fleurisse après nous : le Cid fut notre aïeul, il sera notre postérité... »

M. de Chateaubriand avait fait d'avance la critique de ce genre plus noble que naturel, lorsque dans le *Génie du Christianisme*, parlant de la reconnaissance de Joseph, il disait : « Enfin, Joseph embrasse ses frères, comme Ulysse embrasse Télémaque, mais il commence par Benjamin. Un auteur moderne n'eût pas manqué de le faire se jeter de préférence au cou du frère le plus coupable, afin que son héros fût un vrai personnage de tragédie. La Bible a mieux connu le cœur humain : elle a su comment apprécier cette exagération de sentiment, par qui un homme a toujours l'air de s'efforcer d'atteindre à ce qu'il croit une grande chose, ou de dire ce qu'il pense un grand mot. » — En finissant, on est tenté de s'écrier comme Aben-Hamet, mais dans un autre sens : « Ah ! faut-il que je rencontre ici tant d'âmes sublimes, tant de caractères généreux ! » Pour conclusion, *le dernier Abencérage* est le plus parfait des tableaux d'Empire, mais c'est un tableau d'Empire [1].

Il n'eut point tout le succès auquel il avait droit,

---

[1] En langage d'atelier, on dirait aujourd'hui et l'on a dit en effet que *le Dernier Abencérage* est par trop *poncis* ou *poncif*. — On est tombé depuis dans l'excès tout à fait contraire : la réalité, même copiée, ne suffit plus ; on l'étudie au microscope pour la mieux rendre. Et pourtant, un certain goût naturel attire les lecteurs, et surtout les lectrices, vers la beauté ou ce qui en a l'air ; et comme me le disait un jour le plus puissant et le plus sarcastique des romanciers de la réalité : « Toute femme aime Almanzor. »

n'ayant point paru à son moment : *le dernier Abencérage*, retenu en portefeuille, manqua son à-propos, son heure de soleil, ce qui est rare pour les écrits de M. de Chateaubriand. Les esprits poétiques d'alors ne purent s'éprendre à temps et jouir à leur aise de ce beau type d'Aben-Hamet : les esprits romanesques s'en tenaient volontiers à Malek-Adel.

Il s'y rencontre pourtant une perle de grâce naturelle et d'innocence, qui s'en est détachée, et qui du premier jour a circulé sur toutes les lèvres, la douce Romance *à Hélène*[1] :

> Combien j'ai douce souvenance
> Du joli lieu de ma naissance !
> Ma sœur, qu'ils étaient beaux les jours
> De France !
> O mon pays, sois mes amours.
> Toujours !

> Te souvient-il que notre mère,
> Au foyer de notre chaumière,
> Nous pressait sur son cœur joyeux,
> Ma chère ;
> Et nous baisions ses blancs cheveux
> Tous deux.

---

[1] M. de Chateaubriand était plus attentif aux chants populaires qu'on ne le supposerait de la part d'un poëte aussi studieux et aussi artificiel. Ce fut dans un voyage au Mont-Dore (1805) qu'il entendit et nota cet air des montagnes, qu'il s'appropria et rendit mélancolique, de joyeux qu'il était : « Je n'ai eu en tout cela, disait-il à M. de Marcellus, d'autre mérite que de mettre en tête de l'air, une fois noté, *adagio* à la place d'*allegretto* ; en ralentissant la mesure au gré de la mélancolie, l'hilarité du pâtre s'est changée en complainte de l'exilé. Les paroles alors me sont venues d'elles-mêmes. » — Il disait encore, à propos de Chants grecs populaires qu'on lui traduisait : « Chez le peuple la poésie est un cri du cœur : elle est devenue chez nous un effort de l'imagination. Il y a tel couplet breton que je ne donnerais pas pour les dix chants de *la Henriade*. » Et il en citait un qu'il avait retenu et qu'il savait d'enfance. Une telle déclaration en faveur du simple et du primitif a tout son prix dans la bouche du chantre des *Martyrs*.

> Ma sœur, te souvient-il encore
> Du château que baignait la Dore,
> Et de cette tant vieille tour
>   Du Maure,
> Où l'airain sonnait le retour
>   Du jour?
>
> Te souvient-il du lac tranquille
> Qu'effleurait l'hirondelle agile,
> Du vent qui courbait le roseau
>   Mobile,
> Et du soleil couchant sur l'eau
>   Si beau?
>
> Oh! qui me rendra mon Hélène,
> Et ma montagne, et le grand chêne?
> Leur souvenir fait tous les jours
>   Ma peine :
> Mon pays sera mes amours
>   Toujours!

Il suffit que M. de Chateaubriand ait trouvé dans son cœur et dans sa voix cette note touchante pour qu'il n'ait pas le droit de mal penser des vers, et que les poëtes en vers ne puissent douter de lui. Il a fait *Moïse* (ô ennui! noble ennui!); il a cité dans ses écrits, toutes les fois qu'il l'a pu, les vers de Delille et d'Esménard [1] comme les plus beaux du monde (et il aurait trop intérêt vraiment à ce que ce fussent là les plus beaux vers, sa prose y gagnerait de rester sans rivale). Mais qu'importe? Il a trouvé cette Romance *à Hélène,* un écho de l'âge d'or, et tout lui est pardonné [2].

---

[1] En citant les vers d'Esménard sur l'Égypte (*Itinéraire*) il payait une dette de politesse pour les articles favorables qu'Esménard avait mis dans le *Mercure* sur *les Martyrs.*

[2] M. de Chateaubriand avait été gâté par les poëtes de son temps; ils s'évertuaient presque tous à mettre sa prose en rimes. Les Notes du *Génie du Christianisme* sont remplies de ces fades *duplicata,* qu'il était tenu de

Chateaubriand pourtant avait, quand il daignait y prêter attention, le sentiment de la belle poésie en vers. Il s'est plu à citer ce mot de Fontanes qui lui disait qu'il aurait pu réussir, s'il avait voulu, en vers comme en prose. Il sait discerner une excellente strophe de Gresset dans une ode faible (l'Ôde *sur l'Amour de la Patrie*); il se l'était plus d'une fois récitée à lui-même dans ses exils et ses odyssées :

> Si, dans sa course déplorée,
> Il succombe au dernier sommeil
> Sans revoir la douce contrée
> Où brilla son premier soleil,
> Là son dernier soupir s'adresse;
> Là son expirante tendresse

reconnaître par des louanges polies, mais si polies qu'elles devenaient insignifiantes. On lit à la fin de la Préface de l'*Itinéraire* : « Comme mille raisons peuvent m'arrêter dans la carrière littéraire au point où je suis parvenu, je veux payer ici toutes mes dettes. Des gens de Lettres ont mis en vers plusieurs morceaux de mes ouvrages ; j'avoue que je n'ai connu qu'assez tard le grand nombre d'obligations que j'avais aux Muses sous ce rapport. Je ne sais comment, par exemple, une pièce charmante, intitulée *le Voyage du Poëte*, a pu si longtemps m'échapper. L'auteur de ce petit poëme, M. de Saint-Victor, a bien voulu embellir mes descriptions sauvages, et répéter sur sa lyre une partie de ma chanson du désert : j'aurais dû l'en remercier plus tôt. Si donc quelques écrivains ont été justement choqués de mon silence, quand ils me faisaient l'honneur de perfectionner mes ébauches, ils verront ici la réparation de mes torts. Je n'ai jamais l'intention de blesser personne, encore moins les hommes de talent qui me font jouir d'une partie de leur gloire en empruntant quelque chose à mes écrits. Je ne veux point me brouiller avec les neuf Sœurs, même au moment où je les abandonne. » — Quand les poëtes de l'École moderne, les vrais fils de Chateaubriand, Lamartine, Victor Hugo, Alfred de Vigny, parurent, Chateaubriand put croire un moment qu'il allait en être de même et que c'était son fonds unique qui allait les défrayer ; quand il vit qu'il n'en était pas tout à fait ainsi, et que la lyre moderne avait des ailes, il tourna le dos et devint sourd. — Il n'a fait d'exception que pour Béranger, qu'il a traité comme il a fait Carrel, c'est-à-dire en magnanime adversaire. Mais ces hommages d'un camp à l'autre coûtent moins ; ils ne tirent pas à conséquence, et ils constatent la générosité.

> Veut que ses os soient ramenés :
> D'une région étrangère
> La terre serait moins légère
> A ses mânes abandonnés...

il sait retenir et citer de beaux vers d'André Chénier encore inconnu, en le désignant du doigt comme poète. S'il a fait de bien mauvais vers et de médiocres, il en a trouvé quelques-uns de tout à fait beaux et poétiques. Il est bien au-dessus de Marie-Joseph Chénier dans la traduction du *Cimetière* de Gray. Il a rencontré de lui-même quelques notes d'une belle venue :

> Musulmane aux longs yeux, d'un maître que je brave
> Fille délicieuse, amante des concerts,
> . . . .
> Viens, sous tes beaux pieds nus, viens fouler ton esclave,
> Toi que je sers, toi que je sers !

La rime le gênait; il ne l'avait point domptée ni apprivoisée; mais sa prose a tout le rhythme de la poésie ; il excelle à faire une peinture avec des sons. Dans une langue qui aurait eu l'accent et qui se serait souvenue d'avoir été scandée, il aurait fait de beaux vers blancs, des vers sans rime.

Enfin, à cette époque de perfection où il était parvenu (1811-1813), il excellait même dans des bagatelles; il portait de sa grandeur jusque dans les moindres élégances; et j'ai trouvé sur un Album du temps (celui de Mme de Rémusat) cette admirable Épigramme écrite de sa main; elle serait célèbre si elle était traduite de l'Anthologie et ferait chef-d'œuvre entre les plus belles de l'antique recueil, entre celles d'un Antipater de Sidon ou d'un Léonidas de Tarente :

« La Gloire, l'Amour et l'Amitié descendirent un jour de

l'Olympe pour visiter les peuples de la terre. Ces Divinités résolurent d'écrire l'histoire de leur voyage et le nom des hommes qui leur donneraient l'hospitalité. La Gloire prit dans ce dessein un morceau de marbre, l'Amour des tablettes de cire, et l'Amitié un livre blanc. Les trois voyageurs parcoururent le monde, et se présentèrent un soir à ma porte : je m'empressai de les recevoir avec le respect que l'on doit aux Dieux. Le lendemain matin, à leur départ, la Gloire ne put parvenir à graver mon nom sur son marbre ; l'Amour, après l'avoir tracé sur ses tablettes, l'effaça bientôt en riant ; l'Amitié seule me promit de le conserver dans son livre.

« DE CHATEAUBRIAND. — 1813. »

Tel était, en tout genre, Chateaubriand peintre et poëte de l'art, — le Chateaubriand selon Joubert, — le Chateaubriand d'avant la Charte.

Un dernier Chateaubriand, celui que nous avons connu dans tout son mélange, fermentait pourtant déjà sous l'autre et bouillonnait par accès : ou, tout au moins, il avait de temps en temps ses impatiences.

VINGT ET UNIÈME ET DERNIÈRE LEÇON.

Article du *Mercure*. — Colère de Napoléon ; ne pas l'exagérer. — Chateaubriand nommé à l'Institut. — Discours de réception non prononcé. — Passion politique. — Son rôle sous la Restauration. — Jugement général. — Des amis de Chateaubriand. — Fontanes, le critique. — M. Joubert, le délicat. — Dernier regret.

Messieurs,

Indépendamment des ouvrages dont nous venons de parler, composés sous l'Empire, M. de Chateaubriand inséra quelques articles dans le *Mercure* : le dernier et le plus célèbre de ces articles est celui qu'il donna sur le Voyage d'Espagne, de M. de Laborde, et qui attira la foudre sur le pauvre recueil innocent[1]. On y lisait, à propos de la poésie et de l'histoire :

« La Muse a souvent retracé les crimes des hommes ; mais il y a quelque chose de si beau dans le langage du poëte, que

---

[1] L'article sur le Voyage en Espagne de M. de Laborde est inséré dans le *Mercure* du 4 juillet 1807 ; l'Empereur était alors à Tilsitt, et il ne fut de retour à Saint-Cloud que le 27 juillet. Ce moment de Friedland et de Tilsitt était assez mal choisi, on en conviendra, pour crier au Néron. La petite révolution qui s'ensuivit pour le pauvre *Mercure* ne parut dans la rédaction qu'à dater du 3 octobre 1807 ; on trouve encore dans le numéro du 1er août un morceau de M. de Chateaubriand, extrait de son *Itinéraire*. Mais à partir d'octobre 1807 le *Mercure* changea de mains et se réunit à *la Décade philosophique*, la vieille *Décade*, organe du parti opposé, et qui s'intitulait alors *la Revue philosophique, littéraire et politique*. Ces deux rivaux, passés à l'état d'*ombres*, s'embrassèrent par ordre du maître et se fondirent.

les crimes mêmes en paraissent embellis : l'historien seul peut les peindre sans en affaiblir l'horreur[1]. Lorsque dans le silence de l'abjection, l'on n'entend plus retentir que la chaîne de l'esclave et la voix du délateur ; lorsque tout tremble devant le tyran, et qu'il est aussi dangereux d'encourir sa faveur que de mériter sa disgrâce, l'historien paraît chargé de la vengeance des peuples. C'est en vain que Néron prospère, Tacite est déjà né dans l'Empire ; il croît inconnu auprès des cendres de Germanicus, et déjà l'intègre Providence a livré à un enfant obscur la gloire du maître du monde. Bientôt toutes les fausses vertus seront démasquées par l'auteur des *Annales* ; bientôt il ne fera voir, dans le tyran déifié, que l'histrion, l'incendiaire, et le parricide : semblables à ces premiers chrétiens d'Égypte, qui, au péril de leurs jours, pénétraient dans les temples de l'idolâtrie, saisissaient au fond d'un sanctuaire ténébreux la divinité que le Crime offrait à l'encens de la Peur, et traînaient à la lumière du soleil, au lieu d'un dieu, quelque monstre horrible.

« Mais si le rôle de l'historien est beau, il est souvent dangereux !... »

Qu'il y eût de l'allusion dans ces paroles (si outrées qu'elles nous paraissent), on n'en saurait douter. Quant à l'orage qu'elles excitèrent, il convient, pour ne se rien exagérer et pour ne pas voir Néron plus rouge qu'il n'était, — pour ne pas du tout voir de Néron, — de lire un passage à demi badin d'une lettre de M. Joubert. « Bonaparte, écrivait M. de Chateaubriand en 1826, menaça à cette occasion de me *faire sabrer sur les marches de son palais.* » Voici la chose vue de plus près, et par un ami sincère, mais moins échauffé (lettre de M. Joubert, du 1ᵉʳ septembre 1807) :

---

[1] Ceci pourra s'appliquer plus tard à Lamartine, poëte-historien, embellissant, malgré lui, les crimes de la Terreur en les décrivant : « Il m'a doré la guillotine, » disait Chateaubriand.

« Le *pauvre garçon* (Chateaubriand) a eu pour sa part d'assez grièves tribulations. L'article qui m'avait tant mis en colère est resté quelque temps suspendu sur sa tête, mais à la fin le tonnerre a grondé, le nuage a crevé, et la Foudre en propre personne a dit à Fontanes que si son ami recommençait, il serait frappé. Tout cela a été vif et même violent, mais court. Aujourd'hui tout est apaisé. Seulement on a grêlé sur le *Mercure* qui a pour censeur M. Legouvé, et pour coopérateurs payés, dit-on, par le Gouvernement, MM. Lacretelle aîné, Esménard et le chevalier de Bouflers. Il paraît que les anciens écrivains de ce Journal peuvent aussi y travailler, si bon leur semble. Quelque dégât a été fait aussi sur les autres journaux : M. Fiévée a été remplacé aux *Débats* par un M. Étienne, M. de Lacretelle au *Publiciste* par un M. Jouy. M. Esménard même a eu un successeur à la *Gazette de France*, mais je ne me souviens plus du nom de ce dernier et je ne suis pas même bien sûr de l'avoir jamais su. Ce dont je me souviens fort bien, c'est que tous ces Messieurs sont des faiseurs de vaudevilles : ainsi le sceptre pesant de la critique est remis à des mains accoutumées à se jouer de la marotte de Momus. Il faut donc espérer que les journaux seront plaisants. Si les nouveaux censeurs ont envie de rire, leurs devanciers n'ont point envie de pleurer. Fiévée a conservé dans ses attributions la plus haute Correspondance où l'ambition humaine puisse aspirer, et on lui laisse dix-huit mille francs de pension pour un travail qui mériterait d'être acheté au poids de l'or, s'il était aux enchères. On donne à Esménard douze mille francs pour le *Mercure*, où il ne fera rien, à ce qu'il dit. M. de Lacretelle aura une bonne place. Enfin dans la tempête l'or a plu sur les déplacés, et je ne vous conseille pas du tout de les plaindre. Il y a pour accompagnement à ces nouvelles bien des menus détails qui sont intéressants, mais vous ne pourrez les apprendre qu'ici : hâtez-vous donc d'y revenir... »

Tout irrité qu'il pouvait être contre le rebelle et relaps, Napoléon ne le prit jamais en très-longue colère[1]. Il lui aurait même très-probablement accordé la grâce de son cousin (du nom de Chateaubriand), arrêté pour conspiration, qui n'aurait pas été fusillé, si l'écrivain qui se posait en adversaire avait consenti à la demander directement au maître et à lui en savoir gré[2]. Il exigea de l'Institut un rapport sur le *Génie du Christianisme* qui avait été omis dans les Prix décennaux; et enfin il voulut que l'auteur lui-même fût nommé membre de ce Corps illustre : « Pourquoi M. de Chateaubriand n'est-il pas de l'Institut? » avait-il dit un jour en se promenant dans la galerie du Louvre et en voyant quelque tableau qui le lui rappelait. C'était assez pour que le grand romantique fût nommé : il le fut en remplacement de Chénier. Mais de là sortit un dernier orage. Le Discours de réception que le nouvel élu avait préparé (1811), et où Chénier le régicide payait pour Chénier le critique d'*Atala*, mécontenta la *Cour* et l'Académie, et choquait en effet toutes les convenances. L'auteur ne l'a jamais recueilli dans ses Œuvres et n'en a pas donné de texte avoué. Voici quelques extraits et citations d'un texte *très-probable :*

MESSIEURS,

« Lorsque Milton publia *le Paradis perdu*, aucune voix ne s'éleva dans les trois royaumes de la Grande-Bretagne pour

---

[1] A la fin du *Congrès de Vérone*, de cette publication indiscrète, où l'auteur mêle ensemble dans le plus étrange amalgame Ultracisme et Républicanisme, le vainqueur du Trocadéro et Carrel, sa Foi catholique et Béranger, on lit comme dernier mot la citation d'une parole qu'aurait dite Napoléon à Sainte-Hélène et par laquelle Chateaubriand est loué. Sur quoi l'auteur s'écrie : « Pourquoi n'avouerais-je pas qu'elle *chatouille de mon cœur l'orgueilleuse faiblesse?* » C'était bien la peine de crier au Néron et de faire le Tacite pour en venir à une telle conclusion, où l'on voit le soi-disant Tacite s'enorgueillir comme de son plus beau titre d'un éloge du prétendu Néron.

[2] Les *Mémoires* laissés par Mme de Rémusat, s'ils sont publiés, nous diront un jour cela.

louer un ouvrage qui, malgré de nombreux défauts, n'en est pas moins un des plus beaux monuments de l'esprit humain... »

Et il attribue ce silence et cette apparence d'oubli à l'impression qu'avaient laissée chez les contemporains les opinions ardentes et les erreurs politiques de Milton.

« Imiterai-je, Messieurs, ce mémorable exemple, ou vous parlerai-je de la personne et des ouvrages de M.ᶜ de Chénier ? Pour concilier vos usages et mes opinions, je crois devoir prendre un juste milieu entre un silence absolu et un examen approfondi ; mais, quelles que soient mes paroles, aucun fiel (*il y en a déjà*) n'empoisonnera ce discours. Si vous retrouvez en moi la franchise de Duclos mon compatriote, j'espère vous prouver aussi que j'ai la même loyauté... »

Il ne croit pas pouvoir séparer, dans les travaux de son prédécesseur, la portion durable et glorieuse, s'il y en a une, de la portion orageuse et passagère, sans aborder les questions sociales et politiques :

« Il y a des personnes qui voudraient faire de la littérature une chose abstraite et l'isoler au milieu des affaires humaines... Quoi ? après une Révolution qui nous a fait parcourir en quelques années les événements de plusieurs siècles, on interdira à l'écrivain toute considération morale élevée ! on lui défendra d'examiner le côté sérieux des objets ! il passera une vie frivole à s'occuper de chicanes grammaticales, de règles de goût, de petites sentences littéraires ! il vieillira enchaîné dans les langes de son berceau ! il ne montrera point sur la fin de ses jours un front sillonné par les longs travaux, les graves pensées, et souvent par ces mâles douleurs qui ajoutent à la grandeur de l'homme ! Quels soins importants auront donc blanchi ses cheveux ? les misérables peines de l'amour-propre et les jeux puérils de l'esprit.

« Certes, Messieurs, ce serait nous traiter avec un mépris

bien étrange. Pour moi, je ne puis ainsi me rapetisser ni me réduire à l'état d'enfance dans l'âge de la force et de la raison. Je ne puis me renfermer dans le cercle étroit que l'on voudrait tracer autour de l'écrivain. Par exemple, si je voulais faire l'éloge de l'homme de Lettres, de l'homme de Cour, qui préside cette Assemblée (*M. de Boufflers*), croyez-vous que je me contenterais de louer en lui cet esprit français, léger, ingénieux, qu'il a reçu de sa mère et dont il offre parmi nous le dernier modèle ? Non sans doute... »

Et il rappelle les souvenirs et les services glorieux des Boufflers, ses ancêtres, du maréchal défenseur de Lille, etc.

« Si je voulais, Messieurs, vous entretenir du poëte célèbre (*Delille*) qui chanta la nature d'une voix si brillante, pensez-vous que je me bornerais à vous faire remarquer l'admirable flexibilité d'un talent...? »

Et il continue sur ce ton, passant en revue les principaux membres de l'Académie, Fontanes, Suard, Morellet, Ségur, l'abbé Sicard, Ducis[1], Laujon : énumération ingénieuse comme celle que fait La Bruyère dans son Discours de réception.

« J'irais, Messieurs, chercher votre renommée jusque sur les mers orageuses que gardait autrefois le géant Adamastor, et qui se sont apaisées aux noms charmants d'Éléonore et de Virginie (*Parny, Bernardin de Saint-Pierre*) : *Tibi rident æquora ponti...*

---

[1] Ducis fut particulièrement sensible à ce que Chateaubriand disait de lui. Je lis dans une lettre du bon vieillard à M. Odogharty de La Tour (20 juillet 1814) : « Dites bien, mon cher ami, à M. de Chateaubriand combien je suis sensible à l'honneur de son estime. Ce qu'il a dit de moi dans son Discours de réception n'est point une chose vulgaire ni dite vulgairement. *Il a le secret des mots puissants*, et son suffrage est une puissance encore. » — *Il a le secret des mots puissants*, tout le talent de Chateaubriand est défini par cette parole.

« Hélas! trop de talents parmi nous ont été errants et voyageurs. La Poésie n'a-t-elle pas chanté en vers harmonieux l'art de Neptune (*Esménard*), cet art fatal qui transporte sur des bords étrangers ?...

« L'Éloquence française, après avoir défendu l'État et l'Autel (*le cardinal Maury*), ne se retira-t-elle pas comme à sa source dans la patrie de saint Ambroise et de Cicéron ?

« C'est ainsi, Messieurs, que je me plais à considérer un sujet sous toutes ses faces, et que j'aime surtout à rendre les Lettres sérieuses en les appliquant aux plus hauts sujets de la morale, de la philosophie et de l'histoire... »

Il en conclut qu'avec cette indépendance d'esprit il lui est impossible de toucher aux ouvrages de Chénier sans irriter les passions :

« Si je parlais de la tragédie de *Charles IX*, pourrais-je m'empêcher de venger la mémoire du cardinal de Lorraine, et de discuter cette étrange leçon donnée aux rois? *Caïus Gracchus*, *Calas*, *Henri VIII*, *Fénelon*, m'offrent sur plusieurs points cette altération de l'histoire... Si je relis ses Satires, j'y trouve immolés des hommes qui sont placés au premier rang de cette Assemblée; toutefois ces Satires, écrites d'un style élégant, pur et facile, rappellent l'agréable école de Voltaire; et j'aurais d'autant plus de plaisir à le louer que mon nom n'a pas échappé à la malice de l'auteur. Mais laissons là ces ouvrages qui donneraient lieu à des récriminations pénibles : je ne troublerai point la mémoire d'un écrivain qui fut votre collègue, et qui compte encore parmi vous des admirateurs et des amis. Il devra à cette Religion, qui lui parut si méprisable dans les écrits de ceux qui la défendent, la paix (*il l'attaque à ce moment même*) que je souhaite à sa tombe. Mais ici même, Messieurs, ne serais-je point assez malheureux pour trouver un écueil? Car, en portant aux cendres de M. de Chénier le tribut de respect que tous les morts réclament, je crains de rencontrer sous mes pas des cendres bien autrement illustres. Si des interprétations peu généreuses voulaient me faire un crime de cette émotion involontaire, je me réfugierais aux pieds de ces autels expiatoires qu'un puissant monarque élève aux Mânes de nos rois et de leurs dynasties outragées.

« Ah! qu'il eût été plus heureux pour M. de Chénier de n'avoir point participé à ces calamités publiques qui retombèrent enfin sur sa tête! Il a su comme moi ce que c'est que de perdre dans les orages populaires un frère tendrement chéri! »

Ce souvenir du frère est bien scabreux dans sa bouche. Le temps n'était pas loin où les ennemis de Marie-Joseph appelaient celui-ci, comme par inadvertance, le frère d'*Abel* Chénier.

« Qu'auraient dit nos malheureux frères si Dieu les eût appelés le même jour à son tribunal? S'ils s'étaient rencontrés au moment suprême, avant de confondre leur sang, ils nous auraient crié sans doute : « Cessez vos guerres intestines, revenez à des sentiments d'amour et de paix. La mort frappe également tous les partis, et vos cruelles divisions nous coûtent la jeunesse et la vie. » — Tels auraient été leurs cris fraternels[1].

« Si mon prédécesseur pouvait entendre ces paroles, qui ne consolent plus que son Ombre, il serait sensible à l'hommage que je rends ici à son frère; car il était naturellement généreux. Ce fut cette même générosité de caractère qui l'entraîna vers des nouveautés bien séduisantes sans doute puisqu'elles promettaient de nous rendre les vertus des Fabricius; mais bientôt, trompé dans ses espérances, son humeur s'aigrit, son talent se dénatura. Transporté de la solitude du poëte au milieu des factions, comment aurait-il pu se livrer à ces senti-

---

[1] C'est une réminiscence, une allusion aux beaux vers du VIe livre de *l'Énéide*, lorsque Anchise prophétise et maudit par avance les guerres civiles :

Ne, pueri, ne tanta animis assuescite bella ;
Neu patriæ validas in viscera vertite vires.
. . . .
Projice tela manu, sanguis meus. . . . .

ments affectueux qui font le charme de la vie? Heureux s'il n'eût vu d'autre ciel que le ciel de la Grèce sous lequel il était né, s'il n'eût contemplé d'autres ruines que celles de Sparte et d'Athènes! Je l'aurais peut-être rencontré dans la belle patrie de sa mère, et nous nous serions juré amitié sur les bords du Permesse; ou bien, puisqu'il devait revenir aux champs paternels, que ne me suivit-il dans les déserts où je fus jeté par nos tempêtes? Le silence des forêts aurait calmé cette âme troublée, et les cabanes des sauvages l'eussent peut-être réconcilié avec les palais des rois. Vains souhaits! M. de Chénier resta sur le théâtre de nos agitations et de nos douleurs. Atteint, jeune encore, d'une maladie mortelle, vous le vîtes, Messieurs, s'incliner lentement vers le tombeau et quitter pour toujours... On ne m'a point raconté ses derniers moments...

« Nous tous qui vécûmes dans les troubles et les agitations, nous n'échapperons pas aux regards de l'histoire. Qui peut se flatter d'être trouvé sans tache dans ce temps de délire où personne n'a l'usage entier de sa raison? Soyons donc pleins d'indulgence (*il est bien temps*) les uns pour les autres; excusons ce que nous ne pouvons approuver. Telle est la faiblesse humaine, que le talent, le génie, la vertu même, peuvent quelquefois franchir les bornes du devoir. M. de Chénier adora la liberté: peut-on lui en faire un crime? Les chevaliers eux-mêmes, s'ils sortaient aujourd'hui de leurs tombeaux, suivraient la lumière de notre siècle. On verrait se former cette illustre alliance entre l'Honneur et la Liberté, *comme, sous le règne des Valois, les créneaux gothiques couronnaient avec une grâce infinie dans nos monuments les Ordres empruntés de la Grèce...* »

C'est déjà lui, homme politique; c'est son écusson politique qu'il nous décrit, avec ces mots en lettres d'or: *Honneur et Liberté!* Au chapitre XX° de ses *Réflexions politiques* (1814), il développera ce texte, et toute sa vie publique (sauf les zigzags) en fut le commentaire.

« La Liberté, continuait-il, n'est-elle pas le plus grand des biens et le premier des besoins de l'homme? Elle enflamme le génie, elle élève le cœur, elle est nécessaire à l'ami des Muses comme l'air qu'il respire. Les Arts peuvent jusqu'à un certain point vivre dans la dépendance, parce qu'ils se servent d'une langue à part qui n'est pas entendue de la foule ; mais les Lettres qui parlent une langue universelle, languissent et meurent dans les fers. Comment tracera-t-on des pages dignes de l'avenir, s'il faut s'interdire, en écrivant, tout sentiment magnanime, toute pensée forte et grande? La Liberté est si naturellement l'amie des Sciences et des Lettres, qu'elle se réfugie auprès d'elles, lorsqu'elle est bannie du milieu des peuples... »

Suivent quelques paroles de précaution. Mais qu'importe? l'essentiel était dit. Le Discours, après cela, peut finir par un éloge de *César* qui *monte au Capitole*, et par une apostrophe à la *fille des Césars* qui *sort de son palais* avec *son jeune fils dans ses bras*. Ces fleurs ne font que recouvrir, sans la cacher, la pointe du glaive [1].

M. Lacretelle a raconté, au sujet de ce discours, une anecdote assez piquante, qu'il tenait de M. Daru; l'Empereur avait voulu connaître le Discours et s'était fait donner le manuscrit :

« M. Daru, membre de l'Académie française, remplissait alors les fonctions de secrétaire intime du Cabinet. La scène se passait à Saint-Cloud, dans une antichambre, où plusieurs importants personnages attendaient l'audience de l'Empereur. Quand M. Daru parut dans ce cercle et le traversa pour aller chez l'Empereur, il fut accueilli de toutes parts avec un empresse-

---

[1] Henri Fonfrède, dans un article sur Béranger (1828), fait un crime à Chateaubriand de cette fin du Discours académique, où il est question de *César qui monte au Capitole* et de la fille des Césars et du berceau du roi de Rome, et il ajoute béatement : « On ne reprochera point à Béranger une telle adulation. » C'est bien là un jugement de cet esprit pétulant, incomplet en tout, et plus sensiblement encore en littérature. (Œuvres de Henri Fonfrède, tome IX, page 200, 1846.)

ment proportionné à la hauteur de son crédit. Il entre dans le cabinet, et voilà que bientôt tout entretien cesse, et que tous les courtisans, favorisés par une indiscrétion générale, prêtent l'oreille aux paroles irritées qui sortent de la bouche de l'Empereur. On n'avait pas entendu le commencement de l'entretien qui avait eu lieu à moins haute voix. L'Empereur venait de lire ou de relire le passage controversé du Discours du nouvel académicien. Dans l'effervescence toujours croissante de sa colère, il avait eu recours à une prosopopée que cette passion suggère souvent, et il apostrophait M. de Chateaubriand absent, dans des termes tels que ceux-ci[1] :

« Il vous faut donc de l'effet, Monsieur, toujours de l'effet ;
« et vous ne craignez pas d'en produire un qui renverse la
« grande et l'heureuse règle de mon Gouvernement, c'est-à-
« dire la conciliation de tous les partis, l'oubli d'un passé où
« chacun a des fautes plus ou moins graves et funestes à se
» reprocher. Eh bien ! Monsieur, si mon Empire et le principe
« sur lequel je l'ai fondé ne vous conviennent pas, vous êtes
« libre d'en sortir. Allez porter ailleurs vos haines opiniâtres et
« des principes que le bien commun m'ordonne d'étouffer. »
Chacun écoutait avec stupéfaction ces paroles véhémentes (qui perçaient l'épaisseur des portes), et comme M. Daru était seul dans le cabinet avec l'Empereur, on ne doutait pas qu'elles ne lui fussent adressées. Le ministre sortit du cabinet peu de temps après cet éclat ; il se fit un vide immense autour de lui[2]. Ceux mêmes qui, tout à l'heure, l'avaient accablé de sollicitations, mettaient entre eux et lui la plus grande distance. Étonné, il cherchait sur tous les visages la cause de cette répulsion unanime. Enfin, l'un d'eux eut le courage de s'adresser à lui, quoique en le croyant un ministre disgracié, et lui demanda d'où pouvait provenir un tel changement. « Eh ! reprit M. Daru, qui vous fait donc croire à une
« disgrâce ? — Mais, reprit son interlocuteur, ce sont les terri-

---

[1] L'Empereur disait ce dont on va lire l'*à peu près* en termes sans doute un peu plus brefs et plus vibrants.

[2] « Sejanus statim solus, et in subita vastitate trepidus. » (Suppl. au livre V des *Annales* de Tacite, par Brotier.)

« bles paroles que nous venons d'entendre : *Sortez de mon
« Empire, si mes lois ne vous conviennent pas.* » Alors M. Daru
partit d'un grand éclat de rire, et les courtisans, en voyant un
tel gage de sécurité, reformèrent bientôt le cercle autour de
lui ; puis plusieurs l'abordèrent en disant : « Vous pensez bien
que je n'ai pas été dupe d'une telle méprise [1]. »

M. de Chateaubriand, nommé et *non reçu* académicien, n'entra dans ce Corps que sous la Restauration. Il ne prononça jamais de discours de réception, et il n'allait aux assemblées que très-irrégulièrement et le moins possible. Un jour, — le jour de la réception de M. de Montmorency, — il consentit, par galanterie singulière, à être de la fête, et il lut en séance publique un fragment de discours historique.

Je n'ai pas à conclure dans les formes avec M. de Cha-

---

[1] *Histoire du Consulat et de l'Empire*, par M. Charles de Lacretelle, tome V, pag. 86-88. — M. Daru proposa à M. de Chateaubriand quelques changements qui, selon lui, eussent rendu le Discours possible. Mais ce Discours était conçu tout d'un souffle, dans un seul et même esprit ; le corriger par un bout et le laisser subsister par l'autre, était chose impraticable. « C'est absolument, remarquait à ce propos M. de Chateaubriand, comme s'il m'avait dit : Ouvrez la bouche et serrez les dents. » — Si le Discours de réception de M. de Chateaubriand ne fut ni prononcé ni imprimé dans le temps, il s'en fit beaucoup de copies manuscrites : on a assuré qu'il y en eut plus de neuf cents copies en circulation, une édition véritable. Il parut en 1812, sous le titre de *Lettre à M. le comte de B... pendant son séjour à Aix-la-Chapelle*, un petit pamphlet dans lequel on contestait à M. de Chateaubriand le droit de se montrer si sévère contre la mémoire de Chénier ; on lui rappelait ses propres opinions anciennes consignées dans l'*Essai sur les Révolutions* ; on citait quelques passages par lesquels on montrait que lui-même, réfugié à Londres, avait été atteint, à quelque degré, de la contagion révolutionnaire : « Toutefois, ajoutait-on, personne ne fait à M. de Chateaubriand un reproche de ce malheur particulier ; mais ce qu'on a droit de lui reprocher, c'est d'avoir fait un crime à M. de Chénier, placé au lieu même de la naissance du mal et au centre de son activité, de s'en être laissé atteindre, quand lui, M. de Chateaubriand, qui se trouvait à une si grande distance de son foyer, n'a pu venir à bout de s'en garantir. » Il y a du bon dans cette petite brochure.

teaubriand ; il ne serait complet pour nous que si nous l'avions suivi avec le même détail durant sa seconde période active, dans son rôle politique. Il y entra, il s'y précipita la torche et le glaive à la main par le pamphlet *De Buonaparte et des Bourbons.* Il ne continua point toutefois sur ce ton de frénésie vengeresse, et, sans jamais éteindre en lui l'esprit de parti, sans jamais amortir la personnalité la plus âpre, il laissa à son propre bon sens de fréquentes et larges issues.

Les *Réflexions politiques* (décembre 1814), la *Monarchie selon la Charte* (août 1816), le classèrent en regard de Benjamin Constant, et avec Madame de Staël quand les *Considérations sur la Révolution française* eurent paru (1819), au premier rang des publicistes d'alors. Qu'on se garde pourtant d'oublier que cette *Monarchie selon la Charte,* sous air de théorie, n'était encore qu'un pamphlet brûlant, une machine de guerre. En général, on prendrait une très-fausse idée des articles politiques de M. de Chateaubriand en ces années ardentes si on ne les lisait que dans ses Œuvres, où ils sont tronqués ou isolés de ce qui les explique : il les faut voir sur place dans le *Conservateur,* avec le cortége d'auxiliaires qui les accompagne. De son prompt et haut coup d'œil, M. de Chateaubriand fut des premiers à comprendre et à proclamer que l'ère nouvelle qui s'ouvrait était favorable à l'histoire, comme la précédente l'avait été à une restauration poétiquement et socialement religieuse :

« L'époque où nous vivons, disait-il (*Conservateur*, 8 janvier 1819), est essentiellement propre à l'Histoire : placés entre deux Empires dont l'un finit et dont l'autre commence, nous pouvons porter également nos regards sur le passé et dans l'avenir. Il reste encore assez de monuments de l'ancienne monarchie pour la bien connaître, tandis que les monuments de la monarchie qui s'élève nous offrent, au milieu des ruines, le spectacle d'un nouvel univers. »

Mais, détourné par les circonstances et par son ambition, il ne put de ce côté achever aucun corps d'ouvrage et ne donna que des fragments; — des fragments brusques et saccadés, semés de lumières brillantes.

Politiquement, il se crut plus près du but : il crut, à bien des moments, avoir fait son œuvre, avoir tout fait; — ministre, avoir donné à la Restauration une armée, une gloire et une grandeur qui dataient de lui, de son seul ministère; — tombé, avoir châtié ses ennemis par sa défection et s'être glorieusement vengé, sans se nuire; — réconcilié, avoir réconcilié par là même la monarchie et la liberté, avoir rempli sa devise, consommé l'alliance entre les deux camps, entre les deux Frances; avoir fait ce miracle presque seul, avoir réalisé son rêve de Monarchie selon la Charte : il croyait cela en 1829, à la veille de la chute de cette monarchie qu'il avait plus que personne exaltée, secouée et ébranlée. Mais là encore il ne devait laisser que des fragments, et ces fragments furent des ruines.

A le prendre dans son ensemble et un peu largement, tant comme écrivain que comme homme, et en ayant surtout en idée le poëte, qu'avons-nous vu, que voyons-nous? — Une force première qui a survécu à tout ce qui aurait pu la recouvrir ou l'altérer, et qui a usé bien des milieux;

Toujours sauvage au fond et indompté jusque dans les coquetteries mondaines;

Parfois aimable comme un voyageur et sans aucun attachement;

Par moments, des gaucheries, des oublis, des inadvertances comme il en arriverait au grand Corneille;

Par moments, des persiflages et des fatuités, plus qu'il

n'est permis à un Byron; — sa gaieté même alors est forcée; il se guinde et se gourme jusqu'aux dents;

Puis des arguties et une mauvaise foi de sophisme, comme un homme de parti; — des sentiments de parade et de théâtre;

A travers tout cela, de perpétuels jaillissements de talent et une élévation extraordinaire qui jette hors du connu : une grande nature primitive qui reprend le dessus et qui se donne espace;

Une vanité d'homme de lettres; — des dépits d'ambitieux, des étonnements quasi de parvenu, toutes les petitesses de la terre; puis, tout d'un coup, une imagination étrange, mélancolique et radieuse, qui monte puissamment et se déploie dans les solitudes du ciel comme le condor.

Il y a du démon, du sorcier et de la fée dans tout vrai talent d'imagination : il faut qu'il opère le charme : raison, justesse, art, travail, esprit, mis ensemble bout à bout, n'y suffisent pas. M. de Chateaubriand avait de ce démon. Ce qu'il faut dire en terminant, c'est qu'il était un grand magicien, un grand enchanteur.

Tel nous a paru au vrai, dans les principaux traits de sa physionomie, celui que notre siècle, jeune encore, salua et eut raison de saluer comme son Homère[1].

A côté d'Achille il faut montrer Patrocle; à côté de M. de Chateaubriand, il ne serait pas juste d'oublier Fon-

---

[1] Et moralement même, ce que Chateaubriand a toujours eu, ce qu'il a su garder jusqu'à la fin bien mieux que ses successeurs, même les plus illustres, c'est la *dignité*, cette haute estime de soi et qui s'imposait aux autres. Il aimait sans doute la popularité, et il y sacrifia trop; mais il vivait dans un temps où, pour la conquérir, on n'avait pas trop à flatter le populaire, à être plat ou grossier devant lui. La réputation venait à vous, et l'on ne courait pas après elle; on ne la ramassait pas de toutes mains comme depuis. Il n'était pas homme à se baisser.

tanes. Tibulle un jour, dans un mouvement d'orgueil, disait à Messala dont il avait partagé les périls et la victoire : « Ce n'est pas sans moi que tu as vaincu : *non sine me est tibi partus honos.* » Fontanes eût pu le dire à plus juste titre à Chateaubriand. Ayant beaucoup parlé de lui ailleurs, je me bornerai ici à repasser sur les caractères principaux qui le distinguent.

Il y eut deux parts très-distinctes dans la vie de Fontanes : la première qui s'étend de 1778 jusqu'en 1790 et même jusqu'en 1800, et dans laquelle il est poëte, — le poëte de *la Chartreuse*, du *Jour des Morts*, le chantre des amours légères et de Mlle Des Garcins, l'écrivain toujours pur et noble, mais dissipé, souvent aux expédients, vivant à la pointe de la plume, sans position fixe ; la seconde moitié qui date de l'*Éloge de Washington* et dans laquelle, tout en gardant sa verve avec ses amis, il devient pour le public un orateur accompli en son genre et un critique plein d'autorité. C'est à ce dernier rôle surtout que nous nous attachons.

« Le don du jugement est la chose du monde que les hommes possèdent de plus diverse mesure[1]. » Cela est vrai en matière de goût principalement, et dans tout ce qui touche à la poésie et à l'imagination. Nous vivons dans un temps où chacun se croit critique et se pose comme tel. C'est le pis aller du moindre *grimaud* (comme on disait du temps de Boileau), du moindre apprenti littéraire, que de trancher de l'Aristarque en feuilleton. « Les arts les plus mécaniques sont traités avec plus d'honneur que les ouvrages d'esprit ; car ceux qui les ignorent ne se mêlent pas d'en juger, ou ils suivent le sentiment des autres qui les entendent : au contraire, en matière de livres, le plus impertinent est le plus hardi

---

[1] Mlle de Gournay, Préface en tête des *Essais* de Montaigne.

critique[1]. » — Le don de critique véritable n'a été pourtant accordé qu'à quelques-uns. Ce don devient même du génie lorsqu'au milieu des révolutions du goût, entre les ruines d'un vieux genre qui s'écroule et les innovations qui se tentent, il s'agit de discerner avec netteté, avec certitude, sans aucune mollesse, ce qui est bon et ce qui vivra ; si, dans une œuvre nouvelle, l'originalité réelle suffit à racheter les défauts ? de quel ordre est l'ouvrage ? de quelle portée et de quelle *volée* est l'auteur ? et oser dire tout cela avant tous, et le dire d'un ton qui impose et se fasse écouter.

Il y a dans cette autorité et dans l'importance de celui qui l'exerce quelque chose de vivant, de personnel, qui ne tient pas uniquement à ce qu'il écrit et qui ne s'y représente pas toujours en entier, mais qui tient de plus près à l'homme même, à son geste, à son accent. Les mêmes choses dans d'autres bouches n'ont pas le même sens ni le même poids.

La nature crée le grand critique, de même qu'elle confère à quelques hommes le don du commandement. D'autres influent plus sensiblement, s'agitent, débordent, entraînent : le vrai juge, le vrai critique, par quelques mots, rétablit la balance. En philosophie, en politique, de nos jours, nous avons vu bien des talents qui étaient des puissances, des forces toujours en action et en mouvement : M. Royer-Collard, tranquille et debout, était une autorité.

L'autorité du vrai critique se compose de bien des éléments complexes, comme pour le grand médecin ; mais au fond il y a là un sens à part, comme le tact d'un Hippocrate ou d'un Corvisart.

En tout pays, la liste serait courte de tels hommes qui ont

---

[1] Godeau, Discours sur les OEuvres de Malherbe.

été des oracles et qui ont dicté un moment la loi du goût : Malherbe, Boileau, Johnson [1]. Il n'est pas nécessaire à ces critiques d'avoir une perspective immense ; il suffit qu'ils embrassent avec une parfaite netteté de coup d'œil toute l'étendue de l'horizon à leur moment. Tout n'est pas restrictif dans leur rôle ; cependant il y entre souvent plus de restriction que d'élan, plus de *veto* que d'*initiative*.

Mais le plus beau rôle pour le critique, c'est quand il ne se tient pas uniquement sur la défensive et que, dénonçant les faux succès, il ne sait pas moins discerner et promouvoir les légitimes. C'est pour cela qu'il est mieux qu'il y ait dans le critique un poëte : le poëte a le sentiment plus vif des beautés, et il hésite moins à les maintenir. Boileau, en cette matière, se trompera moins que Johnson ou que Jeffries. On l'a dit très-judicieusement : « La vraie touche des esprits, c'est l'examen d'un nouvel auteur ; et celui qui le lit se met à l'épreuve plus qu'il ne l'y met [2]. » Il ne s'agit pas, quand un nouvel écrivain paraît qui est homme de génie, même avec des défauts, — il ne s'agit pas de venir dire : *C'est assez bien*, et de faire ce

---

[1] Que si, au sujet de Johnson, on me faisait remarquer que, de nos jours, il lui manquerait bien des choses pour être un grand critique, je répondrais que le vrai talent sait vite se mettre au courant de ces conditions nouvelles ; mais surtout j'insisterais sur ceci, que Johnson avait un *bon jugement* et le *mordant* qui le grave, et l'*autorité* nécessaire pour le faire valoir, qualités essentielles à tout critique et que les critiques d'aujourd'hui paraissent au contraire trop oublier ; car, avec tous leurs beaux et brillants développements, ils trouvent le moyen de n'avoir ni la solidité armée du trait qui porte, ni l'autorité qui fait que certains arrêts demeurent.

[2] C'est Mlle de Gournay qui l'a dit, et je le redirai, à ma manière, après elle : « La pierre de touche véritable du jugement critique, ce sont les écrits contemporains. Tout le monde est fort à prononcer sur Racine et sur Bossuet ; on tranche là-dessus en toute sécurité ; j'appelle cela moins des jugements que des développements, des exposés où le talent peut s'étendre et briller à l'aise. Mais la sagacité du juge, la perspicacité du critique se prouve surtout sur des écrits neufs, non encore

qu'on peut appeler une cote mal taillée des beautés et des défauts, comme fit l'Institut dans ce fameux Rapport sur le *Génie du Christianisme*, comme fit l'Académie pour le *Cid*. « C'est un grand signe de médiocrité de louer toujours modérément, » a dit Vauvenargues. Il faut savoir à première vue marquer le *cran*. Quel mépris n'avait pas La Bruyère pour ces prétendus connaisseurs qui avaient eu sous les yeux le manuscrit de ses *Caractères* sans bien savoir à quoi s'en tenir et sans oser se prononcer :

« Bien des gens vont jusques à sentir le mérite d'un manuscrit essayés du public. Juger à première vue, deviner, devancer, voilà le don critique. Combien peu le possèdent ! — J'ai vu Béranger n'avoir pas assez de raillerie pour ce vers d'André Chénier :

Le toit s'égaye et rit de mille odeurs divines.

Tout ce qu'il m'a recommandé en fait de vers était toujours médiocre. — Combien de gens distingués de ce temps-ci qui se croient les chefs du mouvement, qui le sont sur certains points, et qui ont ainsi été traînés à la remorque depuis vingt ans dans leurs jugements littéraires ! » — Au reste je conçois, quand on n'y est pas obligé, que l'on évite de se prononcer autrement que de vive voix et dans la conversation sur les ouvrages nouveaux, ces ouvrages à peine échappés de la fabrique de l'auteur et *encore tout chauds de la forge*, comme dit Montesquieu : on court risque, en effet, de s'y brûler les doigts. Dans ce genre de critique, si l'on ne battait le plus souvent la campagne comme on fait aujourd'hui, si l'on ne parlait *à côté*, si l'on était sincère et franc, ce serait moins encore les ouvrages qu'on serait amené à juger, que les esprits eux-mêmes dont ils sont la production ; car *tel fruit, tel arbre ;* et l'on serait ainsi conduit très-vite à dire à bon nombre de ces arbres-là qu'ils sont de pauvre qualité, rudes, grossiers de nature, difformes d'aspect, sauvageons en dépit des greffes, viciés dans leur sève, et peu faits pour produire jamais rien d'agréable ni de savoureux. Or « quel est l'homme assez hardi, nous dit Montesquieu encore, pour vouloir se faire dix ou douze ennemis par mois ? » Aussi le caractère du critique complet suppose-t-il, tout autant que le jugement, un vrai courage moral. Le jugement ferme est déjà du courage intellectuel : on ose avoir un avis bien net vis-à-vis de soi-même ; mais il s'agit encore d'oser le dire tout haut et de le soutenir la plume à la main devant tous.

qu'on leur lit, qui ne peuvent se déclarer en sa faveur, jusques à ce qu'ils aient vu le cours qu'il aura dans le monde par l'impression, ou quel sera son sort parmi les habiles : ils ne hasardent point leurs suffrages ; et ils veulent être portés par la foule et entraînés par la multitude. Ils disent alors qu'ils ont les premiers approuvé cet ouvrage, et que le public est de leur avis.

« Ces gens laissent échapper les plus belles occasions de nous convaincre qu'ils ont de la capacité et des lumières, qu'ils savent juger, trouver bon ce qui est bon, et meilleur ce qui est meilleur. Un bel ouvrage tombe entre leurs mains, c'est un premier ouvrage, l'auteur ne s'est pas encore fait un grand nom, il n'a rien qui prévienne en sa faveur ; il ne s'agit point de faire sa cour ou de flatter les Grands en applaudissant à ses écrits. On ne vous demande pas, Zélotès, de vous récrier : « *C'est un chef-d'œuvre de l'esprit : l'humanité ne va pas plus « loin : c'est jusqu'où la parole humaine peut s'élever : on ne ju- « gera à l'avenir du goût de quelqu'un qu'à proportion qu'il en « aura pour cette pièce :* » phrases outrées, dégoûtantes, qui sentent la pension ou l'abbaye ; nuisibles à cela même qui est louable et qu'on veut louer. Que ne disiez-vous seulement : *Voilà un bon livre !* Vous le dites, il est vrai, avec toute la France, avec les étrangers comme avec vos compatriotes, quand il est imprimé par toute l'Europe, et qu'il est traduit en plusieurs langues : il n'est plus temps. »

Le vrai critique devance le public, le dirige et le guide ; et si le public s'égare et se fourvoie (ce qui lui arrive souvent), le critique tient bon dans l'orage et s'écrie à haute voix : *Ils y reviendront.*

Le critique n'a pas toujours de ces bonnes fortunes et de ces glorieuses occasions. Quand elles se présentent et qu'il est habile à les saisir, cela l'illustre à jamais comme une belle guérison illustre un médecin.

Si nous revenons à Fontanes, il a eu ce mérite et ce bonheur : il lui fallait, pour apparaître comme orateur, rencontrer Napoléon, et pour se signaler comme critique, rencontrer Chateaubriand ; aucun des deux ne lui a manqué, et il s'est trouvé à point pour les servir.

Napoléon reconnut, du premier jour, la compétence de Fontanes dans les choses de l'esprit et de la parole ; il avait de la considération littéraire pour lui. Quand il était d'un autre avis sur ces sujets, il lui aurait dit volontiers comme Louis XIV à Boileau : « Je ne le croyais pas, mais puisque vous le dites... » Napoléon respectait en M. Fontanes l'*art d'écrire*, qui le conduisait à l'art de bien louer.

Fontanes était timide comme poëte ; il se montra hardi comme critique. L'amitié chez lui aida le goût et lui prêta main forte, et son goût osa être d'une autre école que son talent :

« Si quelque chose au monde, a dit Chateaubriand [1], devait être antipathique à M. de Fontanes, c'était ma manière d'écrire. En moi commençait, avec l'école dite romantique, une révolution dans la littérature française : toutefois, mon ami, au lieu de se révolter contre ma barbarie, se passionna pour elle. Je voyais bien de l'ébahissement sur son visage quand je lui lisais des fragments des *Natchez*, d'*Atala*, de *René* ; il ne pouvait ramener ces productions aux règles communes de la critique ; mais il sentait qu'il entrait dans un monde nouveau, il voyait une nature nouvelle ; il comprenait une langue qu'il ne parlait pas. Je reçus de lui d'excellents conseils ; je lui dois ce qu'il y a de correct dans mon style ; il m'apprit à respecter l'oreille : il m'empêcha de tomber dans l'extravagance d'invention et le rocailleux d'exécution de *mes disciples.* »

Les disciples auraient droit peut-être de remarquer que

---

[1] *Mémoires d'Outre-tombe.*

Fontanes mourut de bonne heure, et que son bon conseil fit faute à son ami vieillissant.

Son grand mérite, son titre critique, ç'a été de faire effacer bien des fautes du *Génie du Christianisme*, sans rien ôter des beautés. Son esprit d'ailleurs, si vif et si brillant, avait ses limites très-arrêtées, auxquelles on atteignait assez vite en causant avec lui. Il n'aimait pas les idées et niait volontiers tout ce qu'il n'abordait pas ; il avait le ton tranchant : c'est l'écueil de ceux qui ont l'autorité[1].

Je lis dans une lettre du temps écrite par un homme[2] de savoir profond et de haute intelligence (30 avril 1808) :

« Fontanes n'est pas encore en activité comme Grand-Maître, parce que l'Empereur ne l'a pas admis à prêter serment avant son départ. Cette circonstance, qu'on croit intentionnelle, fait toujours de Fourcroy l'homme important. Il est difficile de prévoir quel esprit le nouveau Grand-Maître apportera dans ses fonctions. Ses relations notoires avec la clique de l'ancien *Mercure de France* et avec les coryphées du *Journal de l'Empire*, son crédit chez les Ultramontains, ses préjugés contre la littérature étrangère, et surtout contre la philosophie, ne font pas attendre une administration libérale[3]. Néanmoins c'est un

---

[1] Dans la politique proprement dite il comptait peu. Chateaubriand disait de lui : « On a voulu faire de lui un politique, ce n'était qu'un poëte brusque et peureux. »

[2] Lettres de Stapfer, *Bibliothèque universelle* de Genève, août 1848, page 420.

[3] Je ne sais si l'administration de Fontanes fut libérale, mais elle fut ce que doit être surtout une administration universitaire, et ce qu'elle ne parut pas toujours depuis sous un régime de plus de liberté, je veux dire toute paternelle. — Ce dernier éloge n'a jamais été contesté à Fontanes Grand-Maître, et je pourrais raconter plus d'un trait particulier qui le justifierait : mais voilà que dans la *Correspondance* récemment publiée de Béranger, *Correspondance* contre laquelle la plupart de nos Aristarques de journaux ont tonné, et qui n'en est pas moins en grande partie très-spirituelle et très-agréable, voilà, dis-je, que Béranger semble accuser le Grand-Maître de l'Université et vient se plaindre de lui,

beau talent comme écrivain, et le seul fonctionnaire qui sache louer l'Empereur avec goût, et même avec une apparence d'indépendance. La suite montrera si c'est un goût plus pur, ou une vraie noblesse d'âme, qui lui a mérité cette grande distinction *in hac projecta servientium patientia.* Je n'ai eu qu'une fois l'occasion de discuter avec lui : je relevai, dans un cercle où je le rencontrai, son ton léger et sardonique, contre la littérature allemande, et je l'embarrassai en lui demandant *ex abrupto* s'il connaissait la langue allemande ; il n'en sait pas un mot. »

Voilà le défaut ; mais les qualités, il faudrait, pour vous les rendre, vous lire simplement ce qu'écrivait un de ses amis, Chênedollé, dans l'effusion de sa douleur, après l'avoir perdu[1]. Fontanes était essentiellement bon, bienveillant ; il aimait la jeunesse et, comme on l'a si bien dit, *il aimait l'espérance.* Sa conversation était aussi riche, aussi neuve, et hardie que ses écrits étaient polis et purs ; il gardait toute la verve pour la conversation[2] ; il

---

de son procédé, de son oubli, de ses vexations ! Heureusement Béranger, par ses lettres mêmes, nous permet d'apprécier plus justement les faits. Il avait écrit à Fontanes, sans le connaître, pour solliciter un emploi dans les bureaux de l'Université dès la création, en se recommandant de la protection de Lucien et de l'amitié d'Arnault. Fontanes empressé, et qui cherche des collaborateurs selon son esprit, l'accueille, lui fait offrir tout d'abord une place de sous-chef avec 3,000 francs d'appointements. Mais il y a trop de travail dans cette place ; Béranger refuse ; il en aime mieux une moindre, où il n'y ait pas tant à faire : car le bureau pour lui, c'est le *bagne.* Faut-il s'étonner que Fontanes se refroidisse, et laisse retomber le chiffre des appointements à 1,500 francs. Béranger devait être (convenons-en) un commis bien ordinaire. Il était l'homme le moins propre à entrer dans les vues du Grand-Maître, à cette renaissance de l'Université ; il ne songeait pas encore, en ce temps-là, à se dire le disciple, en chansons, du *Génie du Christianisme.* Il était l'assidu et le familier du salon d'Arnault qui était en opposition sourde avec Fontanes ; il nous a rendu l'écho de ce salon.

[1] Voir ci-après, à l'article *Chênedollé.*
[2] Chênedollé écrivait vers 1800 : « Fontanes réserve pour ses écrits tout le bon sens et la raison qu'il refuse à ses conversations. » Et il

y portait quelque chose de brusque, d'impétueux et d'athlétique, qui l'avait fait comparer en riant par ses amis dans leurs promenades aux Tuileries, au *sanglier d'Érimanthe*. Avec cela, un sourire charmant qui tempérait la fougue: « Ce n'est pas dans les yeux, c'est dans le sourire, c'est dans les deux coins de la bouche que Fontanes a une expression céleste. C'est là qu'est l'inspiration du poétique. Je l'ai vu une fois avec une figure inspirée et le rayon de feu sur le front. »

Fontanes pouvait, dans l'habitude familière, avoir par moments le ton tranchant, ou même l'air *vaurien* comme le lui disait Mme Du Fresnoy; mais dès qu'il prenait la parole en public, la mesure, la gravité, la noblesse naturelle se retrouvaient en lui.

M. Thiers, ayant à le nommer comme orateur dans l'*Histoire du Consulat et de l'Empire*, a parlé de lui en des termes honorables, et même magnifiques, qui ont soulevé les réclamations de quelques critiques partisans du style moderne.

A propos de la cérémonie funèbre célébrée aux In-

---

ajoute : « Jamais homme n'a eu un goût plus sûr et plus exquis que Fontanes, et nul n'a mieux connu que lui la mesure des choses : il a une mesure parfaite. » — Il y aurait à s'étendre, si c'en était le lieu, sur cette opposition piquante du plus poli, du plus mesuré des écrivains, et d'un causeur si franc et même si cru. Veut-on un exemple? Un jour M. Biot, qui était bien avec lui, et qu'il avait pris en goût depuis son *Éloge de Montaigne*, lui parlait du Discours latin qui se prononce chaque année à la distribution des prix du Concours général : il eût été assez disposé à se charger de ce Discours s'il avait été en français, et si la louange à l'Empereur avait pu être contenue dans de justes bornes (on était en 1812). Il était allé en causer avec M. de Fontanes à Courbevoie. Après avoir bien pesé et balancé les objections, le Grand-Maître finit par lui dire : « Voyez-vous, il y a toujours une queue de Discours qui sera embarrassante, et plus embarrassante en français qu'en latin. Cet homme-là n'aime des sciences que ce qui rime à *canon*, et des lettres que ce qui rime à *Napoléon*. Au moins, quand le Discours se prononce en latin, je suis sûr du ministre de la Police. » Le contraste du déshabillé à l'officiel est-il assez frappant?

valides en l'honneur de Washington, l'historien avait dit :

« Non loin de là une tribune était préparée. On y vit monter un proscrit, qui devait sa liberté à la politique du Premier Consul : c'était M. de Fontanes, écrivain pur et brillant, *le dernier qui ait fait usage de cette langue française*, autrefois si parfaite, et emportée aujourd'hui avec le dix-huitième siècle dans les abîmes du passé. M. de Fontanes prononça en un langage étudié, mais superbe, l'Éloge funèbre du héros de l'Amérique [1]. »

Et dans une autre solennité unique, l'entrée du Pape à Paris (novembre 1804), M. Thiers distingue, pour le citer entre tous, le discours de M. de Fontanes comme président du Corps législatif : « Cependant au milieu de ces harangues fugitives comme la sensation qui les inspire, il faut remarquer celle de M. de Fontanes, grave et durable comme les vérités dont elle était pleine. » Et après avoir donné la harangue en entier : « Le Pape, dit-il, se montra vivement ému de ce noble langage, le plus beau qu'on eût parlé depuis le siècle de Louis XIV. »

Cette louange est grande. Est-elle juste ? je le crois. Est-elle faite pour choquer en rien l'amour-propre d'aucun de nos brillants écrivains contemporains ? je ne le crois nullement. Et qui donc aurait aujourd'hui la pré-

---

[1] Les contradicteurs ont chicané et prétendu que cet éloge de la pureté de la langue et de la perfection de l'écrivain aurait pu se faire en des termes plus corrects et plus purs eux-mêmes ; ils ont critiqué un langage *superbe* pour *magnifique*, et surtout appliqué à Fontanes qui n'a rien de si majestueux : une langue *emportée dans les abîmes du passé*... Mais, avec M. Thiers, il faut passer là-dessus et s'accoutumer à goûter son bon sens vif et ses charmantes qualités à travers quelques lieux-communs d'expression et des négligences. Son style, tout de premier jet (quand il ne vise pas au noble), a bien aussi ses bonheurs et ses grâces ; il a des parties enlevées et légères, d'une belle simplicité. C'est trop peu dire que de louer sa clarté continuelle : il a cette clarté qui fait plaisir à l'esprit, il est lucide.

tention de parler la langue de Louis XIV? Un disciple devenu maître, le premier de nos lettrés, qui a surpassé Fontanes en tout, excepté en poésie [1], un héritier qui est à M. de Fontanes ce que M. Cousin est à M. Royer-Collard, M. Villemain, a certes le plus charmant et le plus délicieux style d'écrivain critique qui se puisse imaginer, mais un style (là où il est le plus original) tout varié de nuances spirituelles ou coquettes qui s'ingénient. «Dans le style de Villemain, a dit quelqu'un [2], je sens l'affectation dans l'ensemble, quoiqu'il ne soit pas trop facile de l'indiquer dans chaque phrase isolée.» De l'affectation, oh! non pas, — le mot est impropre, — mais bien une certaine inquiétude dans l'ensemble et qui, là où elle est à sa place, a pour effet d'exciter agréablement, de tenir en haleine le lecteur, et de l'avertir de ne rien perdre des mille aperçus du chemin et des perspectives : ce qui, encore une fois, est charmant, mais ce qui n'est plus précisément du Louis XIV. — Et M. Cousin lui-même, il a un grand style, digne du meilleur dix-septième siècle assurément, on le dit beaucoup et je le répète : — oui certes, pour

---

[1] Excepté aussi, s'il faut le dire, pour l'initiative et la prompte décision du jugement critique appliqué aux vivants ; car, bien différent en cela de Fontanes, il n'a jamais osé se prononcer nettement ni pour ni contre aucun avant le public et dans la crise même. Du reste, la tradition en lui est directe, et l'on pourrait dresser la filiation ainsi : Voltaire avant de mourir désigne La Harpe comme son successeur pour le sceptre dans le domaine de la critique ; La Harpe, devenu oracle à son tour, désigne Fontanes en mourant, et Fontanes désigne M. Villemain. Mais lui, qui a-t-il désigné ?... Il y en a sans doute un trop grand nombre ; il ne se décidera jamais.

[2] Ce quelqu'un est Chênedollé, qui nous est un écho fidèle de son monde, et qui, nécessairement, n'a pu parler que des premiers et déjà bien anciens écrits du maître, les seuls qu'il connaissait. Les plus nouveaux et les derniers écrits échappent-ils à cette remarque, ou ne font-ils que la confirmer ?... Pour moi la perfection de la manière littéraire de M. Villemain, son plus accompli moment est dans son *Tableau de la Littérature française au XVIIIe siècle*. C'est là que son talent m'apparaît dans sa lumière la plus nette et la plus purement définie.

l'ampleur des tours, la largeur des expressions et souvent des idées, pour un certain courant et une élévation naturelle d'éloquence. Cela a grand air vraiment, rien qu'à le voir passer. Mais aussi quelle personnalité pleine de verve, que je ne blâme pas absolument et qui plaît au contraire à la rencontre autant que la jactance peut plaire, — qui, dans tous les cas amuse! Quel air de conquête et quelle façon glorieuse d'entrer, de se poser en toute matière, — de mener *à quatre chevaux* en toute carrière, — de s'y faire place, de s'en emparer en vainqueur, du droit du plus fort, *quia nominor Leo, quia nominor Victor!* Quelle préoccupation de son sujet qui fait sourire! Que d'impétuosités hors de toute proportion souvent avec le but, qui agrandissent la route et la font presque partout magnifique, — plus magnifique même qu'il n'était besoin! J'appelle tout cela du Louis XIII dans du Louis XIV. — Chez Fontanes, rien n'excède, rien n'atteste l'inquiétude personnelle; il peut l'avoir au dedans, mais on n'en devine rien. Il semble chez lui; il parle sa langue naturelle; c'est le suprême goût.

Et j'ajouterai qu'il faut le lui laisser. Quand on est né au siècle de Tacite ou, si vous voulez, de Tertullien, ou même d'Augustin, convient-il donc de s'attacher à écrire (quand on le pourrait) exactement comme dans l'âge de Cicéron? Tâchons d'éviter les défauts de notre temps, mais aussi n'en rejetons pas les ressources; ne nous en retranchons pas la marque propre et l'originalité [1].

---

[1] J'ai en ce moment dans la pensée deux écrivains du jour très-distingués, de genre différent, tous deux pourtant du genre narratif (M. Augustin Thierry en est un), qui écrivent dans une langue extrêmement correcte, mais un peu courte et sèche. On croit sentir, en les lisant, la crainte qu'ils ont perpétuellement de faire un faux pas. Ce sont des écrivains, comme quelqu'un le disait spirituellement, *exempts* et purs; oui, *exempts* de défauts, mais aussi de bien des qualités, quoiqu'ils en aient d'essentielles. Quand on veut écrire dans ce style irréprochable et

Quand on écrit d'ailleurs aussi peu et aussi rarement que Fontanes le faisait en prose, il est moins extraordinaire de se garder de toute faute et de tout excès.

Fontanes était poëte ; il ne le fut jamais plus véritablement peut-être, et avec une inspiration plus sentie, que dans le temps où il semblait se taire et lorsque, devenu Grand-Maître et sénateur, il se dérobait parfois aux importuns pour aller passer quelques jours dans sa retraite de Courbevoie, son Tibur[1] :

> Je revole au manoir champêtre,
> A mes tilleuls, à mes ormeaux,

incontestable, on se retranche une quantité de nuances et d'idées qui n'ont d'expression que dans une langue plus moderne et plus libre. « Toutes les choses qui sont aisées à bien dire ont été parfaitement dites ; le reste est notre affaire ou notre tâche, tâche pénible ! » s'écrie Joubert. Ne nous y dérobons pas. — Un homme qui n'était pas Joubert (tant s'en faut !), qui n'était pas écrivain, mais professeur, et qui devait user très-peu lui-même des libertés et des hardiesses qu'il réclamait, a dit avec beaucoup de sens : « Sortir de son siècle pour demander au passé des idées plus justes et une langue plus correcte et plus pure, c'est chercher la perfection là où n'est plus la vie. Cette langue était faite pour représenter des choses qui ne sont plus les mêmes. Faut-il adopter la langue sans les idées, ou vivre dans une atmosphère d'idées qu'on ne respire plus autour de nous? Chez les Anciens, Quintilien et Pline le Jeune ont affiché la prétention de revenir au bon goût de Cicéron ; qu'en est-il résulté? Les ouvrages du premier sont une paraphrase éternelle et toujours affaiblie de son modèle ; et le second n'a pu trouver pour ses petits succès de lectures publiques un modèle dans les ouvrages de l'homme d'État. Il n'a vu dans Cicéron que l'homme d'esprit, et n'a emprunté de lui qu'une forme vide. Tacite, au contraire, a voulu être de son temps. Il se souvient de Cicéron, mais comme d'un maître qu'il a laissé pour les leçons plus sérieuses de la vie et de l'expérience. Il a vécu, il a eu sa physionomie, et il a mérité qu'on hésitât à ranger l'époque où il a été si grand parmi les époques de décadence. Parlons donc la langue que tout le monde parle autour de nous, mais soyons nous-mêmes... » (M. Rinn, leçon d'ouverture du Cours d'Éloquence au Collège de France, 2 mars 1853.)

[1] M. de Fontanes répondait aux questions de ses amis sur ses travaux littéraires et à leurs craintes, plus ou moins exprimées, qu'il s'en laissât trop divertir : « Vous vous trompez si vous croyez que j'ai cessé de tra-

Et je me sens déjà renaître
Sous la fraîcheur de leurs rameaux.
Qu'à Saint-Cloud devançant l'aurore,
Un autre se consume encore
En vains désirs, en longs regrets ;
Moi, je reste à la Cour de Flore
Et de Pomone et de Cérès.

Ici, mes heures fugitives,
Entre l'un et l'autre soleil,
Couleront doucement oisives
Au sein des arts et du sommeil.
Je vous reprends avec ivresse,
Vieux Auteurs qui de ma jeunesse
Avez eu les premiers amours !
Grands Hommes qu'on relit sans cesse,
Charmez encor mes derniers jours !

Que j'aime les routes confuses,
Et l'abri de ce bois charmant,
Où le Silence, ami des Muses,
L'œil baissé, marche lentement !
Sous l'ombre épaisse il se retire,
Et sans témoins, cherchant ma lyre,
Il me la rend d'un air discret :
Je chante, et des vers qu'il m'inspire
L'Amitié seule a le secret.

Au bord de ce fleuve limpide,
Le long de mes prés toujours verts,
Si quelque rimeur insipide
Portait son orgueil et ses vers,
Qu'en faisant leur ronde fidèle,
Mes Pénates en sentinelle
L'écartent d'un bras redouté,
Même quand la troupe immortelle
Dans l'Institut l'eût adopté !

Mais si Joubert, ami fidèle,
Que depuis trente ans je chéris,

vailler. Lorsque j'étais Grand-Maître, je trouvais presque toujours quatre heures pour la littérature avant d'ouvrir mon cabinet. »

Des cœurs vrais le plus vrai modèle,
Vers mes champs accourt de Paris,
Qu'on ouvre! j'aime sa présence;
De la paix et de l'espérance
Il a toujours les yeux sereins.
Que de fois sa douce éloquence
Apaisa mes plus noirs chagrins[1]!

Et si, de ses courses lointaines,
Chateaubriand vient sur ces bords,
Muses de Sion et d'Athènes,
Entonnez vos plus beaux accords!
Qu'au bruit de vos airs poétiques,
Accueilli comme aux jours antiques,
Il prenne place en mes foyers,
Et loin des troubles politiques,
Repose ceint de vos lauriers!

Et encore:

Au bout de mon humble domaine,
Six tilleuls au front arrondi,
Dominant le cours de la Seine,
Balancent une ombre incertaine
Qui me cache aux feux du midi.

Sans affaire et sans esclavage
Souvent j'y goûte un doux repos;
Désoccupé comme un Sauvage

---

[1] Les Écrits de Joubert ont gardé quelque chose du calme et du doux rayonnement qu'apportait sa présence. J'en parlerai tout à l'heure au point de vue du goût et de la littérature; mais, moralement, ils sont encore d'un effet singulièrement bienfaisant pour les âmes restées intègres et croyantes par quelque endroit. Lisez-les dans la solitude, dans la paix des champs; prenez-les, comme il convient, à petite dose; ce sont des essences spirituelles : on n'a qu'à les respirer; on en est remonté, ou mieux, calmé, apaisé, rasséréné pour tout un jour. C'est un cordial dont la vertu est bienfaisante pour les esprits distingués et fébriles, aux instants de lassitude. J'ai là-dessus les témoignages d'amis plus jeunes que moi et restés plus sensibles à ces bonnes influences.

Qu'amuse auprès d'un beau rivage
Le flot qui suit toujours les flots.

Ici, la rêveuse Paresse
S'assied, les yeux demi-fermés,
Et, sous sa main qui me caresse,
Une langueur enchanteresse
Tient mes sens vaincus et charmés.

Des feuillets d'Ovide et d'Horace
Flottent épars sur ses genoux :
Je lis, je dors, tout soin s'efface,
Je ne fais rien et le jour passe :
Cet emploi du jour est si doux !

Tandis que d'une paix profonde
Je goûte ainsi la volupté,
Des rimeurs dont le siècle abonde
La Muse toujours plus féconde
Insulte à ma stérilité.

Je perds mon temps s'il faut les croire,
Eux seuls du siècle sont l'honneur !
J'y consens : qu'ils gardent leur gloire,
Je perds bien peu pour ma mémoire,
Je gagne tout pour mon bonheur.

Avec bien moins de brillant et de hardi dans l'expression qu'Horace, ce sont là, pour le tour comme pour la pensée, de véritables odes d'Horace en français. J'aime à les rapprocher dans mon souvenir de quelques belles et charmantes odes de Racan et de Maynard, ces disciples directs de Malherbe; mais chez ces premiers classiques, voisins encore du seizième siècle, il y a un fond de style plus riche, plus étoffé et plus rehaussé de couleur que chez le classique de la fin, le tout dernier des classiques. La langue poétique lyrique avait eu le temps de faiblir et de pâlir dans le cours de deux siècles, elle avait tourné à la prose, et Fontanes n'était pas homme, comme Le Brun, comme André Chénier, — comme Horace en son temps, — à la retremper aux hautes sources primitives ou à la teindre avec art dans la pourpre de Tyr. Ne lui demandons pas plus qu'il ne pouvait donner.

Il avait maudit la *Cinquantaine* dans une pièce pleine de boutade et de poétique humeur[1]. Assis désormais sous l'ombrage de ses tilleuls et de ses platanes, il accepte la vieillesse avec douceur, avec sérénité, et presque comme une espérance. Jamais elle n'a été célébrée et saluée avec des accents plus épurés et plus attendris. On dirait qu'à cette heure, dans Fontanes, l'épicurien a disparu[2], et que le platonicien commence :

> Ma jeunesse m'est ravie,
> Le soir des ans m'apparaît,

[1] Il se souvenait assurément, en la composant, de la boutade de Voltaire disant au marquis d'Argenson (15 avril 1744) :

> Êtes-vous dans la cinquantaine ?
> J'y suis, et je n'en vaux pas mieux, etc.

Comme pendant à cette *Cinquantaine*, il faudrait lire les vers que Fontanes, jeune, adressait à la charmante Mlle Des Garcins, et qui n'ont pas dû entrer dans l'édition des OEuvres :

> Oui, l'Amour veut que je te chante ;
> Le premier j'ai senti le charme de tes pleurs...

Il la comparait à Mlle Gaussin, en marquant bien qu'il n'entend pas, comme Voltaire, ne lui parler d'amour qu'en vers (*Almanach des Muses* de 1789, page 87). Plus tard les rôles officiels, et cette seconde réputation qui usurpe toute notre vie, suppriment trop ces fonds gracieux.

[2] Cet épicurien cependant était bien fort chez lui, plus fort que l'on n'ose le marquer. Je n'en puis donner que des indices. Il écrivait de la campagne où il était, chez Mme Bacciochi, à M. Guéneau de Mussy : « Je

Mais le déclin de la vie
N'est point pour moi sans attrait ;
Oh ! que Tullius m'enchante,
Alors que sa voix touchante
Fait parler ce vieux Romain
Qui, vers le dernier asile
Descendant d'un pas tranquille,
Cueille des fleurs en chemin !

Ces fleurs sont la paix de l'âme,
La santé, fille des mœurs,
Le travail, dont le dictame
Guérit nos sombres humeurs ;
Doux travail ! Muses propices !
On brave sous vos auspices
Le sort, l'âge et les revers ;
Jusqu'à ma dernière aurore
Venez me bercer encore,
Au bruit des chants et des vers.

Le temps, mieux que la science,
Nous instruit par ses leçons ;
Aux champs de l'expérience
J'ai fait de riches moissons ;
Comme une plante tardive,
Le bonheur ne se cultive
Qu'en la saison du bon sens ;
Et sous une main discrète,

fais des vers, je joue Alvarez dans *Alzire*, je chasse le renard et joue aux échecs tous les soirs après un excellent dîner. Voilà ma vie ; elle est assez douce. » Et dans une lettre de Chateaubriand au même M. Gueneau de Mussy (16 octobre 1805) on lit : « Je ne sais rien de Fontanes, sinon qu'il mange un peu moins que de coutume et qu'il se porte très-bien. » Le dîner tenait une grande place dans la vie de Fontanes ; il accusait gaiement la nature de l'avoir trop distrait de son talent poétique en lui donnant un estomac si actif, des organes si impérieux. On citait un mot de lui : « Je ne sais rien de plus agréable qu'un ballet bien indécent après un bon dîner. » Son côté faible est là. Il faut oser indiquer au moins le vice des hommes distingués. Sans ces habitudes un peu matérielles, Fontanes, avec son talent, aurait produit bien davantage et aurait assuré son rang dans la mémoire des hommes par des œuvres plus durables.

Il croîtra dans la retraite
Que j'ornai pour mes vieux ans.

Sous l'ardente canicule
Le soleil plus irrité
De la séve qui circule
Échauffe l'activité ;
Mais l'eau tarit, l'herbe expire,
L'homme avec peine respire
Une lourde exhalaison ;
Et des plaines sulfureuses
Montent ces foudres nombreuses
Sous qui tremble l'horizon.

L'ombre vient et nous ramène
La Déesse au front changeant,
Dont le Silence promène
Les coursiers aux pieds d'argent ;
La campagne reposée
Du jour pur de l'Élysée
Semble réfléchir les traits,
Et, sous la clarté paisible,
Le firmament plus visible
Développe ses secrets.

Ainsi, sur notre vieillesse
Luit un astre aux doux rayons,
Dont le calme éteint l'ivresse
Des bruyantes passions.
Je te suis, Phare céleste !
Le court chemin qui me reste
N'est pas éloigné du port ;
Et j'accepte les présages
De ce long jour sans nuages
Qui commence après la mort.

J'ai cité ailleurs ses deux odes, dignes encore d'Horace, *sur un Buste de Vénus* et *à un Pêcheur*. Cette dernière nous atteste de plus l'exquise bonté de son âme[1].

---

[1] J'aime tant la poésie que je ne crois pas avoir trop payé de six mois de ma peine pour l'édition Fontanes (si incomplète pourtant sans

Quoique Fontanes aimât l'espérance et la jeunesse, il ne sentit pas Lamartine naissant et ne l'apprécia point à sa valeur. Chaque critique (fût-il à la fois poëte) n'a que sa portée : chacun de nous n'a qu'un temps, passé lequel il ne se renouvelle plus. Le critique vieux se retire, ferme ses volets, ou ne les ouvre plus que du côté du couchant. Boileau, après la mort de Racine, disait *non* volontiers à tout ce qui s'essayait, même à Regnard, même à Le Sage. Fontanes, impatienté de l'engouement du monde pour le poëte nouveau, laissa échapper un jour devant Mme de Duras ce mot décisif : *Tous les vers sont faits,* — c'est-à-dire, il n'y en a plus de nouveaux à faire [1].

---

qu'il y ait de ma faute) le plaisir d'avoir introduit cinq ou six petites pièces charmantes de lui, et sans moi restées inconnues, dans les *Analecta* qui se feront un jour de la poésie française. Ce sont ces pièces que les pédants en auraient précisément retranchées.

[1] Voici une anecdote encore et très-authentique. Au moment où parurent les premières *Méditations* de Lamartine, tout le monde en était occupé, enthousiaste, et Fontanes n'en disait trop rien. Un jour, chez M. de Talleyrand, comme on discutait fort sur le mérite de l'œuvre et du poëte, Fontanes entra, et le prince le prit pour arbitre. « Mon Prince, répondit Fontanes, je trouve, à parler vrai, qu'on est fort monté pour ce jeune homme ; sans doute il y a de très-beaux vers et du talent dans son ouvrage, mais ou je me trompe fort, ou il n'a que cela dans le ventre. » Ce furent ses propres termes. — Or, cela n'est pas si faux qu'on le pourrait croire. Lamartine, depuis lors, n'a fait que redire la même chose sur tous les tons, ou plutôt il a redit le même ton sur toutes les choses. Même dans sa politique il n'a fait que transposer, comme en musique ; mais quant au fond, c'est toujours une méditation ou une harmonie. La chose même dont parle Lamartine est ce qui l'inquiète le moins : l'essentiel pour lui, c'est la note ; et partout chez lui cette note est merveilleuse de richesse et de brillant. Les gens qui n'y regardent pas de si près s'y trompent et croient tout de bon que le poëte est devenu politique et historien. C'est une illusion. La variété est dans les sujets qu'il traite, et non dans le procédé qu'il y applique. C'est le même air sur toutes sortes de paroles ; et pour qui a l'oreille fine, cela fait souvent l'effet de la même chanson. — Mais Fontanes passait toutes les bornes lorsqu'il disait à Chênedollé, la dernière fois qu'il causa avec lui (juin 1820), et parlant toujours de Lamartine : « Est-ce que vous trou-

Après Fontanes, nous ne pouvons nous empêcher de nous arrêter un instant, un dernier instant, sur M. Joubert : Chateaubriand, jeune, marchait entre les deux. Jamais poëte ne trouva deux critiques plus doués d'imagination eux-mêmes, deux critiques amis, mieux faits en tout point pour se compléter l'un l'autre et pour le servir. Si l'un, tout classique, l'accompagnait et le soutenait avec un *dévouement étonné*, l'autre ne s'étonnait pas du tout et devançait toujours. L'un ferme et net, athlète au besoin, brisait des lances dans les mêlées pour son ami, et le couvrait de son bouclier ; l'autre, vrai Sylphe, pur esprit, presque sans corps, voltigeait, en murmurant à son oreille des conseils charmants, *leni susurro*. L'un, critique devant le public, plaidait, défendait et gagnait une cause ; l'autre, intime et inspirant au dedans, suggérait mille pensées et insinuait bien des hardiesses ; et pour finir par un mot consacré, l'un était la bride, et l'autre l'éperon.

On ne pouvait donc, au sein d'une amitié plus tendre, trouver plus de différences de qualités qu'entre Joubert et Fontanes. Le premier était un platonicien pur, aisément amoureux de l'idée, se complaisant souvent à en tirer la quintessence, curieux du nouveau, de l'inexploré, du difficile. « Je me suis, disait-il, promené hier pendant quatre heures avec Fontanes : j'ai voulu lui prêcher l'amour des hauteurs et l'horreur des champs de ba-

---

vez ça très-bon ? C'est un talent hypocrite, une fausse harmonie, tout cela est calculé ; il n'y a pas là d'inspiration. C'est du Chateaubriand en vers, c'est du Chateaubriand gâté. » Ce ne sont plus là des jugements, ce sont des boutades jalouses et des antipathies qui s'exhalent. Ainsi Bossuet, parlant de Fénelon devant l'abbé Le Dieu, disait que c'était un *hypocrite*. — Lamartine, à son tour, a rendu à Fontanes injustice pour injustice, en le citant avec Delille comme un des types de « la poésie *toute matérialiste et toute sonore* de la fin du XVIIIe siècle et de l'Empire. » (*Raphaël*, XLVIII.)

taille ; mais il n'est pas encore assez dépouillé des *choses de la bile et du sang*[1]. » — M. Joubert ne cessait de se complaire sur les hauteurs ; il s'y envolait chaque matin à l'aventure, jusqu'à s'y perdre parfois dans le vaporeux. Il manquait (lui-même il en convient) de ce qui réalise et de ce qui fixe l'esprit dans les œuvres : il était tout rayon, tout parfum et toute rosée. Lui et Fontanes, par une raison ou par une autre, ne firent point de livres (ce qui, soit dit en passant, supprimait toute cause prochaine ou lointaine de rivalité avec leur glorieux ami) : Fontanes n'en faisait point par excès de scrupule et par paresse ; Joubert, parce qu'il n'aurait point eu la force de tisser une trame : ses pensées, comme des fils de la Vierge, cassaient à chaque instant et se contentaient de flotter dans l'air. Ses jugements littéraires étaient d'une ténuité, d'une subtilité et d'une élévation qui, aujourd'hui même, pourrait faire frémir les classiques de seconde main (s'il en est encore). Daunou, par exemple, ce *gallo-latin* par excellence, qui, du temps qu'il demeurait au Palais-Bourbon, l'avait rencontré une ou deux fois chez Fontanes, parlait de M. Joubert comme d'un esprit bien étrange et qui disait des choses qu'il ferait bien de ne jamais écrire. Voici quelques-unes de ses pensées :

« C'est surtout dans la spiritualité des idées que consiste la poésie. »

« Quiconque n'a jamais été pieux ne deviendra jamais poëte. »

« Même quand le poëte parle d'objets qu'il veut rendre odieux, il faut que son style soit calme, que ses termes soient

[1] Il s'agissait d'une polémique dans le *Mercure*. Fontanes s'entendait très-bien à ces guerres de plume ; il les menait avec légèreté, à la française. Mais Joubert estimait que ce genre, traité même avec esprit et ironie, était inférieur.

modérés, et qu'il épargne l'ennemi, conservant cette dignité qui vient de la paix d'une âme supérieure à toutes choses. Qu'il se souvienne de ce beau mot de Lucain : *Pacem summa tenent.* »

« Les beaux vers sont ceux qui s'exhalent comme des sons ou des parfums. »

« Il faut que les mots, pour être poétiques, soient chauds du souffle de l'âme, ou humides de son haleine. »

« Comme ce nectar de l'abeille qui change en miel la poussière des fleurs, ou comme cette liqueur qui convertit le plomb en or, le poëte a un souffle qui enfle les mots, les rend légers et les colore. Il sait en quoi consiste le charme des paroles, et par quel art on bâtit avec elles des édifices enchantés. »

Sur la poésie de son temps, sur celle même que ne haïssait pas Fontanes et qu'il s'accordait trop souvent dans les intervalles de l'inspiration, M. Joubert pensait et disait, parlant à un autre de ses intimes : « La poésie de Fontanes est comme une pâte colorée qu'il applique sur du papier blanc. » On n'est jamais plus nettement jugé et jugulé que par ses amis. — Ce que je disais tout à l'heure de la pâleur et de l'*effacement* de la langue poétique, même élégante, vous voyez bien que Joubert le pensait aussi !

Et sur le style en général, que de vues fines, que de hardiesses !

« En littérature, il faut remonter aux sources dans chaque langue, parce qu'on oppose ainsi l'antiquité à la mode, et que d'ailleurs, en trouvant dans sa propre langue cette pointe d'étrangeté qui pique et réveille le goût, on la parle mieux et avec plus de plaisir. Quant aux inconvénients, ils sont nuls. Des défauts vieillis et abolis ont perdu tout leur maléfice : on n'a plus rien à redouter de leur contagion. »

« Remplir un mot ancien d'un sens nouveau, dont l'usage

où la vétusté l'avait vidé, pour ainsi dire, ce n'est pas innover, c'est rajeunir. On enrichit les langues en les fouillant. Il faut les traiter comme les champs : pour les rendre fécondes, quand elles ne sont plus nouvelles, il faut les remuer à de grandes profondeurs. »

« Pour bien écrire le français, il faudrait entendre le gaulois. »

« Notre langue est comme la mine où l'or ne se trouve qu'à de certaines profondeurs. »

« Il serait singulier que le style ne fût beau que lorsqu'il a quelque obscurité, c'est-à-dire, quelques nuages ; et peut-être cela est vrai, quand cette obscurité lui vient de son excellence même, du choix des mots qui ne sont pas communs, du choix des tours qui ne sont pas vulgaires. Il est certain que le beau a toujours à la fois quelque beauté visible et quelque beauté cachée. Il est certain encore qu'il n'a jamais autant de charmes pour nous, que lorsque nous le lisons attentivement dans une langue que nous n'entendons qu'à demi. »

« Toutes les formes de style sont bonnes, pourvu qu'elles soient employées avec goût ; il y a une foule d'expressions qui sont défauts chez les uns et beautés chez les autres. »

« Si, sur toutes sortes de sujets, nous voulions écrire aujourd'hui comme on écrivait du temps de Louis XIV, nous n'aurions point de vérité dans le style, car nous n'avons plus les mêmes humeurs, les mêmes opinions, les mêmes mœurs [1]. »

Il nous serait facile de tirer ainsi un choix de pensées et de jugements qui, au besoin, couvriraient les nôtres : car M. Joubert dit les choses de telle sorte et sait si bien darder sa pensée qu'il touche en plein le but, et l'on ad-

---

[1] Et sur les Grecs qu'il sentait si bien ; — et sur Racine : « Racine eut son génie en goût, comme les Anciens. Son élégance est parfaite ; mais elle n'est pas suprême comme celle de Virgile. » Mais sur Racine il dit des choses trop désagréables pour ceux à *qui Racine suffit* ; je m'arrête.

met, on admire chez lui ce que certes on ne nous passerait pas. — Mais se figure-t-on bien les conversations intarissables, les discussions et les querelles charmantes qui devaient jaillir de tels sujets, ainsi agités entre lui, Chateaubriand, Fontanes, M. Molé, jeune, tous quatre se promenant aux Tuileries, dans l'allée solitaire du Sanglier? Chênedollé, tout à l'heure, nous en dira encore quelque chose.

Groupe poétique et sage, alors jeune et plein d'avenir, qui avait de l'extraordinaire et du tempéré, en qui l'esprit même d'aventure aimait à se rattacher à l'esprit de tradition, où l'audace n'excluait jamais la grâce, où la critique gardait ses droits jusque dans une admiration légitime; groupe aimable et regretté dont j'aurais voulu faire revivre ici la mémoire; car moi aussi, à force d'y penser, j'y ai vécu! Heureux qui rencontre ainsi le groupe ami, la famille d'élite dont il est membre, *la bella scuola*, comme Dante l'appelle! Il n'y a de force et de charme en littérature que par là. Mais aujourd'hui je ne vois plus que des individus épars, quelques-uns seulement ambitieux, poursuivant la chimère universelle, et voulant autour d'eux des servants et des créatures; ou encore je vois des littérateurs coalisés en vue des seuls intérêts du métier. Et ceux qui n'aiment que le beau, les pures Lettres, les seules Muses, souffrent à part, s'écriant et gémissant comme Philoctète sur le rivage solitaire.

Il y a bien des siècles déjà, un poëte philosophe jetait, en la quittant, cet adieu à la grande Byzance :

« Que mon père ne m'a-t-il appris à paître des troupeaux à l'épaisse toison, afin qu'assis sous des ormeaux ou sous des rochers, je charme au son de la flûte mes amertumes! Muses, fuyons la ville aux vastes rues, cherchons une autre patrie. Je veux annoncer à tous que les pernicieux frelons ont ruiné les abeilles[1]. »

Et pour finir avec l'abeille même, pour revenir à M. Joubert en particulier, je dirai : c'est presque un malheur que d'avoir connu dans sa vie de tels hommes. Les esprits communs peuvent se donner la consolation de les trouver *précieux ;* mais ceux qui les ont une fois goûtés sont tentés bien plutôt de le rendre à tous ces prétendus gens d'esprit et de les trouver communs à leur tour. En avoir une fois connu un de ces esprits divins, qui semblent nés pour définir le mot du poëte : *divinæ particulam auræ,* c'est être dégoûté à jamais de tout ce qui n'est pas fin, délicat, délicieux, de tout ce qui n'est pas le parfum et la pure essence ; c'est se préparer assurément bien des ennuis et bien des malheurs.

Il est donné, de nos jours, à un bien petit nombre, même parmi les plus délicats et ceux qui les apprécient le mieux, de recueillir, d'ordonner sa vie selon ses admirations et selon ses goûts, avec suite, avec noblesse. Je le cherche : où est-il celui qui peut se vanter d'être resté fidèle à soi-même, à son premier et à son plus beau passé? La plupart du temps l'on naît et l'on vit assujetti ; la condition humaine ordinaire n'est qu'une suite de jougs successifs, et la seule liberté qui vous reste est d'en pouvoir quelquefois changer. Le travail presse, la nécessité commande, les circonstances entraînent : au risque de paraître se contredire et se démentir, il faut aller sans cesse et recommencer ; il faut accepter ces emplois, ces métiers si divers, et, même en les remplissant avec le plus de conscience et de zèle, on élève de la poussière dans son che-

---

[1] Anthologie grecque, IX, 136.

min, on obscurcit ses images d'autrefois, on se ternit soi-même et l'on se nuit. Et c'est ainsi qu'avant d'avoir achevé de vieillir, on a passé par tant de vies successives qu'on ne sait plus bien, en y ressongeant, quelle est la vraie, quelle est celle pour laquelle on était fait et dont on était digne, quelle est celle qu'on aurait choisie[1].

[1] On sent que le Cours est déjà terminé, et c'est l'écrivain qui, depuis quelques instants, tient la plume. Pour compléter ce que j'ai à dire sur ce groupe littéraire de 1802, j'ajouterai l'Étude suivante sur Chênedollé, qui rentre assez bien dans la forme ordinaire de mes *Portraits*, et aussi quelques pages sur Gueneau de Mussy.

CHATEAUBRIAND
ET SES AMIS LITTÉRAIRES

SOUS LE CONSULAT ET SOUS L'EMPIRE

CHÈNEDOLLÉ [1]

On a dit de Nicole qu'il excellait à discourir sur des sujets de morale qui n'auraient pas tout à fait fourni la matière d'un sermon. J'avoue que la plus grande gloire que j'ambitionne dans la plupart des portraits que je retrace est un peu de ce genre-là : je serais heureux qu'on trouvât que je réussis à des sujets qui ne sont pas tout à fait du ressort de l'oraison funèbre. Ce que je voudrais avant tout, ce serait de donner simplement des chapitres divers d'histoire littéraire, de les donner vrais, neufs s'il se peut, nourris de toutes sortes d'informations sur la vie et l'esprit d'un temps encore voisin de date et déjà lointain de souvenir. Je viens d'avoir une ample occasion

[1] Ce travail a été d'abord publié dans la *Revue des Deux Mondes*, de Juin 1849, avec la note suivante : Ayant dû à la confiance de la famille de M. de Chênedollé la libre communication de tous les papiers du poëte, il m'a été permis de donner à cette Étude une forme plus développée que celle du *portrait* proprement dit. J'ai tâché, tout en conservant le cadre, de l'étendre, et de me rapprocher autant que possible de ce que font si bien nos voisins les Anglais dans leurs abondantes biographies littéraires.

de parler une fois de plus du groupe qui marqua si brillamment dans l'inauguration du siècle : Chateaubriand, Fontanes, Joubert, m'ont tour à tour occupé, et j'ai tâché d'assigner définitivement à chacun son rôle et son caractère dans l'œuvre commune; il me reste à écrire encore un chapitre sur l'histoire littéraire de ce groupe, et je mets en tête le nom de *Chênedollé*, l'un de leurs amis les plus chers et l'un des poëtes distingués d'alors. Quand on est parti ensemble pour un long voyage, pour une grande entreprise, quand le vaisseau est de retour triomphant, il est triste d'avoir laissé en chemin l'un des compagnons, et qu'il soit tombé dans le vaste abîme. Sans parler de Chateaubriand le triomphateur, Fontanes et Joubert ont survécu, et ils nous disent de penser à Chênedollé, injustement resté en arrière.

Le malheur de Chênedollé (malheur qui a été compensé pour lui par de bien douces jouissances au sein de la famille et des champs) a été de vivre trop longtemps loin de Paris, seul lieu où se fassent et se complètent les réputations littéraires. Les ouvrages pris isolément ne sont rien ou sont peu de chose pour établir un nom : il faut encore que la personne de l'auteur soit là qui les soutienne, les explique, qui dispose les indifférents à les lire, et quelquefois les en dispense. L'homme qu'on rencontre tous les soirs, qui a de l'esprit argent comptant, qui paye de sa personne, à celui-là on ne lui demande pas ses titres, on les accepte volontiers sans les vérifier. Il a du crédit; son nom circule, et même si plus tard la vogue tourne, si le goût public se porte ailleurs, on se ressouvient longtemps de lui comme tenant à une époque précise, à une heure brillante et regrettée; il a eu son jour.

Un autre inconvénient dont la renommée de Chênedollé s'est ressentie, c'est que ses œuvres elles-mêmes n'ont point paru à leur vrai moment, et qu'il y a eu de l'anachronisme en quelque sorte dans la date de ses publications. Les vers surtout, les vers devraient naître et fleurir et se recueillir en une seule saison. Ceux de Chênedollé (je parle de ses vers lyriques) sont nés près de Klopstock, se sont châtiés ensuite à côté de Fontanes, et n'ont paru que tard après les débuts de Lamartine et de Victor Hugo. L'effet qu'ils auraient eu droit d'espérer sous leur première étoile a été en partie manqué dans ce croisement d'astres tant soit peu contraires. Des pièces élevées ou touchantes, qui avaient certes leur nouveauté à l'heure de l'inspiration, et qui auraient placé le poëte au premier rang des successeurs de Le Brun et parmi les initiateurs de la muse moderne, n'ont plus été remarquées que du petit nombre de ceux qui vont rechercher et respirer la poésie en elle-même. Chênedollé n'a pas fait comme son illustre ami Chateaubriand, qui, entre tous ses génies familiers, eut toujours celui de l'à-propos. Tant de contre-temps aujourd'hui peuvent-ils se réparer? Au moins nous devons un souvenir, un hommage et une attention tardive à un homme distingué par le talent et par le cœur, qui eut en lui l'enthousiasme, le culte du beau, la verve sincère, les qualités généreuses, et jusqu'à la fin cette candeur des nobles âmes qui devrait être le signe inaltérable du poëte.

ENFANCE. — ÉTUDES. — PREMIÈRES LECTURES.

Charles-Julien Lioult [1] de Chênedollé naquit à Vire le 4 novembre 1769. Son père, membre de la Cour des Comptes de Normandie, portait, selon l'usage de cette époque, le nom de la terre seigneuriale de Saint-Martindon. Sa mère, Suzanne-Julienne Des Landes, appartenait à une ancienne famille du Bocage : « C'était, nous dit son fils, une personne d'imagination, ingénieuse à se troubler elle-même, une de ces âmes qui ne vivent que d'angoisses et d'alarmes ; j'ai beaucoup hérité d'elle. » *Chênedollé* est le nom d'un étang auprès duquel l'enfant allait souvent promener ses rêves. On se souvient dans la famille du poëte qu'un aïeul paternel de Chênedollé, amateur de littérature et qui s'essayait en son temps à la poésie, avait été en correspondance avec Boileau, et avait reçu de lui des observations sur ses vers. Les lettres de Boileau s'étaient conservées avec soin dans les papiers de famille ; elles furent brûlées avec ces papiers en 93. L'enfant tenait de cet aïeul la veine secrète. Né près du berceau d'Olivier Basselin, nourri dans cette terre des Vau-

---

[1] *Lioult* et non pas *Pioult*, comme je l'avais d'abord écrit moi-même, et comme on le lit dans la *Biographie universelle*.

quelin, des Segrais et des Malherbe, il recueillit en lui l'influence heureuse. Bien jeune, il éprouvait à un haut degré le sentiment de la nature. « Je me surprenais à neuf ans, disait-il, devant le coteau de Burcy chargé de moissons et si riche de lumière en été. Souvent, immobile sur le balcon de la maison, j'ai contemplé ce spectacle pendant des heures entières, quand la chaleur frémissait ardemment dans les airs. »

Il fit ses premières études au collége des Cordeliers de Vire, et en 1781, âgé de douze ans, il fut envoyé à Juilly[1] chez les Oratoriens, qui donnaient à leurs élèves une éducation libre, variée et littéraire. Il en revint dans l'automne de 1788, ayant lu avec charme Virgile, Homère, Delille (pardon du mélange), Vanière, Boileau, Fénelon et *la Jérusalem*.

Ce qui a manqué à tous nos poëtes modernes, à nous tous, c'est d'avoir rencontré au collége un maître tel que celui dont parle Coleridge, ce Révérend James Bowyer, si sensé et si plein de goût dans sa sévérité. « Il m'apprit de bonne heure, dit son reconnaissant élève[2], à préférer Démosthènes à Cicéron, Homère et Théocrite à Virgile, Virgile lui-même à Ovide; à sentir la supériorité de Térence, de Lucrèce et de Catulle par rapport aux poëtes

---

[1] Parlant, dans ses *Souvenirs*, de ses condisciples du collége de Juilly où il avait été élevé, et de ceux qui étaient un peu plus jeunes que lui, Arnault, après avoir loué Alexandre de Laborde et lui avoir appliqué ces vers d'Horace :

> . . . . Di tibi formam,
> Di tibi divitias dederant, artemque fruendi,

ajoute, d'un style moins élégant : « Dans cette *catégorie* se trouve aussi Chênedollé, poète à qui le temps a manqué pour remplir toute sa destinée, mais à qui la littérature doit, sinon un poëme parfait, du moins des vers admirables. »

[2] *Biographia literaria*, chap. I.

romains des âges suivants, à ceux même du siècle d'Auguste, pour la vérité du moins et pour la franchise native des pensées et de la diction. Il m'apprit que la poésie, même celle des odes les plus élevées et les plus désordonnées en apparence, a une logique propre aussi sévère que celle de la science, mais plus difficile en ce qu'elle est plus subtile, plus complexe, et qu'elle tient à bien plus de causes, et à des causes plus fugitives. Dans les vraiment grands poëtes, ce digne maître avait coutume de dire que non-seulement il y a une raison à donner pour chaque mot, mais pour la position de chaque mot ; — qu'il n'y a pas un vrai synonyme à substituer dans Homère. — Dans les compositions qu'il nous faisait essayer en notre langue, *il était sans pitié pour toute phrase, métaphore, image, qui n'était pas en plein accord avec le droit sens, ou qui le masquait là où ce même sens se pouvait produire avec autant de force et de dignité en des termes simples.* » J'abrége ; mais on sent combien une telle préparation de goût reçue dès l'enfance aide ensuite à apprécier et à pratiquer en poésie un style ferme et doux, naturel et senti, dans lequel l'harmonie et l'élégance n'étouffent pas le réel. Un tel maître, par malheur, ne s'est jamais rencontré dans nos écoles, et Lancelot lui-même n'était rien d'approchant pour Racine.

Le jeune élève de Juilly revint donc, ses études finies, au logis paternel avec l'enthousiasme de son âge et dans la première ivresse de son imagination, mais ayant à se tracer à lui-même ses préceptes et à faire son choix entre ses modèles. Il n'y songea point d'abord et il se mit à jouir en tous sens de la nature et de la poésie. Le lieu qu'habitait sa famille et qu'il habita lui-même jusqu'à la fin était charmant : « On pourrait dans ce moment, écrivait-il bien des années après (mai 1820), appeler le jardin du Coisel, *le jardin d'agréable fraîcheur*. Il est impossible de rien voir de plus riant, des gazons plus frais et plus touffus, de plus magnifiques lilas, une plus grande abondance de fleurs, des vergers plus riches et couverts de plus beaux pommiers et cerisiers. Les rossignols ont voulu encore une fois enchanter la solitude du poëte : jamais les concerts des oiseaux n'avaient été si doux. » Toute sa vie il aima ainsi à *tenir registre* des années par les printemps ; les plus beaux qu'il ait notés dans sa chère retraite furent celui de 1820, celui de 1804, *qui fut beau, mais moins que ce dernier,* et, surtout, entre les printemps d'avant la Révolution, celui de 1789, le premier *renouveau* qu'il ait passé au Coisel en sortant du collége. Il errait dans les prés avec délices, lisant l'*Héloïse* de Jean-Jacques. Il n'avait pas même attendu le retour de mai pour chercher la poésie dans la nature : « Je ne me rappelle jamais sans le plus touchant intérêt, écrivait-il à trente ans de là, une après-midi de janvier 1789 que je passai dans les champs de Saussai à lire les *Idylles* de Gessner par un beau jour de gelée et de soleil : la terre était couverte de neige et il faisait très-froid, mais le soleil était superbe ; je passai deux heures au pied d'un fossé à l'abri du vent à lire Gessner. J'ai rarement éprouvé un plaisir aussi vif, un enchantement pareil à celui-là... J'eus le sentiment de la poésie au plus haut degré. » La lecture de Buffon fut un événement pour lui : « C'est chez le curé de Saint-Martindon (décembre 1788 et janvier 1789) que je jetai la première fois les yeux sur les Œuvres de Buffon. Je ne puis dire à quel point je fus frappé, ravi de ces admirables descriptions ; je ne connaissais de ce grand écrivain que le portrait du Cheval et une partie de celui du Chien que j'avais vu citer dans les notes des *Géorgiques* de l'abbé Delille. Le portrait complet du Chien, la peinture des Déserts de l'Arabie, la description du Paon, me jetèrent dans l'extase ; j'y rêvais nuit et jour. Je les appris par cœur, et depuis ce temps je les ai toujours retenus. »

Enfin, pour compléter le cercle des enthousiasmes du jeune homme, il y faut joindre Bernardin de Saint-Pierre, qui eut même le pas, dans son esprit, sur Buffon et sur *la Nouvelle Héloïse* :

« Jamais aucune lecture ne m'a autant charmé que l'*Arcadie* de Bernardin de Saint-Pierre. Ce fut ma première lecture à mon retour du collège ; je la fis en toute liberté, errant dans la campagne. Je fus ravi, transporté, et, dans la naïveté de mon enthousiasme d'écolier, j'écrivis à Bernardin toute mon admiration pour son talent, et le priai sans plus de façon, en m'appuyant du titre de compatriote, de m'envoyer le manuscrit de la fin de l'*Arcadie*. Toute ridicule que fût cette lettre, Bernardin cependant y vit sans doute quelque chose, car il répondit, mais avec son ironique bonhomie :

« Je sens tout le pouvoir magique de ce mot *Neustrie*,
« et ce nom de compatriote est bien doux à mon cœur ;
« mais, fussions-nous nés sous le même pommier, je ne
« pourrais répondre à votre désir sur l'article des frag-
« ments de l'*Arcadie* qui ne sont pas publiés ; ce sont
« choses trop délicates pour être ainsi confiées à la poste,
« et vous saurez peut-être un jour jusqu'à quel point va
« la délicatesse et la susceptibilité d'un auteur. »

« Cette lettre me fit grand plaisir, mais j'avoue que je fus un peu piqué de son *fussions-nous nés sous le même pommier* : je le gardai longtemps sur le cœur [1]. »

---

[1] Je me plais, sur chaque auteur, à ramasser des témoignages, pourvu qu'ils soient de bonne main : « Il me semble, m'écrit quelqu'un qui aime à relire, qu'un des plus grands peintres du monde, et qu'aucun écrivain français ne surpasse aux endroits excellents, c'est Bernardin de Saint-

On a vu que les premières amours littéraires de Chênedollé, si on peut ainsi les appeler, se portaient tout entières sur des contemporains ou sur des auteurs d'hier. C'est aux contemporains, en effet, qu'il est donné surtout de provoquer ces sympathies ardentes et vives, ces prédilections passionnées que les auteurs plus anciens et révérés de plus loin sont moins propres à exciter. Toutefois il est remarquable combien chez nous, en France, ces prédilections se confinent généralement à des auteurs trop voisins et se combinent le moins possible avec l'adoration des hautes sources. Cela tient à une certaine faiblesse première des études, qui n'a point frayé de bonne heure aux jeunes esprits un accès suffisant vers les grands monuments, toujours difficiles à aborder : il en résulte un défaut sensible pour la formation des talents et pour l'agrandissement du goût. Un critique qui n'est arrivé que tard au goût sévère a dit : « Il importe assez peu par quelle porte on entre dans le royaume du *grand et vrai Beau*, pourvu que ce soit par une porte élevée et qu'il y ait à gravir pour y atteindre. C'est ainsi qu'Homère, Sophocle, Dante ou Shakspeare y donnent entrée presque indifféremment. Mais si l'on se flatte d'y arriver par une pente trop douce et sans sortir de chez soi, comme par Racine ou tels autres auteurs de trop facile connaissance, on court risque de s'y croire toujours sans y pénétrer jamais. » Ceci s'applique à nous tous, sortis de

---

Pierre. Il est tendre, et jamais la langue n'a joint tant de hauteur à tant de simplicité. Cette simplicité, jamais Chateaubriand ne l'a eue ; l'a-t-il sentie là ? Il n'y paraît pas... Les tempêtes, les forêts, les arbres, les vents, la mer, la tristesse, la pluie, la mélancolie, l'amour, jamais le langage des hommes n'en avait ainsi traité. Jamais tant de goût. Par ce goût, il dépasse Rousseau. Comme il a la main sûre ! Comme il est sans modèle ! Comme il sait la valeur de ses pages ! Comme on n'y pourrait rien changer ! Quel regard ! Quelle étendue !... »

cette éducation gallicane trop molle à la fois et trop contente d'elle-même[1]. Et que n'aurait pas gagné dans le cas présent le jeune talent qui nous occupe, si, pour fondement ou pour couronnement à Bernardin de Saint-Pierre et à Buffon, il avait eu, lui, capable du grandiose, sa mémoire remplie des strophes de Pindare ou des chœurs de Sophocle, comme cela est ordinaire aux bons écoliers de Christ's Hospital ou d'Eton, et s'il avait pu s'enchanter, à travers les prairies, d'une franche idylle de Théocrite, au lieu de s'aller prendre à une traduction de Gessner !

Il était digne d'être ainsi dirigé vers les antiques sources du naturel et du vrai, celui qui, sincèrement studieux de la nature, écrira sur son calepin de poëte des notes d'un pittoresque puisé dans le rural, telles que celle-ci :

« 1ᵉʳ mai au soir. — Il a fait aujourd'hui un vrai temps de printemps; l'air, qui était aigre et froid, s'est singulièrement adouci et a passé au chaud. C'est ce que les gens de la campagne rendent par une expression pittoresque : ils disent que le temps *s'engraisse*. Ils disent aussi que le temps est *maigre* quand le vent souffle de l'est et que le hâle est grand. Le jardinier me disait aussi : « Le temps va changer, le soleil est bien plus *gras* qu'hier; il est chaud. » — Toutes ces expressions sont aussi justes qu'énergiques, parce qu'elles sont toutes de sensation et créées par le besoin. » *Et utilitas expressit nomina rerum*, a dit Lucrèce.

---

[1] Le regret ici exprimé n'est pas en contradiction avec ce que j'ai dit ailleurs (voir précédemment, treizième Leçon) à la louange de la critique française, alors qu'elle était moins chargée de science peut-être, mais d'un goût moyen plus sûr, d'un sentiment plus vif qu'aujourd'hui. Ce n'est pas l'érudition que j'aurais jamais voulu voir introduire dans les Études, mais une instruction directe et forte.

Ce n'est certes pas Delille qui se serait avisé de prendre de ces notes-là dans ses rapides excursions aux champs, et Le Brun lui-même, qui médita si longtemps un poëme de *la Nature* d'après Buffon, passa toute sa vie, comme on sait, de l'hôtel Conti et des Quatre-Nations au Palais-Royal et au Louvre, ce qui laisse peu de place aux fraîcheurs des sensations de mai traduites dans le langage.

Chênedollé, au reste, nous a donné l'exemple de ce qui est à faire quand on aime sincèrement la nature et l'étude. Dans la retraite de ses dernières années, tout en observant de plus en plus le doux spectacle des champs, il revint sur les lectures du passé et se mit à aborder directement ceux des grands modèles qu'il n'avait qu'entrevus jusque-là. Sur une même page de son Journal de 1823, je lis de lui ces charmantes ébauches des impressions de la journée :

« 28 août. — J'ai revu aujourd'hui avec délices tous les travaux de la moisson : j'ai vu scier, j'ai vu lier, j'ai vu charrier. Rien ne me plaît comme de voir un atelier de moissonneurs dans un champ ; j'aime à voir les jeunes garçons se hâter et défier les jeunes filles qui scient encore plus vite qu'eux ; j'aime à entendre le joyeux babil des moissonneurs ; j'aime à entendre les éclats de rire des jeunes filles si gaies, si folles, si fraîches ; j'aime à les voir se pencher avec leurs faucilles, au risque pour elles de montrer quelquefois une jambe mieux faite et plus fine que celle de nos plus belles dames. Cette vue irrite les désirs dans le cœur du jeune homme ; on fait une plaisanterie, et la gaieté circule à la ronde :

Verbaque aratoris rustica discit Amor.

« J'aime à voir le métayer robuste lier la gerbe et

l'enlever au bout du rustique trident; j'aime à voir le valet de la ferme qui la reçoit debout au haut du char des moissons, et le char comblé s'ébranler pesamment dans la plaine.

« J'aime à voir glaner le pauvre. Laissez-lui quelques épis de plus :

Laissez à l'indigent une part des moissons.

« J'aime tous les travaux champêtres ; j'aime à voir labourer, semer, moissonner, planter, tailler, émonder les arbres, aménager les forêts.

« Je jouis du blé vert, et j'en jouis en moisson.

« En mars, je ne connais rien de beau, de riant, de magnifique, comme un beau champ de blé qui rit sous les premières haleines du printemps.

« Depuis trente ans, je m'occupe de l'étude de la nature. Je l'observe sans cesse, je m'étudie sans cesse à la prendre sur le fait. »

Puis tout à côté il écrivait (ce qui concorde si bien) :

« Je suis presque bien aise d'avoir appris le grec tard. Cela présente la pensée sous de nouvelles couleurs et ouvre à l'esprit de nouveaux horizons. L'étude d'une langue, surtout d'une langue très-riche et qui a de belles formes, retrempe et rajeunit l'imagination. Avant de lire Homère dans le grec, je pressentais tout ce qu'il y avait dans l'expression grecque. J'étais arrivé là par une sorte de sagacité, par cette prévision poétique qui devine sûrement les poëtes. La langue grecque est la langue aux mille aspects, aux mille couleurs. C'est un prisme continuel. Chaque mot de cette poésie rayonne et jette sur la pensée un arc-en-ciel[1]. »

Mais pour lui comme pour Alfieri, comme pour d'autres, qu'il eût été bon que ces sources excellentes se fussent infiltrées avec facilité dans le talent dès l'adolescence !

Cependant la Révolution suivait son cours. Le jeune Chênedollé, trop poëte pour ne pas être prompt à la voix de ce qui lui semblait l'honneur, partit pour l'émigration en septembre 91 ; il fit deux campagnes dans l'armée des Princes, séjourna en Hollande pendant les années 93 et 94. La nuit du 21 janvier 95, qu'il passa sur la mer glacée en fuyant l'armée française victorieuse, fut pour lui terrible et pleine de sensations extraordinaires. Il se rendit bientôt à Hambourg, où il rencontra Rivarol. Ce fut la grande aventure intellectuelle de sa jeunesse.

[1] Et sur la même page je trouve cités, deux lignes plus bas, comme se rattachant naturellement aux idées d'érudition et de goût, les noms aimés de Mablin et de Boissonade.

II

RELATIONS AVEC RIVAROL.

On a beaucoup écrit sur Rivarol[1], mais on ne le connaît tout à fait par ses côtés supérieurs que quand on a entendu Chênedollé. Celui-ci a fort contribué à la publication des Œuvres complètes et au petit livre intitulé *Esprit de Rivarol*, qui fut dicté en deux ou trois soirées chez Fayolle. Je retrouve dans les papiers de Chênedollé la plupart de ces bons mots et de ces pensées déjà connues, mais dans leur vrai lieu, dans leur courant et à leur source. On en jugera tout d'abord par le récit de *Ma première Visite à Rivarol*, que je donnerai ici, sans rien retrancher à la naïveté d'admiration qui y respire. Les générations capables de tels enthousiasmes littéraires sont déjà loin, et celles qui succèdent s'enflamment aujourd'hui pour de tout autres choses : y gagnent-elles beaucoup en élévation morale et en bonheur?

---

[1] Je recommande à ceux qui se soucient encore de ces doux riens deux articles sur Rivarol insérés dans le *Mercure* vers le temps de sa mort, l'un du 5 floréal an X, de Flins, l'autre du 28 messidor an X, de Gueneau de Mussy : le premier est spirituel ; dans le second, plus approfondi, l'influence de Chênedollé se fait sentir.

> « Si Rivarol avait vu mes notes, il aurait dit : *Mais il n'a pas été trop ingrat!* » (CHÊNEDOLLÉ.)

« Rivarol venait d'arriver de Londres à Hambourg, où je me trouvais alors. J'avais tant entendu vanter son esprit et le charme irrésistible de sa conversation par quelques personnes avec lesquelles je vivais, que je brûlais du désir de faire sa connaissance. Je l'avais aperçu deux ou trois fois dans les salons d'un restaurateur français, nommé Gérard, alors fort en vogue à Hambourg, chez lequel je m'étais trouvé à table assez près de lui, et ce que j'avais pu saisir au vol de cette conversation prodigieuse, de cet esprit rapide et brillant, qui rayonnait en tous sens et s'échappait en continuels éclairs, m'avait jeté dans une sorte d'enivrement fiévreux, dont je ne pouvais revenir. Je ne voyais que Rivarol, je ne pensais, je ne rêvais qu'à Rivarol : c'était une vraie frénésie qui m'ôtait jusqu'au sommeil.

« Six semaines se passèrent ainsi. Après avoir fait bien des tentatives inutiles pour pénétrer jusqu'à mon idole, un de mes meilleurs amis arriva fort à propos d'Osnabruck à Hambourg, pour me tirer de cet état violent, qui, s'il eût duré, m'eût rendu fou. C'était le marquis de La Tresne, homme d'esprit et de talent, traducteur habile de Virgile et de Klopstock[1]; il était lié avec Rivarol : il voulut bien se charger de me présenter au *grand homme*, et me servir d'introducteur auprès de ce roi de la conversation. Nous prenons jour, et nous nous mettons en route pour aller

---

[1] On trouve des fragments de la traduction en vers de *l'Énéide* par M. de La Tresne dans le *Mercure* du 16 germinal an IX et dans d'autres numéros de ces années. Ses amis disaient de lui : « Il explique Virgile comme un bon professeur, et il l'entend comme un homme de goût. »

trouver Rivarol, qui alors habitait à Ham, village à une demi-lieue de Hambourg, dans une maison de campagne fort agréable. C'était le 5 septembre 1795, jour que je n'oublierai jamais. Il faisait un temps superbe, calme et chaud, et tout disposait l'âme aux idées les plus exaltées, aux émotions les plus vives et les plus passionnées. Je ne puis dire quelles sensations j'éprouvai quand je me trouvai à la porte de la maison : j'étais ému, tremblant, palpitant, comme si j'allais me trouver en présence d'une maîtresse adorée et redoutée. Mille sentiments confus m'oppressaient à la fois : le désir violent d'entendre Rivarol, de m'enivrer de sa parole, la crainte de me trouver en butte à quelques-unes de ces épigrammes qu'il lançait si bien et si volontiers, la peur de ne pas répondre à la bonne opinion que quelques personnes avaient cherché à lui donner de moi, tout m'agitait, me bouleversait, me jetait dans un trouble inexprimable. J'éprouvais au plus haut degré cette fascination de la crainte, quand enfin la porte s'ouvrit. On nous introduisit auprès de Rivarol, qui, en ce moment, était à table avec quelques amis. Il nous reçut avec une affabilité caressante, mêlée toutefois d'une assez forte teinte de cette fatuité de bon ton qui distinguait alors les hommes du grand monde (Rivarol, comme on sait, avait la prétention d'être un homme de qualité). Toutefois il me mit bientôt à mon aise en me disant un mot aimable sur mon Ode à Klopstock, que j'avais fait paraître depuis peu. « J'ai lu votre Ode, me dit-il, elle
« est bien : il y a de la verve, du mouvement, de l'élan.
« Il y a bien encore quelques *juvenilia*, quelques images
« vagues, quelques expressions ternes, communes ou
« peu poétiques; mais d'un trait de plume il est aisé
« de faire disparaître ces taches-là. J'espère que nous
« ferons quelque chose de vous : venez me voir, nous
« mettrons votre esprit *en serre chaude*, et tout ira bien.

« Pour commencer, nous allons faire aujourd'hui une
« débauche de poésie. »

« Il commença en effet, et se lança dans un de ces
monologues où il était vraiment prodigieux. Le fond de
son thème était celui-ci : Le poëte n'est qu'un sauvage
très-ingénieux et très-animé, chez lequel toutes les idées
se présentent en images. Le sauvage et le poëte font le
cercle ; l'un et l'autre ne parlent que par hiéroglyphes [1],
avec cette différence que le poëte tourne dans une orbite
d'idées beaucoup plus étendue. — Et le voilà qui se met
à développer ce texte avec une abondance d'idées, une
richesse de vues si fines ou si profondes, un luxe de métaphores si brillantes et si pittoresques, que c'était merveille de l'entendre.

« Il passa ensuite à une autre thèse qu'il posa ainsi :
« L'art doit se donner un but qui recule sans cesse, et
« mettre l'infini entre lui et son modèle. » Cette nouvelle
idée fut développée avec des prestiges d'élocution encore
plus étonnants : c'étaient vraiment des paroles de féerie.
— Nous hasardâmes timidement, M. de La Tresne et moi,
quelques objections qui furent réfutées avec le rapide
dédain de la supériorité (Rivarol, dans la discussion,
était cassant, emporté, un peu dur même). — « Point
« d'objections d'enfant, » nous répétait-il, et il continuait
à développer son thème avec une profusion d'images
toujours plus éblouissantes. Il passait tour à tour de
l'abstraction à la métaphore, et revenait de la métaphore
à l'abstraction avec une aisance et une dextérité inouïes.
Je n'avais pas d'idée d'une improvisation aussi agile,
aussi svelte, aussi entraînante. J'étais tout oreille pour

---

[1] Chateaubriand semble avoir voulu justifier cette définition dans *les Natchez*, où le poëte et le sauvage ne font qu'un. Il semblerait que Rivarol eût vent de Chactas.

écouter ces paroles magiques qui tombaient en reflets pétillants comme des pierreries, et qui d'ailleurs étaient prononcées avec le son de voix le plus mélodieux et le plus pénétrant, l'organe le plus varié, le plus souple et le plus enchanteur. J'étais vraiment *sous le charme*, comme disait Diderot.

« Au sortir de table, nous fûmes nous asseoir dans le jardin, à l'ombre d'un petit bosquet formé de pins, de tilleuls et de sycomores panachés, dont les jeunes et hauts ombrages flottaient au-dessus de nous. Rivarol compara d'abord, en plaisantant, le lieu où nous étions aux jardins d'Académe, où Platon se rendait avec ses disciples pour converser sur la philosophie. Et, à vrai dire, il y avait bien quelques points de ressemblance entre les deux scènes, qui pouvaient favoriser l'illusion. Les arbres qui nous couvraient, aussi beaux que les platanes d'Athènes, se faisaient remarquer par la vigueur et le luxe extraordinaire de leur végétation. Le soleil, qui s'inclinait déjà à l'occident, pénétrait jusqu'à nous malgré l'opulente épaisseur des ombrages, et son disque d'or et de feu, descendant comme un incendie derrière un vaste groupe de nuages, leur prêtait des teintes si chaudes et si animées, qu'on eût pu se croire sous un ciel de la Grèce [1]... Rivarol, après avoir admiré quelques

---

[1] Chênedollé, comme Rivarol, se figurait vaguement la Grèce d'après les livres. Ce n'est pas Chateaubriand qui ferait de ces confusions de prendre jamais un ciel de Hambourg, si beau qu'il fût, pour un ciel d'Athènes. Le *luxe* même de la végétation, qui est donné comme une ressemblance de paysage, est un contresens. Mais c'était le lieu-commun alors : la Grèce !... — La Grèce ! Barthélemy l'avait certes décrite en son *Anacharsis* avec détail, avec science, mais sans le relief, sans la distinction qui grave son objet et ne permet de le confondre avec nul autre. La Grèce ! elle ne peut être bien peinte et révélée que par ceux qui l'ont vue, qui ont respiré son air vif, léger, et contemplé ses horizons nets et fins dans leur lumière sereine. Aujourd'hui c'est l'affaire de tous les

instants ce radieux spectacle et nous avoir jeté à l'imagination deux ou trois de ces belles expressions poétiques qu'il semblait créer en se jouant, se remit à causer littérature.

« Il passa en revue presque tous les principaux personnages littéraires du xviii⁰ siècle, et les jugea d'une manière âpre, tranchante et sévère. Il parla d'abord de Voltaire, contre lequel il poussait fort loin la jalousie; il lui en voulait d'avoir su s'attribuer le monopole universel de l'esprit. C'était pour lui une sorte d'ennemi personnel; il ne lui pardonnait pas d'être venu le premier et d'avoir pris sa place.

« Il lui refusait le talent de la grande, de la haute poésie, même de la poésie dramatique. Il ne le trouvait supérieur que dans la poésie fugitive, et là seulement Voltaire avait pu dompter l'admiration de Rivarol et la rendre obéissante. « Sa *Henriade*, disait-il, n'est qu'un maigre
« croquis, un squelette épique, où manquent les muscles,
« les chairs et les couleurs [1]. Ses tragédies ne sont que
« des thèses philosophiques froides et brillantes. Dans le
« style de Voltaire, il y a toujours une *partie morte* : tout
« vit dans celui de Racine et de Virgile. L'*Essai sur les*
« *Mœurs et l'Esprit des Nations*, mesquine parodie de l'im-
« mortel Discours de Bossuet, n'est qu'une esquisse assez
« élégante, mais terne et sèche, et mensongère. C'est
« moins une histoire qu'un pamphlet en grand, un arti-

---

gens d'esprit et de talent qui en reviennent : ainsi M. Ampère, ainsi les membres de l'École d'Athènes dans leurs mémoires et rapports annuels; tout le monde est paysagiste; mais c'est que le premier, avant eux tous, il y a eu Chateaubriand, le voyageur-initiateur.

[1] Il disait de *la Henriade* encore, « qu'il se serait bien gardé d'en corriger les épreuves; il connaissait trop bien le prix des fautes d'impression. Qui sait? le hasard pourra produire quelque beauté. » Il prétendait que, dans une vente de livres, *la Henriade* était restée pour payement à l'huissier.

« ficieux plaidoyer contre le Christianisme et une longue
« moquerie de l'espèce humaine. Quant à son *Dictionnaire*
« *philosophique*, si fastueusement intitulé *la Raison par*
« *alphabet*, c'est un livre d'une très-mince portée en phi-
« losophie. Il faut être bien médiocre soi-même pour
« s'imaginer qu'il n'y a rien au delà de la pensée de Vol-
« taire. Rien de plus incomplet que cette pensée : elle
« est vaine, superficielle, moqueuse, dissolvante, essen-
« tiellement propre à détruire, et voilà tout. Du reste, il
« n'y a ni profondeur, ni élévation, ni unité, ni avenir,
« rien de ce qui fonde et systématise. » Ainsi disant, il
faisait la revue des principaux ouvrages de Voltaire, et
les marquait en passant d'un de ces stigmates qui laissent
une empreinte ineffaçable, semblable à la goutte d'eau-
forte qui creuse la planche de cuivre en y tombant. Il
finit par se résumer dans cette phrase que j'ai déjà citée
ailleurs [1] : « Voltaire a employé la mine de plomb pour
« l'épopée, le crayon pour l'histoire, et le pinceau pour
« la poésie fugitive [2]. »

« Enhardi par l'accueil aimable que Rivarol me faisait,
je me hasardai à lui demander ce qu'il pensait de Buffon, alors l'écrivain pour moi par excellence. — « Son
« style a de la pompe et de l'ampleur, me répondit-il,
« mais il est diffus et pâteux [3]. On y voit toujours flotter
« les plis de la robe d'Apollon, mais souvent le dieu n'y
« est pas. Ses descriptions les plus vantées manquent
« souvent de nouveauté, de création dans l'expression.

---

[1] Au tome V, page 332, des *OEuvres* de Rivarol.

[2] Cette conclusion est bien prétentieuse dans sa forme. Dureté pour
dureté, j'aime mieux de Rivarol cet autre jugement si méchamment spirituel sur Voltaire : « Quand il s'observe, il n'est pas même exact ni
vrai ; et quand il s'abandonne, il n'étonne jamais. »

[3] Rivarol était un peu ingrat envers Buffon, qui avait dit de sa traduction de Dante que c'était, en fait de style, une *suite de créations*.

« Le portrait du *Cheval* a du mouvement, de l'éclat, de
« la rapidité, du fracas. Celui du *Chien* vaut peut-être
« mieux encore, mais il est trop long ; ce n'est pas là la
« splendide économie de style des grands maîtres. Quant
« à l'*Aigle,* il est manqué : il n'est dessiné ni avec une
« vigueur assez mâle, ni avec une assez sauvage fierté.
« Le *Paon* aussi est manqué : qu'il soit de Buffon ou de
« Gueneau, peu importe ; c'est une description à refaire.
« Elle est trop longue, et pourtant ne dit pas tout. Cela
« chatoie plus encore que cela ne rayonne. Cette pein-
« ture manque surtout de cette verve intérieure qui
« anime tout, et de cette brièveté pittoresque qui double
« l'éclat des images en les resserrant. Pour peindre cet
« opulent oiseau, il fallait tremper ses pinceaux dans le
« soleil, et jeter sur ses lignes les couleurs aussi rapide-
« ment que le grand astre jette ses rayons sur le ciel et
« les montagnes. J'ai *dans la tête* un *paon* bien autrement
« neuf, bien autrement magnifique, et je ne demanderais
« pas une heure pour mieux faire[1].

« Le portrait du *Cygne* est fort préférable : là il y a
« vraiment du talent, d'habiles artifices d'élocution, de
« la limpidité et de la mollesse dans le style, et une mé-
« lancolie d'expression qui, se mêlant à la splendeur des
« images, en tempère heureusement l'éclat. Un morceau
« encore sans reproche, c'est le début des *Époques de la*
« *Nature.* Il y règne de la pompe sans emphase, de la
« richesse sans diffusion, et une magnificence d'expres-
« sion, haute et calme, qui ressemble à la tranquille élé-
« vation des cieux. Buffon ne s'est jamais montré plus
« artiste en fait de style. C'est la manière de Bossuet ap-
« pliquée à l'Histoire naturelle.

[1] Il n'avait pas seulement le paon dans la tête, il était le paon en personne à ce moment-là.

« Mais un écrivain bien supérieur à Buffon, poursuivait
« Rivarol sans s'interrompre, c'est Montesquieu. J'avoue
« que je ne fais plus cas que de celui-là (et de Pascal tou-
« tefois !) depuis que j'écris sur la politique : et sur quoi
« pourrait-on écrire aujourd'hui ? Quand une Révolution
« inouïe ébranle les colonnes du monde, comment s'oc-
« cuper d'autre chose ? La politique est tout ; elle envahit
« tout, remplit tout, attire tout : il n'y a plus de pensée,
« d'intérêt et de passion que là. Si un écrivain a quelque
« conscience de son talent, s'il aspire à redresser ou à
« dominer son siècle, en un mot s'il veut saisir le sceptre
« de la pensée, il ne peut et ne doit écrire que sur la
« politique. Quel plus beau rôle que celui de dévoiler les
« mystères de l'organisation sociale, encore si peu con-
« nue ! Quelle plus noble et plus éclatante mission que
« celle d'arrêter, d'enchaîner, par la puissance et l'auto-
« rité du talent, ces idées envahissantes qui sont sorties
« comme une doctrine armée des livres des philosophes,
« et qui, attelées au char du Soleil, comme l'a si bien dit
« ce fou de Danton, menacent de faire le tour du monde !
« Pour en revenir à Montesquieu, sans doute en politique
« il n'a ni tout vu, ni tout saisi, ni tout dit, et cela était
« impossible de son temps. Il n'avait point passé au travers
« d'une immense Révolution qui a ouvert les entrailles de
« la société, et qui a tout éclairé, parce qu'elle a tout mis
« à nu. Il n'avait pas pour lui les résultats de cette vaste et
« terrible expérience, qui a tout vérifié et tout résumé ;
« mais ce qu'il a vu, il l'a supérieurement vu, et vu sous
« un angle immense. Il a admirablement saisi les grandes
« phases de l'évolution sociale. Son regard d'aigle pénètre
« à fond les objets et les traverse en y jetant la lumière.
« Son génie, qui touche à tout en même temps, res-
« semble à l'éclair qui se montre à la fois aux quatre
« points de l'horizon. Voilà mon homme ! c'est vraiment

« le seul que je puisse lire aujourd'hui. Toute autre lec-
« ture languit auprès de celle d'un si ferme et si lumineux
« génie, et je n'ouvre jamais *l'Esprit des Lois* que je n'y
« puise ou de nouvelles idées ou de hautes leçons de
« style. »

Chênedollé, à qui l'on doit cette vive reproduction du discours de Rivarol (discours qui n'est pas encore à sa fin), s'arrête ici un moment pour noter les sentiments divers qui se pressaient en lui devant ces flots et cette cascade toujours rejaillissante du torrent sonore. A propos de la tirade sur Buffon, « j'étais, dit-il, confondu, je l'avoue, de la sévérité de ces jugements et de ce ton d'assurance et d'infaillibilité avec lequel ils étaient débités ; mais il me paraissait impossible qu'un homme qui parlait si bien se trompât. » Et faisant comme les jeunes gens qui, dans leur curiosité, n'ont pas de cesse qu'ils n'aient questionné tour à tour sur tous les objets un peu inégaux de leur prédilection secrète, il profita d'un moment où Rivarol reprenait haleine : « Et Thomas ? » demanda-t-il.

« Thomas est un homme manqué, repartit d'un ton
« bref Rivarol ; c'est un homme qui n'a que des demi-
« idées. Il a une assez belle phrase, mais il n'en a qu'une.
« Il n'avait pas ce qu'il fallait pour faire l'Éloge de Des-
« cartes : c'est un ouvrage composé avec la science ac-
« quise de la veille. Cela n'est ni digéré ni fondu. Il aurait
« fallu à l'auteur les connaissances positives de Fonte-
« nelle, l'étendue et la pénétration de son coup d'œil
« scientifique. L'Éloge de Marc-Aurèle vaut mieux : il y
« a dans cet Éloge des intentions dramatiques qui ne
« sont pas sans effet. Le style en est meilleur aussi, bien
« que là pourtant, comme ailleurs, ce style manque d'ori-

« ginalité. Ce n'est pas là un style *créé*. Et puis il est trop
« coupé, trop haché, ou par endroits démesurément
« long. Thomas ne s'entend pas à parcourir avec grâce
« et fermeté les nombreux détours de la période oratoire.
« Il ne sait pas *enchevêtrer* sa phrase. Quant à son *Essai
« sur les Éloges*, il y a de belles pages sans doute; mais,
« quoique les défauts y soient moindres et qu'il ait dé-
« tendu son style, il y règne encore un ton d'exagération
« qui gâte les meilleurs morceaux. Thomas exagère ses
« sentiments par ses idées, ses idées par ses images, ses
« images par ses expressions. »

« — Et Rousseau? monsieur de Rivarol. »

« — Oh! pour celui-là, c'est une autre affaire. C'est un
« maître sophiste qui ne pense pas un mot de ce qu'il dit
« ou de ce qu'il écrit, c'est le paradoxe incarné, — grand
« artiste d'ailleurs en fait de style, bien que, même dans
« ses meilleurs ouvrages, il n'ait pu se défaire entière-
« ment de cette rouille génevoise dont son talent reste
« entaché. Il parle du haut de ses livres comme du haut
« d'une tribune; il a des cris et des gestes dans son style,
« et son éloquence épileptique a dû être irrésistible sur
« les femmes et les jeunes gens. Orateur *ambidextre*, il
« écrit sans conscience, ou plutôt il laisse errer sa cons-
« cience au gré de toutes ses sensations et de toutes ses
« affections. Aussi passionne-t-il tout ce qu'il touche. Il
« y a des pages, dans *la Nouvelle Héloïse*, qui ont été
« touchées d'un rayon du soleil. Toutes les fois qu'il
« n'écrit pas sous l'influence despotique d'un paradoxe,
« et qu'il raconte ses sensations ou peint ses propres
« passions, il est aussi éloquent que vrai. Voilà ce qui
« donne tant de charme à quelques tableaux de ses *Con-
« fessions*, et surtout à ce préambule qui sert d'introduc-
« tion à la Profession du Vicaire savoyard, et où, sous
« le voile d'un jeune homme qu'il met en scène avec le

« Vicaire, il raconte sa propre histoire. C'est, avec quel-
« ques Lettres Provinciales et les chapitres sur l'*Homme*
« de Pascal, ce que nous avons de mieux écrit en notre
« langue. C'est fait *à point*[1]. »

« Le reste de la conversation se passa en un feu roulant d'épigrammes lancées avec une verve intarissable sur d'autres renommées politiques et littéraires. Jamais Rivarol ne justifia mieux son surnom de *Saint-Georges de l'épigramme*. Pas un n'échappait à l'habileté désespérante de sa pointe. Là passèrent tour à tour, transpercés coup sur coup, et l'abbé Delille, « qui n'est qu'un rossignol qui a reçu son cerveau en gosier, » et Cerutti, « qui a fait des phrases *luisantes* sur nos grands hommes de l'année dernière, espèce de limaçon de la littérature qui laisse partout où il passe une trace argentée, mais ce n'est qu'écume et bave; » et Chamfort, « qui, en entrant à l'Académie, ne fut qu'une branche de muguet entée sur des pavots; » et Roucher, « qui est, en poésie, le plus beau naufrage du siècle; » et Chabanon, « qui a traduit Théocrite et Pindare de toute sa haine contre le grec; » et Fontanes, « qui passe son style au brunissoir et qui a le poli sans l'éclat[2]; » et Le Brun, « qui n'a que de la hardiesse *combinée* et jamais de la hardiesse *inspirée :* ne le voyez-vous pas d'ici, assis sur son séant dans son lit avec des draps sales, une chemise sale de quinze jours et des bouts de manche en batiste un peu plus blancs, entouré

---

[1] Les papiers de Chênedollé présentent plus d'une version de cette Conversation avec Rivarol, et dans chaque version il y a quelques variantes. J'ai choisi, autant que possible, la *leçon* qui m'a paru la plus voisine de la parole même. — Des éditeurs de Rivarol ont, depuis, inséré cette Conversation dans ses Œuvres, sans même dire où ils l'empruntaient et à qui ils la devaient.

[2] « Rivarol aurait pu profiter du procédé; cela n'aurait pas mal fait de *délustrer* un peu son style : il brillait trop. » (Chênedollé.)

de Virgile, d'Horace, de Corneille, de Racine, de Rousseau, qui pêche à la ligne un mot dans l'un et un mot dans l'autre, pour en composer ses vers, qui ne sont que mosaïque[1]; » et Mercier avec son *Tableau de Paris*, « ouvrage pensé dans la rue et écrit sur la borne; » et l'abbé Millot, « qui n'a fait que des commissions dans l'histoire; » et Palissot, « qui a toujours un chat devant les yeux pour modèle : c'est pour lui le torse antique; » et Condorcet, « qui écrit avec de l'opium sur des feuilles de plomb; » et Target, « qui s'est noyé dans son talent. » Chaque mot était une épigramme condensée qui portait coup et perçait son homme[2]. Mirabeau obtint les honneurs d'une épigramme plus détaillée :

« La tête de Mirabeau, disait-il, n'était qu'une grosse « éponge toujours gonflée des idées d'autrui. Il n'a eu « quelque réputation que parce qu'il a toujours écrit sur « des matières palpitantes de l'intérêt du moment[3]. Ses

---

[1] Voici une bonne anecdote sur Le Brun : « Le Brun arrive un jour tout effaré chez Rivarol, et s'écrie en entrant : « Chamfort est un barbare, il n'entend pas mon vers sur l'Espagne :

« L'Espagne a trop connu *l'indigence de l'or*.

« Il n'y a plus de poésie, il n'y a plus de littérature en France. C'est une création d'expression magnifique. C'est le *parvoque potentem* de Virgile, *l'orgueilleuse faiblesse* de Racine... » (Chênedollé.)

[2] « Unique en à-propos, Rivarol avait ainsi un trait, une épigramme pour chaque événement littéraire ou politique; il attachait un mot à la tragédie ou à la comédie nouvelle, au sermon à la mode, à l'académicien du jour, et ce mot restait : c'était un stigmate ineffaçable. » (Chênedollé.) — Et encore : « Les malices lui sortent de tous les côtés : Rivarol fait des épigrammes jusque dans son éloquence. » — Au reste, la plupart de ces mots de Rivarol étaient faits d'avance, on le sent, et ils servaient dans l'occasion : « Rivarol taillait toutes ses pensées à facettes; il tenait une phrase quinze jours sur son chevalet. » Son improvisation porte la trace de cette préméditation.

[3] Ce *palpitantes d'intérêt* est déjà du style à la Mirabeau.

« brochures sont des brûlots lâchés au milieu d'une
« flotte : ils y mettent le feu, mais ils s'y consument. Du
« reste, c'est un barbare effroyable en fait de style ; c'est
« l'Attila de l'éloquence, et s'il y a dans ses gros livres
« quelques phrases bien faites, elles sont de Chamfort,
« de Cerutti ou de moi. »

« Trois heures, continue Chênedollé, s'écoulèrent dans
ces curieux et piquants entretiens, et me parurent à peine
quelques instants. Le soleil cependant avait disparu de
l'horizon, et la nuit qui tombait nous avertit qu'il était
temps de nous retirer.

« Nous prîmes donc congé de Rivarol qui, en nous
quittant, nous dit quelques-uns de ces mots aimables
qu'il savait si bien trouver, et nous fit promettre de
revenir. Puis il me remit sa traduction du Dante, en me
disant : « Lisez cela ! il y a là des études de style qui for-
« meront le vôtre et qui vous mettront des formes poé-
« tiques dans la tête. C'est une mine d'expressions où les
« jeunes poëtes peuvent puiser avec avantage. »

« Nous reprîmes la route de Hambourg, M. de La Tresne
et moi, confondus, terrassés, éblouis par les miracles de
cette parole presque fabuleuse. Le jour avait tout à fait
disparu; il faisait une de ces belles nuits si communes
en cette saison dans les climats du nord, et qui ont un
éclat et une pureté qu'on ne voit point ailleurs. Une lune
d'automne brillait dans un ciel d'un bleu magnifique, et
sa lumière, brisée en réseaux de diamant, étincelait dans
les hautes cimes des vieux ormes qui bordent la route,
en projetant devant nous de longues ombres. L'oreille et
la tête encore pleines de la conversation de Rivarol, nous
marchions silencieusement sous cette magique clarté, et
le profond silence n'était interrompu que par ces excla-
mations répétées vingt fois : « Il faut convenir que Ri-
« varol est un causeur bien extraordinaire ! » De tout

ce soir-là, il nous fut impossible de trouver d'autres paroles. »

Si j'avais moins longuement cité, on n'aurait pas une idée aussi complète, ce me semble, de ce que fut réellement Rivarol, le grand improvisateur, le *dieu de la conversation* à cette fin d'un siècle où la conversation était le suprême plaisir et la suprême gloire. On n'avait qu'à le toucher sur un point, qu'à lui donner la note, et le merveilleux clavier répondait à l'instant par toute une sonate. Le récit qu'on vient de lire nous a rendu comme présentes ces qualités soudaines, mais l'admiration du narrateur n'a pu nous dissimuler les défauts. Lui-même, lorsqu'il est un peu revenu, il nous dit de cette verve étonnante de Rivarol qu'elle ressemble à un feu d'artifice tiré sur l'eau[1] : — *brillante et froide!* C'est une illumination d'Armide. Un fonds de vanité et de frivolité perce en effet jusqu'à travers les couleurs et occupe la place du foyer véritable[2]. Son talent, comme Chênedollé l'a très-bien reconnu, *manquait de probité*[3]. Le mal de Rivarol est là. Ce sybarite qui était un esprit supérieur, après s'être amolli dans les délices de son temps, essaya trop tard de s'élever aux graves sujets et aux sérieuses entreprises : il en était digne par l'intelligence, mais les mœurs et le cœur faisaient défaut. Tandis qu'il prodiguait sa parole avec le jeu de baguette d'un enchanteur et d'un son de voix de sirène, son regard semblait éteint et noyé; l'âme était absente. Ce peintre rival qui voulait reprendre

---

[1] Le mot est primitivement de M. de Lauraguais.

[2] C'est ce qui le rend inférieur, par exemple, à Diderot et à Coleridge, ces deux autres puissants improvisateurs, qui avaient dans leur entrain chaleur et bonne foi.

[3] Et encore : « Rivarol fait aux idées des caresses de courtisane, et non d'honnête femme. » (Chênedollé.)

Buffon sur la nature et refaire quelques-uns de ses tableaux, ne sortait plus, dans les derniers temps, du fauteuil où il trônait; il était devenu pâle à force de garder la chambre ; il avait l'air d'une plante étiolée. Aussi conseillait-il aux jeunes talents la *serre chaude* pour les *pousser* comme des fruits hâtifs. C'était bien lui qui se vantait à Chênedollé de résoudre un problème de géométrie jusque dans l'éclair du plaisir : cette fatuité achève de le peindre. Il disait encore : « Le cri de la plume me fait mal, je déteste d'écrire. » Il ne fut donc qu'un admirable *virtuose* et ne put accomplir son œuvre comme écrivain; sachons pourtant ce qu'on a perdu en lui.

Au moment où Rivarol, près de finir, lançait ainsi ses bouquets d'artifice à Hambourg et à Berlin, un homme qui se piquait d'insolence et presque de fatuité aussi, mais avec cela d'une vie grave, d'une âme ferme, et nourri aux fortes études, Joseph de Maistre, commençait à marquer son rang ; ce rôle final souverain que Rivarol avait rêvé, ce plan hardi de réaction contre Voltaire et de restauration des vraies doctrines politiques, de Maistre le prit en main dès le premier jour ; et s'il y mêla trop souvent ce que j'appelle du Rivarol, c'est-à-dire de l'homme du monde et du talon rouge, tout cela en lui se releva, s'agrandit, s'honora par des inspirations supérieures : tellement que si, un jour, un soir, aux bords de la Newa, dans un de ces étés du nord qui sont si beaux, quelques amis se rassemblent pour converser avec lui et pour l'entendre, on pourra alors, de bien loin sans doute quant à la grâce, mais sans profanation du moins quant à la hauteur des idées, — on pourra évoquer le souvenir idéal de Platon. Il n'y en avait qu'un faux air dans cette soirée de Ham, malgré la prétention de Rivarol de renouveler les jardins d'Académe.

Rivarol aurait pu être un grand critique littéraire, et

il l'était en causant. Sous ses airs fats, il avait éminemment du bon sens. On a vu à quel point il analysait les contemporains les plus admirés. Il savait le défaut de la cuirasse de chacun, et y pénétrait hardiment. Il les jugeait d'égal à égal et les classait d'une vue sûre. Quant aux petits grands hommes, il se plaisait à les rassembler « comme des atomes sous sa lentille, » en disant : « Voyons si nous en pourrons tirer quelque chose. » Toutes ses plaisanteries (signe remarquable de sa vocation) étaient littéraires. Si on lui faisait entendre qu'il était parfois cruel, il disait que « l'homme de goût a reçu vingt blessures avant d'en faire une, » et le mot est charmant. Chênedollé a eu raison de remarquer que « Rivarol avait déjà dans son talent quelque chose de ce qu'on a depuis appelé le *romantisme;* il avait senti la nécessité de retremper la langue, de lui donner plus de franchise, plus de mouvement et d'abandon, de créer en peignant. » Il avait dans la prose, mais dans la prose seulement[1], l'instinct de ce que l'école romantique de l'*art* a essayé d'introduire depuis; il y a un Hazlitt français dans Rivarol.

[1] Quand il s'agissait de poésie, Rivarol ne sortait guère des habitudes et des conceptions de son temps; il disait, par exemple : « *Le pauvre Diable* est le chef-d'œuvre de la satire ; rien n'est plus rapide, plus animé, plus piquant à la fois et plus pittoresque ; mais Voltaire, en peignant le cordonnier, *a eu tort de le nommer.* Au lieu de

> Le cordonnier qui vient de ma chaussure
> Prendre à genoux la forme et la mesure...

il fallait mettre : *l'humble artisan* qui vient, etc. La poésie doit toujours peindre et ne jamais nommer. » Je n'examine pas si Rivarol a tort ou raison ; mais, pour être alors un critique original en matière de poésie, il aurait fallu qu'il dît autre chose. *Renouveler le pittoresque* et *introduire le naturel,* c'était le double conseil à donner aux poëtes, et il n'en parle pas.

. Y avait-il également un Burke ou un Bonald, et mieux qu'un Bonald? Chênedollé le pensait. Dès sa seconde entrevue, un matin, Rivarol lui lut le début de son ouvrage sur la *Théorie du Corps politique :* « Aucun morceau de prose ne m'a jamais fait autant d'effet. Il est évident que Rivarol, dans ses quatre chapitres sur la nature et la formation du Corps politique, a voulu lutter contre les chapitres sur l'*Homme,* de Pascal. » Et Chênedollé, poussant plus loin cette comparaison que j'ose indiquer à peine, trouvait que les deux ouvrages avaient eu pareille destinée. Celui de Rivarol, écrit en effet sur de petites feuilles volantes, sur de petits morceaux de papier, les uns enfilés par liasse, les autres entassés confusément dans de petits sacs, ne s'était retrouvé qu'en fragments, — comme les immortelles *Pensées.* Là se borne pour nous la ressemblance. Il serait plus exact de le comparer au manuscrit de Bergasse sur les mêmes matières, qui fut, je crois, détruit dans un incendie. Une grande partie du manuscrit de Rivarol fut volée (à la lettre) par l'abbé Sabatier de Castres, qui le pilla et le défigura à sa manière dans l'ouvrage *de la Souveraineté,* imprimé à Hambourg en 1806. Un court chapitre intitulé *de la Souveraineté du Peuple,* par Rivarol, fut publié à Paris en 1831, et Chênedollé ne dut pas y être étranger. J'ai sous les yeux de nombreux essais de *mise en ordre* et de *rédaction* dans lesquels ce dernier, en disciple fidèle, tenta jusqu'à la fin de sa vie de recomposer et de *restituer* une œuvre dont la perte lui semblait un malheur irréparable pour la cause des justes doctrines politiques[1]. Nous ne sau-

[1] Vers 1833, Chênedollé écrivait au frère de Rivarol, possesseur des papiers qu'on avait pu recouvrer : « De tous ces papiers, on pourrait, je crois, extraire un petit volume extrêmement substantiel, qui n'excéderait pas de beaucoup les dimensions du *Contrat social,* où tout serait pensée et résultat, et qui comprendrait toute la doctrine politique de

rions nous hasarder ici dans une discussion dont les éléments se dérobent. Le champ est trop vaste de ce qui n'a pas été et qui *aurait pu être*. L'ouvrage de Rivarol est rentré pour jamais dans les limbes d'où il n'était sorti qu'à de rapides moments d'évocation et d'improvisation brillante; il y sommeille avec tant d'autres pensées fécondes, auxquelles pourtant le soleil propice a manqué et qui n'ont pas eu leur jour. Ce qui demeure certain, c'est que, comme publiciste, Rivarol, averti par la Révolution, aspira de bonne heure à un grand but, et qu'il ne parut pas incapable de l'atteindre. La mort, en le saisissant à l'âge de quarante-sept ans, l'arrêta dès les premiers pas de sa seconde carrière. On a eu depuis lors Bonald, de Maistre, les oracles d'un parti; mais le Montesquieu véritable, le réparateur intelligent et modéré des ruines de 89 n'est pas venu. Le plus brillant et le plus spirituel des hommes à la mode aurait-il jamais pu se dépouiller assez lui-même pour s'élever jusque-là?

Chênedollé n'hésite pas à nous l'assurer et à se porter pour caution : « Il y avait, dit-il, un *côté législatif* dans les idées de Rivarol qui ne se trouve ni dans Garat ni dans Lacretelle (aîné). » Je le crois bien; mais on peut être plus fort que ces deux philosophes d'école, que le sophiste et que le crédule, et rester encore en chemin, bien loin de Montesquieu. J'adhérerais plus volontiers au jugement général de Chênedollé, qui se résume ainsi : « Les trois

---

votre frère. Si vous êtes assez bon pour me communiquer votre manuscrit, je crois être dans le cas, avec ce que je puis posséder moi-même de fragments et de souvenirs, de rédiger ce volume comme aurait pu faire votre frère : tant je m'étais pénétré de ses idées, et tant il a laissé en moi une profonde empreinte de son génie. » — Ce frère de Rivarol, à qui Chênedollé écrivait cette lettre, est celui dont Rivarol disait : « Mon frère a de l'esprit quand il me quitte; c'est ma montre à répétition. »

hommes de lettres les plus distingués de la fin du xviiie siècle sont Beaumarchais, Mirabeau et Rivarol. Beaumarchais, par son *Figaro*, donna le manifeste de la Révolution ; Mirabeau la fit ; Rivarol la combattit et fit tout pour l'enrayer : il mourut à la peine. » Le disciple pourtant retombe à demi sous l'illusion quand il ajoute : « Homme à la mode digne de la gloire, que les salons regardèrent comme un prodige, que la politique européenne aurait pu compter comme un oracle, et que la postérité doit adopter aujourd'hui comme un de ces génies heureux et incomplets tout ensemble, qui n'ont fait que montrer leurs forces. » La postérité n'adopte rien de confiance ; elle ne juge que sur les titres directs, et les témoignages les plus enthousiastes ne servent tout au plus, comme ici, qu'à exciter les regrets et l'étude de quelque curieux autour d'un nom [1].

Quoi qu'il en soit, pendant deux années, Rivarol tint le jeune homme suspendu à sa conversation *avec des chaînes d'or;* il le fascinait.

« Chose singulière (écrit Chênedollé) ! pendant ces deux années que je passai avec lui, je ne fis presque rien :

Mon génie étonné tremblait devant le sien !

Il m'avait dompté. J'étais devenu l'esclave de sa pensée, et je n'avais conservé de puissance que pour l'admirer.

---

[1] La dernière phrase que je cite comme de Chênedollé, et pour l'avoir trouvée dans ses papiers, se retrouve dans un bon article sur Rivarol (*Biographie universelle*), soit qu'elle ait été donnée à l'auteur de l'article (M. Malitourne) parmi les notes communiquées, soit que Chênedollé l'ait extraite de l'article même. Dans tous les cas, il ne saurait y avoir ici de plagiat, et, si je note ce point, c'est pour éviter que d'autres le relèvent et s'en fassent une difficulté.

— J'ai subi deux fois le joug et la tyrannie de deux esprits qui m'avaient d'abord terrassé, — de Rivarol et de Chateaubriand.

« Cependant (poursuit-il) tant d'idées nouvelles ne pouvaient tomber en moi sans y fermenter sourdement. Semblable à ces terres fortes qui, avant de porter des fruits ou des moissons, gardent longtemps les germes qui leur sont confiés, mon esprit se saturait en secret de tout ce qu'il devait s'approprier un jour. Ce fut Rivarol qui me suggéra l'idée de mon poëme du *Génie de l'Homme*. Un soir, il rentrait chez lui, après avoir dîné chez le Juif Cappadoce[1] ; il était fort gai, et son imagination était montée sur un ton très-élevé. Nous parlâmes poésie, et, dans un moment de verve, étant mécontent des vers de Voltaire et de Le Brun sur le système du monde, il s'écria : Voici ce qu'on aurait dû dire là-dessus. Et tout à coup il trouva quelques belles paroles sur le mouvement des astres et la grande économie des cieux. Ces images me frappèrent tellement que deux jours après je les rapportai en vers à Rivarol, qui en parut extrêmement content, et qui me dit qu'il fallait entreprendre le poëme *de la Nature*, poëme qui avait été manqué deux fois dans notre langue par Le Brun et Fontanes. Dès ce moment, l'ouvrage fut comme arrêté dans ma tête, et devint la principale occupation de ma pensée. »

Ces vers de Chênedollé doivent être ceux qui furent insérés alors dans *le Spectateur du Nord*[2] : ils ont depuis trouvé place dans le chant de *l'Astronomie*, presque au

---

[1] David Cappadoce. — On y dînait fort bien. Rivarol, qui ne faisait grâce à aucun de ses amis, disait de lui : « Son existence se compose des alarmes de la santé et des témérités de la gourmandise ; il ne connaît de remords que ceux de son estomac. »

[2] Troisième numéro de l'année 1797 (mars), tome 1er, page 412. On

début du *Génie de l'Homme*; mais, en les retouchant, le poëte les a un peu gâtés et refroidis. J'aimais mieux ce premier jet :

> Les orbes follement l'un sur l'autre entassés
> Dans des cercles confus tournaient entrelacés;
> L'erreur en s'écartant de la loi des distances, etc. [1]

L'idée, d'ailleurs, est belle : depuis Copernic et Newton, l'ordre et la simplicité règnent dans les cieux ; l'embarras et l'erreur ont cessé là-haut, ils sont relégués ici-bas; ils n'existent plus qu'au sein même de l'homme et à la surface de notre terre :

> Son compas à la main, la céleste Uranie,
> Laissant ces vils tyrans aux humains égarés,
> Remonta pour toujours sur les dômes sacrés.
> . . . .
> Le hasard fut pour nous, le calcul pour les cieux ;
> Et l'Être qui lisait dans le secret des dieux,
> Dès-lors plus compliqué que l'ensemble du monde,
> Demeura pour lui seul une énigme profonde.

Cette liaison avec Rivarol, si vivement engagée et si

---

y donnait à côté deux morceaux sur le même sujet, l'un tiré du poëme sur *l'Astronomie* par Fontanes, l'autre tiré de *la Henriade*, chant VIIe.

[1] Et plus loin, quand Newton est venu :

> Le silence renaît aux plaines de l'espace ;
> Vers un centre commun les astres emportés,
> De ce centre commun sans relâche écartés,
> Autour de leurs soleils, dans des bornes prescrites,
> Majestueusement décrivent leurs orbites.

Les corrections de 1807 ont un peu amorti les effets : ce *majestueusement* a disparu.

fortement nouée en apparence, se brisa tout d'un coup l'esprit y avait plus grande part que le cœur :

« Je vécus ainsi deux ans avec Rivarol, dit Chênedollé, dans un continuel éréthisme de la pensée et dans un enchantement littéraire continuel. Un rien nous brouilla. J'avais fait connaissance avec une Mme Duprat, de Lyon, qui était alors à Hambourg, femme galante d'un haut ton, belle encore, et qui vivait avec le prince Zouboff. J'y mangeais très-souvent avec d'aimables *roués*, Alexandre Tilly, Armand Dulau, et quelques autres émigrés français. Nous faisions souvent des parties à la campagne, et nous revenions fort tard. On sent facilement que cette vie avait dû me déranger un peu, et que souvent je n'étais pas très-exact à venir travailler au *Dictionnaire*[1]. Rivarol, un matin, me le fit sentir avec une aigreur marquée : de mon côté, je répondis avec humeur. Cependant je me remis au travail, mais le travail fut silencieux, les communications sèches et froides, et je sortis sans rien dire à Rivarol, qui travaillait dans son cabinet. Piqué sans doute de ce ton fort déplacé dans un jeune homme, il m'adressa le lendemain matin un billet fort sec, dans lequel il me redemandait une *Jérusalem* italienne que j'avais à lui. Je renvoyai *la Jérusalem* avec un billet écrit du même style, et dès ce moment je résolus de briser là. Le marquis de Mesmons[2], avec qui j'étais fort lié, et qui allait aussi chez

[1] Le *Nouveau Dictionnaire de la Langue française* qu'avait entrepris Rivarol.
[2] « J'ai beaucoup connu à Hambourg M. de Mesmons : c'était un homme du monde qu'une aventure malheureuse avait forcé de se retirer de la société, et qui était devenu sauvage et mélancolique, mais d'une mélancolie de bon goût. Sa conversation avait beaucoup de *charme*. » (Chênedollé.) — *Le Spectateur du Nord* contient plusieurs articles, notamment l'*Essai sur l'Amour et sur l'Amitié*, qui sont de cet homme de sentiment ; ils sont signés R. M. (Romance de Mesmons).

Rivarol, fit tout ce qu'il put pour me raccommoder avec lui : je tins bon, et je lui déclarai que je n'y retournerais point. Je finis en lui disant : « J'adore le talent de « Rivarol, et j'aime sa personne, mais je ne le reverrai « plus. » — Depuis longtemps j'avais envie de rentrer en France, et je saisis cette occasion pour rompre des engagements qui commençaient à me peser. Je partis pour la Suisse. »

Le mot de *roués* est échappé tout à l'heure : en effet, dans cette société de Hambourg, Chênedollé vit en abrégé tout un pêle-mêle des derniers types du xviiie siècle; il y prit une idée exacte du monde et des salons qu'il n'avait pu voir à Paris. La société habituelle de Rivarol à Hambourg, durant ces années, était tout ce qui passait de distingué dans cette ville et tout ce qui y séjournait un peu; je cite au hasard : Mme de Fougy, la princesse de Vaudemont, Mme de Flahaut, « qui faisait, quand elle le voulait, des *yeux de velours* ; » Alexandre de Tilly, « louvoyant entre la bonne et la mauvaise compagnie, agréable dans la bonne, exquis dans la mauvaise [1] ; » Armand Dulau, « l'homme qui avait porté le plus de grâce dans l'ignorance ; » Baudus, directeur du *Spectateur du Nord*, « qui avait le style *grisâtre* ; » l'abbé Louis et l'abbé de Pradt, tous deux rédacteurs [2]; le duc de Fleury, le duc de La Force, le comte d'Esternod, M. de Talleyrand, dé

---

[1] Il a fini par se tuer à Bruxelles en 1816, pour avoir été surpris en trichant au jeu. Il a laissé de jolis *Mémoires*, où il juge très-bien Rivarol (voir surtout au tome I, page 277, et au tome III, page 266, édition de 1828).

[2] Ainsi, dans *le Spectateur du Nord* de mars et d'avril 1797, les *Lettres d'un Officier allemand sur la Guerre*, signées D..., sont de l'abbé de Pradt, et les *Lettres sur la Situation des Finances en Angleterre*, signées G..., sont de l'abbé Louis.

beaux débris de l'ancien monde; l'abbé Delille[1]; l'aimable philosophe Jacobi; l'abbé Giraud, « qui disait à tout propos : *C'est stupide,* tellement que Rivarol prétendait qu'il laissait tomber partout sa signature; » et bien d'autres encore. Le jeune émigré apprit là mille bonnes histoires de l'ancienne société, la plupart meilleures que je ne puis dire ici. Rivarol faisait poser devant lui les personnages et les jouait à ravir. Par exemple, voulait-il peindre, chez Lally-Tolendal, le mélange singulier de la sensiblerie et de la gourmandise, il avait imaginé un monologue de Lally à souper, racontant les horreurs de la Révolution : « — Oui, Messieurs, j'ai vu couler ce sang ! — Voulez-vous me verser un verre de vin de Bourgogne? — Oui, Messieurs, j'ai vu tomber cette tête! — Voulez-vous me faire passer une aile de poulet?... » Rien n'était plus gai que ce jeu de scène. — Dans un tout autre genre, ce dut être aussi de bonne source, et sans doute auprès des Brazais et des de Pange, que Chênedollé apprit sur André Chénier et sur ses sentiments philosophiques des détails intimes qu'il a résumés dans une note bien brève, et que je livre comme je la trouve, sans rien qui l'explique : « André Chénier était athée avec délices. »

---

[1] J'ai donné quelques détails sur la réconciliation de Rivarol et de l'abbé Delille dans un article sur ce dernier (*Portraits littéraires,* tome II, page 89, 1844). — Chênedollé, d'ailleurs, ne rencontra point Delille à Hambourg; il ne le vit pour la première fois que le 28 janvier 1808 à Paris. Delille lui raconta avec beaucoup de grâce son entrevue avec Rivarol; il l'avait abordé avec ce vers :

Je t'aime, je l'avoue, et je ne te crains pas.

Un Hambourgeois présent, se croyant bien fin, lui avait dit : « C'est plutôt le contraire. » Delille ajoutait de Rivarol : « C'est le plus aimable vaurien que j'aie rencontré. »

III

RELATIONS AVEC KLOPSTOCK.

Un homme bien différent de Rivarol, et que Chênedollé connut d'abord à Hambourg, était Klopstock, qui, « dans sa *Messiade*, avait ouvert à l'imagination des horizons nouveaux. » La relation qu'il nous a laissée de sa première visite au vieux maître, et de l'impression qu'il en reçut, vient bien à côté de ce qui précède et fait contraste par la simplicité.

« Caractère de Klopstock. — Lorsque je fus admis pour la première fois en sa présence, par La Tresne, je crus être admis en présence du Génie. Je vis un petit homme, d'une figure douce et riante. Je ne lui trouvai point du tout cet air de réserve, cet air diplomatique dont parle Goethe; je lui trouvai, au contraire, un air ouvert et plein de franchise. Je n'ai jamais vu de figure de vieillard plus aimable et plus prévenante. Il avait surtout un sourire de bonté si parfait, qu'il vous mettait tout de suite à votre aise. Je lui lus une Ode que je venais d'esquisser à sa louange. Cette Ode le flatta beaucoup et parut lui faire le plus grand plaisir. Il dit qu'il attachait un grand prix à être loué par un Français, et surtout à être loué en vers. En un mot, il fut ravi. Dès ce moment, il me prit dans la plus grande affection; il m'invita à aller dîner le lendemain ou le surlendemain à une maison de campagne qu'il avait aux portes de Hambourg. Je le trouvai se promenant dans son jardin avec sa femme et quelques dames qu'il avait invitées. C'était dans les premiers jours de mai (1795). Je me rappelle qu'il faisait un soleil superbe et que nous nous promenions sous des pruniers en fleurs, ce qui mit tout de suite la conversation sur le charme de la campagne et de la nature. Il en parlait avec ravissement. Dès cette seconde entrevue, il me parla de son goût, de son amour pour l'exercice du patin : il paraît que chez lui c'était une espèce de manie, car ce fut aussi une des premières choses dont il s'entretint avec Goethe. Je lui trouvai la candeur d'un enfant et le génie d'Homère. »

L'Ode intitulée *l'Invention*, dédiée à Klopstock, et une autre Ode, *le Génie de Buffon*, furent imprimées à Hambourg dans le courant de 1795. *Le Spectateur du Nord*, publiant en février 1797 une troisième Ode de Chênedollé, intitulée *Michel-Ange ou la Renaissance des Arts*, appréciait en quelques lignes la tentative du jeune poëte : Chênedollé aspirait à célébrer tour à tour les rois du pinceau, de la lyre et de la pensée, et à caractériser leur génie par le ton même des chants qu'il leur consacrait. Il fallait dans cette œuvre, pour y réussir, élévation, variété et souplesse. Chênedollé a surtout l'élévation et le souffle. Ces Odes et celles du même genre qu'il composa ne parurent en France que tardivement recueillies vers 1820, c'est-à-dire vingt-cinq ans après leur naissance. Si elles avaient paru à son retour de l'émigration en 1802, elles auraient classé leur auteur au premier rang des héritiers et des émules de Le Brun.

Il eût été nécessaire aussi que *le Génie de l'Homme*, au lieu de retarder jusqu'en 1807, sortît quatre ans plus tôt.

On aurait pu dire véritablement alors de Chênedollé venu à son heure, en le comparant avec les principaux des poëtes en vogue :

« Ce qui caractérise l'abbé Delille, c'est la *mobilité* du style bien plus que le grandiose.

« Ce qui caractérise Le Brun, c'est la hardiesse de l'expression ; mais il manque d'haleine, il est vite essoufflé.

« Chênedollé a de l'haleine ; il a plus de grandiose que Delille ; il fait ses vers avec le cœur. » — Voilà, en effet, ce que ses amis de 1802 lui reconnaissaient assez unanimement.

J'ajouterai pourtant, en lui appliquant ce qu'il disait de Le Brun : « Il a du souffle, mais un souffle qui n'allume pas la flamme. »

A côté de la page manuscrite où Chênedollé nous raconte sa visite à Klopstock, je trouve une réflexion modeste qui lui est suggérée par ce grand nom, et que je ne supprimerai pas, car elle respire une sincérité bien touchante ; elle répond à une objection qui pourrait s'élever en lisant d'autres passages de ses mémoires[1]. Tout poëte a et doit avoir un haut sentiment de lui-même, sans quoi il ne serait point véritablement poëte. Il lui est interdit

---

[1] Il y a une quinzaine d'années, une personne de mes amis m'écrivant de Hambourg qu'elle venait de visiter le tombeau de Klopstock, je lui répondais dans un sentiment que j'aime à rapprocher ici de celui de Chênedollé : «... J'ai participé en idée avec vous à ce pèlerinage au tombeau de Klopstock. Oh ! que le génie est une belle chose, même quand il n'est, comme chez Klopstock, qu'un vaste éclair dans le nuage. Mais il a fait *la Messiade*, une longue œuvre, une fille des grandes œuvres, de *la Divine Comédie*, du *Paradis perdu;* même avec ses défectuosités, c'est de la grande race. Et nous ! — Je suis tout plein du magnifique *Jugement dernier* de Michel-Ange dont Sigalon vient de rapporter de Rome une belle copie qu'on voit aux Petits-Augustins ; j'ai vu hier cela et j'ai compris le pouvoir des grandes œuvres, la durée des vrais monuments, le prix des grandes pages, et aussi la petitesse d'une vie dispersée. »

d'être *médiocre*, et dès lors, s'il persiste, il doit croire en conscience qu'il ne l'est point.

Ce que Malherbe écrit dure éternellement,

c'est là, quoi qu'en disent les convenances, la devise secrète ou avouée de tout poëte. *Musa vetat mori* : quiconque n'inscrit pas cette pensée, cet acte de foi, au frontispice ou au cœur de ses œuvres, n'a pas reçu l'inspiration sacrée et l'étincelle. Ouvrez le *carnet* des plus modestes, comme des plus superbes : « Depuis Racine, il n'y a que Fontanes et *moi* qui ayons fait de bons vers, des vers raciniens, » dira l'un, celui qui est classique. — « Depuis Shakspeare, il n'y a que Schiller et *moi* qui ayons manié le drame grandiose, » dira l'autre, celui qui aspire à régénérer la scène. Toujours ce *moi* final s'ajoute, quelle que soit l'énumération ; et si celui qui est en jeu ne l'ajoutait pas, il ne serait pas poëte. Ce qui a fait dire à un railleur : « Il y a du Lemierre dans tout poëte. »

Chênedollé avait de lui-même et de son propre effort un sentiment noble, élevé, consolateur, comme quelqu'un qui avait vécu un jour avec les hommes les plus éminents de son temps, qui avait recueilli leur parole et leur louange, et qui s'était retiré ensuite dans la solitude ; mais, après avoir écrit cette page sur Klopstock, il ajoute au revers :

« C'est quand je lis des hommes comme Goethe, Schiller, Klopstock, Byron..., que je sens combien je suis mince et petit. Je le dis, dans la sincérité de mon âme et avec la plus intime conviction, je n'ai pas la dixième partie de la pensée, du talent et du génie poétique de Goethe. Quelle étendue, quelle fécondité, quelle profondeur, quelle variété d'idées, d'aperçus philosophiques, littéraires, politiques ! Quelle richesse d'invention poétique dans ses tragédies, ses poëmes et ses poésies fugitives sur tous les sujets ! Quelle sécheresse, quelle stérilité d'imagination chez moi à côté de cette prodigieuse abondance ! »

Le jour où vous avez fait cet humble aveu, ô poëte, vous l'étiez plus par le cœur, par le sentiment, par l'idéal que vous conceviez dans toute sa plénitude, par les larmes d'admiration que vous versiez, — vous l'étiez plus, poëte, que dans ces heures où l'on s'enivre trop aisément de soi-même, et vous méritiez d'être reçu à votre rang, comme auditeur du moins, dans le groupe sacré par ces maîtres sublimes que vous saviez si bien saluer et reconnaître.

Le Spectateur du Nord contient, indépendamment des Odes et morceaux en vers, quelques articles en prose de Chênedollé : un *Essai sur les traductions*, sur la manière de traduire les poëtes, avec application du système à trois ou quatre Odes d'Horace traduites en prose[1] (juillet 1797); une analyse et un jugement du poëme des *Plantes* de Castel, qui venait de paraître (juin 1797). Castel était de Vire-

---

[1] Rien de plus judicieux ni de mieux entendu que ce système de Chênedollé : « Ce qui caractérise particulièrement Horace, dit-il, c'est la précision du style et l'audace des images, deux qualités qui sont l'âme de la poésie lyrique... C'est donc à rendre ces deux caractères distinctifs que je me suis principalement attaché. Pour y parvenir, je n'ai le plus souvent fait que rendre image pour image, et me jeter dans les moules que m'offrait le poëte romain, afin d'y modeler mon expression sur la sienne. J'ai cru que, pour ne point défigurer Horace, il fallait surtout ne jamais délayer ses pensées; qu'il fallait être toujours fidèle à la forme de ses images, du moins autant que le permettait le génie de notre langue ; et quand celle-ci résistait à l'expression latine (ce qui m'est arrivé beaucoup plus rarement qu'on ne pourrait croire), j'ai cherché avec soin l'image correspondante. » Et il choisit les trois Odes : *Sic te Diva potens*, etc.; *Pastor cum traheret*, etc., et *Qualem ministrum fulminis*, etc., qu'il traduit en prose, selon moi, très-heureusement.

comme Chênedollé, et plus âgé que lui d'une dizaine d'années. Homme honorable en politique, il traversa la Révolution avec courage. Maire de sa ville natale durant les années difficiles, il la préserva de toute commotion violente. Député à l'Assemblée législative, il sut résister aux excès des factions. Après la restauration des études, il professa les belles-lettres au Collége de Louis le Grand. Mais il était poëte, il avait son coin de Lemierre, et ne fut qu'à demi satisfait des éloges mitigés de son compatriote : « Castel, écrit Chênedollé dans une note manuscrite, Castel se met, je crois, au-dessus de Fontanes et de Delille; il se regarde comme le premier poëte du jour, et Saint-Ange comme le second. Il est persuadé que Delille n'ira pas à la postérité. C'est une chose bien étonnante que l'amour-propre. C'est d'ailleurs un homme plein de mérite et un poëte du talent le plus aimable; mais, parce qu'on est Paul Potter, il ne faut pas se croire Raphaël. » — Castel n'est pas un Paul Potter, parce que, même dans ces cadres limités, il n'a pas le style. Le style fait d'un Paul Potter un diamant.

IV

SÉJOUR EN SUISSE.
RELATIONS AVEC Mme DE STAEL, — BENJAMIN
CONSTANT, ETC.

Chênedollé, en quittant Hambourg, partit pour la Suisse; nous l'y trouvons arrivé vers la fin de l'été de 1797 : « Il y a aujourd'hui vingt-trois ans (écrivait-il le 12 septembre 1820) que nous partîmes de Berne pour le voyage des hautes Alpes. Nous allâmes coucher à Interlaken. C'est là où j'eus pour la première fois la sensation des hautes montagnes. Le lendemain, nous nous rendîmes à Lauterbrunn. C'est dans ce voyage que j'ai joui le plus complétement de mon être et que j'ai été enlevé le plus parfaitement à toutes les misères, à tous les soins, à tous les chagrins de la vie. » Son poëme *de la Nature* se dessina plus fièrement dans sa pensée; son talent semblait trouver son niveau dans les hautes régions. Il a consacré plus tard ce sentiment, trop tôt perdu, d'essor et de plénitude dans sa pièce des *Regrets*[1]. Se trouvant en Suisse, il ne pouvait manquer de visiter Mme de Staël à Coppet, où il fit quelque séjour. Ses papiers fournissent plus d'une note sur les conversations

---

[1] *Études poétiques*, liv. I, ode 21.

brillantes auxquelles il assista. N'oublions pas qu'il avait l'imagination encore toute remplie des feux d'artifice de Rivarol, auquel il rapportait tout, et Mme de Staël dut être bien prodigieuse pour ne point pâlir auprès, et pour lui paraître même, à quelques égards, supérieure.

« Mme de Staël n'avait pas une parole plus svelte, plus rapide, plus splendide, plus variée que Rivarol ; mais elle l'avait plus vive encore et plus ardente. En un mot, elle était plus tourbillon. Elle vous entraînait, elle vous forçait à rouler dans son orbite.

« La parole de Mme de Staël était teinte de la foudre. Elle avait des dix minutes de conversation vraiment étonnantes.

« Tout l'esprit de Mme de Staël était dans ses yeux, qui étaient superbes. Au contraire, le regard de Rivarol était terne, mais tout son esprit se retrouvait dans son sourire le plus fin et le plus spirituel que j'aie vu, et dans les deux coins de sa bouche, qui avait une expression unique de malice et de grâce.

« Mme de Staël coupait, disséquait un cheveu en quatre. Elle anatomisait et colorait tout. — Rivarol, au contraire, caractérisait mieux les hommes que les choses. »

Chênedollé disait encore et répétait après d'autres : « Mme de Staël a plus d'esprit qu'elle n'en peut mener. » Cela n'était vrai qu'à cette première époque. Au reste, tous les témoins sont d'accord sur un point : rien ne saurait donner l'idée de cette conversation de Mme de Staël, rien que les dernières pages de *l'Allemagne ;* on la retrouverait là seulement presque tout entière.

On causa, au premier dîner, du livre des *Passions,*

du compte rendu qu'en avait fait Rœderer[1] : « Rœderer, quand il juge, retire avant tout la vie d'un ouvrage, pour le mettre en abstraction. » — Benjamin Constant se moqua du philosophe Lacretelle aîné, dont l'optimisme spéculatif résistait à tout : « Il attend la mise en liberté de son frère du progrès des lumières[2]. » — « Promenade dans le parc après dîner. Mme de Staël me parle du dernier ouvrage de Benjamin Constant sur la Révolution de 1660[3]. Des Genevois arrivent après dîner. On parle de M. de Maistre, que Mme de Staël regarde comme un *homme de génie*[4]. Ma promenade le soir, dans le parc, avec M. Necker. » Les jours suivants, et durant le séjour de Chênedollé, on causa du livre de la *Littérature*, qui était sur le métier[5] : « Mme de Staël, nous dit-il, s'occupait alors de son ouvrage sur la *Littérature*, dont elle faisait un chapitre tous les matins. Elle mettait sur le tapis, à dîner, ou le soir dans le salon, l'argument du chapitre qu'elle voulait traiter, vous provoquait à causer

---

[1] Dans le *Journal d'Économie politique*. On peut voir cet article au tome IV, page 473, des *OEuvres du Comte Rœderer*, recueillies et publiées par son fils ; j'avoue que, s'il n'est pas très-agréable, il me paraît solide et juste. La double part des défauts et des qualités de Mme de Staël y est faite avec franchise et beaucoup d'équité.

[2] C'est le même Lacretelle aîné qui disait : « Si Boileau vivait de notre temps, il aurait bien de la philosophie ; » ce qui faisait pouffer de rire Fontanes.

[3] *Des Suites de la Contre-Révolution de 1660 en Angleterre*.

[4] Joseph de Maistre, à cette date, n'était connu que par ses *Considérations sur la Révolution française*, qui venaient de paraître (1796). C'est assez pour Mme de Staël, qui aussitôt l'a jugé et classé à son rang. De plus, elle connaissait l'original en personne, et ils avaient eu, en causant, des prises aux cheveux violentes et comiques.

Le passage qui suit a déjà été donné dans la deuxième Leçon du Cours (tome I, page 68) ; on demande grâce pour ces quelques répétitions qui, aux différents endroits où elles se rencontrent, amènent des réflexions un peu différentes.

sur ce texte-là, le *parlait* elle-même dans une rapide improvisation, et le lendemain le chapitre était écrit. C'est ainsi que presque tout le livre a été fait. Les questions qu'elle traita lorsque j'étais à Coppet sont : de l'*Influence du Christianisme sur la littérature;* de l'*Influence d'Ossian sur la poésie du Nord;* poésie *rêveuse* au Nord, poésie des *sensations* au Midi, etc. Ses improvisations étaient beaucoup plus brillantes que ses chapitres écrits... » Chênedollé n'est peut-être pas très-juste pour le livre; pourtant il y a du vrai dans sa remarque. Depuis Mme de Staël, qui en a donné le signal et qui elle-même l'avait reçu du xviiie siècle, il n'y a jamais eu plus d'improvisateurs que de nos jours, plus d'esprits qui pensent à toute heure et devant tous, et *parlent* aussitôt leurs pensées; mais, quelle que soit la verve, ces pensées, nées en public, manquent le plus souvent de couleur dès qu'on les écrit : elles ne connaissent pas cette pudeur qui fait qu'on rougit en se produisant. Elles sont comme ces personnes qui passent leur vie dans les bals et dans les raouts; elles n'ont pas de teint. Tâchez que les pensées, en se produisant, aient leur rougeur naturelle; c'est la vraie couleur.

Chênedollé jugea très-bien Benjamin Constant. Si piquant que fût celui-ci, il ne pouvait tenir tête à Mme de Staël que dans son beau temps. Tel que nous l'avons vu, il était bien inférieur. Elle lui avait prêté bien plus qu'elle ne lui avait pris. Et même dans ce beau temps Chênedollé disait de lui : « Benjamin Constant ne cause pas, il fait l'*accompagnement* de la conversation. » Je lis encore: « Benjamin Constant, c'est de l'enthousiasme allemand enté sur une base de glace géométrique. — B. C. est la production d'un siècle philosophique et du dernier terme de la civilisation. Il n'y a plus là ni cœur, ni enthousiasme, ni, etc. » On voit le ton. J'aime mieux noter ceci :

« B. C. dit qu'il n'y a que deux livres qu'il ait lus avec plaisir depuis la Révolution, l'*Histoire de Florence* (de Machiavel), et le Cardinal de Retz. »

Chênedollé connut encore dans son séjour en Suisse Mme de Montolieu ; mais la seule inspiration qu'elle lui causa fut l'*ennui :* passons vite. — Ces années de retraite (1797-1799) furent très-profitables à Chênedollé. Il mit ordre à ses idées ; il acheva de secouer le joug de Rivarol et d'émanciper son esprit par la lecture et la réflexion. Il trouvait un aimable compagnon d'études dans Adrien de Lézai, noble et délicat esprit (*mens pulchra in corpore pulchro*), que l'administration enleva bientôt aux Lettres. M. de Lezai, jeune, ne se plaisait qu'à la lecture de Pascal et de Montesquieu. Il aimait à *pascaliser*, comme il disait lui-même. Il nous a volé ce mot-là, à nous qui prétendons presque avoir inventé Pascal aujourd'hui[1].

Cependant Mme de Staël s'intéressait vivement à Chênedollé, comme elle faisait pour tout talent et pour toute infortune. Elle avait entendu de ses vers, et elle disait de lui : « Ses vers sont hauts comme les cèdres du Liban. » Elle travailla à sa radiation de la liste des Émigrés, et, comme Fouché avait été professeur du jeune homme à Juilly, les voies étaient toutes ménagées. Rentré en France, Chênedollé fut par elle conduit un matin chez Fouché. Celui-ci le regarda d'abord de son air froid et politique ; puis, tout d'un coup, il le reconnut, et, lui tendant les

---

[1] On trouverait bien des particularités sur ce qu'était Adrien de Lézai à cette date, dans les *OEuvres*, déjà citées, *du Comte Rœderer*, notamment au tome VIII (pages 647, 650, etc.), presque dans chacune des lettres de Mme de Staël à Rœderer. Adrien de Lézai était, en effet, comme le disciple de ce dernier, et, quoi que Chénier en ait dit dans une âcre Satire, cela ne lui avait pas mal réussi. De 1795 à 1799, Rœderer, dont c'est le beau moment, remua beaucoup d'idées dans la presse, et Adrien de Lézai auprès de lui.

bras, il l'accueillit avec sa physionomie de Juilly, — d'avant les crimes.

Chênedollé passa trois années à Paris (1799-1802), et continua d'y fréquenter Mme de Staël; mais déjà il avait connu Chateaubriand, et cette chaîne d'or, dont il se croyait affranchi depuis sa rupture avec Rivarol, était renouée, et par un plus digne.

V

LIAISON AVEC CHATEAUBRIAND; — AVEC Mme DE BEAUMONT.

Chateaubriand parle un peu légèrement de Chênedollé dans ses *Mémoires,* et il ne lui accorde pas la justice qu'il devait peut-être à son dévouement et à son amitié. Quand on écrit ainsi ses Mémoires à si longue distance, il y a des *raccourcis* qui suppriment ou qui faussent les rapports réels qu'on a eus avec les hommes. Des années d'intimité, de confiance et de cordialité se résument en une phrase d'une brièveté presque épigrammatique.

« A trente ans, dit Chênedollé, nous nous sommes connus à Paris, Chateaubriand et moi. Il arrivait de Londres, moi de Suisse. Nous étions tous deux émigrés. Nous avions même âge, mêmes goûts, même amour de l'étude, même désir de la gloire; nous méditions tous deux de grands ouvrages. Jusque-là tout se ressemble. Pendant plus de deux ans, nous ne fûmes presque pas un seul jour sans nous voir; mais bientôt nos chemins se séparèrent : notre fortune devint toute différente... » On sait assez cette différence : mais il y eut quelques années d'une intimité véritable à laquelle il nous faut assister. Laissons M. de Chateaubriand nous y introduire lui-même avec une familiarité aimable qu'il ne gardera pas toujours à ce degré. Chênedollé avait quitté Paris, et était rentré à Vire dans sa famille, le 5 août 1802, après onze ans d'exil.

A M. DE CHÊNEDOLLÉ [1].

11 septembre 1802.

« Je vous entends d'ici, mon cher ami, accuser l'amitié et les hommes. Vous me voyez déjà oubliant nos promenades, nos conversations, et ces bons jours où l'on est si malheureux et où l'on s'aime tant. Tout cela est injuste, et vous calomniez votre meilleur ami. Il ne se passe pas de jour dans la petite société [2] que nous ne disions : « Chênedollé disoit ceci, Chênedollé disoit cela. » Nous vous associons à tous nos projets, et vous êtes un des membres principaux et nécessaires de la colonie que nous voulons établir tôt ou tard au désert.

« Mais cette colonie, mon cher ami, quand l'établirons-nous? Tous les jours voient se former et s'évanouir nos espérances; vous savez ma manière de pousser le temps, de vivre dans les projets et les désirs, et puis, *si je rentre en moi-même, je suis Gros-Jean comme devant.* Rien de déterminé encore sur mes destinées futures. Cependant j'approche du dénoûment, car j'achève la correction de mes gros volumes [3], et je me mets sur-le-champ à la

---

[1] La plupart de ces lettres sont adressées : *Au citoyen Saint-Martin fils chez le citoyen Saint-Martin père, à Vire.* Nous avons dit que *Saint-Martindon* était le nom de terre que portait le père de Chênedollé; mais *Saint-Martin* était plus commun et plus commode en temps de révolution.

[2] La société de Mme de Beaumont, qui se composait habituellement de Joubert, Fontanes, M. Molé, Gueneau de Mussy, Mme de Vintimille et M. Pasquier.

[3] Le *Génie du Christianisme*, qu'il corrigeait pour la seconde édition.

poursuite des grandeurs. Si je n'obtiens pas dans un mois ce que je demanderai, je me désisterai de la poursuite, et Dieu sait ce que je deviendrai, si je ne puis parvenir à planter des choux ; car, vous le savez, n'en plante pas qui veut.

« Que faites-vous là-bas ? Travaillez-vous ? Souvenez-vous qu'il nous faut les quatre chants pour essayer, et puis le poëme épique, si le public juge comme vos amis; et si le public ne juge pas comme cela, peu importe; le public est un sot. Ginguené vient de publier ses articles en forme de brochure. Fontanes ne m'a pas encore défendu; il dit qu'il le fera; Dieu le veuille [1] ! Apprêtez-vous, mon cher enfant, à venir nous retrouver bientôt, car le moment approche où notre sort va être déterminé d'une manière ou de l'autre. Écrivez-moi, et aimez-moi aussi tendrement et aussi constamment que je vous aime. Toute la société vous dit mille et mille choses excellentes, et moi je vous embrasse du fond de mon cœur.

C.

« Vous avez dû recevoir une lettre de Mme de Beaumont ? »

AU MÊME.

« Paris, vendredi, 15 octobre 1802.

« Mon cher ami, je pars lundi pour Avignon, où je vais saisir, si je puis, une contrefaçon qui me ruine ; je reviens par Bordeaux et par la Bretagne. J'irai vous voir à Vire et je vous ramènerai à Paris, où votre présence

---

[1] Il le fit précisément à quelques jours de là, dans son *second extrait* sur le *Génie du Christianisme*, inséré au *Mercure* (1er jour complémentaire de l'an X).

est absolument nécessaire, si vous voulez enfin entrer dans la carrière diplomatique. Il paroît certain que nous recevrons des ordres pour l'Italie dans les derniers jours de novembre. J'espère vous embrasser vers le 15 de ce même mois; tenez-vous donc prêt pour cette époque; je compte sur vous. Dans tous les cas, si le voyage d'Italie venoit encore à manquer, vous seriez placé à Paris.

« Travaillez-vous, mon cher ami? Voilà la saison favorable. Vous voyez les feuilles tomber, vous entendez le vent d'automne dans les bois. J'envie votre sort. Dans tout autre temps, le voyage que je vais faire me plairoit; à présent, il m'afflige. Ne manquez pas d'écrire *rue Neuve du Luxembourg*[1] pendant mon absence, mais ne parlez pas de mon retour par la *Bretagne*[2]. Ne dites pas que vous m'attendez et que je vais vous chercher. Tout cela ne doit être su qu'au moment où l'on nous verra tous les deux. *Jusque-là je suis à Avignon, et je reviens en droite ligne à Paris.*

« Je ne sais si je pourrai voir La Tresne en passant à Bordeaux; cela me feroit grand plaisir. Malheureusement, la saison sera bien avancée, et le temps me presse. Si je puis parvenir à tirer quelque chose du contrefacteur du *Génie du Christianisme*, alors je prendrai la poste et j'irai beaucoup plus vite que par les diligences. Je pars avec des lettres de Lucien[3], qui me recommande vivement au préfet; j'espère réussir avec de la promptitude et du secret.

---

[1] A Mme de Beaumont.

[2] Il devait y rencontrer Mme de Chateaubriand, qu'il n'avait pas revue depuis dix ans. On lui avait fait comprendre, non sans quelque peine, que, devenu avocat de la religion et de la bonne cause, il ne pouvait cependant oublier tout à fait qu'il était marié. On n'en avait rien dit à l'avance à Mme de Beaumont, de peur d'alarmer son affection.

[3] Le frère du Premier Consul.

« Adieu donc, mon très-cher ami. Si je ne me casse pas le cou, je vous embrasserai chez vous dans un mois. Encore une fois, tenez-vous prêt à partir avec moi pour Paris; il seroit absurde, à votre âge et dans votre position, de renoncer à tout projet d'avancement et de fortune. Je vous embrasse tendrement.

« CHATEAUBRIAND. »

AU MÊME.

« Fougères, ce samedi 27 novembre 1802.

« Me voici au rendez-vous, mon cher ami, un peu plus tard que je ne l'avois dit; mais il est bien difficile de ne pas se tromper de quelques jours sur une route de six cents lieues.

« Je vous envoie un exprès; je vous propose deux choses :

« Ou d'aller vous prendre ou de vous recevoir ici. Si vous voulez que je passe chez vous, j'y serai vendredi prochain, 3 décembre ou 12 frimaire. Nous continuerons notre route par la Normandie; le chemin sera plus long.

« Si vous venez me chercher, je vous prie d'être le même vendredi, 3 décembre, à Fougères. Nous irons à Paris par Mayenne. Notre chemin sera plus court.

« Je ne puis que vous répéter que votre présence est absolument nécessaire à Paris, si vous désirez occuper une place; rester à Vire, c'est vous enterrer tout vif. Je vous embrasse tendrement, en attendant votre réponse. Je loge hôtel Marigny, rue Derrière, à Fougères.

« Votre meilleur ami,

« CHATEAUBRIAND. »

Un trait caractéristique se dessine déjà : Chênedollé, au lieu de se lancer, se retire. Chateaubriand, qui possède si bien le génie de l'occasion, et qui sait que pour la renommée aussi il est vrai de dire : *Carpe diem*, le presse, le harcelle ; il lui demande les *quatre chants* (*le Génie de l'Homme*), le *poëme épique* (cette *Jérusalem détruite* qui ne sera jamais achevée). Chênedollé écouta trop le *Démon de la procrastination*, comme on l'a appelé. Il n'invoqua pas assez la *Muse de l'achèvement*, cette muse heureuse, la seule qui sache nouer la couronne.

Il était poëte, mais pas seulement en vers ; il aimait *tout de bon* l'ombre des bois, la paix retrouvée des prairies natales, l'oubli des heures. Il était sensible, non pas seulement par crises ; il souffrait mortellement d'une peine de cœur, de la perte d'une personne chérie ; il eut en ces années de ces douleurs qui ne laissèrent pas à son talent toute sa liberté, et qui en atteignirent profondément peut-être le ressort. « Que me fait la gloire, à moi (se disait-il en ces heures d'abattement) ? Elle ne me touche pas là où j'ai mal, elle ne guérit pas la plaie secrète de mon cœur. » Tenu, à ce qu'il semble, un peu sévèrement par son père, il désira un moment tenter la fortune sur les pas de son ami ; mais M. de Chateaubriand n'était encore que secrétaire d'ambassade, et ne pouvait disposer d'aucune place avec certitude. Les lettres suivantes se rapportent à ce projet, qui aurait rattaché Chênedollé à la carrière diplomatique.

M. DE CHATEAUBRIAND A M. DE CHÊNEDOLLÉ PÈRE.

« Paris, 25 mai 1803.

« Monsieur,

« Lorsque je passai par Vire il y a six mois, j'eus l'honneur de vous dire qu'on m'avoit promis de m'envoyer à Rome en qualité de secrétaire de légation, et que j'espérois pouvoir faire entrer M. votre fils avec moi dans la carrière diplomatique. Je pars à l'instant pour ma destination; mais les affaires se sont arrangées de sorte que je ne puis emmener à présent Chênedollé. Une personne doit venir me rejoindre dans six semaines ou deux mois en Italie, et si vous y consentez, voici ce que je vous propose :

« Chênedollé viendra me rejoindre à Rome avec la personne que j'attends. Il ne lui en coûtera rien pour les frais de route; mais, comme il faut qu'il vive à Rome en arrivant (vu que je ne puis pas avoir la certitude complète de le placer dans l'Ambassade au moment même de son arrivée), il faudroit que vous lui fissiez en Italie une petite pension égale à celle que vous lui feriez partout, s'il ne vivoit pas sous le même toit avec vous. Je crois pouvoir vous assurer que Chênedollé ne sera pas six mois en Italie avant que j'aie trouvé le moyen de le placer agréablement. Les beaux talents de M. votre fils, l'amitié qui me lie avec lui, me font vivement désirer que vous consentiez à cet arrangement, qui peut le mener à la fortune. Je suis persuadé que vous en reconnoîtrez vous-même tout l'avantage.

« Je suis avec respect, Monsieur,
 « Votre très-humble et très-obéissant serviteur,
  « DE CHATEAUBRIAND. »

A M. DE CHÊNEDOLLÉ FILS[1].

« Lyon, mercredi, 19 prairial, an XI (1803).

« Je suis toujours à Lyon, mon très-cher ami, et je

---

[1] Il se peut que quelque passage de cette lettre ait été cité précédemment dans les Leçons sur Chateaubriand : on a cru devoir la remettre ici dans toute son étendue, et l'on fera de même pour celles des

présume que vous êtes toujours à Paris¹ ; c'est pourquoi j'envoie cette lettre rue Neuve du Luxembourg. On la mettra à la poste en cas que vous soyez parti pour Vire.

« Je n'ai qu'un seul désir et qu'une seule pensée, c'est de vous revoir. Vous sentez qu'ici je ne puis avoir aucune donnée nouvelle ; mais il paroît par tout ce que je vois et tout ce que j'entends que le travail de la légation sera considérable, et conséquemment qu'on aura besoin d'une personne de plus. J'y perdrai mon crédit, ou cette personne sera vous. Je crois donc que vous pouvez faire vos préparatifs pour accompagner *nos amis*² cet automne. Votre père doit sentir l'importance d'une position qui peut vous *mettre à lieu*³ de réparer le mal que la Révolution a fait à votre fortune.

« Comment est toute la petite société ? ou comment l'avez-vous laissée en quittant Paris ? Je vois qu'on ne s'occupe plus que de guerre dans les papiers publics ; ainsi je ne vous demande point comment va la littérature. Les seconds extraits que M. Clausel m'avait promis seront restés là, et cela est tout simple ; ils ne seront bons que pour la troisième édition, qui doit être au moment de paraître. J'ai fait affaire ici avec Ballanche pour une édition in-18. Le petit Gueneau n'a pas apparemment livré son article⁴. Du reste, mon cher ami, *les honneurs*

---

lettres suivantes dont quelque fragment aurait été ainsi donné par avance. Ces lettres lues de suite ont besoin d'être complètes pour avoir tout leur intérêt. Cette remarque une fois faite ici, on me dispensera de la renouveler à chaque occasion.

¹ Chênedollé était revenu de Normandie à Paris ; il y passa l'hiver de 1802-1803, le printemps et une partie de l'été.

² Mme de Beaumont.

³ Cette expression, *mettre à lieu*, pour *mettre à même*, revient dans ces lettres de Chateaubriand, comme dans celles de sa sœur Lucile. Ce doit être une locution de pays.

⁴ Un article à propos des nouvelles éditions du *Génie du Christia-*

m'accompagnent, et nos amis communs vous auront dit ce que je leur ai mandé à cet égard. On ne se fait pas d'idée à quel point ma *gloire* est encore augmentée depuis l'année dernière. On me cite en chaire comme un Père de l'Église, et, si cela continue, je serai canonisé avant ma mort. — Mon cher ami, je ne prends pas ce voyage comme je devrois le prendre ; je n'y mets nulle ardeur, nul plaisir. Je vieillis ou peut-être je me désenchante, et depuis que j'ai recommencé *les jours de voyage*, *dies peregrinationis*, je ne fais que songer au bonheur de la retraite et du repos. Je le sens jusqu'au fond des entrailles, une chaumière et un coin de terre à labourer de mes mains, voilà après quoi je soupire, ce qui est le vœu constant de mon cœur et la seule chose stable que je trouve au fond de mes souhaits et de mes songes.

« Si vous m'avez écrit à Turin ou à Milan, je trouverai vos lettres sur ma route. Nous serons encore huit jours ici. Mandez-moi comment vous avez trouvé votre famille. Le voyage d'Italie est très-peu cher. Il y a d'ici à Florence une diligence qui passe par Milan et qui vous rendra à Florence pour cinq louis. On se charge de vos bagages, et on est, dit-on, parfaitement traité. De Florence à Rome, on trouve des cabriolets qui vous mènent en deux ou trois jours à Rome à un prix très-modique. De sorte que vous arrivez au *Capitole* pour dix louis au plus. Les Lyonnais vont maintenant en Italie aussi facilement qu'à Paris. Ce voyage n'est plus rien. — Bonjour, mon cher ami, je vous aime tendrement et pour la vie. Comptez sur moi, aimez-

nisme ; il se trouve dans le *Mercure* du 23 juillet 1803. — On voit qu'à travers tout l'auteur ne s'oublie pas. Il avait déjà écrit directement à Gueneau pour le lui rappeler, et il lui écrira, nous le verrons, pour l'en remercier. — Chênedollé lui-même avait payé sa dette en répondant dans le *Mercure* du 26 février 1803 à une critique du *Génie du Christianisme*, qu'on attribuait à M. de Boufflers.

moi, et croyez que vous n'avez pas au monde d'ami plus fidèle et plus dévoué. Mille choses à tous nos amis. — Écrivez-moi, je vous écrirai. »

AU MÊME.

« Rome, samedi, 17 messidor (16 juillet 1803).

« Voici, mon cher ami, l'état des choses et ce qui nous attend désormais pour l'avenir.

« Je ne pourrai pas satisfaire mon cœur; je ne pourrai pas gagner quelque chose sur *l'homme*[1] dans la position où je me trouve. Loin de vouloir rien entendre, il renvoie quelques malheureux qui étoient rendus ici, et qui lui étoient vivement recommandés. Mais mon parti est pris irrévocablement : je ne demeurerai qu'un an ici, jour pour jour. Au bout de cette année, si je ne suis pas placé d'une manière indépendante, je fais un saut à Athènes, puis je reviens au mois d'octobre (1804) m'ensevelir dans une chaumière aux environs de Paris, si je le puis, ou dans quelque province de la France. Si vous voulez alors venir y vivre et y mourir avec moi, je vous offre une durable hospitalité.

« Si, au contraire, on me donne une place indépendante au bout de mon année, alors vous venez sur-le-champ me rejoindre. Je vous en fournirai les moyens, et nous demeurerons ensemble. Ainsi, dans tous les cas, nous ne serons séparés que quelques mois, et j'espère que vous aurez autant de plaisir à vous fixer auprès de votre meilleur ami, qu'il en aura à vous retrouver.

« La vie ici est ennuyeuse et très-*pénible*. Les honneurs, mon cher ami, coûtent cher! Heureusement je n'en porterai pas longtemps le poids. Au reste, vous aurez su

---

[1] Le cardinal Fesch.

par notre bonne amie, Mme de Beaumont, que sous les rapports littéraires je n'ai point à me plaindre. On ne sauroit avoir été accueilli comme je l'ai été. Mon ouvrage est traduit, et le Pape va, dit-on, le faire retraduire et réimprimer au Vatican. Mais qu'est-ce que tout cela, quand le cœur est serré, triste? Si vous saviez ce que seroit ce pays s'il n'avoit pas ses ruines? Le cœur me saigne; pauvre Religion[1]!

« Notre amie doit être sur le point de partir pour le Mont-d'Or; comment est-elle? J'espère que son voyage au midi sera bien utile à sa chère santé, et sous ce point de vue, nous ne saurions trop hâter son voyage. Écrivez-vous à Lucile[2]? Retournez-vous chez votre père? Comment est-il pour vous? Je tremble en pensant à lui. Écrivez-moi, mon très-cher ami; j'ai été vivement ému en apprenant que vous aviez été malade. Vous avez dû recevoir une lettre de moi; croyez, mon cher ami, que personne au monde ne vous aimera comme je vous aime, que personne ne vous sera fidèle comme moi, et que personne n'est plus affligé que moi de la nécessité qui nous sépare à présent pour quelques mois. Conservez-moi votre amitié et votre estime. Je vous embrasse les larmes aux yeux. — Vous savez que mon adresse est tout simplement à M. Ch., et puis le *titre*, — à Rome, — sans affranchir. »

Le lettre suivante de M. Gueneau de Mussy trouve ici sa place entre celles de Chateaubriand, qu'elle explique.

---

[1] Nous retrouverons ce sentiment sur le triste état de la religion à Rome, rendu avec plus de netteté encore et sous forme de jugement précis, dans une lettre de Chateaubriand à Gueneau de Mussy. (Voir ci-après la Notice sur ce dernier.)

[2] Lucile, ou Mme de Caud, si connue depuis les *Mémoires d'Outre-tombe*, la plus jeune des sœurs de M. de Chateaubriand, celle dont la figure lui a servi de type pour l'*Amélie* de *René*, et qui était pour beaucoup dans les chagrins de cœur de Chênedollé à cette époque.

Elle nous fait entrer plus avant encore dans la familiarité gracieuse du salon de la rue Neuve du Luxembourg. Ces messieurs avaient tous de l'esprit; celui de M. de Mussy, très-réel, était un peu étudié, un peu prémédité. « La conversation de Gueneau, disait M. Joubert, est très-fleurie, mais ses fleurs n'ont pas l'air de naître spontanément : elles ont l'air de ces fleurs de papier peint qu'on prend dans les boutiques. La nature n'a point fait ces roses. » Il disait encore, à propos des mots de Gueneau, qui semblaient faits d'avance et ne sentaient pas l'inspiration : *Il ne sert pas chaud.* — La lettre qu'on va lire donne assez l'idée de ce ton fleuri et de cet esprit bien rédigé[1] :

A M. DE CHÊNEDOLLÉ.

« Mardi, 2 août 1803.

« Croyez, cher Corbeau, que, sans de graves raisons, je n'aurais pas laissé un si long intervalle entre cette lettre et les promesses données à votre départ. Je suis encore à Paris où me retiennent une fièvre et une jaunisse que mon frère a rapportées de la Bourgogne, et j'y suis le seul débris de la petite société (si toutefois je puis compter même pour un débris), et j'ai reçu les adieux de tous ceux que je devais précéder à la campagne. Au milieu de tous ces contre-temps et de ces fâcheuses distractions, vous m'avez toujours été présent, cher Corbeau, et j'ai regretté souvent nos promenades et votre conversation. Heureusement que mes privations ne sont point en pure perte, car on dit que votre santé se

---

[1] Je laisse subsister ce premier jugement qui était bien plus celui des auteurs et témoins que je cite, que le mien propre. La Notice qui doit suivre sur Gueneau de Mussy me donnera lieu de revenir sur cette nature délicate et discrète, et de la traiter avec l'attention particulière qu'elle mérite.

refait dans votre Normandie et que vous rajeunissez sous le chêne paternel. Il est question aussi d'une négociation[1] dont le succès tient à cœur à vos amis ; mais cette affaire en est venue au point qu'elle doit se terminer directement entre Michaud et vous, et je l'ai perdue de vue au moment où les médiateurs l'ont abandonnée, c'est-à-dire que j'en suis à la lettre écrite par Fontanes à Michaud au sujet des remontrances et des *vils détails*. Cette lettre donc a été écrite sous mes yeux, et je vous assure qu'elle ne pouvait être plus aimable, et que le *Sanglier*[2] a dignement représenté votre délicatesse avec tous ses scrupules. Michaud a répondu le lendemain d'une manière un peu cérémonieuse et embarrassée, un peu plus en libraire qu'en homme de Lettres ; quoi qu'il en soit, il a dit qu'il s'adresserait à vous directement, et j'ignore la suite ; de grâce ne me le laissez pas ignorer.
— Eh bien ! je me suis enfin hasardé dans le salon de la rue du Luxembourg. Figurez-vous un corbeau, ou plutôt un butor qui aborde une hirondelle gracieuse et aérienne ; mais j'étais fort de ma conscience, j'avais l'article en poche[3], je me souciais fort peu d'être ridicule. D'ailleurs, le chrétien remplit ses trésors de toutes les déconvenues de l'amour-propre. J'ai donc fait de fort bonnes affaires chez Mme de Beaumont, et cependant, tout en changeant les illusions de terreur que j'apportais en sa présence en un véritable sentiment de reconnaissance pour ses bontés

---

[1] Il s'agissait pour Chênedollé de faire les Notes qui devaient se joindre à la traduction de l'*Énéide* par Delille. Ce petit travail l'aurait mis à même de se suffire quelque temps à Paris sans recourir à son père.

[2] Fontanes était ramassé et avait quelque chose d'athlétique dans sa petite taille. Ses amis le comparaient en plaisantant au Sanglier d'Érymanthe.

[3] C'est cet article du *Mercure* (23 juillet 1803) que nous avons vu M. de Chateaubriand réclamer.

et ses manières engageantes, hélas ! je n'en ai joui qu'avec de tristes pressentiments. A mon avis, sa santé s'altère de plus en plus. Je crois les sources de la vie desséchées ; sa force n'est plus qu'irritation, et son esprit si plein de grâces ressemble à cette flamme légère, à cette vapeur brillante qui s'exhale d'un bûcher prêt à s'éteindre[1]. Ce n'est pas sans une sorte d'effroi que j'envisage les fatigues du voyage qu'elle projette d'entreprendre au *Mont-d'Or*, d'où, je le conjecture, elle se rendra dans le *département du Tibre*. Mais, s'il faut s'en rapporter aux dernières lettres du cher et illustre Corbeau, croyez-vous bien qu'elle ira plutôt consoler un exilé, un désespéré, que jouir de la gloire d'un poëte célébré partout et du crédit d'un secrétaire d'ambassade plus puissant qu'un prince de l'Église ? Hélas ! oui. Dans les premiers jours de son arrivée, ce cher voyageur était sous le poids de la grandeur de Rome ; il ne pouvait suffire à la force de ses impressions et au tumulte de ses pensées. Il se passait dans son imagination comme un vent puissant qui fait courber les hautes forêts. Le Pape l'avait accueilli avec une distinction particulière, avait été à sa rencontre, l'avait nommé son fils, son *cher Ch.*, lui avait dit qu'il lisait son livre, et lui avait indiqué le volume et la page où il en était, etc. Et maintenant, je ne sais quel vent de découragement a soufflé, ou quel crocodile s'est réveillé au fond de son cœur, mais il gémit sur les bords du Tibre, comme Ovide jadis sur les bords de la mer Caspienne ; il se croit abandonné de toute la terre au milieu de la gloire dont il la remplit tout entière ; il parle même de prendre

---

[1] « Mme de Beaumont avait l'air d'être composée d'éléments qui tendaient à se désunir, à se fuir sans cesse. — *Fi de la vie !* disait une fille de roi. Mme de Beaumont s'était prise à ce mot et l'avait trouvé admirable quand son père le lui cita. » (Chênedollé.) Le mot est de Marguerite d'Écosse, première femme de Louis XI.

un *parti*, et, voyez comme le ridicule se mêle quelquefois dans la conduite des grands hommes, parce qu'un *M. Guillon* veut écrire un Voyage en Italie, il ne veut pas écrire le sien : *ô siècle! ô mémoire!* Je n'ai pas besoin de vous dire toutes les remontrances et tous les encouragements que nous lui avons expédiés de Paris. — Pour moi, cher Corbeau, je compte toujours puiser aux sources modestes de mes montagnes de Bourgogne. Si je me croyais, j'aurais plus d'images et de rêveries qu'il n'en faut pour remplir mon petit volume; mais vous savez combien ces richesses d'imagination s'exagèrent lorsqu'elles sont vues de loin, et combien une plume et de l'encre font disparaître d'illusions de ce genre. Adieu, adieu; si vous voulez m'aimer un peu, vous me ferez du bien. Pardon de ce griffonnage, je l'écris sur mes genoux au milieu de toutes sortes de distractions. Répondez-moi à *Semur*, à l'adresse convenue, et je vous répondrai d'une manière qui sentira mieux son solitaire.

Philibert.

« *P. S.* — M. de Bonald, à qui j'avais fait part de votre maladie, veut être rappelé à votre souvenir. J'étais hier chez Fontanes au moment où il reçut une lettre de Michaud, qui disait vous avoir écrit trois fois sans réponse. »

Nous reprenons la série des lettres écrites de Rome par M. de Chateaubriand :

A M. DE CHÊNEDOLLÉ.

« Rome, mercredi, 6 fructidor (24 août 1803).

« Lucile vient de m'apprendre, mon très-cher ami, que vous vous plaignez de mon silence. Est-ce à vous ou à moi à se plaindre un peu? Je vous ai écrit une longue lettre de Lyon; vous étiez malade quand vous l'avez reçue, et vous ne m'avez pas répondu depuis que vous vous portez bien. Je vous ai écrit une longue lettre de Rome, sous le couvert de Mme de Beaumont. Il est vrai que vous ne pouviez pas encore avoir reçu cette lettre lorsque Lucile m'a écrit; mais j'espère que vous l'aurez reçue depuis. Voici donc ma troisieme lettre de compte fait, et je n'ai pas encore reçu signe de vie de vous. Je ne vous en fais point de reproche. Vous aurez eu sans doute mieux à faire qu'à m'écrire; et si votre paresse m'afflige, je suis au moins sûr de votre cœur.

« Dans toutes mes lettres à Mme de Beaumont, il y avoit toujours un mot pour vous et la prière de vous instruire de nos projets. On m'a marqué que Michaud étoit prêt à faire avec vous une affaire pour les Notes du Virgile de l'abbé Delille. J'en serois charmé; mais votre paresse ne sera-t-elle pas un obstacle? Au reste, mon cher ami, c'est votre bonne étoile qui vous a empêché de venir ici. Figurez-vous que ma vie est un enfer. J'ai demandé mon rappel au moins pour l'année prochaine, si l'on ne veut pas me l'accorder plus tôt. Vous sentez que je ne puis entrer dans les *détails;* mais soyez sûr que vous n'auriez pas tenu vingt-quatre heures avec cet homme[1]. Ainsi donc, mon cher ami, ou j'obtiendrai une place *indépendante* l'année prochaine, et alors vous serez avec moi, si cela vous fait plaisir, ou je serai avec vous à Paris, et, une fois rentré, ensemble, nous nous arrangerons pour cultiver un petit jardin et des choux.

« Je ne vous parlerai point de Rome. Je suis si malheureux que je ne vois rien. Comme littérature, j'ai encore de ces succès qui ne consolent de rien et qui ne servent à rien. Il y a en Italie trois traductions de mon ouvrage. Je

[1] Le cardinal Fesch.

ne sais où cette lettre vous trouvera. Je crois que vous êtes chez votre père, mais il est possible que vous fussiez (*sic*) resté à Paris pour les Notes. Adieu, mon très-cher ami, comptez toujours sur ma tendre amitié, sur ma fidélité à toute épreuve. Écrivez-moi si vous le pouvez. Fontanes vous dira pourquoi je souffre ici, en cas que vous le voyiez.

« Mon adresse est tout simplement : A M. Ch., secrétaire de la Légation française, à Rome, Italie. — Il n'est pas nécessaire d'affranchir les lettres. Comment est votre santé actuellement ? »

AU MÊME.

« Rome, ce 8 novembre 1803.

« Tout est fini pour moi, mon cher ami, Mme de Beaumont n'est plus ; je n'ai eu d'autre consolation que d'avoir un peu honoré ses cendres. Vous verrez tous les détails dans la copie de la lettre que je vous ferai passer par le courrier prochain. Je serai à Paris au mois de janvier, et en Bretagne peu de temps après ; je vous verrai. Je vais me retirer entièrement du monde. Écrivez-moi, écrivez à Joubert. Ma santé est bien mauvaise, et je désire quelquefois de ne pas repasser les Alpes. Je vous embrasse tendrement. »

AU MÊME.

« Rome, ce 16 novembre 1803.

« Mon dernier billet, mon cher ami, vous annonçait la mort de Mme de Beaumont, qui a quitté cette triste vie le 4 du mois courant, à Rome. Je vous disois que je vous ferois passer par le prochain courrier le Récit de sa mort. J'ai pensé depuis qu'il vaudroit mieux pour vous d'écrire à Joubert, à Villeneuve-sur-Yonne, ou à Mme de Vintimille, à Paris. Ils vous enverront copie de cette fatale Relation[1], et vous aurez moins de port à payer que si je vous la faisois passer de Rome.

« Mon cher ami, je suis vraiment au désespoir. Je ne sais ce que (sic) devenir ni quel parti prendre. Je suis bien déterminé à quitter Rome, mais le Cardinal s'y oppose à présent ; et plus on m'a d'abord persécuté injustement, plus on veut maintenant, par des caresses, me retenir ici. Quoi qu'il en soit, je n'irai pas toujours plus loin que mon année, qui finit au mois de mai. Oui, mon cher Chênedollé, mes déserts vont être maintenant auprès des vôtres. J'appelle la retraite et l'obscurité de toute la force de mes désirs. Il est plus que temps de renoncer à tant de mensonges, à tant de projets que tout renverse et que rien ne peut amener à une fin heureuse. Écrivez-moi ici ; j'ai soif de vos lettres et de votre amitié. — Adieu, adieu. »

Mme de Vintimille s'acquittait de la commission dont il vient d'être parlé, et elle écrivait à Chênedollé la lettre que voici :

« A Paris, le 1ᵉʳ nivose (1803).

« Vous me rendez bien peu de justice, Monsieur, en me soupçonnant d'avoir pu vous oublier. L'éternel souvenir de la malheureuse amie que je pleure ne me permettra jamais de voir avec indifférence ceux qui partageaient mes sentiments pour elle, et croyez bien que ce mutuel regret me donne un lien avec vous que rien ne rompra jamais. — Voilà la Relation que M. de Chateaubriand m'a envoyée ; j'ai trouvé plus court de vous la faire passer que d'en faire prendre une copie. Quand vous

---

[1] J'ai sous les yeux la minute de cette Relation qui a été déjà publiée, je crois, et qui est longue, officielle de ton, et non sans apprêt.

l'aurez gardée tout le temps que vous jugerez à propos, vous voudrez bien me la renvoyer ; je m'en rapporte à votre bon esprit pour juger qu'elle doit rester dans l'intimité, et qu'il y a des choses dont les indifférents n'ont que faire. Je ne vous fais donc aucune recommandation à ce sujet. Quelle perte nous avons tous faite par la mort de cette malheureuse amie !... Je ne puis dire le chagrin que j'en ressens ; c'est une plaie qui ne se fermera jamais ; l'idée de ne la plus revoir me poursuit sans cesse, et il m'est doux de parler de cette peine à une personne qui, j'en suis bien sûre, sait m'entendre. — Je suis affligée de ce que vous me dites de vos malheurs personnels, et, quoique je n'aie pas beaucoup de droits à votre confiance, laissez-moi vous dire que, s'ils sont de nature à être un peu adoucis par l'intérêt bien véritable, je vous demande de ne pas me refuser le plaisir de vous offrir quelque consolation. — Vous savez que M. de Chateaubriand est nommé dans le Pays de Vaud[1]. J'avais pensé que peut-être vous iriez le retrouver, et je l'avais espéré pour tous deux. — Veuillez, je vous prie, m'accuser tout de suite la réception de mon paquet, et, quand vous reviendrez à Paris, venez me voir au plus tôt pour que je vous pardonne le soupçon de vous avoir oublié. — Adieu, Monsieur ; recevez, je vous prie, l'assurance bien vraie de tous les sentiments que vous m'avez inspirés.

(Rue Cerutti, nº 19.)

« *P. S.* — M. Pasquier, à qui j'ai dit que j'avais reçu de vos nouvelles, me charge de le rappeler à votre souvenir, et vous prie de ne pas l'oublier. »

La lettre de Chênedollé en réponse à celles de Rome qu'on vient de lire sur la mort de Mme de Beaumont se

---

[1] C'était dans le Valais.

trouve dans les *Mémoires* de M. de Chateaubriand[1]. — C'est ici le lieu de placer les lettres de Mme de Beaumont elle-même à Chênedollé, gracieuses paroles de cette âme détachée et fidèle qu'animait l'affection seule au bord de la tombe. Elles viennent bien s'ajouter à tout ce que nous avait appris d'elle la Correspondance de M. Joubert[2].

---

[1] Voici une note écrite au moment où j'entendis pour la première fois, chez Mme de Récamier, ce passage des *Mémoires* : « A propos de la mort de Mme de Beaumont, M. de Chateaubriand donne dans ses *Mémoires* les lettres de condoléance qui lui arrivent de divers côtés, — Mme de Staël, M. Necker, Chênedollé, M. de Fontanes. Chacun parle à sa manière, et cette bigarrure fait un peu l'effet d'une conversation dans une voiture de deuil à la suite du corbillard. La lettre de Fontanes n'a pas plu ; il y est question d'argent, de *pot-au-feu*, d'intérêts matériels. Cela a paru d'un goût détestable, et rompant la délicatesse de cette douleur. M. de Chateaubriand lui-même, à un endroit de la lettre où Fontanes regrette que Mme de Beaumont n'ait pas fait de testament, croit devoir ajouter en note que l'intérêt de son ami va trop loin et se met en avant plus qu'il ne lui eût convenu. J'ai sous les yeux, dans les papiers de Fontanes, la lettre de M. de Chateaubriand (à laquelle répond Fontanes), datée de Rome, 8 novembre 1803, et annonçant la mort de Mme de Beaumont ; j'y lis (après un détail de lettre de change qu'il charge Fontanes de payer en son nom) : « Au reste, je suis dans un grand embarras. J'espérois « retirer deux mille écus de mes voitures, mais comme, par une loi du « temps des Goths, l'étisie est déclarée à Rome maladie contagieuse, et « que Mme de Beaumont est montée deux ou trois fois dans mes équi- « pages, personne ne veut les acheter. Mon amie m'a laissé sa bibliothè- « que entière par un ancien testament. Elle est morte avec le regret de ne « m'avoir pas donné toute sa fortune, mais elle a été surprise par la mort, « et vous croyez bien que je n'étois pas homme à songer à ma fortune et à « troubler les derniers moments d'une amie expirante. » — Tout cela est parfaitement délicat ; mais Fontanes, qui le semble moins, ne faisait pourtant que répondre à cette partie de la lettre. Je n'ai pas cru inutile, pour l'entière vérité toujours bonne à savoir, et quelquefois à dire, de noter ce point. »

[2] *Pensées, Essais et Maximes* de M. Joubert, tome II, pages 236 et suivantes.

Mme DE BEAUMONT A M. DE CHÊNEDOLLÉ.

« Le 7 fructidor (1802).

« Notre ami veut attendre la décision d'une nouvelle espérance[1] pour vous répondre. Si elle se réalisait, il n'y aurait pas la moindre apparence de fiction dans la lettre déterminante qu'il doit vous écrire ; mais ne nous flattons point. S'il était vrai qu'*espérer, c'est jouir*, nous serions bien heureux, car nous espérons beaucoup. A la vérité, nous changeons souvent de vues, de projets et d'espérances ; ils ont le bon esprit de se trouver bien de cette vie, cependant bien fatigante ; je les en félicite : mais l'hirondelle[2] est toujours le plus noir des corbeaux, sans en excepter celui de Vire. Cet aimable corbeau, quoique absent, est toujours parmi nous ; nous en parlons sans cesse, nous cherchons toutes les manières de le rappeler de son exil, de ne plus le laisser s'envoler. Il entre dans tous nos projets de voyage, de retraite ou de repos.

« Si par hasard quelque journal arrive *à Vire*, vous aurez vu la nouvelle organisation du Gouvernement. Je n'en parle pas, car il serait impossible qu'une lettre en donnât idée.

« Il paraît un ouvrage du *grand homme de Necker* : il s'appelle *Dernières Vues sur les Finances et le Gouvernement des Français*. On dit qu'après une monarchie tempérée, l'auteur ne trouve rien de mieux à nous offrir qu'une République gouvernée par *sept Directeurs*. Je ne croirai une telle absurdité qu'après l'avoir *lue, de mes yeux lue*. Ce

---

[1] Il s'agissait de la nomination de M. de Chateaubriand à un poste diplomatique.
[2] C'est elle-même.

qu'il y a de certain, c'est que le livre ne plaît ni ne réussit[1]. On dit qu'il retarde l'*apparition* du roman de Mme de Staël[2] : c'est un tort très-grave pour mon impatience.

« M. de Lauraguais vient, du fond du plus horrible galimatias[3], d'essayer de mordre notre ami, mais ses dents sont tout usées; il aurait bien mieux fait de s'en tenir à *la Constitution, la Constitution!* Cette fois, le trop d'idées ne l'a pas empêché d'achever.

« On a fait une *Résurrection d'Atala* en deux volumes. Atala, Chactas et le Père Aubry ressuscitent aux ardentes prières des Missionnaires. Ils partent pour la France; un naufrage les sépare : Atala arrive à Paris. On la mène chez Feydel[4], qui parie deux cents louis qu'elle n'est pas une vraie Sauvage; chez l'abbé Morellet, qui trouve la plaisanterie mauvaise; chez M. de Chateaubriand, qui lui fait vite bâtir une hutte dans son jardin, qui lui donne un dîner où se trouvent les élégantes de Paris : on discute avec lui très-poliment les prétendus défauts d'Atala. On va ensuite au bal des Étrangers où plusieurs femmes du moment passent en revue, enfin à l'église où l'on trouve le Père Aubry disant la messe et Chactas la servant. La reconnaissance se fait, et l'ouvrage finit par une mauvaise

---

[1] Après y avoir jeté les yeux, elle sera moins sévère dans la lettre suivante.

[2] *Delphine.*

[3] M. de Lauraguais fit paraître plus d'un écrit à cette date de 1802 ; on croit qu'il s'agit ici de quelques mots louches contre le *Génie du Christianisme*, qui se trouvent à la page 4 des *Lettres de L.-B. Lauraguais à Madame...* (Paris, 1802).

[4] L'un des rédacteurs du *Journal de Paris* à cette époque, un personnage assez excentrique, et qui a fini deux ans après par Charenton. Feydel, au commencement de la Révolution, était garde du corps de *Monsieur*, frère du roi.

critique du *Génie du Christianisme*. Vous croiriez, d'après cet exposé, que l'auteur est païen. Point du tout. Il tombe sur les philosophes, il assomme l'abbé Morellet, et il veut être plus chrétien que M. de Chateaubriand. La plaisanterie est plus étrange qu'offensante ; mais on cherche à imiter le style de notre ami, et cela me blesse. Le bon esprit de M. Joubert s'accommode mieux de toutes ces petites attaques que moi qui justifie si bien la première partie de ma devise : *Un souffle m'agite*[1].

« Le dernier *Mercure*[2] est détestable : M. Delalot y règne comme le roi de Cocagne, et s'il ne bâille pas, du moins nous fait-il bâiller... *Ah! qu'allait-*IL[3] *faire dans cette galère! Il* vous écrira incessamment, Gueneau aussi. Les deux corbeaux soupirent après le troisième. Lucile s'est écriée lorsque son frère nous a lu votre lettre : *Qui ne sait compâtir aux maux qu'il a soufferts!* Fougères lui a trop appris à apprécier Vire ; elle vous plaint de toute son âme et me charge de vous dire mille choses. La lettre de notre ami sera telle que vous la pouvez désirer et très-déterminante. Puisse-t-elle pour vous deux n'être pas une fiction ! Il est dans son nouveau logement, *Hôtel d'Étampes*, n° 84. Ce logement est charmant, mais il est bien

---

[1] C'est Rulhière qui lui avait envoyé autrefois un cachet où se voyait un Chêne gravé, avec cette devise : *Un souffle m'agite, et rien ne m'abat.*

[2] Le numéro du 3 fructidor an X.

[3] Chateaubriand. Voilà la vérité vue de près. De loin Chateaubriand et le *Mercure*, à cette époque, paraissent ne faire qu'un. M. Delalot était tout à M. de Bonald : « Delalot s'est logé dans l'étui de M. de Bonald, comme les insectes qui se logent dans les trous des autres. » (Chênedollé.) — Delalot, *le plus haïssable des écrivains*, disait M. Joubert ; cela voulait dire le plus éloigné de toute grâce. — Dans le peu de goût que témoigne Mme de Beaumont pour Delalot, expression du *genre-Bonald*, on aperçoit d'avance et sous forme littéraire l'indice de cette division qui éclatera bien plus tard dans la politique entre la fraction aimable et brillante du parti et le côté raide et dur.

haut. Toute la société vous regrette et vous désire; mais M. Joubert est dans les grands abattements, M. de Chateaubriand est enrhumé, Fontanes tout honteux, et la plus aimable des sociétés ne bat que d'une aile,

    M. B. (Montmorin-Beaumont.) »

AU MÊME.

    « Ce 9 vendémiaire (1802).

« Notre ami n'est *sûr de rien*. Sa destinée est plus incertaine que jamais, tout est dans le vague et tristement dans le vague; cependant, à son retour de la campagne, il vous écrira la lettre déterminante, si nécessaire pour vous tirer de cet abîme d'ennui et pour vous ramener au milieu de nous. S'il eût été sûr que vous voulussiez la lettre, quel que fût l'état des choses, il l'aurait écrite[1]; vous l'aurez incessamment. La correction de l'ouvrage[2] est entièrement finie; l'article de Fontanes a paru et surpasse nos espérances[3]. Le *Léviathan*[4] est accablé de critiques injustes et grossières; le livre de l'*Éléphant* son père est estimé et peu lu. Il y a, ce me semble, des choses fort nobles et fort courageuses dans ce livre que j'ai à peine parcouru, parce que M. Joubert s'en est emparé pour ne le pas lire. M. Delalot et Fiévée dominent toujours dans le *Mercure*. Le petit corbeau[5] est parti pour

---

[1] Il s'agissait d'une lettre à écrire au père de Chênedollé, pour le déterminer à faire à son fils une petite pension qui le mît à même de tenter une carrière. C'est la lettre de la page 199, ou quelque autre pareille.

[2] La correction du *Génie du Christianisme* pour la seconde édition.

[3] Le second article de Fontanes dans le *Mercure* sur le *Génie du Christianisme*.

[4] Mme de Staël, à cause de *Delphine*, et plus loin M. Necker.

[5] M. Gueneau de Mussy.

la Bourgogne, l'autre corbeau[1] est à la campagne avec *mauvais cœur*[2], et je vous écris de Lucienne, de chez la belle Mme Hocquart. Mais Lucienne n'a dans ce moment aucun charme pour moi : cette vue immense ne m'intéresse point ; la campagne est desséchée, et la société m'ennuie. Il n'y a plus qu'une société pour moi. La pauvre hirondelle[3] est dans une sorte d'engourdissement fort triste ; elle vous plaint cependant, mais elle espère pour vous, car le mal vient du dehors : en changeant de position, vous serez mieux. J'attends pour vous ce *mieux* avec impatience. Dans quelques jours, notre ami vous écrira, et j'espère que sa lettre vous ramènera parmi nous. Adieu, je ne suis point votre exemple. Je finis sans le moindre compliment, en vous assurant du tendre intérêt de toute la société et du mien en particulier. J'espère que nous rirons incessamment des dames de Vire ; pensez un peu que vous nous en divertirez un jour : cela vous donnera du courage pour les supporter. Adieu encore une fois. J'ai, ce me semble, répondu à toutes vos questions. Portez-vous bien, songez à nous, et soyez sûr que la lettre de notre ami suivra de près la mienne. »

AU MÊME [4].

« Ce dimanche soir (1803).

« C'est bien ridicule de ne pas profiter d'un jour que vous voulez bien m'accorder, lorsque vous vous rendez

---

[1] M. de Chateaubriand.

[2] Une note manuscrite m'indique Mme de Vintimille ; ce sont des sobriquets de société.

[3] C'est toujours elle. — *Il n'y a plus qu'une société pour moi !* Heureux qui a pu inspirer à une telle âme de tels sentiments !

[4] L'adresse est à *M. de Chênedollé, rue du Bac, au coin du Pont-Royal ;* il était revenu passer quelques mois à Paris.

si rare; mais M. de Chateaubriand avait oublié un engagement chez Fontanes, et je ne voudrais pas vous séparer. Soyez donc assez bon pour me donner mardi ou mercredi. Le plus tôt sera le mieux. Dites votre choix à M. de Chateaubriand, et ne profitez pas de ce contre-temps pour redevenir le plus ours des ours. Salut à votre ourserie.   M. B. »

AU MÊME.

« Ce dimanche 8 août 1803 (du Mont-d'Or).

« Voici une lettre[1] qui n'a pas pris le plus court chemin pour vous arriver, puisqu'elle a passé par le Mont-d'Or. De peur qu'elle ne fasse encore un détour inutile, je l'adresse à Saint-Germain[2] qui passera chez vous à Paris, l'y laissera si vous y êtes, ou l'enverra à Vire. La paresse de notre ami l'a empêché de cacheter sa lettre, afin que je visse ses projets sans qu'il eût la peine de les écrire deux fois. J'aurais bien pu être polie, mais non sans vous forcer de déchirer la lettre en mille morceaux; je laisse donc les choses telles qu'elles sont, et vous n'aurez point de cachet. Je n'ai pas le courage de vous dire à quel point je suis affligée de son projet[3], si arrêté, qui me semble si naturel, et qui, dans les vues du monde, est si déraisonnable. Je suis dans un état de faiblesse qui m'ôte presque la force de désirer et de craindre. Je prends les eaux depuis trois jours. Je tousse moins; mais il me semble que c'est pour mourir sans bruit[4], tant je souffre d'ail-

---

[1] La lettre de M. de Chateaubriand à Chênedollé écrite de Rome le 16 juillet 1803, qu'on a lue précédemment.

[2] Son valet de chambre.

[3] De quitter la carrière diplomatique au bout d'une année, s'il n'a pas une position indépendante.

[4] Voilà de ces mots charmants dans leur tristesse, comme en avait

leurs, tant je suis anéantie. Il vaudrait autant être morte. Adieu, écrivez-moi au Mont-d'Or, par Clermont (département du Puy-de-Dôme), c'est-à-dire dans le lieu le plus abominable de la terre. »

AU MÊME.

« Ce 29 août 1803.

« Comme je n'ai point eu de vos nouvelles depuis que je suis ici[1], il m'est difficile de vous adresser cette lettre juste. Je me détermine pour Vire sans trop savoir pourquoi, car il me semble que vous devriez être à Paris. Quoi qu'il en soit, je ne veux pas vous laisser ignorer ma marche, même sans espérer que vous en profitiez. Je serai du 10 au 15 septembre à Lyon; j'y resterai le temps nécessaire pour arranger mon voyage; ce sera l'affaire de quelques jours. L'incertitude du temps que mes remèdes dureraient m'a empêchée de vous mander plus tôt une détermination qui n'était pas prise. Je ne vous fais pas de reproches de votre silence, mais je ne veux cependant pas vous dissimuler qu'il me fait de la peine. Si vous aviez un mot à me dire, il faudrait que ce fût à Lyon, poste restante. »

Qu'a donc Chênedollé? Tout le monde se plaint de son silence, il semble s'oublier lui-même, il s'abandonne : cela se sent à tout instant dans les paroles que lui adressent ses amis. Est-ce la paresse qui l'enchaîne? N'est-ce

---

cette âme aérienne. M. Joubert la comparait « à ces figures d'Herculanum qui coulent sans bruit dans les airs, à peine enveloppées d'un corps. » — *Couler dans les airs*, expression de Fénelon.

[1] Au Mont-d'Or.

pas plutôt quelque douleur? Tout à l'heure nous y toucherons discrètement.

Mais « il était si sombre, si mélancolique en ces années, me dit un des témoins survivants, que, quand il s'approchait d'une fenêtre, ses amis disaient toujours : *Il va s'y jeter.* »

Ne voulant que prendre la parole le moins possible, nous mettrons ici, sans interruption, la suite restante des lettres de Chateaubriand à Chênedollé. On y sentira mieux que nous ne le pourrions dire cette impression triste qui résulte d'une liaison étroite qu'on voit se relâcher avec les années ; celle-ci du moins ne se dénoua jamais entièrement.

A M. DE CHÊNEDOLLÉ, A VIRE.

« Paris, 15 ventose (6 mars 1804.)

« Je n'ai pas voulu, mon cher Chênedollé, répondre à votre lettre que m'a transmise le petit Gueneau, avant que mon sort fût entièrement décidé. Maintenant que j'ai accepté la place de ministre dans le Valais et que je suis au moment de mon départ, je vous propose de m'y suivre, si cela peut vous être agréable. Peut-être ne serez-vous pas très-tenté, vu la tristesse de la résidence que je vais occuper ; j'espère, d'ailleurs, ne faire qu'un très-court séjour à Sion, et je ferai solliciter par mes amis quelque place obscure dans une bibliothèque[1], qui me fixe à Pa-

---

[1] Ceci passe presque la mesure de ces illusions qu'une imagination de poëte a le droit de se faire à elle-même. Il en est de ce coin de bibliothèque comme de cette chaumière qui revient sans cesse, et où il ne veut, dit-il, que *planter ses choux.* Ce n'est qu'une manière de dire. Il sait bien au fond qu'il n'en est rien, et lui-même en est convenu à propos d'un pareil vœu qui lui échappe dans l'*Itinéraire :* « Je me demandois si j'aurois voulu de ce bonheur ; mais je n'étois déjà plus qu'un

ris l'hiver prochain. — Si tout cela ne vous alarme pas, venez sur-le-champ me rejoindre à Paris, ou chez Joubert à Villeneuve-sur-Yonne, en cas que j'eusse déjà quitté Paris. Il ne vous faut que l'argent du voyage jusque-là ; je me charge du reste. Venez ou répondez-moi sur-le-champ *au Singe violet*, rue Saint-Honoré, près la rue de l'Échelle, chez Joubert-Lafond[1].

« Mon cher ami, nous sommes très-malheureux, et je crois connoître les nouveaux chagrins dont vous voulez me parler. Mon plus grand désir est de finir ma vie avec vous, et, si nous en avons la ferme volonté, j'espère que nous nous réunirons un jour et que nous achèverons ensemble cette triste vie qui ne mène à rien[2] et qui n'est bonne à rien. Je vous embrasse mille fois du fond de mon cœur.   Ch. »

AU MÊME.

« Mercredi, 23 ventose (1804).

« Migneret[3], mon très-cher ami, vient de m'envoyer

---

vieux pilote incapable de répondre affirmativement à cette question, et dont les songes sont enfants des vents et des tempêtes. » Ce vieux pilote avait commencé de bonne heure en lui. — Il reparlera toujours, par accès, de ce désir de retraite et jusqu'au fort des luttes politiques : « Vous ne savez pas? disait-on un jour; M. de Chateaubriand veut décidément se retirer du monde; il va vivre en solitaire dans un ermitage. » — « Oui, répondit quelqu'un qui le connaissait bien et qui le contrefaisait quelquefois à merveille (M. de Salvandy), M. de Chateaubriand veut une cellule, mais c'est *une cellule sur un théâtre.* »

[1] M. Joubert le cadet, depuis conseiller à la Cour de cassation.

[2] Voici une de ces paroles qui sont comme une lueur sombre. Ceux qui ont connu d'alors M. de Chateaubriand nous ont souvent dit comment il était revenu de Rome tout repris d'incrédulité. Il confesse en ses *Mémoires* qu'il eut dans sa vie plus d'une reprise de cette sorte ; mais nous en avons assez dit ailleurs pour aider à démêler ce point délicat.

[3] Le libraire.

votre billet. Vous devez avoir à présent entre les mains une lettre de moi. Je vous disois que je partois pour le Valais, que j'espérois n'y faire qu'une courte résidence, et que j'attendois de la bonté du Consul la permission de revenir cet automne à Paris; que, si pourtant le voyage vous tentoit, quoique vous connoissiez déjà les montagnes, vous pouviez venir sur-le-champ me rejoindre à Paris ou à Villeneuve-sur-Yonne, d'où je me chargeois ensuite de tous les frais de votre voyage. La chose n'est pas brillante ; mais *le Diable ne peut offrir que son Enfer.*

« Être avec vous seroit un grand bonheur pour moi ; mon amitié pour vous est inaltérable ; malheureusement on ne me met guère *à lieu* de vous le prouver ; vous ne pouvez vous faire une idée de mes chagrins.

« Je crois connoître tous les vôtres. *Notre chère Lucile*[1] est très-malade !... Mon ami, si nous ne nous voyons pas encore cet été sous les montagnes de Sion, les landes de la Bretagne et de la Basse-Normandie nous réuniront cet hiver. Quelle triste chose que cette vie ! Je vous embrasse en pleurant : c'est maintenant mon habitude[2].

« *P. S.* — Adressez votre réponse chez Joubert, *au Singe violet*, rue Saint-Honoré, près la rue de l'Échelle. »

AU MÊME.

(1804).

« Vous aurez reçu, mon très-cher ami, ma seconde lettre où je vous parlois du peu d'agrément de la chose

---

[1] Ceci se rapporte à ces *nouveaux chagrins* dont il est question dans la lettre précédente.

[2] C'est pourtant le même homme qui disait de lui avec vérité : « Je n'ai jamais pleuré que d'admiration. » En effet, s'il pleurait pour d'autres choses, c'étaient des larmes légères et qui ne comptaient pas.

que je vous proposois, et surtout de sa courte durée. Dupuy, que j'avois appelé comme secrétaire, a été épouvanté, et il refuse de venir. Je tâcherai de prendre quelque enfant de seize ans, qui me coûte peu et qui sache remplir les *blancs* d'un passe-port.

« Votre lettre a croisé la mienne; je ne m'étonne pas des difficultés que fait votre père. Non-seulement la place de *secrétaire de légation* ne dépend pas de moi, comme vous le dites, mais je n'ai point de secrétaire de légation; je suis tout seul, et on ne me passe pas même un *secrétaire particulier*. Il est vrai que je vais dans un trou horrible, et que je n'y vais que pour quelques mois, du moins je l'espère.

« Si tout cela ne vous décourage pas, voilà la lettre pour M. votre père; remettez-la-lui et venez. J'aurai un extrême bonheur à vous embrasser. Ma femme est ici. Elle va me chercher un logement pour moi et pour elle. Je cherche une cabane à acheter aux environs de Paris; j'espère l'avoir pour cet automne; alors, si vous ne venez pas à Sion, du moins promettez-moi de venir vivre dans ma chaumière. Lucile va venir dans une pension excellente que je lui ai arrêtée ici. Alors nous pourrions tous nous réunir, au mois d'octobre, à Paris. Mille tendres amitiés, mille souvenirs. A vous pour la vie, et à toute épreuve.

« J'attends votre réponse : en me répondant sur-le-champ, je pourrai encore recevoir votre lettre, *rue de Beaune, hôtel de France.*

« Si vous abandonnez le projet de venir à Sion, vous jetterez au feu la lettre pour votre père.

« Je n'ai point encore vu le Premier Consul. »

AU MÊME.

« Mantes, 15 août 1804.

« Je m'approche de vous et je sors enfin du silence, mon cher Chênedollé. Je n'ai osé vous écrire de peur de vous compromettre pendant tout ce qui m'est arrivé [1]. Que j'ai de choses à vous dire ! Quel plaisir j'aurai à vous embrasser si vous voulez ou si vous pouvez faire le petit voyage que je vous propose ! Je vais passer quelques jours chez Mme de Custine, au château de Fervaques, près Lisieux, et vous voyez, par la date de ma lettre, que je suis déjà sur la route. J'y serai d'aujourd'hui en huit, c'est-à-dire le 22 d'août. La dame du logis vous recevra avec plaisir, ou, si vous ne vouliez pas aller chez elle, nous pourrions nous voir à Lisieux. Écrivez-moi donc *au château de Fervaques, par Lisieux, département du Calvados.* Vous ne devez pas en être à plus de quinze ou vingt lieues. Tâchons de nous voir pour causer encore une fois, avant de mourir, de notre amitié et de nos chagrins. Je vous embrasse les larmes aux yeux. Joubert a été bien malade et n'a pu répondre à une lettre que vous lui écriviez. *Tout ce qui reste* de la petite société s'occupe sans cesse de vous. Mme de Caud est très-mal. »

AU MÊME.

« Villeneuve-sur-Yonne, 10 octobre 1804.

« Cher Corbeau, votre lettre m'a fait un insigne plaisir. Joubert déclare qu'il va mettre la main à la plume, et

---

[1] Il veut parler de sa démission donnée après le meurtre du duc d'Enghien et de l'éclat qui s'ensuivit.

moi je me réjouis dans l'espérance de vous embrasser, du 20 au 25 du mois d'octobre courant, à Fervaques. Tâchez de vous y rendre; nous arrangerons notre hiver.

« Je pars d'ici le 16 octobre ; je passerai deux ou trois jours à Paris, d'où je continuerai ma route pour Lisieux. Adieu, cher enfant. J'écris en hâte ce billet, parce que je suis mal à mon aise. Je vais vite le cacheter et le mettre à la poste.

« Mille fois à vous. Mille respects à vos parents. »

AU MÊME.

« Villeneuve-sur-Yonne, 13 novembre 1804.

« Mme de Caud n'est plus. Elle est morte à Paris le 9. Nous avons perdu la plus belle âme, le génie le plus élevé qui ait jamais existé. Vous voyez que je suis né pour toutes les douleurs. En combien peu de jours Lucile a été rejoindre Pauline [1] ! Venez, mon cher ami, pleurer avec moi cet hiver, au mois de janvier. Vous trouverez un homme inconsolable, mais qui est votre ami pour la vie.

« Joubert vous dit un million de tendresses. »

AU MÊME.

« Paris, 12 janvier 1805.

« J'ai votre portrait : mon cher ami, vous jugez s'il me fait plaisir. Les gens qu'on aime étant presque toujours éloignés de nous, au moins que leur image les fixe sous nos yeux, comme ils le sont dans notre cœur. Je suis enfin revenu de Villeneuve pour ne plus y retourner

[1] Mme de Beaumont.

cette année[1]. Je vous attends; votre lit est prêt, ma femme vous désire. Nous irons nous ébattre dans les vents, rêver au passé et gémir sur l'avenir. Si vous êtes triste, je vous préviens que je n'ai jamais été dans un moment plus noir : nous serons comme deux cerbères aboyant contre le genre humain. Venez donc le plus tôt possible. Mme de C. (Custine) doit vous avoir un passeport. Venez; le plaisir que j'aurai à vous embrasser me fera oublier toutes mes peines. Mille tendres amitiés.

(Rue de Miroménil, n° 1119). »

AU MÊME.

« Samedi, 8 février 1806.

« Vos poulardes sont bonnes, mon cher ami, mais vos lettres et surtout votre présence vaudroient encore mieux. Quand arriverez-vous? nous vous attendons. Venez occuper le petit cabinet et jaser avec nous sur les maux de la vie. Je partirai dans le courant d'avril pour l'Espagne [2], où je resterai tout au plus deux mois. J'irai voir les antiquités mauresques; jusque-là je suis à votre service. Venez débarquer chez moi ; vous ferez grand plaisir à Mme de Chateaubriand. Joubert est ici. Tout le monde sera charmé de vous voir. Le poëme est-il fini? Quand l'imprimons-nous? Je parle tous les jours de vous à Mme de Custine. Venez donc, mon cher ami. Vous savez combien les premiers jours du printemps sont beaux à Paris et combien nous vous aimons. Mille remercîments des chapons; nous en mangeons un ce soir avec Joubert. Tout à vous. »

[1] Il y retourna dans l'automne, comme on le verra par une lettre de lui à Gueneau de Mussy.

[2] Au lieu de ce simple voyage, il fit le grand tour par la Grèce et par l'Orient.

AU MÊME.

« Paris, le 7 mai 1816.

« Je dicte en courant quelque mots à mon secrétaire[1], mon cher ami. Je ferai tout ce qui me sera possible de faire pour vous faire entrer à l'Institut ; mais ne comptez sur rien, et voici pourquoi : l'esprit de ce Corps est resté le même, malgré la réforme qu'il vient d'éprouver. Dans les dernières nominations, nous n'avons pu avoir que quatre voix pour M. De Sèze. Jugez par là où nous en sommes. Je sais que vos titres sont d'une nature différente ; mais le talent, comme vous savez, n'est pas toujours une raison de succès. Quant à Fontanes, je ne le vois plus[2] ; son opinion dans la Chambre des Pairs le

---

[1] Cette lettre n'est pas de la main de M. de Chateaubriand ; il n'a fait que la signer. Déjà l'homme politique absorbe l'ami,

[2] Triste effet des passions politiques ! M. de Chateaubriand y était en proie à cette heure ; il était dans son paroxysme d'ultra-royalisme et voulait que tout le parti marchât dans le sens de la *Monarchie selon la Charte*. Fontanes, très-royaliste également, n'était pas de cette nuance ni pour ces moyens héroïques et téméraires. Il se crut obligé de contredire Chateaubriand à la Chambre des Pairs, notamment sur la liberté des journaux (février 1817) : il ne pensait pas qu'en leur laissant une aussi grande liberté que le voulait son ami, on rendît le Gouvernement du Roi plus solide et plus stable ; et, en pensant hautement de la sorte, il ne se mettait pas si fort en contradiction avec son passé qu'on l'a dit. Car s'il s'était beaucoup servi lui-même des journaux avant Fructidor, ç'avait été pour combattre et détruire le Directoire : et il ne voulait pas qu'on détruisît la monarchie. Or le résultat ordinaire de la liberté des journaux est (si l'on veut parler franchement) de battre en brèche ce qui existe : une fois le feu ouvert, il ne s'agit que du plus ou du moins de longueur du siége. Cela est dans la nature des choses, du moins en France et eu égard à l'esprit français. Je n'énonce pas une doctrine, je crois reconnaître un fait, en regrettant fort qu'il n'en soit pas pour nous autrement. D'heureux voisins, plus robustes de sens, plus solides en

range sous des bannières différentes de la mienne, et j'avoue qu'après la dernière expérience, je ne sais plus capituler avec des opinions. Comptez toujours sur moi, mon cher ami, et croyez que je serais trop heureux de trouver l'occasion de vous être bon à quelque chose.

« Je vous embrasse [1].

« DE CHATEAUBRIAND. »

AU MÊME.

« 26 juillet 1820. — Rue de Rivoli, n° 26.

« Votre écriture, mon cher ami, m'a fait grand plaisir à reconnoître : les années ne font rien avec moi, et les amis qui m'ont oublié [2] ne vivent pas moins dans mon souvenir. Dix ans, à mon âge, c'est trop pour l'histoire ; il faut que je la commence promptement ou que j'y renonce. J'ai déjà deux volumes à peu près achevés; j'espérois rester en France : *Diis aliter visum* [3].

On dit qu'on me rappellera l'année prochaine : Dieu le veuille ! Le Roi, en me nommant son représentant, m'a trop honoré et trop récompensé : j'attendrai la suite de ses bontés. Et vous, mon cher ami, que devenez-vous? Que deviendra l'Université? Je voudrois bien vous voir

---

raisonnement, les Anglais, savent porter cette liberté entière avec ses inconvénients, et ils en recueillent les avantages. Le moins Anglais certes des hommes, Chateaubriand, et qui n'était Anglais qu'en matière de presse, voulait introduire dans le régime de la Restauration un moyen dont il savait admirablement se servir pour l'honneur du talent, mais dont il calculait mal les effets par rapport à la Restauration elle-même.

[1] Ces derniers mots sont seuls de l'écriture de M. de Chateaubriand.

[2] Ce mot est dur et n'est pas juste. Il devait bien savoir qu'il n'était pas de ceux qu'on oublie.

[3] Il venait d'être nommé à l'Ambassade de Berlin.

à Paris. Votre muse doit avoir besoin de revoir les lieux qui ont inspiré Racine. Vous trouverez tôt ou tard, sous nos Princes légitimes, une place plus convenable à votre fortune et à vos occupations. Si je restais en France, je vous offrirois tout mon *crédit*, qui n'est pas grand. Mais enfin ceci n'est pas un adieu ; nous nous reverrons, nous finirons nos jours ensemble dans cette grande Babylone qu'on aime toujours en la maudissant, et nous nous rappellerons le bon temps de nos misères où nous prenions le détestable café de Mme Rousseau. — Bonjour, mon cher ami ; je vous embrasse tendrement. Je ne partirai qu'au mois de septembre. Ainsi, si vous avez quelque chose à me dire, je suis tout à vous. »

Ce souvenir du *bon temps* de misère et du *détestable café* de Mme Rousseau va renouer la chaîne au premier anneau d'autrefois : depuis ces premiers mois du retour de l'Émigration en 1800 jusqu'à l'Ambassade de Berlin, vingt longues années s'étaient écoulées. Chênedollé était resté fidèle aux anciens jours ; il n'avait cessé, au sein de sa vie secrète, de célébrer en silence les anniversaires de ses premières jouissances d'esprit ou de cœur. Il était de ceux qui s'assoient de bonne heure sur un banc de pierre du chemin et qui aiment à se dire en se retournant : « Notre meilleur ami, c'est le passé. »

VI

LIAISON AVEC LUCILE.

Rien n'est plus délicat à sonder que certaines douleurs ; je ne l'essayerai point pour celles de Chênedollé ; je crois entrevoir qu'il en eut plus d'une en ces années du retour. Seulement, sur un point qui touche de toutes parts à la poésie, qui est de la poésie même, j'ajouterai quelques détails à ce que disent les *Mémoires* de son illustre ami. On apprendra à y connaître mieux encore cette charmante Lucile ; et sa divine mémoire, se mêlant au nom de Chênedollé, y jettera un de ces rayons paisibles, pareils à ceux de cet astre d'*argent* qu'il a si bien chanté et qu'elle a tant aimé.

Il avait d'abord connu Lucile à Paris en 1802 ; il l'y avait retrouvée à son retour vers l'entrée de l'hiver (1802-1803). Il s'était pris insensiblement d'une adoration secrète pour cette âme délicate et douloureuse. Le lien qui s'était noué alors entre eux, je ne le saurais dire dans sa vraie nuance ; c'était quelque chose de vague, de tremblant, d'inachevé. Il y avait eu de la part de Lucile, veuve et libre de sa main, une demi-promesse, — promesse sinon de l'épouser, au moins de n'en jamais épouser un autre. C'était tout pour elle, pour cette âme malade et méfiante du bonheur ; ce n'était point assez pour lui.

Pendant le court séjour qu'il continua de faire à Paris lorsqu'elle fut retournée en Bretagne, elle lui écrivait (je livre ces timides lettres dans leur demi-teinte d'obscurité et avec leur voile de mystère) :

A M. DE CHÊNEDOLLÉ,
Rue du Bac, n° 610, à Paris.

« Rennes, ce 2 avril 1803.

« Mes moments de solitude sont si rares, que je profite du premier pour vous écrire, ayant à cœur de vous dire combien je suis aise que vous soyez plus calme. Que je vous demande pardon de l'inquiétude vague et passagère que j'ai sentie au sujet de ma dernière lettre! Je veux encore vous dire que je ne vous écrirai point le motif que j'ai cru, à la réflexion, qui vous avait engagé à me demander ma parole de ne point me marier. A propos de cette parole, s'il est vrai que vous ayez l'idée que nous pourrons être un jour unis, perdez tout à fait cette idée : croyez que je ne suis point d'un caractère à souffrir jamais que vous sacrifiiez votre destinée à la mienne. Si, lorsqu'il a été, ci-devant, entre nous question de mariage, mes réponses ne vous ont point paru ni fermes ni décisives, cela provenait seul[1] de ma timidité et de mon embarras, car ma volonté était, dès ce temps-là, fixe et point incertaine. Je ne pense pas vous peiner par un tel aveu, qui ne doit pas beaucoup vous surprendre, et puis, vous connaissez mes sentiments pour vous : vous ne pouvez

---

[1] Lucile avait le génie de la sensibilité et de la rêverie ; mais, comme les femmes du XVIIe siècle, elle avait aussi ses inexpériences et ses aimables gaucheries en fait d'orthographe et de grammaire. J'en ai dissimulé le plus que je l'ai pu en restant exact.

aussi douter que je me ferais un honneur de porter votre nom; mais je suis tout à la fois désintéressée sur mon bonheur, et votre amie : en voilà assez pour vous faire concevoir ma conduite avec vous.

« Je vous le répète, l'engagement que j'ai pris avec vous de ne point me marier a pour moi du charme, parce que je le regarde presque comme un lien, comme une espèce de manière de vous appartenir. Le plaisir que j'ai éprouvé en contractant cet engagement est venu de ce qu'au premier moment votre désir à cet égard me sembla une preuve non équivoque que je ne vous étais pas bien indifférente. Vous voilà maintenant bien clairement au fait de mes secrets; vous voyez que je vous traite en véritable ami.

« S'il ne vous faut, pour rendre vos bonnes grâces aux Muses, que l'assurance de la persévérance de mes sentiments pour vous, vous pouvez vous réconcilier pour toujours avec elles. Si ces divinités, par erreur, s'oublient un instant avec moi, vous le saurez. Je sais que je ne peux consulter sur mes productions un goût plus éclairé et plus sage que le vôtre; je crains simplement votre politesse. Quant à mes Contes, c'est contre mon sentiment, et sans que je m'en sois mêlée, qu'on les a imprimés dans le *Mercure*[1]. Je me rappelle confusément que mon frère m'a parlé à cet égard; mais je n'y fis aucune attention, ni ne répondis. J'étais au moment

---

[1] On trouve en effet dans le *Mercure* du 21 ventose an XI (12 mars 1803) les deux *Contes* suivants, qui diffèrent un peu, par la couleur, des pièces de Lucile citées dans les *Mémoires d'Outre-tombe* :

CONTE ORIENTAL.

L'ARBRE SENSIBLE.

« Un jour Almanzor, assis sur le penchant d'une colline et parcourant des yeux le paysage qui s'offrait à sa vue, disait au Génie tutélaire de

de quitter Paris; j'étais incapable de rien entendre, de réfléchir à rien : une seule pensée m'occupait, j'étais tout entière à cette pensée. Mon frère a interprété pour cette charmante contrée : « Que la nature est belle! Comment l'homme « peut-il se priver volontairement du plaisir de voir les moissons on- « doyer, les prés se couvrir de fleurs, les ruisseaux fuir, et l'arbre se « balancer dans les airs? Arbre superbe, de quelles délices tu jouirais « si le Ciel t'eût doué du sentiment! C'est dans ton sein que se réfu- « gient les oiseaux amoureux; c'est sur ton écorce que les amants gra- « vent leurs chiffres; c'est sous ton feuillage que le sage vient rêver au « bonheur. Tu prêtes ton abri à toute la nature sensible. Que ne puis- « je être toi, ou que n'as-tu mon âme ! » — « Deviens arbre, indiscret « jeune homme; dit à l'instant le Génie; mais reste Almanzor sous son « écorce. Sois arbre jusqu'à ce que le repentir te rende ta première « forme. » A peine le Génie a-t-il achevé de parler, qu'Almanzor s'élève en arbre majestueux : il courbe ses superbes rameaux en voûte de verdure impénétrable aux rayons du soleil. Bientôt les oiseaux, les zéphyrs et les pasteurs recherchèrent l'ombrage du nouvel arbre; mais il ne le prêta jamais qu'à regret à l'indifférence. Cependant la belle et insensible Zuleïma vint un soir se reposer sous son ombre. Bientôt le sommeil ferma doucement ses paupières. Que de grâces s'offrirent à l'imprudent Almanzor! Un frémissement insensible s'empare de ses feuilles. Il incline vers la jeune fille ses rameaux amoureux. Tandis qu'il fait des efforts jaloux pour la dérober à l'univers, Nesser, amant dédaigné de Zuleïma, porte ses pas vers ces lieux; il voit la fille charmante, et d'une main téméraire il veut écarter le branchage que l'arbre cherche à lui opposer. Nesser est auprès de Zuleïma; il va lui dérober un baiser. L'arbre pousse un gémissement; Nesser fuit, Zuleïma s'éveille : Almanzor a repris sa première forme. Il tombe aux pieds de la fière Zuleïma, dont le cœur s'attendrit à la vue de tant de prodiges. Que de belles ont à moins perdu leur indifférence ! « Par une Femme. »

CONTE GREC.

L'ORIGINE DE LA ROSE.

« Craignant de perdre Rosélia, dès son berceau ses parents alarmés la consacrèrent à Diane. Bientôt la jeune Rosélia, prêtresse de cette déesse, lui présenta l'encens et les vœux des mortels. Elle ne comptait que seize printemps quand sa mère, par une tendresse sacrilége, l'enleva du temple de Diane pour l'unir au beau Cymédore. « Quoi! répétait

moi mon silence d'une façon fâcheuse. Je vous sais gré de l'espèce de reproche que vous me faites au sujet de l'impression de mes Contes, puisqu'il me met *à lieu*[1] de

« sans cesse cette mère imprudente en regardant sa fille, quoi ! ma fille
« ne connaîtra jamais les douceurs d'un hymen fortuné ! Quoi ! les
« flammes du bûcher funèbre consumeraient tout entière cette beauté si
« charmante, qui ne laissera pas après elle de jeunes enfants pour rap-
« peler ses traits et pour bénir sa mémoire ! » Rosélia est conduite de l'autel de Diane à ceux d'Hyménée. Là, sa bouche timide profère de coupables serments, dont son cœur ne connaît pas le danger. Cependant Cymédore, que l'idée de Diane poursuit d'un noir pressentiment, se hâte de sortir avec Rosélia du temple de l'Hymen. Ils en franchissaient les derniers degrés, lorsque Diane leva son mobile flambeau sur la nature. La chaste déesse n'a pas plutôt aperçu nos époux fugitifs, qu'un trait, semblable à ceux dont elle atteignit les enfants de Niobé, part de sa main immortelle et va frapper le cœur de Rosélia. Un soupir qui vint expirer sur les lèvres de cette vierge-épouse fut, dit-on, le seul reproche qu'elle adressa à la déesse. Rosélia chancelle, ses faibles genoux fléchissent sur le gazon qui la reçoit. Transporté de douleur et d'amour, Cymédore veut soutenir son épouse : mais, ô prodige ! il n'embrasse qu'un arbuste qui blesse ses mains abusées. Cependant ce nouvel arbuste, né du repentir de Diane et des pleurs de l'Amour, se couvre de roses, fleur jusqu'alors inconnue. Rosélia, sous cette forme nouvelle, conserve ses grâces, sa fraîcheur, et jusqu'au doux parfum de son haleine. L'amour et la pudeur rougissent encore son front, et les épines que Diane fait croître autour de sa tige protégent son sein embaumé. Cette belle fleur sera d'âge en âge également chère à la vierge craintive et à la jeune épouse. PAR LA MÊME. »

Puis le *Mercure* ajoute : « Après ces deux morceaux charmants d'une femme qu'une grande timidité empêche de se livrer à un talent réel pour les Lettres, on lira avec plaisir ce fragment de Thompson, traduit par une autre femme morte à la fleur de son âge, et que de nombreux amis regrettent encore. » Suit une traduction libre de la fin du premier Chant de Thompson, qui est, je le crois bien, de Mme de Farcy, autre sœur de M. de Chateaubriand.

[1] C'est la même locution que nous avons déjà notée chez son frère. — On aime d'ailleurs la susceptibilité de Chênedollé. Le véritable sentiment a sa pudeur et souffre de toute publicité qui divulgue l'objet aimé.

connaître votre soupçon et de le détruire. Soyez bien certain que je n'ai point consenti à la publicité de ces Contes, et que je ne m'en doutais même pas. J'espère que, quand vos affaires de famille seront terminées, vous vous fixerez à Paris : ce séjour vous convient à tous égards, et je voudrais toujours que votre position soit la plus agréable possible. Adieu. Vous voudrez bien, quand il en sera temps, me mander votre départ de Paris, afin que je ne vous y adresse pas mes lettres. Je compte encore rester quinze jours dans cette ville-ci. Après cette époque, adressez-moi vos dépêches à Fougères, à l'hôtel Marigny.

« Quoique vos dépêches soient les plus aimables du monde, ne les rendez pas fréquentes ; j'en préfère la continuité. Vous devez être paresseux, et moi-même je suis fort sujette à la paresse. Je vous recommande surtout de me faire part de tous vos soupçons à mon égard ; cette preuve d'intérêt me sera infiniment précieuse. »

Cette lettre était bien faite pour troubler un cœur tendre et pour l'enchaîner encore davantage. Au moment de retourner en Normandie, Chênedollé sollicitait de son amie avec ardeur la faveur de l'aller revoir, espérant la faire revenir sur son refus. Elle lui écrivait :

« Ce 1er juillet 1803.

« Je vais répondre de suite à votre lettre du 7 messidor, parce que je pars aujourd'hui pour la campagne, où il me sera moins facile de vous écrire. Je suis bien touchée de l'empressement que vous témoignez de me voir ; mais, en vérité, cela n'est guère possible. Si vous connaissiez ma bizarre position, vous ne seriez pas étonné de ce que je vous dis. Si pourtant il est absolument essentiel que vous me parliez, venez donc me trouver, en dépit de tout, à Lascardais, chez Mme de Chateaubourg, près de Saint-Aubin-du-Cormier, à quatre lieues de Fougères, sur la route de Rennes.

« Je vous prie de ne point me parler dans vos lettres de ce voyage. Si vous persistez à vouloir l'exécuter, marquez-moi simplement, quelque temps avant, que tel jour vous comptez accomplir le projet dont vous m'avez fait part. Si j'ai le plaisir de vous voir, je vous dirai le pourquoi de ces précautions, qui doivent vous paraître folles et qui poutant ne sont que simples. Tout ce que vous saurez pour le moment, c'est que j'ai la certitude qu'on voit mes lettres et celles que je reçois. Je vais faire en sorte que celle-ci évite le sort des autres. Je vous avoue que ce n'est pas sans impatience que je vois qu'on cherche à me dérober la connaissance de mes sentiments et de mes pensées les plus intimes, et que je m'indigne que les lettres des personnes qui m'écrivent tombent en d'autres mains que les miennes. Je suis surprise que mon frère ne vous ait point encore écrit; il ne peut sûrement pas vous avoir oublié. Attendez-vous au premier moment à recevoir de son griffonnage. Je vous confie bonnement que la chose du monde qui me rendrait la plus heureuse, ce serait de voir mon frère dans le cas de pouvoir vous être utile. Adieu; je vous écris en courant, ayant beaucoup de petits arrangements à faire. Gardez de moi quelque souvenir, et ne négligez rien pour le rétablissement de votre santé.

« Adressez-moi désormais vos lettres chez Mme de Chateaubourg, à Lascardais, à Saint-Aubin-du-Cormier, près Fougères.

« Mandez-moi le plus tôt que vous pourrez que vous avez reçu cette lettre, et n'oubliez pas non plus de me marquer un certain temps d'avance le moment de votre arrivée à Lascardais, par la raison que je ne vais point être fixe nulle part une partie de l'été. »

AU MÊME.

« A Lascardais, ce 23 juillet 1803.

« J'ai reçu le 19 de ce mois votre lettre en date du 12, par laquelle vous m'annonciez votre arrivée. Je vous ai attendu, comme bien vous pensez, avec impatience. Ne vous voyant pas paraître, je me suis livrée à mille diverses inquiétudes. J'espère qu'une cause toute simple est la seule raison qui vous a empêché d'accomplir votre projet ; je vous prie de m'écrire pour lever tous mes doutes à cet égard. Je vous préviens que je suis dans un pays si perdu, que vos lettres mettront un temps infini à me parvenir ; qu'elles pourront même se perdre en route, ainsi que les miennes. Ainsi, ne soyez pas surpris du silence que je pourrai paraître garder avec vous. Tenez-vous convaincu pour jamais que mes sentiments pour vous sont inaltérables, et que vous êtes et serez sans cesse présent à ma pensée.

« Je vous remercie de la manière dont vous avez écrit votre dernière lettre ; croiriez-vous pourtant qu'on a deviné de quel projet vous vouliez me parler ? Je crois qu'on serait charmé de le détourner ; mais je ne vois pas comment, si vous y êtes bien résolu. Adieu ; je n'ajoute rien de plus à cette lettre, pensant que vous êtes à peu près aussi habile que moi sur tout ce que mon amitié pourrait me dicter de plus. Je vais écrire à mon frère et lui faire les reproches qu'il mérite à votre égard ; soyez certain qu'il n'est coupable envers vous que de négligence. Persistez donc dans la bonne résolution de lui conserver tout votre attachement. Adieu encore une fois. »

Chênedollé avait réparé le contre-temps dont il vient d'être question, et il avait pu revoir son aimable amie. Il lui écrivait, quelques jours après l'avoir quittée, une lettre qui prouve du moins que les craintes de la mélancolique Lucile n'étaient pas toutes imaginaires, et qu'il y avait, de la part de certaines personnes, médiocrement indulgentes, quelque peu de tracasserie autour d'elle :

A Mme DE CAUD,

A Lascardais, près Saint-Aubin-du-Cormier.

« Vire, 3 fructidor (août 1803).

« Je n'ai point pu partir pour Paris, chère Lucile, comme je vous le disais dans ma lettre. Ma sœur aînée vient de tomber malade de la petite vérole, et vous concevez qu'il m'a été impossible de la quitter. L'incertitude du moment où je puis recevoir de vos lettres me détermine à vous envoyer un exprès. D'ailleurs, je dois éclaircir plusieurs points avec vous, ce que je ne pourrais faire en me servant de la voie ordinaire de la poste.

« Depuis que j'ai quitté Fougères, je n'ai point été un moment tranquille. Vous aurez su que j'ai mangé et logé chez Mme de Chateaubriand. Voici comment cela s'est fait. En arrivant à Fougères, je descendis chez M. de *Guébriac*[1] avec l'intention d'y coucher, si je ne pouvais pas trouver de voiture dans la soirée. A six heures, je sortis pour aller faire une visite à Mme de Chateaubriand, politesse dont je ne crus pas possible de me dispenser. Mme de Chat... profita de ce moment pour envoyer vite chercher mon sac de nuit, resté chez M. de *Guébriac*. Nous sortimes avec une amie de Mme de Chat... pour aller nous

---

[1] Ou plutôt Québriac.

promener dans la forêt, et, à mon retour, on me dit qu'on avait envoyé chercher mon sac de nuit et que ma chambre était préparée. Je fus donc forcé de rester. Le lendemain, je voulus partir de grand matin. Point de chevaux. *On* me promet de m'en faire trouver avant midi. Effectivement, *on* envoie des domestiques courir dans la ville. Midi arrive, point de chevaux. *On* avait l'air de s'amuser beaucoup de mon malaise et de mon impatience, et l'on se jouait de moi avec une grâce parfaite et une politesse infinie. L'après-midi se passe de même en courses inutiles de la part des domestiques, et *on* avait toujours l'air de me plaindre beaucoup de ce que je ne pouvais partir. Enfin, à huit heures du soir, on vint m'annoncer, de la part de la maîtresse de la poste chez laquelle j'avais été le matin, qu'il venait d'arriver un homme en chaise de poste qui demandait un compagnon. J'en profite, et à neuf heures je monte en voiture. Voilà exactement comment les choses se sont passées. Il paraît qu'on avait formé le projet de m'arrêter pour m'embarrasser, et peut-être pour vous inquiéter un peu vous-même ; mais je dois vous avouer, chère Lucile, que l'on ne m'a dit que des choses aimables sur votre compte, et qu'on a affecté même de très-peu parler de vous. D'ailleurs, je vous le répète, tout ce qu'on pourrait me dire pour vous nuire serait absolument inutile. Je ne veux jamais vous juger, chère et céleste amie, que d'après mon cœur, et vous imaginez si le jugement doit vous être défavorable ! Je désire que le vôtre soit aussi flatteur pour moi, et que vous gardiez toujours la parole que vous m'avez donnée. Sans ce mot charmant : *Je ne dis point non*, je serais reparti la mort dans le cœur ; mais cela ne suffit pas, chère Lucile, il faut que vous preniez des mesures pour que nous nous voyions promptement ; il faut que vous vous déterminiez bientôt, et que vous soyez entièrement à moi avant cet hiver. Je ne vois de bonheur que dans notre union, et je sens que vous êtes la seule femme dont les sentiments soient en harmonie avec les miens, et sur laquelle je puisse me reposer dans la vie. Écrivez-moi par l'homme que je vous envoie. Vous pouvez tout me dire et m'ouvrir votre cœur de tout point ; c'est un homme parfaitement sûr. Je suis triste, et j'ai le cœur flétri. Cette existence isolée me pèse cruellement ; j'ai besoin de quelques mots de vous pour me redonner un peu le goût de la vie. Il me semble qu'il y a plusieurs mois que je vous ai quittée, et je ne puis me faire à l'idée de ne point recevoir de vos lettres. Écrivez-moi donc, et dites-moi que vous m'aimez encore un peu. Au nom de Dieu, envoyez-moi une copie de cette chose si aimable et si flatteuse que je lus dans le bois. *L'éternelle et chère erreur* me fut une expression bien douce, et elle est restée bien avant dans mon cœur. Si vous voulez être parfaitement aimable, joignez-y quelques-unes de vos pensées. Vous savez si je chéris tout ce qui vient de vous ! — J'ai enfin une lettre de votre frère ; il me dit qu'il ne peut rien faire pour moi à Rome, et que lui-même est extrêmement dégoûté de sa place. Ainsi, il ne faut plus songer à ce voyage. Je ne puis croire que vous ayez envie d'y aller vous-même, comme me le dit Mme de Chateaubriand. Vous n'auriez sans doute pas voulu me cacher une semblable démarche, et cela s'accorderait bien peu avec ce que vous m'avez promis. Mais, je vous le répète, je ne l'ai point cru.

« Adieu, douce et bonne Lucile, aimez-moi, et écrivez-moi une lettre bien amicale. Oserais-je vous supplier de présenter mes hommages respectueux à Mme et à Mlle de Châteaubourg, et de dire mille choses honnêtes à monsieur ? »

Cependant le mal de la pauvre Lucile augmentait, et

elle entrait dans un funeste silence. Mme de Châteaubourg, cette sœur de M. de Chateaubriand, avec qui demeurait Lucile, et qui n'avait cessé d'être bien pour elle, écrivait à Chênedollé, qui ne recevait plus de réponse :

« A Lascardais, 25 septembre 1803.

« Aussitôt votre lettre reçue, Monsieur, je me suis hâtée de faire passer à ma sœur celle que vous m'envoyez pour elle : elle l'a présentement. Elle n'est plus à Lascardais : elle habite Rennes depuis trois semaines : elle y est pour sa santé. Son adresse est chez Mlle Jouvelle[1], rue Saint-Georges, n. 11. J'ignore absolument d'où provient le silence de ma sœur à votre égard. Peut-être ce qui vous paraît inexplicable n'a qu'une cause fort simple et fort naturelle. Je voudrais pouvoir vous donner des éclaircissements que vous semblez vivement désirer, et vous convaincre de la bonne volonté que j'ai de vous obliger. C'est dans ces sentiments que je suis, Monsieur,

« Votre très-humble servante,

« CHATEAUBRIAND DE CHATEAUBOURG. »

Chênedollé revit un moment Lucile à Rennes, et il nous dira tout à l'heure quelque chose sur cette entrevue pénible. Vers le printemps de 1804, Lucile venait à Paris dans une pension que lui avait trouvée son frère ; elle y mourait le 9 novembre de cette année. Dans les papiers de Chênedollé, je rencontre un petit cahier à part, qui a pour titre *Madame de Caud* ; j'en donne les pensées sans suite et qui peignent, mieux que ne sauraient faire toutes nos paroles, le désordre de douleur où le jeta cette perte cruelle. Quelle oraison funèbre ou quelle élégie vaudrait de tels sanglots ?

---

[1] Les *Mémoires d'Outre-tombe* disent Mlle *Lamotte*, peu importe.

« La mélancolie est l'écueil des belles âmes, des grands talents et peut-être des grands caractères. On se dégoûte de tout parce qu'on a senti tout trop vivement.

« Il est bien peu de personnes qui sachent respecter une grande douleur, du moins si l'on en juge par l'indifférence ou même la joie qu'on témoigne devant celui qui l'éprouve.

« Il n'est pas bon que l'homme soit trop solitaire et qu'il se livre trop à sa pensée et à sa douleur. Il dévore alors son propre cœur, et il se tue ou devient fou.

« Il est bien peu de personnes qui sentent combien une véritable douleur doit durer longtemps. »

« Je lui ai entendu réciter ces vers :

« Il faut brûler quand de ses flots mouvants, etc.

avec une expression parfaite.

« Auprès de cette femme céleste, je n'ai jamais formé un désir. J'étais pur comme elle. J'étais heureux de la voir, heureux de me sentir près d'elle. C'était l'espèce de bonheur que j'aurais goûté auprès d'un Ange.

« Il fallait peu de chose pour procurer du bonheur à ce cœur si triste et si malade. Je me rappelle sa joie lorsqu'on lui procura à Fougères ce petit jardin où elle pouvait lire et méditer sans être vue. Ce fut pour elle le suprême bonheur.

« Dans la voiture qui nous conduisait à Lascardais : « Quand les hommes et les amis nous abandonnent, il « nous reste Dieu et la nature? » me dit-elle en soupirant.

« Ce qu'il y a de cruel dans les grandes douleurs causées par de grandes pertes, c'est de voir la profonde indifférence des autres.

« Les amis nous disent : « On ne peut pas toujours « s'affliger, il faut chercher des distractions. » — Hélas ! quand on a bien souffert, quand on commence à se soulever sous le poids de ses maux et qu'on essaye de se rattacher encore à quelques illusions, il vient un nouvel accident, une nouvelle mort[1] qui vous perce le cœur encore tout saignant de sa première blessure. Il vaut bien

---

[1] *Une nouvelle mort*, celle de Mme de Beaumont, survenue le 4 novembre 1803. Mais à côté de cette vie morale de Chênedollé, mettons ici au bas sa vie réelle pendant ce temps, telle qu'il la laisse voir dans une lettre à Gueneau de Mussy. Tout cela se rejoint et se complète :

« Vire, 13 nivose an XII (janvier 1804).

« Je suis bien coupable envers vous, mon cher petit, mais j'ai été si malheureux, j'ai éprouvé des choses si douloureuses depuis que nous nous sommes quittés, que, dans l'amertume de mon cœur, j'ai été tenté de renoncer à tout et même à l'amitié. Pour tromper mon désespoir qui me portait quelquefois jusqu'au dégoût de la vie, je me suis retiré à la campagne, et là j'ai réalisé les projets dont nous nous étions entretenus tant de fois. *Pendant plus de trois mois, j'ai passé les jours entiers à bêcher la terre, et ce n'était que par ce moyen que je pouvais rendre un peu de repos à une imagination malade et sortie des voies de la nature.* Aujourd'hui, je suis un peu plus calme, sans l'être beaucoup ; mais cette tranquillité a été troublée par le détail de tout ce qu'a eu à souffrir notre pauvre ami Chateaubriand, et surtout par la mort de Mme de Beaumont, qui m'a bien vivement affecté : heureusement encore que ses derniers moments ont été religieux !... (Ici il entre dans un petit détail d'affaires et remercie M. Gueneau d'un service ; puis il continue :) Je n'ose plus écrire à M. de Fontanes. Plusieurs de mes lettres sont restées sans réponse, ce qui me fait craindre qu'il ne m'ait oublié. J'avoue que cela me serait bien douloureux, car je lui suis tendrement attaché. Écrivez-moi, mon cher petit, que vous me pardonnez et que votre amitié pour moi est toujours la même. J'ai besoin de cette assurance pour n'être pas mal avec moi.

« Je vous embrasse cordialement.

« Votre ami, CHÊNEDOLLÉ. »

mieux se faire une habitude de la tristesse, repousser les caresses de l'espérance et bien se dire qu'il n'est plus de bonheur. Mais alors qu'est-ce que la vie? car l'homme est porté par un désir invincible vers le bonheur. »

―――

« Il me semble la voir encore, belle de mélancolie et d'amour, se troubler, pâlir, se couvrir de sueur, et me dire avec l'accent le plus tendre et le plus étouffé : « Mon-
« sieur Ch..., ne me trompez-vous point? M'aimez-vous? » puis se reprenant et disant : « Ne croyez pas au moins
« que je veuille vous épouser, je ne ferai jamais mon bon-
« heur aux dépens du vôtre. »

« La pitié attendrit ce cœur jusqu'à l'amour.

« Le soir, je tremblais d'éteindre ma lumière ; l'idée que le moment où je verrais le jour reparaître était l'instant du départ me faisait frémir.

« Je lui disais : « Je serai heureux d'avoir passé un
« instant à côté de vous dans la vie : il me semble avoir
« passé à côté d'une fleur charmante dont j'ai emporté
« quelques parfums. »

―――

« 4 frimaire.

« Jamais la nature ne m'a paru plus triste. Un silence universel règne dans la campagne. On n'entend que le bruit monotone des gouttes de pluie qui frappent les rameaux des arbres dépouillés et tombent sur les feuilles desséchées :

Il ne peut faire un pas sans heurter son tombeau.

« Que de gémissements sortent chaque jour de ce cœur si triste !

« L'homme est en quelque sorte heureux de sa douleur et de ses regrets, tant qu'ils n'ont point été profanés par une pensée ou une action coupable. Ainsi l'homme qui a perdu sa femme ou son amie trouve un charme dans sa tristesse tant qu'il n'a point commis d'infidélité. Quand il n'a point été fidèle à sa douleur, il peut éprouver de nouveaux regrets, mais ils sont sans vertu.

———

« Cette femme me paraissait si pure et si céleste, que je ne puis me faire à l'idée qu'elle n'est pas morte vierge. Il me semble qu'il n'y avait point d'homme digne de la serrer dans ses bras.

« C'est avec une réflexion bien douloureuse que je m'aperçois que j'ai perdu de ma sensibilité. Sans doute j'ai été profondément affecté de sa mort, mais cette femme adorable n'est pas regrettée aussi vivement et aussi dignement qu'elle mérite de l'être. L'année dernière, je n'aurais pas survécu à un coup aussi terrible.

« Celui qui n'a pas connu Lucile ne peut pas savoir ce qu'il y a d'admirable et de délicat dans le cœur d'une femme. Elle respirait et pensait dans le Ciel. Il n'y a jamais eu de sensibilité égale à la sienne. Elle n'a point trouvé d'âme qui fût en harmonie avec la sienne; ce cœur si vivant, et qui avait tant besoin de se répandre, a d'abord tué sa raison et a fini par dévorer sa vie.

« Il me vient une pensée effroyable... Je crains qu'elle n'ait attenté à ses jours. Grand Dieu! faites que cela ne soit pas, et ne permettez pas qu'une si belle âme soit morte votre ennemie. Ayez pitié d'elle, ô mon Dieu, ayez pitié d'elle!

« Lucile est un exemple bien terrible du pouvoir des imaginations fortes. L'alliance perpétuelle de son imagination et de son cœur avait fini par tuer sa raison. Mais qu'elle était touchante dans son égarement! On ne lui a jamais surpris un mouvement qui ne fût parfaitement noble et parfaitement délicat.

« Que de combats ce cœur si triste et si passionné a eu à rendre contre lui-même, et que les souffrances de l'âme ont dû être grandes pour avoir détruit aussi vite un corps aussi robuste et aussi bien organisé!

« Quelle joie elle eut de me revoir à Rennes! et comme le sourire vint tout à coup éclaircir les ombres de ce visage si doux et si profondément mélancolique! Je n'oublierai jamais l'espèce de reconnaissance qu'elle me témoigna pour avoir détruit, par ma présence inattendue, les impressions fâcheuses qu'on avait cherché à lui donner contre moi. On voyait qu'elle me savait bon gré de lui rendre encore la possibilité de m'aimer.

« Je n'essayerai pas de peindre la scène qui se passa entre elle et moi le dimanche au soir. Peut-être cela a-t-il influé sur sa prompte mort, et je garde d'éternels remords d'une violence qui pourtant n'était qu'un excès d'amour. On ne peut rendre le délire du désespoir auquel je me livrai quand elle me retira sa parole, en me disant qu'elle ne serait jamais à moi. Je n'oublierai jamais l'expression de douleur, de regret, d'effroi, qui était sur sa figure lorsqu'elle vint m'éclairer sur l'escalier. Les mots de passion et de désespoir que je lui dis, et ses réponses pleines de tendresse et de reproches, sont des choses qui ne peuvent se rendre. L'idée que je la voyais pour la dernière fois (présage qui s'est vérifié) se présenta à moi tout à coup et me causa une angoisse de désespoir absolument insupportable. Quand je fus dans la rue (il pleuvait beaucoup), je fus saisi encore par je ne sais quoi de plus poignant et de plus déchirant que je ne puis l'exprimer.

« Devais-imaginer que, l'ayant tant pleurée vivante, je fusse destiné à la pleurer sitôt morte?

« Quelle pensée! Ce visage céleste, si noble et si beau, ces yeux admirables où il ne se peignait que des mouvements d'amour épuré, de vertu et de génie, ces yeux les plus beaux que j'aie vus, sont aujourd'hui la proie des vers. Il est impossible de penser à cette image sans frémir... Oh! c'est bien alors qu'il faut s'écrier avec Bossuet : *Oh! que nous ne sommes rien!* C'est alors qu'on en veut à cette cruelle espérance qui se réveille encore quelquefois au fond de notre cœur, se soulève sous le poids des maux et veut nous persuader que la vie est quelque chose. C'est alors que tout projet de félicité s'évanouit et que toute idée de bonheur tombe en défaillance. Écrions-nous donc avec Bossuet : *Oh! que nous ne sommes rien!* et demandons à Dieu la grâce d'une bonne mort.

« Hélas! elle sera peut-être morte sans consolation. Elle n'aura point eu peut-être devant son lit de mort ce sourire de l'amitié qu'elle avait tant désiré. Douloureuse pensée! Ce cœur si aimant, si délicat, si sensible, aura-t-il été seul vis-à-vis de lui-même dans ces derniers instants, et n'aura-t-il point trouvé une main amie pour lui adoucir la mort? Encore si son frère avait été auprès d'elle!

« Peut-être aurais-je rendu un peu de calme à cette imagination effarouchée, peut-être aurais-je réconcilié avec la vie ce cœur si triste et si malade, et qui ne demandait qu'un roseau pour s'appuyer.

« Son imagination était effarouchée des hommes et de la vie.

« Son visage exprimait toujours la plus profonde mélancolie, et ses yeux se tournaient naturellement vers le

Ciel, comme pour lui dire : Pourquoi suis-je si malheureuse? — Quelquefois elle sortait de cette profonde tristesse et se livrait à des accès de gaieté et à de grands éclats de rire, mais ces éclats de rire faisaient sur moi la même impression que les rires d'un homme attaqué de folie : ils conservaient, par un contraste terrible, toute l'amertume de la tristesse, et, sur ce visage si mélancolique, la gaieté même semblait malheureuse. »

Tout commentaire serait déplacé après de tels accents; mais qui de nous ne connaît maintenant, comme pour avoir lu dans leur cœur, le génie-femme dans Lucile et l'homme de sentiment dans Chênedollé [1] ?

[1] Treize ans après il écrivait, l'ayant toujours présente, mais dans une nuance adoucie : « 16 septembre, 9 h. 1/2 du soir (1817). — Il a fait une journée aussi belle, aussi chaude, aussi brûlante qu'hier, et voilà une soirée tout aussi admirable. Le ciel surtout, ce soir, après le coucher du soleil, était d'une beauté suprême; l'œil se caressait à le regarder. C'était une couleur si douce, si suave! un mélange de lumière, de blancheur, d'opale et d'azur, tout cela fondu dans une teinte d'un charme inexprimable : ce devait être là, comme le disait si bien Mme de Caud, *la couleur de l'Olympe.* » — Je trouve encore indiquée, comme souvenir d'elle, une conversation *ravissante* sur la musique, qu'elle sentait à la manière des Anges; sur les fleurs, et les oiseaux *qu'elle préférait aux fleurs, parce qu'ils étaient plus près du Ciel.* — Dans l'Exemplaire confidentiel de l'*Essai sur les Révolutions*, dont il a été tant question précédemment, je lis, à la page 386, cette note manuscrite dans laquelle, en louant les femmes en général, Chateaubriand pensait plus particulièrement à sa sœur Lucile : « Les femmes valent infiniment mieux que les hommes ; elles sont fidèles, sincères et constantes amies. Si elles cessent de vous aimer, au moins elles ne cherchent point à vous nuire; elles respecteront toujours leurs anciennes liaisons dans l'objet qu'elles ont une fois chéri. Elles ont de l'élévation dans la pensée, sont généreuses, obligeantes. *Le plus grand génie que j'aie encore trouvé étoit chez une femme : cette femme existe.* Que de grandes, d'excellentes qualités! Le bonheur suprême seroit sans doute de trouver une femme sensible qui fût à la fois votre amante et votre amie, il n'y auroit plus de malheur à craindre pour un homme qui possèderoit un pareil trésor. »

VII

LIAISON AVEC M. JOUBERT.

Je continuerai d'exposer les relations de Chênedollé avec les principaux membres de la petite société de la rue Neuve-du-Luxembourg, et je le ferai de la manière la plus simple et la plus sûre, en donnant la suite des lettres de chacun. Il avait connu M. Joubert dès le commencement de 1800. « Joubert raconte que quand il vit « mes premiers vers dans le *Mercure*, il dit : Quel est ce « M. Chênedollé? Ses vers me plaisent, ses vers sont « d'*argent;* ils font sur moi l'effet du disque argenté de « la lune. — « Est-ce comme éclat métallique seule- « ment? » demandai-je. — « Non, ils ont aussi le son ar- « gentin. Bref, ils me donnent la sensation d'un clair de « lune [1]. » Une véritable amitié s'établit bientôt entre

---

[1] Les vers de Chênedollé qui donnaient cette sensation à M. Joubert peuvent être ceux du *Mercure* du 1er nivose an IX, ou ceux du 1er prairial même année, car dans les deux morceaux il est question de la lune. Je citerai les derniers, tirés d'un *Tableau du Lac de Genève;* le soleil vient de se coucher :

> Léman ! d'un autre éclat tes flots vont s'enrichir :
> La lune, dans le ciel qui commence à blanchir,
> Se lève et fait glisser sur ta superficie
> De son frère éloigné la splendeur adoucie,

eux. Que de fois Chênedollé dut faire en lui-même la comparaison de Joubert à Rivarol! Deux esprits supérieurs, si élevés et si fins en conversant, deux sources brillantes; mais Joubert, esprit doux, sans âcreté, véritablement inspirateur, animé d'un souffle clément, d'un foyer de bienveillance qui rayonnait alentour, tandis que chez l'autre, à travers tout, se sentait le fonds de persifflage, comme une bise froide se fait sentir jusqu'en plein soleil. Pendant l'été de 1803, M. Joubert écrivait à Chênedollé, dans un moment où celui-ci était retenu à Paris malade :

« Ce dimanche 19 juin 1803.

« Bonjour, pauvre convalescent.

« Fontanes auroit une grande envie de vous consulter sur les vers de Saint-Cloud, que *Paesiello* va mettre en musique, et qu'on doit chanter incessamment à l'Opéra.

« Tenez-vous pour bien averti que ces vers ne sont point du tout ceux que nous avons lus dans le *Journal de Paris*, et que nous avons été tentés de croire siens :

Voilà de vos arrêts, messieurs les gens de goût!

> Et bientôt, de la nuit argentant les rideaux,
> De ses pâles clartés peint tes tranquilles eaux :
> Ainsi l'illusion, des doux songes suivie,
> Jette un rayon mourant sur le soir de la vie.
> Voyez sur le gazon dormir sans mouvement
> Ces feux qui, sur les eaux, flottent si mollement;
> Phébé s'y réfléchit, et le Zéphyr volage
> Caresse tour à tour et brise son image.
> Oh! combien j'aime à voir, dans un beau soir d'été,
> Sur l'onde reproduit ce croissant argenté,
> Ce lac aux bords riants, ces cimes élancées
> Qui, dans ce grand miroir, se peignent renversées,
> Et l'étoile au front d'or, et son éclat tremblant,
> Et l'ombrage incertain du saule vacillant!
> (*Le Génie de l'Homme*, chant II.)

« Il ne faut pas même lui avouer cette méprise qu'il ne nous pardonneroit jamais. Il appelle cela *des vers canaille*.

« Les siens sont des vers fort honnêtes, puisqu'ils commencent par l'éloge de *Racine* et de *Louis XIV*.

« Il m'a témoigné un grand désir de savoir de vous si, en homme du métier, vous en trouveriez la coupe assez lyrique pour le musicien. Deux circonstances me paroissent peu favorables à cette épreuve. Il ne peut pas aller chez vous ce matin, parce qu'il est obligé d'attendre chez lui de pied ferme si on viendra le chercher pour aller à Saint-Cloud : auquel cas, il seroit possible qu'il fût parti à onze heures, et possible aussi qu'on le fît attendre jusqu'à quatre. Votre santé ne vous permettra peut-être pas de vous rendre chez lui, surtout avec l'incertitude de le trouver parti, et l'inconvénient de prendre une peine inutile ; et, à cet égard, c'est surtout de votre santé qu'il faut que vous preniez conseil. Gardez-vous de la contrarier. J'ai voulu cependant vous instruire de tout ceci, afin que la marque d'estime et de confiance qu'il vous a donnée de lui à moi ne fût pas entièrement perdue.

« Mme de Caud a chargé Mme Joubert de vous faire savoir qu'au lieu de l'adresse que nous vous avons donnée de sa part, il falloit faire usage de celle qui suit : *Varrier, libraire, rue Derrière, à Fougères.*

« Elle vous invite aussi, ainsi que Mme de Beaumont, à déguiser un peu vos écritures.

« Quand vous voudrez venir nous voir, vous savez que vous nous ferez toujours plaisir. J. »

A M. DE CHÉNEDOLLÉ, A VIRE.

« Ce lundi, 5 juillet 1803.

« Pardonnons à Michaud. Il m'a avoué que sa tête étoit

obsédée et possédée par Mme de Krüdner. Il avoit samedi un rendez-vous avec elle; il s'en souvint tellement bien qu'il vous oublia, m'oublia et oublia le monde entier. Son excuse est dans le premier vers de l'ancienne chanson : « *Pour la baronne !* » Il faut, en faveur de la poésie, agréer une excuse qui se peut chanter [1].

« Il me quitte en ce moment. Nous avons réglé, selon ses désirs, que vous resteriez chargé de ces Notes [2]. Vous avez six mois pour les achever; mais il faudroit qu'on pût, dans trois mois, en imprimer près de la moitié. On les placera à la fin de chaque volume. Il vous écrira incessamment pour vous expliquer le caractère et les dimensions qu'il leur désire. Je crois qu'il auroit mieux valu

---

[1] M. Michaud, à la fin de l'année, fut un des premiers à annoncer le roman de *Valérie* dans le *Mercure* (n° du 10 décembre 1803). C'est sans doute aussi par lui que le *Mercure* eut communication des *Pensées* si distinguées de Mme de Krüdner, insérées précédemment le 10 vendémiaire an XI (1802). — Ces messieurs, entre eux, paraissent avoir jugé un peu sévèrement M. Michaud, que nous avons connu vieux et très-spirituel, très-intéressant : « Michaud, disait-on, a toujours l'air de n'être pas de son avis. Son esprit tombe en défaillance. Jamais personne n'a été moins complice de ce qu'il dit ou pense que Michaud. » M. Michaud a eu besoin d'être vieux et malingre pour paraître avoir tout son esprit. Son filet ne suffisait pas dans sa jeunesse. — Quant à Mme de Krüdner, je trouve aussi qu'on la traitait un peu légèrement : « Mme de Krüdner a de la grâce et quelque chose d'asiatique (écrit Chênedollé); elle a du naturel dans l'exagération. L'extrême sensibilité ne va pas sans un peu d'exaltation. Le 22 au soir (22 floréal 1802), chez Mme de Beaumont, elle critiquait *Werther*. Elle disait qu'il n'y avait point de pensée, et qu'il n'y avait que le mérite de la passion exprimée. » — « Comment, lui dis-je, point de pensée? Il n'y a point de pensées détachées, mais c'est une pensée continue. » Mme de Krüdner, à cette date, était loin encore d'avoir rompu avec les légèretés mondaines. Elle disait, par exemple : « Je n'aime point les Genevoises : elles n'ont ni les charmes de l'innocence ni les grâces du péché. » Elle attachait encore bien du prix à ce dernier point.

[2] Les Notes sur l'*Énéide*.

vous en laisser le maître; mais le travail que l'abbé Delille a déjà fait sur les trois premiers Chants exige une certaine conformité dont on ne peut guère se dispenser. Vous pourrez juger de tout cela par les explications de Michaud et par la besogne de l'abbé qu'on vous enverra. Quant à ses vers, ils vous sont inutiles, dit Michaud, parce que, *l'abbé Delille ayant fait des Notes sur Virgile et non sur lui-même, son continuateur doit suivre le même procédé.* Cette raison est de Michaud lui-même. Il tient beaucoup à ces Notes, et y tient d'autant plus, qu'il les considère comme un ouvrage qui pourroit s'imprimer à part, et il a peut-être l'intention d'en faire ce surcroît d'emploi. En ce cas, il faudroit en hausser le prix.

« Michaud est convaincu, ou du moins s'est laissé convaincre, que vous pouviez faire cet ouvrage partout; mais il croit nécessaire avec raison : 1° que dans un mois, ou à peu près, vous *vinssiez* (sic) prendre de Fontanes les remarques qu'il a l'intention de mettre à votre disposition; 2° que dans deux ou trois mois vous vinssiez surveiller vous-même l'impression de votre travail. Je pense que vous devez accepter la première condition, parce que certainement vous n'arracherez rien à Fontanes que de vive voix; et la deuxième, parce qu'il vous importe que l'imprimeur ne gâte pas votre style et vos pensées. Je sens que, pour exécuter ce plan, il est nécessaire qu'on mette en votre pouvoir ce que j'appelle *la faculté d'aller et de venir* en temps utile, et qu'il faut pour cela un petit supplément de conditions dont je parlerai à Fontanes, et peut-être même à Michaud, selon les occurrences et les conseils que pourra me donner la réflexion. Je me hâte de vous faire part de ces *premiers* préliminaires, afin surtout que vous disposiez sur-le-champ votre esprit aux opérations qu'on demande de lui, et auxquelles nous nous obstinons tous à le croire singulièrement propre.

« Je vous déclare que Michaud lui-même, qui a pensé à toute la terre avant de s'arrêter à vous, ne voit personne dans le monde qui lui paroisse aussi capable et aussi prêt pour ce qu'il désire de vous. Il faut absolument montrer de la condescendance. Vous nous ferez plaisir à tous, et vous finirez par vous en faire beaucoup à vous-même. Si votre réponse peut me parvenir d'ici à dimanche, adressez-la ici. Nous pourrions bien ne partir que lundi. Donnez-nous avant tout des nouvelles de votre santé. Il n'y a rien de nouveau depuis avant-hier dans notre petite société. Vous êtes parti hier dimanche ; je vous écris aujourd'hui lundi ; on ne peut pas aller plus vite. Mais il est tard, et j'ai peur que ma lettre ne puisse pas partir sur-le-champ. Il fait tellement chaud, que ma plume en a les jambes écartées d'une manière épouvantable ; elle écrit *horrido rictu*. Tâchez de déchiffrer ces caractères mal formés, car je n'ai pas le temps de la tailler, et d'ailleurs ce seroit très-inutile.

On voit les champs poudreux se sécher et se fendre.

Les plumes se fendent aussi, et le style même en est plus sec. Ainsi donc, je vous dirai très-sèchement : Portez-vous mieux, portez-vous bien.   J. »

AU MÊME.

« Ce mardi 12 juillet 1803.

Michaud vous a écrit. Je lui ai dit samedi soir, à notre dernière entrevue, qu'il se tînt pour bien averti que vous auriez de la répugnance à traiter d'argent avec lui ; que vous étiez à cet égard presque un *glorieux*; que, pour lever cette difficulté, on étoit convenu que Fontanes seul règleroit à l'amiable cet article avec lui ; qu'au surplus je le prévenois aussi que vos voyages à Paris exigeroient des dépenses et des avances que votre famille seroit certainement peu disposée à faire, etc. — Il me répondit qu'on pourvoiroit à tout avec plaisir; qu'il verroit Fontanes le lendemain avant de partir pour la campagne où il alloit, etc. Il vit Fontanes en effet, mais il se contenta de lui dire qu'il vous avoit fait dans sa première lettre des propositions dont il espéroit que vous seriez content. — Fontanes croit que ces propositions sont magnifiques et fort supérieures à celles dont notre extrême modération auroit consenti à se contenter. C'est de quoi vous aurez soin de nous instruire en temps et lieu.

« Malgré mon dire à Michaud, s'il a traité l'article franchement et *à cru* avec vous, je vous conseille de le traiter du même ton; sinon, Fontanes règlera tout. Adressez-vous à lui sans réserve; il est charmé d'avoir à mener cette petite affaire, et il y met de l'affection pour vous et de l'affection pour l'ouvrage. Si je vois Michaud ce soir, (ce qui est douteux, car je le crois encore absent), je lui parlerai de votre réponse à moi, qui lui fera plaisir.

« Ce Michaud ne dit jamais tout. Je trouve qu'il ressemble assez à un bouillon froid, assez bon, assez onctueux, peut-être même assez substantiel (en affaires), mais il n'a pas l'*apparence* d'un solide. Il est, au surplus, indubitable qu'il en aura la *réalité*. Ainsi, préparez-vous et exécutez en plein repos. Quant à l'argent, comme il est presque honorable d'en avoir, il ne faut pas avoir honte d'en gagner, et, quand on en est capable, il faut en gagner le plus qu'on peut. Ainsi, ne négligez rien pour faire une bonne affaire. Nous sommes tous persuadés que vous ferez un bon ouvrage.

« ... Vous me faites des recommandations que les circonstances repoussent... Le *Mercure* est livré au jeu du *petit bonhomme vit encore*. Ces gens-ci ne veulent pas qu'il meure dans leurs mains, mais ils ne se soucient point qu'on le rallume. Je suis piqué de laisser là mon but sans l'avoir atteint; mais j'ai fait ce qui étoit possible.

« Nous partons demain mercredi... Écrivez-moi à *Villeneuve-sur-Yonne, rue du Pont*. Je suis pressé comme un homme qui part. Ce mot a un grand sens pour vous, dont l'expérience est toute chaude. Je viens d'écrire à Mme de Caud; mettez-nous à ses pieds, quand vous la reverrez. J'aurai un grand plaisir à vous retrouver ici à mon retour. Adieu, adieu.   J. »

AU MÊME.

«Villeneuve-sur-Yonne, 2 janvier 1804.

« Mon frère nous apprend que vous avez écrit à Mme de Vintimille « que la mort de Mme de Beaumont s'étoit « fait sentir à vous au milieu des plus violents chagrins et « des plus grandes pertes. » Que vous est-il donc arrivé?

« Soyez sûr que personne au monde ne s'intéressera jamais plus vivement et plus constamment que moi à tout ce qui pourra intéresser votre bonheur.

« Je n'ai reçu cet été, et à mon grand regret en ce temps-là, qu'une seule de vos lettres. Ce fatal voyage de Rome[1] et le désir d'y mettre obstacle absorboient toutes mes pensées et occupoient toutes mes forces, au moment où il auroit fallu vous répondre. Tous les courriers qui vinrent de ce pays-là à compter de ce moment m'apportèrent d'autres soucis, d'autres occupations. Vous savez les événements, et sans doute vous m'excusez. Les craintes ne m'avoient pas moins accablé que le malheur.

« Je ne vous dirai rien de ma douleur. Elle n'est point extravagante, mais elle sera éternelle. Quelle place cette

---

[1] Le voyage de Mme de Beaumont.

femme aimable occupoit pour moi dans le monde ! Chateaubriand la regrette sûrement autant que moi, mais elle lui manquera moins ou moins longtemps. Je n'avois pas eu depuis neuf ans une pensée où elle ne se trouvât d'une manière ou d'autre en perspective. Ce pli ne s'effacera point, et je n'aurai pas une idée à laquelle son souvenir et l'affliction de son absence ne soient mêlés.

« Vous aurez la Relation de ses derniers moments aussitôt que vous aurez indiqué à mon frère un moyen peu coûteux pour vous de vous la faire parvenir. Rien au monde n'est plus propre à faire couler des larmes que ce récit; cependant il est consolant. On adore ce *bon garçon* [1] en le lisant; et, quant à elle, on sent, pour peu qu'on l'ait connue, qu'elle eût donné dix ans de vie pour mourir si paisiblement et pour être ainsi regrettée. Je serois désolé aujourd'hui qu'elle n'eût pas fait ce voyage, qui m'a causé tant de tourments.

« La position de notre ami m'a causé aussi bien des peines pendant longtemps. Calomnié de toutes parts, il a eu un temps de disgrâce presque effrayant [2]; mais il n'en a rien su que tard, et il ignore même en ce moment ce mal passé. Vous avez su qu'il est rentré presque en faveur, puisqu'on en fait un *presque ambassadeur*. Nous allons bientôt le revoir, car il n'ira point à son poste sans avoir pris des instructions qui le retiendront peut-être à Paris plus longtemps que nous ne pensons. Je l'attends dans le cours du mois.

« Je suis obligé d'effacer des détails de sa position qui viennent au bout de ma plume, mais qui seroient infinis et inutiles, puisqu'il vous les dira bientôt. Je me

---

[1] Chateaubriand. On aime ces familiarités qui font retrouver l'homme.
[2] Voir précédemment, dans la seizième Leçon, l'extrait d'une lettre de Fontanes à Gueneau de Mussy, du 5 octobre 1803.

bornerai à vous apprendre qu'un voyageur est venu me donner avant-hier de ses nouvelles, et que, par la tournure des esprits et des événements, son amitié pour Mme de Beaumont a été aussi honorable à l'un qu'à l'autre. Il quittera Rome ami du Cardinal[1] et estimé de tout le monde. C'est un bien bon temps pour partir.

« Votre affaire Michaud m'a causé en son temps quelque chagrin. Fontanes prétendit qu'elle ne s'étoit manquée que par *malentendu*, et parce que la maladie d'une de mesdemoiselles vos sœurs ne vous avoit pas permis de partir à temps[2]. Je suis bien aise que vous n'y ayez pas eu de regret, mais très-fâché que vous n'ayez pas fait ce travail; la peine en seroit oubliée en ce moment, et l'ouvrage subsisteroit; il auroit été excellent. Je ne m'en consolerai point, à moins que vous ne fassiez des Notes en *contraste* ou en *parallèle* avec les Notes de Michaud. Cela serait bien bon dans un journal.

« Vous me demandiez des nouvelles de mes occupations : comptez que je vous en demanderai des vôtres. Je ne parle pas de vos vers; ce sont là des choses sacrées qui doivent se faire en silence, en leur temps et dans le mystère. Mais je voudrois que vous vous fissiez un délassement et une habitude *fructueuse* de dépenser votre savoir, et de livrer *aux eaux courantes* cette portion de votre esprit qui ne vous servira de rien si vous ne l'avez que pour vous[3]. Je me donne les mêmes conseils à moi-même, et je les

---

[1] Le Cardinal Fesch.
[2] Ces Notes, en effet, pour lesquelles il y avait eu tant de négociations, ne vinrent pas. Chênedollé a fait trop souvent, en d'autres circonstances, comme pour ces Notes que demandait Michaud. Il manquait l'affaire à peu de chose près. Il arrivait de Vire un peu trop tard. Mais nous qui sommes entrés dans le secret de ses peines à ce moment, nous savons ce qu'il faut penser de ces apparentes négligences.
[3] Quelle sagesse aimable, délicate et pratique à la fois!

recevrai toujours volontiers de votre part. Je vous remercie de ce que vous m'avez déjà dit à ce sujet. Il me semble que je ne puis pas mieux le reconnoître qu'en vous assurant, comme je fais, et comme il est vrai, que, — de toutes les louanges que j'ai reçues en ma vie, il n'en est point qui m'aient fait autant de plaisir que les vôtres. — Je ne sais pas quelle en est la raison ; mais je vous dis le fait : il est certain, et je vous en fais part sans orgueil et sans modestie.

« Portez-vous bien, traitez-moi familièrement ; et, pour dissiper vos chagrins, acceptez sans façon ce que je vais vous proposer.

« Chateaubriand, qui est sans logement, occupera probablement notre appartement à Paris. Cela ne nous gênera aucunement, car nous ne reviendrons qu'au mois de mars. Ce seroit pour vous une grande commodité, une grande consolation de vous trouver auprès de lui. Prenez la chambre de mon fils, cette petite chambre où je vous ai fait boire du vin de Malaga avec de l'eau. Le reste pourra suffire au *Chargé d'affaires*, et vous serez voisins depuis le matin jusqu'au soir. C'est pour vous faire cette proposition que j'ai voulu vous écrire aujourd'hui, quoique la fatigue qui m'en a empêché il y a huit jours ne m'en laisse guère la force. — Voilà qui est dit. C'est à vous à faire le reste. Écrivez-nous un peu souvent. Bonjour. »

AU MÊME.

« Villeneuve-sur-Yonne, 28 février 1804.

« Votre lettre nous fit le plus grand plaisir.

« Comme j'allois y répondre, Chateaubriand arriva[1] et me déclara qu'il se chargeoit de tout.

---

[1] Il s'arrêta un moment à Villeneuve-sur-Yonne en revenant de Rome.

« Il y a près de quinze jours qu'il est à Paris et il ne nous a pas encore écrit ; mais mon frère nous donne de temps en temps de ses nouvelles, et je sais qu'il se porte bien.

« Il se propose, s'il va en Suisse, de vous emmener ; — *quod utrique bene vertat!* — J'avoue, quant à moi, que je vous regretterai infiniment.

« Vous m'auriez consolé de lui.

« Notre chambre est toujours à votre service et même tout l'appartement, car le Chargé d'affaires n'en a pas voulu. Nous ne partirons d'ici qu'au mois d'avril.

« Nous ignorons encore s'il partira et comment il partira. Nous ne prendrons nos dernières résolutions que lorsqu'il aura pris les siennes.

« Peut-être est-ce une chose faite et vous a-t-il déjà *mandé*, comme il en avoit le projet.

« Quelque parti qu'il prenne et en quelque lieu que vous soyez, demeurez persuadé que je vous désirerai souvent partout où je serai moi-même.

« L'esprit, la raison, la réflexion et le talent sont des choses dont la réunion est plus rare qu'on ne croit. J'en sens le prix de plus en plus, et, depuis que j'ai perdu Mme de Beaumont, je ne vois plus à qui et avec qui je pourrai parler dans le monde. Je voudrois bien que vous eussiez quelque grand intérêt à nous rester.

« La pauvre société dissoute ne vous oublie point, malgré son éparpillement. M. Pasquier, entre autres, me parle de vous toutes les fois qu'il m'écrit. Portez-vous bien et puissé-je vous revoir bientôt ! »

AU MÊME.

« Villeneuve-sur-Yonne, mardi 20 mars 1804.

« Comme vous pourriez croire que nous avons eu de

vos nouvelles par la lettre que vous avez adressée ici à Chateaubriand, je vous avertis qu'il n'en est rien.

« Chateaubriand est encore à Paris, et nous lui avons renvoyé votre missive à son *Hôtel de France, rue de Beaune.* Nous n'avons point de ses nouvelles, et mon frère même, qui court après lui sans pouvoir le joindre depuis dix jours, n'a pu rien savoir et rien nous apprendre de ses affaires. Il devoit partir ; il n'est pas parti, et nous ne savons plus s'il partira, et comment et quand il pourra partir. Il nous paroît qu'à cet égard lui-même en sait aussi peu que nous.

« Son dessein le plus arrêté est de vous appeler auprès de lui partout où il ira ; mais, s'il n'a que sa Suisse, je ne vois pas à quoi cela vous conduira, en mettant de côté le plaisir de vivre quelque temps ensemble, qui, je l'avoue, me paroît pour l'un et pour l'autre d'un tel prix que vous ne pouvez l'un et l'autre l'acheter trop cher.

« Si cependant quelque raison de prudence vous obligeoit à consulter vos intérêts plus que vos sentiments, et à avoir d'autres vues que les satisfactions de votre cœur et de votre esprit, faites-moi part de vos projets, si vous jugez qu'il me soit possible de vous y servir. Fontanes, qui est une puissance, a une volonté d'obliger qui n'est pas suffisante pour le remuer, mais qui, avec un peu d'aide, agit pourtant, car, dans son inertie, elle est existante et constante[1].

« Je vous prie de me regarder comme un homme qui se fera un plaisir et un devoir de se remuer pour vous autant qu'il le pourra. L'opinion que j'ai de votre mérite et de votre personne est une cause nécessaire d'un pareil effet.

---

[1] On pénètre jusque dans les légers défauts de ces excellents hommes, mais on y entre doucement à la suite de l'amitié.

« Je ne vous demande votre confiance qu'autant que j'en aurai besoin pour vous seconder. En pareil cas, accordez-la-moi tout entière, et soyez sûr que du moins vous ne sauriez la mieux placer.

« J'écris à ce pauvre garçon[1] par ce même courrier, et je lui témoigne ma surprise de recevoir de vous une lettre pour lui, et le regret que j'ai que vous n'ayez pas pu vous voir. Il faut qu'il n'ait pas été sûr de passer vingt-quatre heures à Paris paisiblement pour ne vous avoir pas appelé. Nous avons su qu'en effet il y avait trouvé en arrivant bien des sujets de surprise, et eu des contradictions qui devoient lui donner une grande envie de repartir.

« Avez-vous quelquefois des nouvelles de Mme Lucile? Il y a un temps infini qu'elle ne nous a écrit. Nous avons su qu'elle avoit été fort malade et au point que son frère en a été fort inquiet. Dites-nous à ce sujet ce que vous savez.

« Vous nous négligez et vous êtes plus paresseux que moi dans le commerce épistolaire. C'est pour mon amour-propre un triomphe dont je gémis et dont nous pâtissons.

« Portez-vous bien, du moins, et soyez le plus heureux que vous pourrez.

« *P. S.* — Nous partirons pour Paris de demain en quinze sans faute. »

AU MÊME.

« Paris, ce 10 mai 1804.

« Votre dernière lettre a attendu quelque temps mon arrivée, et j'ai attendu le retour de Chateaubriand pour répondre à la seconde.

« Il se porte bien; il vous a écrit. Rien de fâcheux

---

[1] Toujours Chateaubriand.

ne lui est arrivé. Mme de Chateaubriand, lui, les bons *Saint-Germain* que vous connoissez [1], un portier, une portière et je ne sais combien de petits portiers logent ensemble rue de *Miroménil*, dans une jolie petite maison: Enfin notre ami est le chef d'une tribu qui me paroît assez heureuse. Son bon Génie et le Ciel sont chargés de pourvoir au reste.

« Il a passé dix jours à la campagne avec la moitié de sa peuplade. Je l'ai vu hier au soir; il est content. Vous saurez à votre arrivée tout ce qui pourroit intéresser d'ailleurs votre curiosité.

« Mettez-moi au nombre de ceux qui vous reverront avec le plus de plaisir et qui se trouveroient le plus heureux s'ils pouvoient vous servir.

« Une grande partie de notre maison est malade depuis quinze jours; mais les malades et les sains me chargent avec le même zèle de vous faire leurs compliments.

« Mon frère Élie [2] se donne de grands coups de poing de ne vous avoir pas remercié de je ne sais quelles poulardes et quelles carpes dont les plus dégoûtés de la famille parlent encore avec un souvenir glouton. Il n'y a pas beaucoup de noblesse à tout cela, mais il y a de la cordialité et de la reconnoissance.

« Portez-vous bien, et arrangez-vous de manière à venir le plus tôt possible. J'ai rencontré *Michaud*, qui m'a paru gras. Je lui ai rendu sa salutation avec plus de bonne grâce que je n'aurois fait sans cet incident. Comme il est changé, ma rancune a été surprise, et il ne lui a pas été possible de rester la même.

---

[1] C'étaient des gens de Mme de Beaumont que M. de Chateaubriand avait pris chez lui.

[2] M. Élie Joubert, qui fut médecin de la Grande-Duchesse Élisa (Mme Bacciochi).

« Vous êtes sûr, à compter d'aujourd'hui, que vos lettres m'arriveront exactement, et que je vous répondrai sur-le-champ. Au revoir, et, en attendant, adieu. »

La lettre suivante se rapporte à la grosse affaire que se fit M. de Chateaubriand pour son article du *Mercure* sur le *Voyage d'Espagne* de M. de Laborde (4 juillet 1807); il en résulta toute une révolution dans la presse d'alors, et M. Joubert la raconte à ravir sans faire les choses plus grosses qu'elles ne le furent en effet.

A M. DE CHÊNEDOLLÉ,

A Vire.

« Paris, 1er septembre 1807.

« Je fis trembler votre portière par mes jurons tempétueux, un beau jour que j'allois vous voir et que j'appris par elle votre départ précipité. Il n'y a pas moyen de s'habituer à garder son sang-froid quand on vous perd de cette manière imprévue. Une autre fois, faites-nous signe au moins que vous voulez vous en aller.

« Chateaubriand est en colère d'avoir été ainsi quitté. Mme de Chateaubriand prétend que vous n'êtes que disparu. Elle croit vous avoir vu à je ne sais combien de messes dans l'église Saint-Roch, tant votre image la préoccupe jusques aux pieds des saints autels ! M. de La Tresne est venu se plaindre au mari et à la femme de vous avoir tellement absorbé par vos assiduités chez eux, qu'il ne vous avoit presque pas vu pendant votre séjour ici. Grande rumeur dans la maison où vous étiez si peu venu ; grandes enquêtes pour découvrir où vous alliez. Vous voyez de combien il s'en faut que vous soyez indifférent à vos anciens et à vos nouveaux amis. C'est à qui se plaindra de ne plus vous voir ou de vous avoir trop peu vu.

« Écrivez à Chateaubriand, à qui j'avois annoncé une lettre de vous, et qui n'en a pas reçu, ce qui le fâche passablement.

« Le pauvre garçon a eu pour sa part d'assez grièves tribulations. L'article qui m'avoit tant mis en colère [1] est resté quelque temps suspendu sur sa tête, etc. (Voir précédemment tout ce passage de la lettre, à la page 102 de ce volume; puis M. Joubert continue ainsi :) Il y a pour accompagnement à ces nouvelles bien des menus détails qui sont intéressants, mais vous ne pourrez les apprendre qu'ici. Hâtez-vous donc d'y revenir et de les demander à ceux que vous rencontrerez, car pour moi je m'en vais, et je vous *préviens* honnêtement. Nous partons samedi prochain; mais nous reviendrons cette année au commencement de novembre. Si d'ici là vous êtes à Paris, avancez jusqu'à Villeneuve. J'aurois bien du plaisir à vous y recevoir, ainsi que toute la famille. Chateaubriand y viendra tard, car il a acheté au delà de Sceaux un enclos de quinze arpents de terre et une petite maison. Il va être occupé à rendre la maison logeable, ce qui lui coûtera un mois de temps au moins et sans doute aussi beaucoup d'argent. Le prix de cette acquisition, contrat en main, monte déjà à plus de 30,000 francs. Préparez-vous à passer quelques jours d'hiver dans cette solitude, qui porte un nom charmant pour la sauvagerie : on l'appelle dans le pays *Maison de la Vallée-au-loup*. J'ai vu cette *Vallée-au-loup* : cela forme un creux de taillis assez breton et même assez périgourdin. Un poëte normand pourra aussi s'y plaire. Le nouveau possesseur en paroît enchanté, et, au fond, il n'y a point de retraite au monde où l'on puisse

---

[1] L'article du *Mercure*, où est la brusque sortie contre Néron.

mieux pratiquer le précepte de Pythagore : « *Quand il tonne, adorez l'Écho.* » Voilà, j'espère, une gazette très-complète, et qui ne vous permettra plus d'ignorer comment va la partie du monde à laquelle vous prenez le plus d'intérêt. En revanche et en récompense, j'espère que vous terminerez ce recueil sur *Rivarollet* que vous m'avez tant promis [1], et pour lequel je vous promets en pot de vin un surcroît de bibliothèque. C'est, ne vous déplaise, un « *Recueil de Poésies* [2], » imprimé chez *Sercy*, 5 *volumes*, qui sont rares et curieux. Je vous les garde dans un coin.

« Vous sentez que les événements dont je vous ai fait le récit m'ont assez occupé pour excuser mes lenteurs à vous répondre. Je vous promets d'être plus diligent à l'avenir.

« Je n'ai pas négligé ce que vous me recommandez pour mes propres travaux. Vos approbations me sont chères, et je voudrois bien les justifier. Je puis vous assurer du fond du cœur et avec toute vérité que tous mes vœux seront remplis et toutes mes ambitions littéraires satisfaites, si trois ou quatre hommes dans le monde lisent ce que je pourrai faire avec une satisfaction aussi vive, aussi pleine et aussi constante que celle que m'ont fait éprouver vos vers, que j'emporte avec moi [3], et dont je me souviens toujours avec un plaisir qui est parfait. Portez-vous bien. Écrivez-moi. Venez nous voir si vous pouvez ; mais surtout arrangez-vous de manière à nous

---

[1] C'est le petit volume intitulé : *Esprit de Rivarol*, qui parut en 1808.

[2] *Poésies choisies de MM. Corneille, Benserade, de Scuderi, Bois-Robert*, etc., etc., 1660-1666, 5 volumes in-12, connus sous le nom de *Recueil de Sercy*.

[3] Chênedollé était venu à Paris pour l'impression de son poëme *le Génie de l'Homme*, qui avait enfin paru (1807).

voir à la ville plus souvent que l'hiver dernier. Toute la famille vous présente ses souvenirs.

« *P. S.* — Suppléez à ce que je puis avoir omis, car je ne relirai pas. »

La lettre suivante, qui porte ces mots imprimés en tête : *Université impériale*, nous avertit que cette grande institution venait d'être fondée. Joubert était conseiller, et Chênedollé avait été nommé professeur de Littérature à Rouen, place qu'il laissa, en 1812, pour celle d'inspecteur de l'Académie de Caen. Les trois lettres qui suivent anticipent un peu sur les temps, mais elles complètent les témoignages intéressants de cette liaison avec M. Joubert.

UNIVERSITÉ IMPÉRIALE.

A M. DE CHÊNEDOLLÉ.

« Villeneuve-sur-Yonne, 11 novembre 1809.

« J'ai tort, grand tort, un tort inexcusable de ne vous avoir pas écrit, mon cher Chênedollé; mais il y a dans la vie des omissions qui paroissent tenir à une inexplicable fatalité. Ce que je vous dis là n'est pas moral, et je donnerois le fouet à mon fils s'il s'avisait de me le répéter ; mais cela est poétique, et je sais trop que vous voudrez bien vous en contenter.

« Je vous aime toujours, et votre place est toujours assurée, vous ne pouvez pas en douter; mais ce que vous ne savez pas, c'est combien cette place[1] est belle, enviée, recherchée, etc. J'ai vu le grand Lacretelle l'historien et le ministériel Esménard, heureux et flattés de porter en public, comme suppléants et adjoints, la petite décora-

---

[1] La place de professeur de Faculté.

tion dont vous serez à bon droit revêtu comme possesseur incommutable et propriétaire en titre et en effet.

« Souvenez-vous surtout que si la place d'inspecteur est supérieure d'un cran dans l'échelle de la hiérarchie, celle de professeur d'Académie est la première dans l'opinion.

« Le Grand-Maître estime qu'avec les grades, cela pourra valoir 4,500 francs. Il faut en rabattre sans doute, mais il est certain que cela vaudra plus de 3,000 francs.

« Je voudrois que vous en eussiez dix, et vous ne devez pas douter qu'avec du temps et de la patience, vous ne parveniez aux premiers degrés. C'est un grand avantage de pouvoir dater de la première formation. Nous avions espéré mieux; mais il faut toujours se trouver heureux dans la vie, quand on a obtenu la moitié de ce qu'on avoit mérité.

« Vous n'avez pas reçu votre nomination, quoiqu'on eût envoyé à l'Empereur, il y a plus de deux mois, l'*organisation* des Lycées, comme ils disent aujourd'hui. La raison de ce retard fâcheux, c'est qu'à son grand étonnement l'Empereur n'a rien reçu et n'avoit rien reçu au moment où il s'est expliqué à Fontainebleau avec le Grand-Maître, qu'il a parfaitement bien reçu et qu'il traite mieux que jamais; vous sentez que c'est un événement pour Sa Majesté qu'une pareille soustraction de dépêches. Si le coupable devient connu, à coup sûr il ne sera pas admis à s'excuser sur *l'inexplicable fatalité*.

« Je suis à Villeneuve et en tournée dans ce département. Je vous écris *supinus* et *resupinus*, c'est-à-dire, en langue vulgaire, étendu dans mon lit tout de mon long. Je ne sais plus que ce que je lis dans cette attitude les jours de courrier. Les dernières nouvelles de nos bureaux m'annonçoient que tout alloit être arrangé définitivement au premier jour.

« Chateaubriand, qui devoit nous venir voir, ne viendra pas ; il réimprime son livre [1] et répond à toutes les critiques. — J'ai peur qu'il ne réveille pour long-temps des débats déjà assoupis.

« Ma femme et nous tous vous saluons, vous embrassons et vous souhaitons une pleine et solide convalescence. Guérissez aussi vos tristesses, mon très-cher. Rien ne seroit meilleur dans la vie que de regarder les maux comme des jeux, et les biens comme des choses sérieuses sur lesquelles il faut appuyer son attention, ses réflexions et tout son être.

« Il n'y a que les peines du cœur, c'est-à-dire la perte des amis, des parents et des gens de bien, et ses propres fautes, qu'il ne soit pas permis de traiter avec légèreté. Bonjour et tout à vous.   J. »

« *P. S.* — Nous serons à Paris dans les premiers jours de décembre. »

AU MÊME.

« Vendredi, 6 avril 1810.

« Si vous voulez être inspecteur de l'Académie de Caen, vous n'avez qu'à le dire : on enverra ailleurs celui qui occupe cette place pour vous la donner. C'est un projet où le Grand-Maître est entré avec plaisir.

« Vous savez ce que je vous ait dit des fonctions que vous auriez à remplir. Elles sont morales, civiles, politiques, religieuses, sublimes, mais ennuyeuses par les détails. J'avois mieux aimé pour vous, c'est-à-dire pour vos goûts, l'uniformité continue et l'immobilité des fonctions du professorat. Si, après vous être bien consulté, vous aimez mieux les autres, acceptez-les.

---

[1] *Les Martyrs.*

« Je vous préviens qu'il y a deux moyens infaillibles de s'y plaire[1] : le premier est de les remplir parfaitement ; car on parvient toujours à faire volontiers ce qu'on fait bien ; le second est de vous dire que « *tout ce qui devient devoir doit devenir cher.* » C'est une de mes anciennes maximes, et vous ne sauriez croire quelle facilité étonnante on trouve dans les travaux pour lesquels on se sentoit d'abord le plus de répugnance, quand on s'est bien inculqué dans l'esprit et dans le cœur une pareille pensée ; il n'en est point (mon expérience vous en assure) de plus importante pour le bonheur.

« Il y a aussi une manière d'envisager les devoirs dont il s'agit, qui leur ôte tout leur ennui et qui les rend même agréables et beaux aux imaginations intelligentes ; c'est de ne considérer dans les écoliers que de jeunes âmes, et dans les maîtres que des pasteurs d'enfants à qui on indique les eaux pures, les herbes salutaires et les poisons. On devient alors un inspecteur virgilien qui peut dire :

> Non insueta graves tentabunt pabula fœtas,
> Nec mala vicini pecoris contagia lædent.

Il faut savoir aussi qu'en dépit du siècle, il n'y a rien de si docile et de si aisé à ramener au bien et aux anciens pâturages que ces troupeaux et ces bergers[2]. De la fermeté, du bon sens, de la vigilance, mêlés d'aménité et de sourires, font fleurir partout où l'on passe les se-

---

[1] Ce passage de la lettre a été introduit par moi dans le Discours d'ouverture publié en tête de ces volumes ; j'en avais légèrement détourné le sens en l'appliquant aux devoirs mêmes du professeur.

[2] Gracieux optimisme d'une imagination bienveillante qui voit les choses comme elle les aime, et qui surtout les présente comme elle veut les faire aimer.

mences des bonnes mœurs, de la piété, de la politesse et du bon goût. Tout cela est encourageant, et en voilà peut-être plus qu'il n'en faut pour décider un honnête homme, un philosophe et un poëte.

« Il me reste à vous dire que ces Chaires académiques, dont je vous ai vanté de mon mieux les avantages et les agréments, ont en ce moment un inconvénient assez grave : c'est de n'être pas établies et de faire peur aux Finances. Il y a longtemps que je les juge inutiles à ceux qui ne les ont pas, et cela ne touchoit personne ; mais on s'est enfin aperçu qu'elles étoient très-coûteuses et presque ruineuses dans leur ensemble, et tout le monde en a été ému. On les mettra en exercice très-certainement par *obstination scientifique*, et pour soutenir un premier avis et le littéral du Décret : mais on hésite, on tâtonne et on attendra.

« Voilà, mon très-cher, où nous en sommes et où vous en êtes. Consultez-vous donc ; mais consultez *votre esprit et vos forces*, et pour employer une rime qui vient fort à propos, défiez-vous un peu de certaines *trompeuses amorces*.

« S'il vous étoit impossible de vaincre de certains dégoûts et de certains mépris que j'ai vus quelquefois en vous, refusez en homme de bien ; sinon, acceptez franchement et de bonne grâce. Aimez tout ceci, attachez-vous à cette affaire et à nous tous, et nous vous verrons un des nôtres. Ce titre et cette place sont situés sur la route ordinaire du Conseil où je m'ennuie, mais où vous vous amuseriez assez et où je vous verrois avec un extrême plaisir. Vous n'avez besoin pour y arriver avec un peu de temps que de le désirer et de le vouloir sincèrement, constamment et du fond du cœur. Portez-vous bien et répondez-moi vite, mais cependant après y avoir bien pensé. Bonjour. J. »

AU MÊME.

« Ce vendredi, 7 août 1812.

« Nous partirons pour Villeneuve dans les premiers jours de septembre. Si donc vous vous proposez de faire un voyage à Paris et si vous désirez nous y voir, il faudroit venir dans la dernière quinzaine de ce mois d'août.

« Il me semble qu'une apparition dans ce pays où personne, et pas même moi, ne vous a vu depuis si longtemps, seroit utile à tous vos intérêts. Il est bon de ne pas se laisser oublier, et surtout de ne pas laisser croire aux indifférents et aux tièdes qu'on se néglige trop soi-même. Il n'y a rien au monde de si propre à glacer tout le genre humain. Il me prend fantaisie de vous écorcher les oreilles à ce propos et de vous dire, en retournant un ancien vers de l'ancienne Mme de Staël :

Si l'on ne s'aide point, personne ne nous aide[1].

Vous ne vous aidez point du tout, et au contraire. Ayez enfin pitié de vous.

« Venez un peu que je vous gronde. Venez savoir comment va le monde ; venez annoncer aux prétendants afin qu'ils s'écartent, et aux électeurs afin qu'ils y pensent, que vous voulez être de l'Institut.

« Il faut y songer à cet Institut. Ses portes mènent au delà de lui à droite et à gauche. Vous êtes fait pour y être, et il faut y entrer.

« Voilà enfin Dussault qui vous trouve un plus grand

[1] Il fait allusion à un vers de Mme de Staël dans le drame de *Sophie* :
On cesse de s'aimer, si quelqu'un ne nous aime.

poëte qu'Esménard[1]. Cela est incontestable, et cela est fort et est décisif pour beaucoup de gens qui le croiront depuis qu'on l'a dit hautement, mais qui n'auroient pas eu l'esprit ou le courage de le penser tout seuls.

« Il faudroit, comme je l'ai dit à M. Quatremère, brocher quelques-unes des réflexions dont vous avez semé votre Cours de littérature, rendre ce ramas susceptible d'un titre, en former un petit volume, publier cela à propos, et vous présenter pour la première place vacance. Si vous n'avez pas celle-là, vous aurez l'autre, et les premiers pas, les pas importants seront faits.

« Je n'ai pas lu votre seconde édition; mais j'avois été et je suis resté pour l'éternité si content de la première, que vous ne perdez rien à cette négligence qui a eu pour cause non pas certes mes occupations (car je ne fais rien du tout depuis six mois), mais un certain nonchaloir d'âme et d'esprit qui m'est prescrit comme régime par les médecins et imposé comme un besoin insurmontable par la nature; j'en gémis, j'en ai honte et j'en ai même des remords, mais je ne puis le désavouer. Peu d'hommes ont vécu plus inutiles à eux-mêmes et aux autres depuis le mois de janvier, et peu se sentiroient plus disposés à continuer si je cédois au poison froid de l'habitude. J'éprouve que rien n'augmente autant le découragement que l'oisiveté. Je sors un moment de la mienne pour vous. Venez, je me ranimerai pour vous échauffer. Portez-vous bien.   J. »

« *P. S.* — Vous terminerez en personne votre affaire

---

[1] Chênedollé venait de publier en 1812 une seconde édition du *Génie de l'Homme*, avec une Préface dans laquelle il discutait les critiques qui lui avaient été faites ; de là de nouveaux articles de Dussault (*Journal de l'Empire* du 27 juillet et du 9 août 1812); Dussault avait déjà parlé de première édition.

des examens. On n'est bien servi que par soi; mais il faut vouloir se servir. »

M. Joubert eut beau dire et solliciter cet ami peu ambitieux qui ne consentait à se pousser ni du côté de l'Université, ni même du côté de l'Académie : il y perdit sa peine et ses insinuations charmantes. Chênedollé, à la date du 2 juillet 1823, écrivait dans son Journal, pendant un court voyage à Paris : « C'est aujourd'hui que j'ai revu Joubert. Il y avait *douze ans* que je ne l'avais vu ; je l'ai revu avec un extrême plaisir. Je l'ai trouvé vieilli, moins pourtant que je ne craignais. Du reste, la même conversation, vive, piquante, originale, la même imagination, la même verve, le même enthousiasme. » Moins d'un an après, le 4 mai, 1824, M. Joubert mourait, et cette amitié, non pas refroidie, mais raréfiée par l'absence, passait, pour Chênedollé, à l'état de culte et de souvenir[1].

[1] Je dois avouer que l'on trouve dans une lettre de M. Joubert à Mme de Vintimille, du 22 juillet 1823 (et non 1822), quelques mots légèrement ironiques sur cette visite de Chênedollé : « J'ai vu ces jours-ci *feu* Chênedollé qui ne s'est informé que de vous, qui ne m'a parlé que de notre ancien bon temps, qui ne s'occupe comme moi que de ce qu'il a connu d'aimable, et de ce qu'on peut lire de bon. Ce que c'est que de survenir à propos ! Je l'ai trouvé un homme incomparable. » Ainsi, même pour les meilleurs et les plus bienveillants comme M. Joubert, les absents avaient un peu tort.

VIII

LIAISON AVEC FONTANES.

Avec Fontanes, la liaison commença moins vivement, mais elle resta très-serrée jusqu'à la fin. Les lettres de Fontanes sont plus brèves, moins onctueuses que celles de Joubert. On sent que c'est un homme plus pressé qui écrit. Ainsi, à propos de la négociation avec Michaud :

A M. DE CHÊNEDOLLÉ,

A Vire.

« 23 juillet 1803.

« C'est Virgile qui m'ordonnait de vous désigner, Monsieur, puisqu'il faut joindre le goût à l'instruction pour le bien commenter. Il est juste qu'un poëte soit enfin chargé de ce travail, abandonné tant de fois à d'obscurs pédants. Vous n'avez nul besoin de mes conseils, mais je lirai volontiers Virgile avec vous. Venez; nous l'admirerons ensemble. J'ai écrit à M. Michaud. Il ne m'a point encore répondu; mais j'espère qu'il fera tout ce que vous désirez. Rien n'est plus juste.

« Je vous renouvelle les assurances de mon attachement, FONTANES. »

« (A Neuilly, chez madame Bacciochi.) »

AU MÊME.

« Jeudi, 5 janvier 1804.

« Il y a longtemps, Monsieur, que je vous dois une réponse. Mille embarras divers occupent la journée dans le maudit pays que j'habite, et les mois se passent sans qu'on ait rien fait de ce qu'on désire le plus. J'envie quelquefois votre sort : vous êtes maître de vos heures de loisir et de travail ; vous disposez de votre temps comme il vous plaît. La solitude remplie par votre imagination vaut bien mieux que Paris. Cependant je fais des vœux contre votre repos. Je voudrais vous revoir ici. J'espère que notre ami de Rome [1] reviendra en France avant de se fixer en Suisse, où le place le Gouvernement. Il me serait doux de vous retrouver ensemble. J'ai eu le plaisir de tromper la malveillance qui poursuivait notre ami. Son nouveau poste lui convient. Le voisinage de la France, la vue des Alpes et un *châlet* avec douze mille livres de rente peuvent suffire au bonheur d'un poëte et d'un sage. Ajoutez-y l'avantage de n'avoir rien à faire et nul objet de dépense. J'espère que le poëte et le sage seront contents. J'ai plaint vivement sa situation, quand cette aimable et malheureuse femme a perdu la vie. J'ai regretté comme vous Mme de Beaumont. Rien n'est plus attendrissant que le tableau de ses derniers moments ; vous le connaissez sans doute. Les émotions douloureuses que notre ami a dû éprouver en Italie me font encore souhaiter plus vivement qu'il la quitte bientôt. Puisse-t-il dire en Suisse :

Sæpe premente deo, fert deus alter opem !
Quand un dieu nous opprime, un autre nous soulage.

---

[1] Chateaubriand.

Il s'en faut bien que j'en puisse dire autant. Je voudrais bien aussi que ce vers devînt votre devise. Adieu, Monsieur ; songez à nous revoir, et croyez à mon éternel attachement.   Fontanes. »

Mais c'étaient surtout les conversations de Fontanes qui avaient un charme infini et toujours nouveau pour Chênedollé. Il était revenu de ce genre de conversation à la Rivarol qui est comme une escrime perpétuelle : « La conversation n'est point un assaut, disait-il, c'est une promenade qui se fait à droite et à gauche, en long et en large, et même en serpentant. » Je trouve dans ses papiers les souvenirs notés des *promenades*, des conversations diverses qui l'avaient frappé à de certains jours : l'une qui remonte à 1800 avec Joubert, avec MM. Pasquier et Molé sur Montesquieu envisagé dans sa *Grandeur des Romains*, dans le *Dialogue de Sylla et d'Eucrate*, et comparé avec Bossuet. J'en trouve une autre, du 6 février 1807, avec M. Molé sur les passions ; on y disait :

« Dans le vrai, nous sommes entourés de beaucoup de charmes sur la terre : les sciences, les lettres, les arts, la nature, quelles sources de satisfactions, si nous étions purs, si nous savions en jouir avec innocence ! Mais nous gâtons tout cela. — Hélas ! oui, ce sont les passions qui gâtent tout. Si nous pouvions réaliser la définition de M. Du Bucq[1], si nous avions de l'*intérêt* pour toutes ces belles choses, et si nous restions dans le *calme*, tout serait bien. Mais un objet trop aimable n'a qu'à se montrer, adieu toute la philosophie ! et nous voilà rejetés

---

[1] M. Du Bucq définissait le bonheur *l'intérêt dans le calme* (voir les *Nouveaux Mélanges extraits des Manuscrits de M*^{me} *Necker*, 1801, tome II, page 11).

dans l'orage. — Ne croyez-vous pas aussi que la retraite n'a tant de charmes qu'en perspective, et comme contraste avec notre inquiétude actuelle? Avec le calme parfait, elle est beaucoup moins belle. »

Je trouve notée une autre conversation avec Joubert du 2 février 1807 sur le style, sur les écrivains du jour, sur Bernardin de Saint-Pierre comparé à Chateaubriand; je me réserve d'en dire ailleurs quelque chose[1]. Ces conversations avec Joubert et Fontanes avaient surtout pour Chênedollé le grand intérêt des matières littéraires sur lesquelles elles roulaient plus habituellement. Joubert n'y ménageait rien de ces hardiesses, de ces élévations de jugement qui n'étaient qu'à lui, et qui faisaient dire à ceux qui l'écoutaient : « Joubert a une tête haute et calme; il a la hauteur et la sérénité de l'Olympe dans sa tête. — Joubert a vêtu sa pensée d'un arc-en-ciel. » Pourtant on se jugeait l'un l'autre. Quand on était avec Fontanes seul, on disait : « Joubert a le besoin et le tourment de la perfection; mais ses idées sont tellement prises dans le ciel, qu'il n'y a pas de langage humain qui les rende. » — « Joubert, en métaphysique, fait des entrechats sur la pointe d'une aiguille. » — « Il ne faut pas trop *affiner* le style. Le style de Joubert est trop métallique; il manque de mollesse. » D'un autre côté, quand on était avec Joubert seul, on disait : « Fontanes a un style poli sans éclat. Il caresse bien la phrase, mais elle ne laisse pas de sillon; elle ne s'imprime pas. » — Sur Chênedollé même nous verrons bientôt l'opinion de tous deux.

La littérature de la fin du XVIIIᵉ siècle et de l'Empire n'a jamais été jugée avec plus de piquant et plus en connaissance de cause que par ce petit groupe qui l'obser-

---

[1] Elle est dans le premier volume, à la fin de la septième Leçon.

vait de si près, et qui se composait de gens du métier, à la fois gens du monde, et sans envie. Je ne puis que citer des propos saisis au passage et comme interrompus. Par exemple, on disait :

« Il y a dans Chénier (Marie-Joseph) un commencement d'élégance sur un fond d'insipidité.

« Les Grecs disaient qu'il y avait un pays où il n'y avait pas de printemps, mais un air tiède : de même, dans Chénier, il n'y a pas de poésie, mais une apparence de poésie.

« Chénier était né pour la satire et non pour la tragédie. Souvent il a glissé la satire jusque dans le drame : il a manqué sa vocation.

« Ce n'est pas que Chénier manque de combinaisons tragiques. Il a une tête assez large. On peut lui trouver même de l'élégance et de l'harmonie ; ce qui lui manque, c'est le charme ; il n'a point le *souffle divin*, mais c'est son frère qui l'avait bien éminemment ; c'est celui-là qui était poëte[1].

« Chénier a sûrement du talent, mais c'est un talent fait, un talent artificiel. Il a fait son esprit avec celui des autres. »

— « Les écrivains du XVIIIe siècle se sont fait leur originalité : leur esprit est fait, il est artificiel, il est de pièces et de morceaux. Mettons vite Voltaire à part. Exceptons aussi Montesquieu, qui s'est bien fait son talent, mais avec ce qui était à lui. Il en est de même de Buffon ; mais n'exceptons ni Rousseau ni les autres. Quant aux écri-

---

[1] Ceci se disait en 1807. — Ce petit monde d'élite avait été fort informé d'André Chénier par Mme de Beaumont, qui l'avait connu. Chênedollé le connaissait également par ce qu'il en avait appris à Hambourg. Pour eux tous, André était bien resté l'*aîné* de Marie-Joseph.

vains du siècle de Louis XIV, ils ont une originalité en quelque sorte obligée, une physionomie *native*. On sent qu'ils ne pouvaient pas écrire autrement. »

« Le style de Montesquieu est plutôt une merveille qu'un modèle. »

Sur Buffon, il se livrait de vifs combats :

« Joubert prétend qu'il n'y a que de fausses beautés dans Buffon. Il prétend que son style est contagieux, parce qu'il cache l'emphase sous un air de sagesse. » — « Cela est injuste de tout point, s'écriait Chênedollé. Buffon n'est pas le premier des écrivains, sans doute Pascal et Bossuet sont au-dessus de lui ; mais c'est un très-grand écrivain. La pureté parfaite du style s'allie en lui à une noblesse continue. Il a donné à la langue française cette élévation calme et majestueuse que Platon avait donnée à la langue grecque. » — « Arrêtez ! s'écriait à son tour Joubert, n'associez point à Buffon le nom de Platon, ce génie de la grâce. »

« La Bruyère est beaucoup loué, il ne l'est pas assez. Il y a de plus grands styles que le sien, il n'en est point de plus parfait ; tous les genres de beautés de style sont dans son livre. »

« La Rochefoucauld a connu à la fois le style coupé et le style périodique, et dans ses *Mémoires* il s'est approché de très-près des formes des plus grands modèles. Il y a des endroits qui ne seraient au-dessous ni de Pascal ni de Bossuet. On y trouve une beauté simple d'expression, une extrême vigueur de pensée, et souvent une manière de relever la phrase qui est tout à fait dans le goût des grands maîtres. »

« Les Anciens peignaient toujours dans les objets la beauté présente ou absente. Ainsi, dans la difformité ils peignaient la place de la beauté, et dans la vieillesse la place de la jeunesse. Les Modernes n'ont voulu peindre dans la difformité que la chose même : il n'y a point d'enfoncement et point de *recul* dans leur manière de sculpter ou de peindre. »

« Il ne faut pas que les objets que l'on peint soient d'une vérité matérielle ; il faut que les chairs ne soient pas les chairs de la nature : en un mot, il faut rendre les vérités par des illusions. »

« Dans la critique, on peut mêler les images et les formes de l'éloquence à la discussion : Diderot l'a fait avec succès. Fontanes, suivant Joubert, est souvent pris aux fausses beautés, mais il sent vivement le vrai beau. Il a aussi cherché à donner une forme animée et des parures à la critique. »

« Il y a de l'incomplet dans le talent comme dans la pensée de La Harpe. Dans les dernières années de sa vie, l'indignation lui a donné du talent [1]. »

« Il y a plus encore de *folies de style* que de *folies d'idées* dans les ouvrages de Diderot. »

« Tout le siècle de Louis XV est là-dedans : un sérieux qui n'a pu être effacé par le frivole. »

« Joubert dit que le style de Rousseau fait sur l'âme l'impression que ferait la chair d'une belle femme en nous touchant. Il y a de la femme dans son style. »

« Le poëme descriptif n'est qu'une fantaisie poétique : on peut se la permettre, mais il faut qu'elle soit courte. »

« Delille a l'air de tenir boutique de poésie : « Voulez-« vous un cheval ? un coq ? une autruche ? un colibri ?... »

---

[1] C'est sans doute pour exprimer ce mouvement d'ardeur sénile et ce feu supérieur en lui à la force réelle de son talent, qu'on rappelait en plaisantant le mot de Diderot : « La Harpe est une rosse qui a de beaux crins. »

« Voltaire fait de la poésie à la bougie, mais Virgile en fait aux rayons du soleil. »

Ceci ne passait point sans contradiction : Fontanes faisait ses réserves en faveur de Voltaire, comme Chênedollé tout à l'heure avait fait pour Buffon. Cependant tous s'accordaient à peu près à conclure :

« Voltaire a fait des vers très-pompeux, très-éclatants, mais il n'y a pas de style en vers; il ne connaît pas le *tissu* du style poétique. Il a des vers, et point de style. »

« Saint-Lambert n'a pas le *velours* de la mélancolie, il n'a que de la tristesse. Virgile a des vers *rêvés*. Il n'y a que les vers *rêvés* qui plaisent. »

« En poésie, toute rêverie doit être courte. »

« Fontanes dit que Le Brun est un poète de mots. — Et ce n'est pas peu, répond Joubert. »

« Esménard, — un ébéniste en vers. »

« Legouvé, — un émailleur. »

« Les vers de Baour sont gros et gras; mais ils sont sans muscles et surtout sans nerfs. Ce sont les *Amantini* de la poésie. — Si on lui mettait du coton dans les oreilles, il ne ferait plus de vers[1]. »

---

[1] Ce n'est pas mon avis que je donne sur ces différents poëtes, mais celui du petit groupe littéraire que j'écoute et dont je me fais l'écho. Pour Baour-Lormian que j'ai personnellement connu, il était bien tel qu'on le dit ici : un eunuque de la poésie; de beaux sons, de l'harmonie, mais un vide complet. Avec cela une vanité égale pour le moins à celle de Lemierre. Vers la fin de sa vie, il avait traduit le livre de *Job* en vers; je faisais alors mes *Causeries du Lundi* dans *le Constitutionnel*; il m'envoya son livre, en me priant d'en parler. J'éludai poliment. Là-dessus piqué, il m'écrivit qu'il avait bien entendu, en manifestant ce désir, me faire un honneur. Il parut croire que j'avais craint de déplaire à *tout un parti* en disant du bien de lui. Je ne pus m'empêcher de lui répondre (car moi aussi je suis un peu du *genus irritabile*), que c'étaient là des

« Le talent de Boisjolin n'était qu'une tulipe inodore ; elle a été noircie dans l'espace d'un jour par les feux du soleil. »

« Joubert veut de l'avenir dans toutes ses idées. Il veut que le premier mot touche le dernier, y réponde moyennant un enchaînement continu. Il veut que dès le vestibule tout s'annonce :

> Apparet domus intus et atria longa patescunt.

Il faut qu'on entrevoie les longs portiques dans une idée, — et aussi qu'arrivé à la fin, en se retournant, on revoie tout le passé d'une seule perspective. »

Ce qui rejoint cette autre pensée imprimée et la complète : « Il faut que la fin d'un ouvrage fasse toujours souvenir du commencement[1]. »

On peut deviner par ces simples traits épars l'ordinaire des entretiens ; mais quand il était en tête-à-tête avec Fontanes, Chênedollé jouissait plus complètement encore : il causait vers, procédés de l'art, secrets du métier ; il pouvait parler uniquement des choses qu'il aimait le plus. Ici je n'ai qu'à recueillir, pour être fidèle, l'expression si vive, si naïve, si abondamment épanchée, de ses regrets, lorsqu'il apprit la mort de son ami :

« 21 mars 1821.

« La mort de M. de Fontanes [2] a achevé de me désen-

gasconnades qui étaient déjà usées il y a quarante ans : « Non, Monsieur ; entendons-nous bien, je n'ai jamais craint, en parlant de vous, de déplaire à d'autres qu'à vous-même, etc. » — Baour, dans sa jeunesse, s'escrimant contre Le Brun au jeu de l'épigramme, avait eu, un jour, de l'esprit, mais en général il en manquait.

[1] *Pensées* de M. Joubert, tome II, page 115.
[2] Fontanes mourut le 17 mars 1821.

chanter de tout, même des Lettres et de la poésie, aussi vaines que tout le reste. Quand je repasse en ma mémoire les momens ravissants que nous avons passés ensemble en corrigeant les vers du *Génie de l'Homme* ou ceux des odes de *Michel-Ange* et d'*Homère*, quand je songe aux promenades délicieuses que nous avons faites en 1807 au bois de Boulogne, au bois de Vincennes, et qui étaient pour moi une suite d'études poétiques où je trouvais tout ce qui pouvait me fortifier et m'enchanter, critique fine et piquante, instinct poétique admirable, goût rapide et infaillible, mémoire imperturbable, citations variées à l'infini et toujours à propos, abondance intarissable d'images, d'expressions créées et de vers improvisés, faits de verve et de génie ; — quand je me rappelle tous ces souvenirs et que je songe que tout cela est perdu pour toujours, et que je ne retrouverai plus rien de tant de trésors, j'ai le cœur tellement serré et angoissé, que je n'ai plus de force ni de goût pour rien.

— « J'ai tout perdu en perdant M. de Fontanes. C'était pour moi plus qu'un maître, c'était un ami, un frère littéraire. Avec quelle bonté, quelle patience, quel scrupule poétique il m'a aidé à corriger *le Génie de l'Homme* tout entier et quelques-unes de mes odes! Il ne laissait pas passer un vers faible sans le tourner et le retourner, jusqu'à ce qu'il fût aussi bien qu'il l'eût désiré pour lui-même. Il en faisait, pour ainsi dire, une affaire de conscience. Il aurait cru manquer à la délicatesse en laissant subsister une tache dans les vers qu'on lui soumettait. Je n'ai jamais vu d'homme plus éloigné de la jalousie littéraire et qui rendît une justice plus pleine et plus franche au talent. C'était pour lui un bonheur, un besoin. Fontanes aimait la jeunesse, il aimait l'espérance. Tout ce qui annonçait du talent était sûr de trouver faveur et protection auprès de lui. Voyez avec quelle bonté il m'a accueilli, ainsi que Chateaubriand, Victorin Fabre, Millevoye, Bruguière, Gueneau, etc. — Aussi je ne l'oublierai jamais. J'ai eu la plus vive affection pour lui pendant sa vie, je la lui garde après sa mort. Sa mémoire me sera toujours chère; je ne manquerai jamais une occasion de l'honorer, de la proclamer comme je le dois. Je serais le plus ingrat des hommes si j'oubliais un homme si aimable, d'un commerce poétique si attachant, un homme qui me fut si cher et à qui je dois tant. Rivarol, Chateaubriand et Fontanes sont les trois hommes de Lettres que j'ai le plus aimés. La mort de Rivarol m'accabla, m'attéra plus fortement que celle de Fontanes parce qu'elle était plus imprévue; mais elle ne me laissa pas au fond de l'âme un regret plus amer et plus cuisant.

« Chateaubriand est, de tous les hommes de Lettres, celui que j'ai le plus aimé d'affection et de cœur. Rivarol m'a charmé davantage, mais je n'ai pas autant chéri sa personne.

— « Je n'ai point connu de conversation littéraire plus abondante, plus vive, plus animée, plus pittoresque, plus fertile en heureuses citations, et où il y eût plus de *soudaineté* que dans celle de M. de Fontanes. Celle de Rivarol était plus éblouissante, plus étincelante, mais non pas plus pleine, plus fertile, et bien inférieure pour le goût. Ce n'est pas que Fontanes se préoccupât extrêmement du goût en causant : autant il était sage et mesuré la plume à la main, autant il était animé, emporté, hasardeux dans la conversation, et d'une gaieté qui allait quelquefois jusqu'à la folie. Fontanes faisait des essais en conversation : il *tentait* beaucoup, afin de reconnaître toute l'étendue et les ressources de son imagination; mais il reprenait toute sa mesure, lorsqu'il mettait la plume à la main, et n'écrivait jamais que sous l'œil du goût le plus pur et le plus sévère.

« La brusquerie de Fontanes se corrigeait par son sourire. Ce n'est pas dans les yeux, c'est dans le sourire, c'est dans les deux coins de la bouche que Fontanes avait une expression céleste. C'est par là que s'exprimait en lui l'inspiration du poëte. Je l'ai vu une fois avec une figure inspirée et le rayon de feu sur le front [1]. »

« 25 mars.

« Il n'y a plus de haute littérature en France depuis la mort de M. de Fontanes. C'était *le dernier des Grecs*. Lui seul soutenait la poésie et la belle prose sur le penchant de leur décadence; il en était l'arbitre. Le goût, l'élégance, l'art des beaux vers, ont disparu avec lui, et personne ne se présente pour le remplacer [2]. L'absence de M. de Fontanes est une perte irréparable pour les Lettres; on ne retrouvera plus en France un homme né avec un sentiment aussi exquis de l'harmonie, avec un goût aussi pur, aussi élevé, avec une imagination aussi éminemment poétique, et un tel *grandiose* dans la facture du vers. Je ne connaissais rien de comparable à la conversation de Fontanes, lorsqu'il parlait de littérature, de poésie, de vers, avec une personne qui était

---

[1] J'ai placé précédemment et semé en plus d'un endroit quelques-uns de ces traits sur Fontanes, mais j'ai cru devoir les reproduire ici avec leur mouvement même et dans leur suite, dans toute la verve de sentiment et d'affection qui les a inspirés.

[2] Il serait trop aisé de rappeler comment et par qui M. de Fontanes a été dépassé à bien des égards, quoiqu'il reste vrai de dire peut-être qu'il n'a pas été remplacé. Ces exagérations d'une douleur sincère m'ont paru dignes d'être conservées comme rendant l'idée vive des contemporains qui s'éclipse trop vite à distance. Chaque génération qui finit est disposée à croire que tout finit avec elle, de même que chaque génération nouvelle se figure aisément qu'avec elle tout commence.

digne de l'entendre et qui rendait un peu. Il fallait l'entendre surtout lorsqu'on lui soumettait un ouvrage où il y avait du talent et qui lui plaisait. Avec quelle verve il corrigeait! que d'images, que d'expressions créées! que de vers entiers il vous fournissait sur-le-champ! Son imagination poétique était alors vraiment inépuisable. Barthe, en arrivant chez lui, lui disait : « Je viens vous demander « de la matière poétique; » et Barthe avait bien raison, car il en donnait tant qu'on voulait. Chose digne de remarque! il avait plus de verve, plus d'abandon, plus d'entraînement, une plus grande profusion d'images et d'expressions lorsqu'il corrigeait pour un autre que lorsqu'il composait pour lui-même. L'idée extrêmement délicate et exaltée, extrêmement sévère, qu'il s'était faite du bon goût, le rendait un peu timide lorsqu'il prenait la plume en son nom, et il n'osait peut-être pas assez lorsqu'il composait pour son compte. Il était plus à l'aise lorsque l'ouvrage d'un autre lui servait de canevas pour y jeter ses brillantes couleurs et y prodiguer toutes les magnificences de sa poésie.

— « Rappeler ce que me dit M. de Fontanes, la dernière fois que je le vis (24 juin 1820), sur Cicéron, comme orateur. Il venait de relire la *Milonienne*, qu'il jugeait le plus grand effort du génie oratoire, et il trouvait Cicéron bien supérieur à Bossuet; il est plus riche, plus abondant, plus délié, plus adroit comme orateur que Bossuet. Il avait été confondu de l'oraison *Pro Milone*.

— « Nous avions surnommé Fontanes, Chateaubriand et moi, en riant, le *Sanglier d'Érymanthe*, et cela peignait à merveille sa brusquerie et sa verve. Que de fois nous nous sommes arrêtés dans le jardin des Tuileries devant le Sanglier de Calydon, en disant: « Voilà bien le portrait « de Fontanes! c'est lui lorsqu'il s'appuie sur sa canne

« et qu'il en frappe la terre en disant[1] : — Eh! vous
« croyez ça? — Babylone! Thèbes aux cent portes! —
« Londres n'est que la ville des marchands, ce n'est qu'un
« grand comptoir. Paris est la ville des arts et des rois.
« Babylone! Thèbes aux cent portes! — Voyez-vous
« Louis XIV assis sur la plus haute des cheminées du
« palais de Versailles? Le voyez-vous qui commande à tout
« son siècle?» Et alors il faisait la description la plus vive,
la plus animée, des merveilles de ce règne, des arts, des talents, des génies qui y rivalisaient d'éclat et de grandeur. »

On conviendra qu'il fallait toute l'audace de la conversation pour faire passer et faire admirer ce Louis XIV
assis sur une des cheminées de Versailles. Une telle image
s'associerait mieux à l'idée qu'on se fait de Diderot causant qu'à la tradition toute classique et régulière qui
s'attache au nom de Fontanes. Oh! que les livres nous
rendent peu les hommes! Nous ne connaissons bien que
ceux que nous avons vus de près et entendus.

Les charmes de la conversation de Fontanes revenaient
habituellement à l'esprit de Chênedollé, et toutes les fois
surtout qu'il rencontrait quelque chose de contraire, ce
qui lui arrivait souvent. Ayant eu l'occasion, quelques
années après, de voir un des successeurs du premier
Grand-Maître, M. Frayssinous, il écrivait sous l'impression toute vive du contraste :

« 3 juillet 1823. — J'ai vu aujourd'hui l'évêque d'Her-
mopolis : c'est un homme fort en théologie et qui a bien
lu son Bossuet; mais il est difficile d'être plus pauvre en

---

[1] Il ne faut prendre ce qui suit que comme une note qui rappelle un
air qu'on ne nous donne pas. Cette note nous a paru pourtant assez
singulière d'accent pour devoir être conservée.

littérature, il ne s'en doute pas. Ce n'est pas là la conversation de Fontanes! celle de M. Frayssinous n'a ni grâce, ni éclat, ni piquant, ni nouveauté : c'est une conversation terne et banale, délayée dans un accent gascon. — M. Raynouard, que j'ai vu aussi aujourd'hui, est un petit homme bien Marseillais, qui a l'accent provençal très-prononcé, avec une conversation sans élégance, sans charme, et qui pourtant révèle, à travers les incorrections du langage, beaucoup d'esprit et d'immenses connaissances; mais ce n'est pas là l'éducation poétique de Fontanes, ce n'est pas là... »

Et il continuait l'expression de ses regrets, comptant sur ses doigts le très-petit nombre de ceux avec qui désormais il pouvait causer encore littérature et poésie. Il en nommait jusqu'à trois. Je laisse les noms en blanc. — En connaissez-vous beaucoup plus [1] ?

[1] Puisque j'ai cité quelques-unes des conversations qui ne dédommageaient pas Chênedollé de ce qu'il avait perdu, il est juste, avec lui, d'en citer une au moins qui perpétuait et renouvelait la tradition brillante. Il écrivait le 11 juillet 1823 : « J'ai eu ce matin une conversation très-intéressante avec Villemain sur le style, sur Rivarol, sur les hommes de génie, sur ce qu'on peut faire avec du talent après les hommes de génie : élégance continue, audace dans l'expression, style laborieux qui aille solliciter la langue jusque dans ses derniers retranchements. Villemain trouve que le style de Rivarol manque d'originalité, de création et d'audace : il ne lui trouve pas un côté assez neuf. Il reconnaît deux sortes d'écrivains : les écrivains de génie qui créent leur langue comme leurs idées, tels sont Pascal, Bossuet, Corneille; — et les écrivains de talent qui, venant après les écrivains de génie, renouvellent la langue par l'emploi nouveau et hardi qu'ils font des mots. Tel a voulu être Rivarol. « Or,
« je trouve, continue Villemain, que Rivarol manque de création et
« d'audace : il en manque même dans sa traduction de Dante. Je sais
« que Buffon a dit que c'était *une suite de créations;* mais c'est un mot
« de courtoisie. Je ne trouve même pas là ces alliances de mots, ces ex-
« pressions créées dont Rivarol parle tant. Je ne sais non plus si c'est

« une idée heureuse que d'avoir voulu rendre le Dante constamment
« noble, élégant et pompeux. J'aime mieux le vrai Dante, simple,
« naïf, énergique et grossier même. Je n'aime pas que Rivarol fasse
« des tours de force et d'élégance pour ennoblir ce qui est bas et
« franchement grossier. Pourquoi dire avec recherche et périphrase :
« — « Versant à jamais des larmes qui n'arrosent plus leur poitrine
« (*Enfer*, chant xx), » — et « courbant avec effort les noires voûtes de son
« dos, il leur donnait pour le départ un signal immonde (chant xxi) ? »
« Ces phrases ingénieuses et recherchées forment de véritables contre-
« sens avec le fond de l'ouvrage ; elles détonnent avec le caractère de
« l'original. Je crois Chateaubriand un artiste de style bien autrement
« heureux, énergique et hardi, que Rivarol. — « Et jette son manteau
« d'argent sur le dos des ombres, » — voilà du style pittoresque, de la
« grande nouveauté de style... » — Tout ceci est incontestable et dit
à merveille ; mais, pour être tout à fait juste, il resterait à savoir si, à la
date où parut la traduction de *l'Enfer* par Rivarol (1783), d'autres eussent été plus hardis en traduisant, ou même aussi hardis que lui. Le
sentiment critique de la poésie aux différents âges, et sous les formes
les plus diverses, est une des conquêtes littéraires du xixe siècle. Rivarol
y préludait à sa manière en s'attaquant à Dante ; il mesurait certes toute
la hauteur de l'entreprise, et quelques pages très-belles de sa Préface
où il apprécie le poëme en font foi.

IX

PUBLICATION DU *GÉNIE DE L'HOMME*.

Il nous faut revenir un peu en arrière. Affligé par des douleurs de cœur dont nous n'avons fait que soulever le voile, Chênedollé semblait, dès les premiers pas, renoncer à la palme qu'il avait brûlé d'obtenir. Il trouva pourtant en ces années (1805-1806) quelques consolations dans la nature, et aussi dans la société d'une personne gracieuse dont il avait dû la connaissance à M. de Chateaubriand. Mme de Custine, qui habitait Fervaques, était un peu sa voisine de Normandie. Cette adorable femme, qui elle-même connaissait si bien la tristesse et les pleurs, ne se laissa point décourager par les sauvageries et les silences de l'ami de son ami ; à force d'attentions et presque d'obsessions, comme il est permis à l'amitié délicate, elle redonna un peu d'intérêt à cette existence flétrie. Je pourrais m'arrêter ici à tracer un portrait charmant, si cela ne sortait décidément un peu trop de la littérature. — « Adieu, reine des roses ! » c'est ainsi que M. de Bouflers appelait Mme de Custine [1].

Cependant, à travers les heures de tristesse et de deuil, *le Génie de l'Homme* était terminé, et ce poëme, qui aurait dû voir le jour en 1802, parut au printemps de 1807. Tout le monde en connaît de beaux vers, et notre enfance a été accoutumée à en admirer plus d'un tableau. Je viens de le lire dans son ensemble, et je dirai avec fran-

---

[1] Voir ci-après, à la page 322, le petit *Appendice* à l'Étude sur Chênedollé.

chise l'impression que j'en ai reçue. Il y a, certes, bien de l'élévation, de la fierté native dans ce talent; la région habituelle est haute. Elle l'est même trop, ou elle ne l'est pas assez. Je m'explique : les paysagistes ont remarqué qu'il y a des montagnes qui excèdent la hauteur moyenne sans atteindre jusqu'à la région sublime; la végétation y cesse déjà, les neiges éternelles n'y étincellent pas encore. Leur cime reste dépouillée et nue à l'œil, dans une teinte un peu grise. Je reçois quelque chose de cette impression en lisant d'une manière continue le poëme. Je n'y rencontre ni la splendeur éblouissante des Alpes, ni la grâce riante des collines. Il y a dans Chênedollé plus et moins que dans Delille : c'est moins gentil, moins égayé de détail, moins agréable à lire; c'est plus grave, plus élevé, plus soutenu, aussi plus monotone. L'agrément y manque un peu, et il ne devrait jamais manquer, même dans la haute poésie : le grave n'est pas le triste, et aucun genre ne dispense le poëte d'avoir de la fraîcheur, de la joie dans le style. Mais, cela dit, que de beaux vers, que de riches descriptions, que de nobles essors de pensée ! Dans le premier Chant, le poëte montre l'homme étudiant les *cieux*, et, dans le second, étudiant la *terre*, le globe qu'il habite; dans le troisième Chant, c'est l'homme même qui est en jeu et qui essaye de sonder sa propre nature; dans le quatrième enfin, la société s'invente, et l'être social s'accomplit. « L'homme lève d'abord ses regards vers le ciel, il les laisse ensuite tomber sur la terre, puis il les reporte sur lui-même, et enfin il cherche quelles sont les lois sous lesquelles il vit. » Le poëte a couronné tout cet ensemble par un titre suffisamment justifié : *le Génie de l'Homme.*

En voyant l'homme nu, réduit à sa faiblesse,
Qu'une voix nous eût dit : « Accroissons sa vitesse,

« Qu'en franchissant les mers il vole en d'autres lieux ;
« Qu'il soumette la foudre et désarme les cieux,
« Qu'il dispose à son gré de l'étoile polaire ;
« Que la foudre en ses mains, terrible ou tutélaire,
« Frappe ses ennemis, ou, dans des jeux plus doux,
« Perce l'oiseau léger qui fuit en vain ses coups ;
« Que Saturne, pour lui, soit captif sous le verre ;
« Que sa pensée arrive aux deux bouts de la terre,
« Et qu'il soit invisible et présent en tout lieu ; »
On se fût écrié : « Vous en faites un dieu ! »
Et toutefois, vainqueur d'innombrables obstacles,
Des arts, autour de lui, rassemblant les miracles,
Au sceptre social soumettant l'univers,
L'homme a réalisé ces prodiges divers !

Dans l'épisode du jeune Léon (au Chant III), Chênedollé semble avoir voulu nous donner son propre René et réaliser un idéal de lui-même dans la crise de sensibilité où nous l'avons entrevu, sous l'éclair de la douleur et de la passion. Le quatrième Chant offre des beautés de l'ordre le plus sérieux ; l'élève de Rivarol et de Montesquieu s'y dessine avec vigueur. Il s'y prononce ouvertement pour la forme monarchique, et caractérise énergiquement le vice populaire :

Toi, qui des grands États observant la police,
Veux sur leurs vrais appuis en asseoir l'édifice,
Rehausse la couronne, et sache que la loi
Ne peut de trop de pompe environner un roi.
La majesté des rois rend le peuple docile.
. . . .
Mais dans un frêle État, où, d'intrigues suivie,
La multitude hait les places qu'elle envie,
Le rang des magistrats est sans cesse insulté,
Et bientôt dans leurs mains périt l'autorité.

Ce poëme, si fait pour assurer à l'auteur au moins une très-haute estime, fut jugé assez diversement à l'instant où il parut. Des trois ou quatre amis dont le suffrage avait du poids, Joubert paraît avoir été le plus favorable. « Ce qui caractérise surtout votre talent, me disait Joubert, c'est l'*haleine*. Il est impossible de voir dans votre poëme les points de repos, les instants où vous vous êtes arrêté et où vous avez repris l'ouvrage. Tout le poëme paraît fondu d'un seul jet. » — Il n'y a pas de pause en effet, et c'est même une raison de fatigue pour le lecteur. Joubert lui disait encore : « Il y a dans votre ouvrage une *circulation* qui anime tout. On voit la vie et le sang partout. Il y a de l'harmonie de pensée et de l'harmonie pour l'oreille. »

Quant à Fontanes, en homme du métier, il entrait davantage dans le détail. Il goûtait peu le Chant de l'Astronomie, l'ayant lui-même conçu autrement; mais, à propos des vers de la *mémoire* au Chant III, il disait : « Ce sont des vers excellents, tout cela est neuf, tout cela est à vous; on ne fait pas mieux. » De tout le Chant de l'*Homme* il disait encore : « C'est bien enlacé; il y a là de la force et de la puissance, mais c'est un peu raide et un peu sévère. On entend quelquefois le bruit des anneaux de fer. On pourrait vous assouplir et vous détendre, mais on vous ôterait de votre force. » Enfin veut-on savoir comment il s'exprimait dans l'absence du poëte : « Voilà le secret de Fontanes sur mon talent; il disait à Joubert : Chênedollé a toutes les parties extérieures du poëte, l'oreille, l'harmonie, l'art, et quelques-unes des intérieures; mais il ne se défie pas assez de sa mémoire. Il prend des idées, et quelquefois des expressions. Cependant il serait capable d'avoir de très-belles choses par lui-même s'il voulait s'évertuer davantage, descendre en lui, et faire passer ses idées au travers de sa propre nature. Il est d'ailleurs d'une docilité admirable à la critique, trop docile même, et d'un honneur littéraire imperturbable. » Et revenait toujours la comparaison avec Esménard, le grand *descriptif* du moment : « Esménard lui est-il supérieur ? » Fontanes ne tranchait pas la question sans balancer; il inclinait toutefois à croire Chênedollé supérieur, et nous pensons aisément comme lui[1].

Quelques années après, Chênedollé écrivait sur un exemplaire du *Génie de l'Homme* la note suivante qui témoigne de sa candeur :

« J'avais eu, en faisant cet ouvrage, une grande pensée, c'était d'appliquer la poésie aux sciences; mais je crois que les sciences sont encore trop vertes, trop jeunes pour recevoir un pareil vêtement. C'est une erreur de croire que la poésie soit la compagne de l'enfance des sociétés. Pour qu'elle peigne un certain ordre d'idées avec succès, il faut que la civilisation soit très-avancée, et que ces idées aient déjà un commencement de popularité. Alors elle s'en empare avec fruit, et les fait entrer, au moyen de sa divine harmonie, dans tous les esprits et dans toutes les têtes; mais dans l'état des choses actuelles, la science n'était pas encore nubile : il ne fallait pas songer au mariage. — J'aurai du moins ouvert la route, et

---

[1] Je lis encore dans une note de Chênedollé, d'une date bien postérieure : *Jugement de Fontanes sur moi rapporté par Villemain :* « M. Chênedollé a assurément beaucoup de talent, beaucoup d'esprit; il fait parfaitement les vers, il a une facture à lui; mais il ne se défie pas toujours assez de sa mémoire. Il emprunte des hémistiches, et, soit dit en passant, il m'en a pris à moi, et plusieurs. » — « Tout est là, ajoute Chênedollé, l'excellent critique, le littérateur, le poëte, l'ami et le bon homme. » Et moi, j'ajouterai que, dans cette manière de prendre la critique d'un ami, il y a tout en effet, et, par-dessus tout, le galant homme.

mon livre sera peut-être quelque jour l'occasion d'un bon ouvrage. »

Est-il donc bien vrai que la maturité de la science la prépare en effet à un hymen suprême avec la poésie? Non, la poésie de la science est bien à l'origine ; les Parménide, les Empédocle et les Lucrèce en ont recueilli les premières et vastes moissons. Arrivée à un certain âge, à un certain degré de complication, la science échappe au poëte ; le rhythme devient impuissant à enserrer la formule et à expliquer les lois. Le style des Laplace, des Cuvier et des Humboldt (celui de Cuvier et de Laplace surtout), est le seul qui convienne désormais à l'exposition du savant système.

Le poëme du *Génie de l'Homme* ne fut point reçu du public de l'Empire comme il le méritait : on aurait dit, quand il parut, que Delille et en dernier lieu Esménard eussent épuisé toute l'admiration pour le descriptif, et qu'il n'en restât plus après eux. Le *Journal de l'Empire*, qui donnait alors le signal des succès littéraires, se montra poli, mais réservé, par la plume de M. de Féletz (20 mai 1807). L'aimable et spirituel vieillard me racontait hier encore qu'un jour, à un dîner chez M. de Chateaubriand, celui-ci le pria de rendre compte du poëme de son ami. Deux jours après, Chênedollé, qui était au dîner, vint voir le critique, et, d'un air tant soit peu effrayé, lui dit : « Monsieur, c'est de la poésie sérieuse ; point de plaisanterie, je vous en conjure ! » Une telle crainte ainsi exprimée est bien tentante pour le critique malin. M. de Féletz s'abstint de plaisanter, mais aussi il tempéra l'éloge. Cet article[1], qui n'était que froid, parut amer à Chênedollé ; il lui attribuait les plus fâcheuses consé-

---

[1] Voir les *Mélanges* de M. de Féletz, tome II, page 498.

quences : « L'article de Féletz est *indécis*, il ne donne pas le désir de lire l'ouvrage. J'aurais mieux aimé la critique franche et rude d'un ennemi qui me dirait : Je vous prends corps à corps, et je veux vous prouver que votre ouvrage est mauvais. » Quelques mois après, le même *Journal de l'Empire* insérait un article de Dussault (25 novembre 1807)[1] destiné évidemment à panser la plaie du poëte, mais qui avait l'inconvénient de constater en public le non-succès du poëme. Cet appareil, mis tout exprès sur la blessure, était assez maladroit. Oh ! qu'Esménard s'entendait mieux à travailler ses succès et à insinuer ses vers[2] !

En somme, si nous cherchons la cause de ce peu de succès du *Génie de l'Homme* dans des raisons plus intérieures et plus essentielles, nous la trouverons sans trop de peine. Chênedollé n'appartenait à aucune école bien définie. Nous l'avons vu se rattacher au groupe de 1802 ; mais il n'en est pas exclusivement et purement comme Fontanes et Joubert. Il y apportait d'autre part des impressions antérieures déjà fortes. Rivarol avait mis une première marque sur son esprit. Il avait admiré Klopstock, il avait visité madame de Staël ; Delille l'attirait aussi. Il est un trait d'union entre ces divers groupes. Son dessein eût été de combiner en lui des maîtres bien différents : « Il faut inventer, disait-il, avec l'imagination de Rivarol, et corriger avec celle de Fontanes. » Or, le public aime assez les choses simples et les classements

---

[1] *Annales littéraires* de Dussault, tome II, page 389.

[2] Chênedollé avait gardé une dent contre M. de Féletz. « Quand je dis à Féletz : Cet article (un article qu'il lui demandait sur les OEuvres de Rivarol publiées en 1808) est tout à fait dans votre genre : d'ailleurs votre esprit a du rapport avec celui de Rivarol, — il eut presque l'air d'être humilié de la comparaison. Ce trait est plus gai que tout le Recueil de Rivarol. »

bien nets, dût-il en résulter dans les productions quelque faiblesse. A moins d'un de ces rares miracles qui l'enlèvent, il veut une œuvre qui rentre autant que possible dans un genre connu, et, à première vue, il s'accommode mieux encore d'un poëme de Campenon que de celui de Chênedollé [1].

[1] Tout d'ailleurs ne fut pas mécompte pour le poëte : il eut quelques chauds admirateurs. M. de Langeac, le traducteur des *Bucoliques*, ne parlait qu'avec enthousiasme de l'œuvre nouvelle, et s'écriait : « Esménard! il le joue sous jambe. » (Toujours Esménard!) Le jour même de l'article de M. de Féletz, Chênedollé entra chez Saint-Ange, qui lui dit pour premier mot : *Je vous ai lu, ça n'est que sublime!* Chênedollé ne peut s'empêcher de sourire, mais il avoue que cela le consola un peu.

X

VIE DE RETRAITE.
UNE CANDIDATURE ACADÉMIQUE.

Les années qui suivirent cette publication furent, pour Chênedollé, des années assez heureuses. Nommé par M. de Fontanes professeur de Littérature à Rouen (1810), bientôt ramené et fixé comme inspecteur de l'Académie de Caen dans son pays natal (1812), marié dès 1810 à une digne compagne, Mlle de Banville, il oublia peu à peu ses tristesses, ses premiers orages, et put s'asseoir avec calme au milieu de la vie. Tout entier à ses devoirs nouveaux, à ses études chéries, à ses liens de famille, il passait la plus grande partie de l'année dans sa charmante campagne du Coisel, et pratiquait jour par jour cette poésie de la nature que d'autres célèbrent ou exploitent sans la goûter. Il venait rarement à Paris, et, s'il y revoyait d'abord toute personne et toute chose avec intérêt et fraîcheur, il s'en retournait toujours avec joie, repassant ensuite lentement sur les souvenirs. Il retouchait ses anciens vers, en ajoutait quelques-uns selon l'inspiration, méditait son poëme épique de la *Jérusalem détruite*, et, dans ce doux mélange de soins et de loisirs, les saisons, les années rapides s'écoulaient. Sans empressement personnel, sans envie, il était attentif à ce qui se produisait de nouveau ailleurs, et prêt à y applaudir de loin comme un frère aîné demeuré sur le rivage. Les essais de la lyre moderne n'avaient pas de quoi l'étonner ; il était lui-même un des nobles ouvriers de cette lyre, et il avait hâte de la voir se révéler au complet avec toutes ses cordes, avec toutes ses ailes. De bonne heure préoccupé d'André Chénier, il avait curieusement suivi les quelques fragments qu'on en avait publiés par intervalles[1], et, sachant qu'après la mort de Marie-Joseph M. Daunou était devenu dépositaire de la totalité des manuscrits, il s'était adressé à lui pour en obtenir communication. Son enthousiasme en présence de ces pures reliques fut égal à celui que nous éprouvâmes nous-mêmes un peu plus tard :

« En me communiquant les manuscrits d'André Chénier, écrivait-il à M. Daunou (le 5 octobre 1814), vous m'avez procuré, Monsieur, un des plaisirs poétiques les plus vifs que j'aie éprouvés depuis longtemps. Il y a, dans les élégies surtout, des choses du plus grand talent, des choses vraiment admirables. Il ne faut pas qu'un tel

---

[1] *La Décade* fut la première à publier *la Jeune Captive* d'André Chénier le 20 nivose an III, c'est-à-dire moins de six mois après la mort du poëte. On y lisait dans une note : « Il avait beaucoup étudié, beaucoup écrit, et publié fort peu. Fort peu de gens aussi savent quelle perte irréparable ont faite en lui la poésie, la philosophie et l'érudition antique. » Le 10 thermidor, même année, *la Décade* insérait l'Épître de Le Brun à André Chénier, « massacré publiquement à Paris, disait-on, il y a *aujourd'hui* un an et trois jours. » Dans le *Mercure* du 1er germinal an IX, on trouve *la Jeune Tarentine*. M. de Chateaubriand consacrait à André Chénier une note du *Génie du Christianisme* (2e partie, livre III, chap. vi), et il citait en note quelques fragments retenus de mémoire : *Accours, jeune Chromis*, et : *Néère, ne va point...* Enfin Millevoye, dans une note de ses *Élégies*, avait fait connaître des fragments de *l'Aveugle* encore inédit. C'était à peu près tout ce qui avait paru avant 1814.

trésor reste enfoui : je vous conjure, au nom de tous les gens de goût, de vous occuper d'une édition des Poésies de cet infortuné jeune homme, plein d'un talent si beau et si vrai. C'est un monument à élever à ses mânes, et pour lequel, comme j'ai eu l'honneur de vous le dire, je vous offre tous mes soins. Ayez donc la bonté de m'écrire, et nous nous concerterons pour cela[1]. »

Ce zèle qu'il n'eut pas toujours pour ses propres œu-

[1] *Documents biographiques sur M. Daunou*, par M. Taillandier (seconde édition, page 221). — Ce témoignage de Chênedollé sur les manuscrits d'André Chénier couperait court une dernière fois, s'il en était besoin, à cette singulière et opiniâtre assertion de Béranger que je regrette de voir reproduite au tome III, page 291, de sa *Correspondance*, et de laquelle il résulterait que M. de Latouche aurait été l'*inventeur* d'André Chénier et qu'il aurait eu l'humilité de se dérober (lui le plus prétentieux et le plus coquet des esprits!) pour laisser tout l'honneur à un mort : « En parlant de vous (avec Chateaubriand) comme tous deux en pouvons parler, je lui ai dit, écrit Béranger à M. de Latouche, ce que j'ai répété cent fois, que vous étiez l'inventeur d'André Chénier, — après lui pourtant, qui en a sa petite part. Il combattait mon opinion et me disait avoir vu les manuscrits entre les mains de Mme de Beaumont. Je le crois, dis-je ; mais avouez qu'ils étaient peu nombreux et fort incomplets. Il fut obligé d'en convenir. Et je lui rappelai *la Vallée-aux-Loups*, volume où l'on trouve tant de morceaux, frères consanguins de la plupart de ceux qui ont fait la réputation d'André. Et Sainte-Beuve n'a-t-il pas lui-même, dans une *Revue des Deux Mondes*, laissé percer les doutes que je lui avais communiqués? » (Lettre du 12 novembre 1843.) En ce qui me concerne, je nie ; je n'ai laissé percer aucun doute de ce genre, et on peut s'en convaincre en parcourant l'article indiqué. Béranger n'a jamais mieux trahi que dans cette circonstance le côté faible de son goût poétique, en tant que critique ; on ne peut comprendre qu'il y ait pu confondre le style obscur, contourné, louche, de cet imitateur d'André Chénier, Latouche, avec la large, hardie et gracieuse manière du jeune maître. C'est que Béranger n'avait ni la connaissance ni tout à fait le goût de la belle Antiquité prise à ses sources :

Tel s'est fait par ses vers distinguer dans la ville,
Qui jamais de Lucain n'a distingué Virgile.

vres, Chênedollé le ressentait pour les poésies d'un autre, et à ce trait se décèle encore cette générosité non altérée d'un cœur de poëte.

Cependant *le Génie de l'Homme*, malgré le peu d'accueil qu'il avait reçu du public, avait fait son chemin auprès des hommes de Lettres et des amis des beaux vers; l'auteur était classé par eux au rang le plus distingué. C'était assez sans doute pour qu'il eût droit de songer à l'Académie. En 1817, l'idée lui vint de s'y présenter; mais il lui arriva ici comme en plus d'une autre circonstance, il se mit en route trop tard. Sur la nouvelle de son dessein, Parseval-Grandmaison lui écrivait une lettre qui a dû être *récrite* bien des fois presque dans les mêmes termes, et qui pourrait être stéréotypée en réponse à toutes les candidatures qui veulent se faire ainsi à distance :

« Vous vous y prenez bien tard, mon cher ami, pour faire des démarches, et je crains bien que votre voyage ne soit perdu; il en serait peut-être autrement, si vous étiez parti à la première nouvelle de la mort de M. de Choiseul [1]; les deux nominations successives vous offraient plus de chances, en vous y prenant à temps; je n'en crois pas moins que si, par la suite, vous prenez mieux vos mesures, vous pouvez ne pas trop attendre, car la disette est bien grande de ceux qui écrivent aussi bien que vous, etc., etc. »

En 1824, Chênedollé eut encore la pensée de revenir à la charge. Il s'adressa cette fois à M. Roger, qui, plus heureux, plus habile et surtout très-présent, avait eu le pas sur l'auteur du *Génie de l'Homme*. M. Roger lui répondit en des termes qui me paraissent atteindre la per-

[1] M. de Choiseul-Gouffier.

fection du refus évasif et poli : c'est un modèle de lettre à ajouter à toutes celles que donne Richelet.

« Monsieur,

« En me parlant de l'Académie et de votre désir d'y entrer, vous êtes toujours d'accord avec les vœux que je forme depuis longtemps : mais j'ai toujours hésité à vous répondre sur cet article, parce que je crois qu'un homme de votre talent et de votre considération ne doit se présenter qu'avec la presque certitude du succès. Or, cette certitude, je ne l'ai point encore entrevue jusqu'ici; et, même aujourd'hui que nous avons deux vacances, je vous tromperais si je vous donnais des espérances pour l'une ou pour l'autre. Je me permets un conseil que je prendrais pour moi-même à votre place : *J'attendrais*, et je crois que je n'attendrais pas bien longtemps. Je suis loin pourtant, Monsieur et cher confrère [1], de vous dissuader de venir à Paris. Je serai, pour mon compte, charmé de vous y voir et de vous renouveler de vive voix les assurances de, etc., etc. »

Ce conseil, *j'attendrais*, parut fort gai à Chênedollé, qui attendait, en effet, depuis plus de dix ans, et dont le juste moment eût été d'entrer, vers 1812, à la place d'Esménard. Il se contenta d'écrire une petite note énergique en marge de la lettre de M. Roger, en jurant qu'on ne l'y reprendrait plus. Dans la vivacité même de son serment, je retrouve le nerf primitif du poëte.

---

[1] *Confrère :* il lui donne le titre au moment même où il vient de le lui refuser. Il veut dire sans doute confrère d'université, ou de quelque académie de province dont ils étaient membres tous les deux.

XI

PUBLICATION DES *ÉTUDES POÉTIQUES*.

La meilleure des consolations, quand on éprouve une petite souffrance d'amour-propre, c'est de produire : il y a dans la production poétique surtout une satisfaction douce et intime qui guérit et qui apaise. Le succès des premières *Méditations* avertit Chênedollé que l'âge des succès purement littéraires n'était point clos et fermé à jamais par la politique, comme il l'avait craint longtemps, et, en 1820, il se risqua à publier son volume d'*Études poétiques*. C'était le recueil de ses anciennes Odes d'il y avait vingt-cinq ans, sur Klopstock, Buffon, Michel-Ange ; mais il y avait ajouté bien des pièces nouvelles, pleines de fraîcheur et de vérité. *Le dernier Jour de la Moisson, le Tombeau du jeune Laboureur, la Gelée d'Avril*, étaient des inspirations nées de la vie des champs, et qui gardaient en elles comme une douce senteur des prairies normandes[1]. On n'a jamais mieux rendu l'aspect de la campagne et des vergers en avril :

> Le froment, jeune encor, sans craindre la faucille,
> Se couronnait déjà de son épi mobile,

---

[1] Chênedollé se plaisait à relire souvent le *Prædium rusticum* de Vanière, et il en disait : « On respire dans le *Prædium rusticum* je ne sais

Et, prenant dans la plaine un essor plus hardi,
Ondoyait à côté du trèfle reverdi.
La cerisaie en fleurs, par avril ranimée,
Emplissait de parfums l'atmosphère embaumée,
Et des dons du printemps les pommiers enrichis
Balançaient leurs rameaux empourprés ou blanchis.

Espérance trompeuse ! la sérénité même du ciel a caché le danger ; le faux éclat d'une nuit perfide est décrit avec une rare élégance :

Mais du soir, tout à coup, les horizons rougissent ;
Le ciel s'est coloré, les airs se refroidissent ;
Et l'Étoile du nord, qu'un char glacé conduit,
Étincelle en tremblant sur le front de la Nuit.
Soudain l'âpre Gelée, aux piquantes haleines,
Frappe à la fois les prés, les vergers et les plaines,
Et le froid Aquilon, de son souffle acéré,
Poursuit dans les bosquets le Printemps éploré.
C'en est fait ! d'une nuit l'haleine empoisonnée
A séché, dans sa fleur, tout l'espoir de l'année [1].

quelle bonne et suave odeur de ferme et de labourage qui n'est pas au même degré dans les *Géorgiques* (*Redolet campos et prata et rusticationes*). » Je lui laisse la responsabilité de son jugement et de sa préférence, mais le sentiment général est vrai. Son joli tableau, *la Gelée d'Avril*, est comme du Vanière rajeuni.

[1] Un poëte de l'école moderne a fait un sonnet où la *fleur d'Avril* est également célébrée ; ces petites pièces du xixe siècle se peuvent rapprocher de l'*Avril* de Remy Belleau. Voici le sonnet, qui sent son Pétrarque :

Non, je n'ai point perdu mon année en ces lieux :
Dans ce paisible exil mon âme s'est calmée ;
Une Absente chérie, et toujours plus aimée,
A seule, en les fixant, épuré tous mes feux.

Et tandis que des pleurs mouillaient mes tristes yeux,
J'avais sous ma fenêtre, en avril embaumée,

Mais, de toutes les pièces des *Études*, *le Clair de lune de Mai* me semble la plus heureusement touchée, la plus revêtue de mollesse et de rêverie :

>Au bout de sa longue carrière,
>Déjà le soleil moins ardent
>Plonge, et dérobe sa lumière
>Dans la pourpre de l'occident.
>
>La terre n'est plus embrasée
>Du souffle brûlant des chaleurs,
>Et le Soir aux pieds de rosée
>S'avance, en ranimant les fleurs.
>
>Sous l'ombre par degrés naissante,
>Le coteau devient plus obscur,
>Et la lumière décroissante
>Rembrunit le céleste azur.
>
>Parais, ô Lune désirée !
>Monte doucement dans les cieux :
>Guide la paisible Soirée
>Sur ton trône silencieux.
>
>Amène la brise légère
>Qui, dans l'air, précède tes pas,

De pruniers blanchissants la plaine clairsemée ;
— *Sans feuille, et rien que fleur, un verger gracieux !*

J'avais vu bien des fois Mai, brillant de verdure,
Mais Avril m'avait fui dans sa tendre peinture :
Non, ce temps de l'exil, je ne l'ai point perdu !

Car ici j'ai vécu fidèle dans l'absence,
Amour ! et sans manquer au chagrin qui t'est dû,
J'ai vu la fleur d'Avril et rappris l'innocence.

Douce haleine, à nos champs si chère !
Qu'aux cités on ne connaît pas.

A travers la cime agitée
Du saule incliné sur les eaux,
Verse ta lueur argentée,
Flottante en mobiles réseaux.

Que ton image réfléchie
Tombe sur le ruisseau brillant,
Et que la vague au loin blanchie
Roule ton disque vacillant !

Descends, comme une faible aurore,
Sur des objets trop éclatants ;
En l'adoucissant, pare encore
La jeune pompe du Printemps.

Aux fleurs nouvellement écloses
Prête un demi-jour enchanté,
Et blanchis ces vermeilles roses
De ta pâle et molle clarté !

Et toi, Sommeil ! de ma paupière
Écarte tes pesants pavots !
Phébé ! j'aime mieux ta lumière
Que tous les charmes du repos.

Je veux, dans sa marche insensible,
Ivre d'un poétique amour,
Contempler ton astre paisible
Jusqu'au réveil brillant du jour.

D'autres pièces seraient à noter pour le dessin et la

vigueur[1]. Chênedollé, dans ses odes de date récente, affectionne la stance de quatre vers ; on sent qu'il viserait difficilement à plus de complication dans le jeu. Sa lyre n'a que les quatre cordes ; mais il en touche avec justesse et sentiment, avec fierté et quelquefois avec grâce. Ce volume d'*Études* forme véritablement l'anneau de transition de l'ancien genre avec la manière des générations poétiques nouvelles [2]. Le faire de Chênedollé rappelle par moments celui de Le Brun. Par exemple, pour exprimer une pluie d'orage, il dira : « Des Hyades *l'urne effrénée....,* » et en parlant de l'Océan :

>   L'homme ne marche point dans tes routes humides ;
>   Tes orageux sentiers et tes plaines liquides
>   Ne souffrent pas longtemps *ses pas injurieux...*

Il serait volontiers de l'école des *expressions créées*, si tant est qu'il y ait une telle école ; mais il sait se garder de l'abus [3]. Un sentiment touchant, et qui revient sous

---

[1] Le goût de chacun se décèle dans les préférences. Népomucène Lemercier, à qui il avait envoyé son livre, lui écrivait : « Parmi la quantité de beaux morceaux que j'ai remarqués dans vos *Études lyriques*, je ne saurais trop hautement distinguer celui que vous intitulez le *Gladiateur mourant :* verve, élévation, originalité, il réunit tout. »

[2] M. Auguste Desplaces l'a déjà remarqué (article sur *Chênedollé* dans la *Revue de Paris* de mai 1840, tome XVII, 3e série).

[3] Après avoir rappelé le jugement de Fontanes et de Joubert sur Le Brun, qui est un *poète de mots, ce qui n'est pas peu*, il ajoute pour son propre compte, livrant ainsi son secret : « J'aime les mots sonores ; les mots pleins, pompeux, harmonieux, ont droit de me plaire, même sans idées. Ils me charment par le seul effet du pouvoir musical ; ils exercent sur mon oreille un empire inconcevable. Voilà pourquoi Thomas, Buffon, J.-J. Rousseau me plaisent tant. Les mots dans leurs écrits ont une véritable magie. » Ce goût du pompeux, dans Chênedollé, combattait et contrariait un peu celui de la douceur et de la simplicité rurale qu'il avait aussi.

plus d'une forme chez le poëte, c'est que la *bouillante énergie* de ses jeunes saisons s'est refroidie avant le temps dans son sein :

> Oui, bien que loin de la vieillesse,
> Je ne sens plus l'ardeur de mes premiers transports;
> La Muse se retire, et l'avare Permesse
> Me refuse ses doux trésors.
>
> Plus froid, sans être encor débile,
> Je ne sens plus en moi brûler le feu sacré;
> Le Génie en mon sein, trop souvent immobile,
> Ne s'éveille plus inspiré.
>
> A peine une flamme inégale
> Ranime dans mon sang un reste de vigueur,
> Et de rares éclairs, jetés par intervalle,
> Vient encore échauffer mon cœur.

Ce sentiment de desséchant regret et d'attente stérile, le plus contraire à l'orgueilleux témoignage que se rendait jadis à lui-même le vieux Malherbe, nous le surprenons encore au vif dans une page manuscrite où le poëte s'épanche :

« 1er septembre (1823).

« Voici les jours de l'inspiration qui arrivent, voici la saison de la poésie, de la méditation, de l'enthousiasme. Produiront-ils quelque chose? Cette saison si poétique sera-t-elle stérile? Ai-je passé le temps de l'inspiration? N'y a-t-il plus de beaux vers pour moi? Poésie, belle comme l'amour et douce comme l'espérance, m'as-tu fui sans retour? Ne connaîtrai-je plus tes chastes ardeurs et tes célestes ravissements?... Suis-je devenu tout à fait terrestre, et mon âme dépouillée de tes ailes ne doit-elle plus que ramper sur la terre? — O Poésie, que j'ai tant aimée, remets-moi encore une fois sous ton charme! Frappe-moi encore une fois de ton sceptre d'or; fais-moi encore entendre une fois ta voix pénétrante et divine! Encore une de tes inspirations, et je meurs content ! »

N'avez-vous jamais vu un arbre qui, touché de la foudre et découronné avant le temps, ne produit plus assez de feuillage pour cacher les jeunes nids dans ses rameaux, et qui ne sait plus que résonner d'un seul ton au vent d'automne ?

Chaque année il était comme René : il entrait avec anxiété dans le mois des tempêtes.

Enfin, les derniers vers trouvés sur un album, et intitulés *Amertume,* nous redisent la même plainte; la grande tempête d'automne était venue et ne lui avait rien apporté :

> Eh quoi ! terrible hiver, redoutable tempête!
> Vainement vous avez éclaté dans les airs!
> Vos longs mugissements ont passé sur ma tête,
> Sans réveiller en moi le saint amour des vers!
>
> J'ai pu voir sous les coups de la vague écumante
> Blanchir le cap grondant et l'écueil éloigné,
> Et je suis resté sourd au cri de la tourmente
> Qui n'a point eu d'écho dans mon sein indigné !
>
> Ah ! oui, la poésie est morte dans mon âme!
> Sur mon front j'ai senti s'éteindre ses rayons,
> Et le génie ingrat, en m'enviant sa flamme,
> Dans mes débiles mains a brisé mes crayons.

De cet ensemble de qualités, de nobles efforts et de tourments, nous serions assez tentés de conclure comme le poëte lui-même, qui se jugeait en disant : Chênedollé est le *Girodet* de la poésie. « C'est en effet, ajoute-t-il, le peintre avec lequel je crois que j'ai le plus de rapports. »

XII

RELATIONS AVEC L'ÉCOLE MODERNE.
ANNÉES FINALES.

La publication des *Études* avait mis Chênedollé en communication avec les poëtes nouveaux, et lorsqu'on fonda *la Muse française*, il fut de ceux dont on réclama d'abord la collaboration comme d'un frère aîné et d'un maître. Il y fut très-sensible, et son esprit y éprouva une sorte de rajeunissement. *La Muse française*, le groupe poétique qu'on peut appeler de ce nom, est certainement l'exemple de la camaraderie et de la louange la plus naïve, mais en même temps la moins ambitieuse et la moins offensante. On ne songeait pas encore, comme cela peut-être eut lieu plus tard, à accaparer la gloire, à affecter l'empire; il n'y avait pas de complot ni de conspiration à cet effet. On ne songeait qu'à se rendre la vie heureuse et la journée glorieuse entre soi, presque à huis clos : cela suffisait, et on ne s'en faisait pas faute. Émile Deschamps est resté le type le plus fidèle de cette école de la *Muse* dans sa gentillesse et sa flatterie innocente; mais Alexandre Soumet en était alors le type grandiose et un peu solennel :

« Mon cher maître et ami (écrivait-il à Chênedollé le 20 septembre 1823), je viens moi-même du bureau de notre journal; je n'ai voulu m'en rapporter qu'à moi pour corriger les épreuves de vos beaux vers. Nous avons hésité longtemps entre les stances du Troubadour et le morceau du Dante, comme on hésite entre une statue d'Hébé et celle d'un Hercule. La force l'a emporté sur la grâce, et votre admirable imitation est déjà imprimée. J'ai sollicité la faveur de paraître dans le même numéro que vous, afin de me mettre sous votre sauvegarde, comme autrefois. Je rends compte des *Soirées de Saint-Pétersbourg;* je parle des peines de l'Enfer, et le morceau du Dante viendra joindre l'exemple au précepte... »

C'est ainsi qu'on se parlait tous les jours, à toutes les heures, dans ce monde-là ; c'étaient les plus grandes rudesses. Il faut avouer qu'au premier abord ce devait sembler singulièrement agréable et doux.

A la distance où il vivait du tourbillon, Chênedollé n'éprouvait que la douceur de ces louanges, sans être rebuté de la fadeur qui de près s'y pouvait faire sentir. En sympathie avec les talents modernes, il les jugeait sans chagrin, dans un esprit de bienveillance sérieuse : « Quand je critique, disait-il, c'est toujours à mon grand regret; je ne demande qu'à trouver de beaux vers, ce sont des plaisirs de plus. Je suis fâché de trouver des fautes; loin d'en jouir, j'en souffre. » Comme Fontanes, il *aimait l'espérance*. Je lis dans ses papiers une foule de jugements, d'anecdotes et de remarques concernant les modernes et *nous tous;* on en formerait un petit livre d'*ana*. Chênedollé sut échapper à l'un des effets les plus ordinaires de la retraite et de l'isolement. Jeunes, nous voyons, nous admirons volontiers les qualités des générations qui sont nos contemporaines, bien avant de découvrir leurs défauts; mais, plus vieux et hors de l'action, nous voyons tout d'abord au contraire les défauts des générations qui nous succèdent; ces défauts nous sautent aux yeux, et nous sommes lents à découvrir leurs qualités, si elles en ont. Chênedollé ne fut pas du tout lent à découvrir les qualités de ses successeurs, et je le trouve attentif ou même enthousiaste pour tous les débuts brillants qui se sont produits depuis 1820 jusqu'à ceux d'Alfred de Musset, les derniers qu'il ait pu applaudir. Avec quelle reconnaissante surprise j'ai rencontré de sa main quelques phrases indulgentes sur celui même qui écrit aujourd'hui ces lignes ! Je n'avais vu Chênedollé qu'une seule fois : dans un de ses voyages à Paris, amené par un ami[1] chez Victor Hugo, un soir que celui-ci nous lisait la Préface de *Cromwell*, Chênedollé avait écouté en silence avec une admiration qui m'avait paru un peu

---

[1] Par M. Alexis Du Mesnil, mort en 1858. — Ce compatriote de Chênedollé, né à Caen en 1683 et plus jeune que lui de quatorze ans, fut pendant des années en intime liaison avec notre poëte. J'avais cependant évité de le nommer dans mon premier travail, bien que je le trouvasse souvent mentionné dans les papiers de Chênedollé : mais M. Alexis Du Mesnil, qui s'était trop fait connaître par ses fureurs royalistes en 1815, était de ces hommes au tempérament violent, à la prunelle sanglante, tout à fait à craindre ; et ses procédés cruels furent, je le sais, pour Chênedollé vieillissant une source d'amertume. — J'ai eu des scrupules, et j'ai voulu ne pas m'en fier à mes seules impressions en écrivant sur les lieux à un de mes amis de Normandie ; voici ce qu'il me dit : « Je puis très-bien répondre à votre question sur M. A. D. Il avait une maison de campagne dans le village où je suis né, à quelques lieues de Caen. Ses violences, ses duels, ses excentricités de tout genre formaient dans mon enfance la légende de la contrée, légende qui a eu le sort de tant d'autres et dont on ne se souvient plus guère. Du reste, en voici un trait pour exemple, et l'on en pourrait citer cent pareils. On racontait qu'un jour il coupa, ni plus ni moins, avec son sabre, sur le corps de sa femme, une robe qu'elle avait mise et qui ne lui plut pas à lui. En 1815 il se signala par un royalisme outré et, après, il donna aussi avec exagération dans le parti contraire. Ce n'était pas un homme sans valeur, mais c'était un caractère terrible ; ce qu'on peut dire de mieux pour son excuse, c'est que c'était un maniaque. » Chênedollé eut donc en lui un très-dangereux ami.

étonnée. Je ne l'avais jamais revu depuis, et j'aurais pu même me reprocher, dans mes nombreuses analyses des poëtes modernes, de n'avoir pas cherché l'occasion si naturelle de placer son nom. L'excellent homme n'en avait nullement gardé rancune, et il nous accordait à tous une attention qui était loin d'être sévère. Il s'intéressait, comme à ses roses, aux vers nouveaux éclos à chaque saison. Puisque cette Étude n'a d'autre objet que d'offrir un tableau développé des mœurs et des modes littéraires déjà si évanouies, je mettrai ici en manière de preuve une lettre que lui adressait Nodier; on y reconnaîtra l'exagération, mais aussi la grâce de cette plume séduisante :

« Paris, 16 janvier 1831.

« Mon cher Chènedollé,

« Il faut que votre cœur fasse encore bien illusion à votre imagination pour que vous ayez pu conserver un aussi agréable souvenir de la soirée que vous avez passée avec nous. Le peu de bonne conversation que je me promettois de vous y procurer a manqué à mon espérance, et vous n'avez trouvé que des sentiments chez nous, quand j'aurois voulu vous y donner des plaisirs. Grâce au Ciel, il n'y a rien d'aussi indulgent que la supériorité, et j'ai remarqué, dans trois ou quatre hommes de mon temps qui m'ont honoré de leur amitié, que le génie est de meilleure composition que l'esprit dans le choix de ses jouissances.

« Je voudrois bien pouvoir répondre à vos bontés pour nous en vous adressant les babioles que vous avez la complaisance de désirer, mais ces recherches ne vont pas à ma solitude que je circonscris de plus en plus entre mon grabat et mes tisons. J'ai donc remis ce soin à ma fille, la grande maréchale de mon modeste palais, et comme les femmes ne vous oublient pas plus que les hommes, vous aurez bientôt de ses nouvelles, si elle ne s'est pas saisie, par avancement d'hoirie, du seul héritage que j'aie à lui laisser, la paresse paternelle. Il m'est avis cependant qu'elle commence à copier pour vous de fort jolis vers qu'on lui a adressés, et qui, sauf erreur, ne sont pas d'Alexandre Dumas, mais de Fontaney[1].

« Vous me demandez ce que je fais, mon cher ami. Je vous répondrois volontiers à la normande par une autre question : Que diable voulez-vous qu'on fasse? — Je me repose tant que je peux du passé et du présent, en attendant le repos infaillible de l'avenir, qu'aucune puissance humaine ne sauroit me disputer. J'écris au coin de mon feu pendant le jour, pour me tenir éveillé, les contes de Fées que je compose pendant la nuit pour m'endormir, et je trouve en me couchant que j'ai vécu un jour de plus, ce qui est une grande conquête sur le temps.

« Pour vous forcer à penser à moi, je voudrois bien que vous m'envoyassiez dans vos moments perdus quelques-uns des vers que vous n'avez pas publiés. Vous savez que j'ai un reste d'âme pour les sentir, et un cœur presque tout vivant encore pour aimer ce qui vient de vous. L'entretien des Muses a d'ailleurs cela d'excellent, qu'il fait oublier qu'on existe, ou du moins qu'il fait rêver qu'on existe autrement que par les rapports communs de l'homme, qui ne sont qu'infirmité et misère. Voici une autre recommandation que je confie à votre mémoire, pour le cas où quelque occasion imprévue d'y avoir égard se rencontreroit sur votre chemin. Je sais bien que les anciennes éditions de Basselin ne se trouvent plus chez vous, et qu'il ne faut pas compter sur le bonheur d'en déterrer un exemplaire; mais les Poésies de Vauquelin de

---

[1] Fontaney, l'un des poëtes de l'école moderne, mort trop tôt (voir la *Revue des Deux Mondes*, juin 1837).

La Fresnaie ne sont pas tout à fait si rares, et on m'a dit dans le temps que M. de La Fresnaie, de Falaise, que vous devez bien connoître, les avoit au moins en triple. Or, je ne regarderois pas à une bonne pincée d'écus pour me les procurer, moyennant que l'exemplaire fût louable d'intégrité et de conservation, notre manie de bouquinistes étant inexorable pour tous les défauts du matériel des livres [1].

« Je vous quitte à regret pour me replonger dans d'assez tristes rêveries. Le mauvais état de ma santé s'est tellement aggravé depuis trois jours, qu'il ne m'a pas fallu moins pour vous écrire ce petit nombre de lignes. Puissent-elles vous trouver mieux portant, plus heureux que moi, et bien convaincu que personne ne vous est plus sincèrement attaché que votre inviolable ami !

« CHARLES NODIER.

« Toute ma famille se rappelle à votre souvenir et se joint à moi pour vous prier de faire agréer nos respectueux sentiments à Mme de Chênedollé. »

Malgré la séduction de ces caresses, nous l'avons dit, Chênedollé n'était jamais à Paris qu'en courant et un pied levé. Jusque dans les boudoirs de *la Muse française,* il pensait à ses fleurs du Coisel qu'il ne verrait pas : « En revenant au Coisel le 19 juillet, écrivait-il (en 1823), j'ai encore trouvé les roses très-fraîches et très-belles. Au moins j'en ai encore joui, quoique leur grand éclat fût passé. Une

---

[1] Voilà le bibliophile passionné qui se trahit au naturel sous ces airs d'indifférence. En effet, le Vauquelin de La Fresnaie est un des plus rares et des plus recherchés entre les poëtes du XVIe siècle. L'exemplaire de Nodier (car il s'en était procuré un), qui avait appartenu à Pixérécourt et qui s'était vendu 80 francs à la vente de ce dernier, ne s'est pas vendu moins de 153 francs à la vente de Nodier lui-même.

de mes douleurs à Paris a été de n'avoir pu jouir dans toute leur fraîcheur de mes belles roses du Coisel. » Et quand il était à Paris l'hiver, comme à cette soirée de janvier chez Nodier, ce n'étaient plus les roses, c'étaient les frimas et la neige même du Coisel qu'il regrettait : « 25 janvier (en revenant de Paris), je suis plus fatigué que jamais du monde, où je viens de me replonger encore pendant quelques jours... Mon Dieu ! que je suis aise de me retrouver un moment à la campagne ! J'ai du plaisir à y retrouver même l'hiver avec ses giboulées, son âpreté, ses neiges. »

Les événements de Juillet 1830 avaient été une douleur pour ce cœur ami du passé. Il avait demandé bien peu à la Restauration ; il la regretta beaucoup. Quand Charles X, dans son voyage de Paris à Cherbourg, passa par ce canton de Normandie, Chênedollé fut présent sur son passage ; mais laissons parler un historien : « Le second Stuart traversant l'île de Whigt après la perte d'une couronne et à la veille du supplice, une jeune fille lui vint offrir une fleur. Ce genre de consolation ne manqua pas au frère de Louis XVI. Au val de Vire, des femmes, des vieillards, des enfants, sortis de la maison de Chênedollé, accoururent sur le chemin, tenant des branches de lis qu'ils donnèrent aux fugitifs. Famille d'un poëte saluant celle d'un roi sur la route de l'exil[1] ! » — Ainsi que je l'ai assez marqué, Chênedollé, dans le cours de sa vie, en venant trop tard et le lendemain, manqua souvent l'occasion ; qu'on n'aille pas dire que cette fois il la manqua encore : noble poëte, il l'avait trouvée !

Je pourrais, à l'aide des papiers qui sont sous mes yeux, insister plus longtemps sur ces années finales ; mais le caractère du poëte est suffisamment connu, et

---

[1] Louis Blanc, *Histoire de Dix Ans*, tome I.

quant au cœur de l'homme, — de chaque homme en particulier, — à quoi bon chercher à en trop pénétrer les replis ? Le cœur, en définitive, est insondable, et le fond reste un abîme. Libre désormais des fonctions publiques[1], rendu sans partage à ses goûts, entouré d'une famille chérie, au milieu de tout ce qui devait lui faire aimer la vie et lui adoucir la vieillesse, Chênedollé, sur la fin, eut des instants de découragement mortel et d'amère angoisse : c'est alors qu'il se rappelait le souvenir de sa mère, qu'une imagination également inquiète avait dévorée. Les idées religieuses, qu'il avait toujours accueillies, lui furent d'un grand secours et d'une consolation présente en ces heures d'agonie secrète : « J'ai été prodigieusement fier jusqu'à quarante-cinq ans, écrivait-il ; mais le malheur m'a bien corrigé et m'a rendu aussi humble que j'étais fier. Ah ! c'est une grande école que le malheur ! j'ai appris à me courber et à m'humilier sous la main de Dieu. » Et encore : « Vieillard, n'espère plus d'exciter aucune sympathie dans le cœur d'un homme ! La coupe de la bienveillance est tarie pour toi ; la tendresse, l'affection, la douce et compatissante amitié, se sont retirées devant tes rides et tes cheveux blancs. Soixante ans t'ont marqué au front d'un signe de dégoût[2]... Jette-toi donc dans le sein de Dieu ! Lui seul peut combler ce grand vide laissé dans ton cœur ; lui seul peut te rendre avec usure tout ce que tu as perdu ! »
Il écrivait cela en février 1833 ; le 2 décembre de la même

---

[1] Il avait, en mars 1832, pris sa retraite comme inspecteur général de l'Université : il avait été nommé à cette place en avril 1830 par M. de Guernon-Ranville.

[2] L'antique Mimnerme ne parle pas autrement : il souhaite de ne point passer soixante ans ; il va jusqu'à dire que celui qui a été beau, une fois la saison passée, perd tout son prix ; que le père n'est plus en honneur à ses enfants, ni l'ami à ses amis.

année, il mourait à sa terre du Coisel, âgé de soixante-quatre ans.

J'ai tiré de ses papiers ce que j'ai jugé de plus caractéristique et de plus agréable; mais je suis loin de les avoir épuisés. Ses portefeuilles poétiques n'ont pas rendu tout ce qu'on espérait. Sa grande épopée de *Titus ou Jérusalem détruite*, qu'il méditait depuis plus de vingt années, et dont on lui avait entendu réciter des portions de chants, ne s'est retrouvée qu'en ébauche. Il avait désespéré, vers la fin, de l'exécuter en vers : « L'instrument du vers, disait-il, veut être touché par une main jeune, souple et légère. » Il songeait à en faire, au pis-aller, un poëme en prose comme *les Martyrs*. Au milieu de ces revirements, la mort le surprit. Au reste, quand on en aurait arraché quelques lambeaux, comme de *la Grèce sauvée* de Fontanes, qu'y gagnerait la réputation de l'auteur? En pareil cas, un peu plus ou un peu moins fait peu de chose; la postérité ne tient compte que de ce qui est accompli, et l'inachevé est pour elle comme non avenu : *Nam si rationem posteritatis habeas, quidquid non est peractum, pro non inchoato est*[1]. Ce qu'on possède de Chênedollé suffit pour assurer à son nom une place honorable dans l'histoire de la poésie française. Il marque la transition, l'essai de transaction entre les divers genres; il a touché à bien des écoles, à bien des talents originaux; il a cherché à combiner dans le sien plus d'une manière. En même temps il a su garder quelque chose d'indépendant, de fier, de solitaire, qui ne permet pas qu'on le confonde avec d'autres; et, si nous ne nous abusons pas au terme de cette longue Étude, il a une physionomie.

---

[1] Pline le jeune, *Lettres*, liv. v, 8.

APPENDICE

(Se rapporte à la page 293).

Quelques années écoulées rendent possible aujourd'hui ce qui ne l'était pas encore en 1849. Je vais donner non un portrait de Mme de Custine, mais quelques lettres que cette charmante femme adressait à Chênedollé, et où son affection pour M. de Chateaubriand se trahit à nu, dans une entière naïveté de tendresse. Elle avait eu quelque peine à fixer, ne fût-ce qu'un moment, l'infidèle et le volage. Chênedollé paraît avoir eu lui-même, vers ce temps et dans quelque intervalle, la part la plus intime dans cette tendre indulgence d'une femme aimante : « Mme de Custine a redonné, écrivait-il, un nouvel intérêt à une vie que je croyais condamnée à une tristesse sans appel et à des regrets sans espoir. » Au reste, voici les lettres mêmes de Mme de Custine dans leur touchante simplicité.

La première que je donne n'est peut-être pas adressée à Chênedollé, et pourrait bien avoir été écrite à Chateaubriand lui-même. Chênedollé, dans tous les cas, en avait gardé copie :

« (1804.)

« J'ai reçu votre lettre. J'ai été pénétrée, je vous laisse à penser de quels sentiments. Elle était digne du public de Fervaques, et cependant je me suis gardée d'en donner lecture. J'ai dû être surprise qu'au milieu de votre nombreuse énumération il n'y ait pas eu le plus petit mot pour la Grotte et pour le petit Cabinet orné de deux myrtes superbes. Il me semble que cela ne devait pas s'oublier si vite. Je n'ai rien oublié, pas même que vous n'aimez pas les longues lettres.

« Votre ami est encore ici ; mais il part demain. J'en suis plus triste que je ne puis vous dire ; je ne verrai plus rien de ce que vous aurez aimé. Il y a des endroits dans votre lettre qui m'ont fait bien mal. »

Les lettres suivantes sont certainement à l'adresse de Chênedollé.

« Ce 18 janvier (1805).

« Je ne reçois plus de vos nouvelles. Je ne sais que penser de votre silence ! Je crains que vous ne soyez malade. J'attends votre petite note pour vous obtenir la permission de venir ici [1]. *Colo* [2] vous a écrit. Il dit que sa lettre était charmante, et que vous devez en être enchanté. Il vous attend ; il vous aime ; il parle de vous souvent. Je voudrais bien vous voir ici, ou au moins savoir pourquoi vous ne venez pas. Ce n'est pas bien à vous de prendre les mauvaises manières de notre ami ; je suis sérieusement fâchée. Mais peut-être êtes-vous malade ? alors je suis toute pitié, tout émoi, je pardonne tout et demande au moins un détail exact de vos souffrances et de vos projets. Adieu ; mes amis parlent souvent de vous et vous désirent. La *Souris* [3] n'est pas encore à Paris. »

« Ce 16 mars (1805).

« Mais, mon Dieu ! que devenez-vous donc ? plus un mot de vous, plus un souvenir, pas même une jérémiade. Je préfère tout à votre silence ; il m'est insupportable. Oh ! si vous ne venez pas à Paris, promettez, jurez de venir à Fervaques *longtemps* cette année ; jurez de me dédommager et de ce silence et de cette absence ! Mais que vous arrive-t-il donc ? Pourquoi singez-vous ainsi *Colo* ? Changez, croyez-moi, de manière d'être, si vous voulez lui ressembler en tout ; car, depuis que je suis ici [4], il n'a pas passé un jour sans venir me voir. Il n'est pas parfait, mais il est mieux. Je ne suis pas heureuse, mais je suis un peu moins malheureuse [5]. Est-ce pour cela que vous ne me donnez plus signe de vie ? Je vous ai écrit une longue lettre qui est restée sans réponse ; comme je crains que celle-ci n'ait le même sort, je vais la faire très-courte. Adieu ; croyez à mon amitié, puisqu'elle résiste même à votre oubli. »

1. A Paris. Elle devait lui avoir un passe-port.
2. Chateaubriand.
3. Mme de Cauvigny, belle-sœur de Mme de Custine.
4. A Paris.
5. Elle l'avait été beaucoup en effet dans les premiers temps de cette liaison, et quand le Génie ne s'était pas encore tout à fait humanisé : « Un jour, en revenant d'une promenade en calèche, où il avait été assez maussade pour elle, elle aperçut un fusil avec lequel nous avions chassé le matin ; elle fut saisie d'un mouvement de joie et de fureur, et fut près de s'envoyer la balle au travers du cœur. » (Note de Chênedollé.)

« Ce 28 mars (1805).

« Je suis vraiment bien touchée de vos chagrins. Je vous pardonne votre silence ; je serai heureuse de vous revoir et de broyer du noir avec vous. Mais ce que j'ai peine à vous pardonner, c'est que vous ne dites rien de Fervaques ; vous ne promettez pas d'y venir et *long-temps*. Notre ami dit qu'il y passera six semaines ; mais je ne suis pas femme à prendre à ces *choses-là*. Je suis plus folle que jamais ; je *l'aime* plus que jamais, et je suis plus *malheureuse* que je ne peux dire. La *Souris* arrive dans quelques jours ; il semble réellement que vous vous donniez rendez-vous. Mais arriverez-vous ? J'espère que je serai une des premières à apprendre cette bonne nouvelle. Le Génie se réjouit de vous revoir. Il prend part à vos douleurs et, lorsqu'il parle de vous, on serait tenté de lui croire un bon cœur. »

« Ce 21 juillet (1805).

« Je suis fière aujourd'hui, et si vous étiez ici, vous me trouveriez impertinente, comme vous dites quelquefois. A tout cela vous devriez deviner qu'il n'y a plus de voyage en Suisse, et qu'au lieu de cela, *Colo* est ici depuis hier, qu'il vous désire, que nous serons tous charmés de vous voir ; que, comme à son ordinaire, il dit qu'il ne restera que quelques jours. Ainsi, si vous voulez le trouver encore ici, aussitôt ma lettre reçue mettez-vous en marche, et arrivez le plus tôt que vous pourrez. La *Souris* doit venir, mais elle n'arrive pas. Après le départ de *Colo* j'irai sûrement à Cusson (?). Il dit qu'il reviendra cet automne : vous reviendrez aussi, n'est-ce pas ? Allons, venez. Vous me dites que vous serez ici dès que je le voudrai ; ma volonté est bien entière ; ainsi je compte sur votre arrivée. *Colo* veut vous écrire à présent, et moi je *veux* pouvoir vous parler bientôt. »

(Sur la même page on lit ce Post-Scriptum de la main de Chateaubriand :) « Vous savez peut-être, mon cher ami, que le voyage de Suisse est manqué, du moins pour moi ? Je suis à Fervaques ; j'y suis pour quinze jours : vous seriez bien aimable d'y venir. Nous tâcherons de nous rappeler ces vers que vous me demandez. Venez donc, mon cher ami, nous parlerons de notre automne. Mais venez vite, car vous ne me trouveriez plus. Je vous embrasse. Tout à vous. »

« Fervaques, ce 24 juin (1806).

« Enfin je reçois de vos nouvelles ; j'y avais réellement renoncé. C'était si bien fini que vous n'avez rien su et que vous ne savez rien de rien. Le Génie est ici depuis quinze jours ; il part dans deux, et ce n'est pas un départ ordinaire; ce n'est pas pour un voyage ordinaire non plus. Cette chimère de Grèce est enfin réalisée. Il part pour remplir tous ses vœux et pour détruire tous les miens. Il va enfin accomplir ce qu'il désire depuis si longtemps. Il sera de retour au mois de novembre, à ce qu'il assure : je ne puis le croire. Vous savez si j'étais triste l'année dernière ; jugez donc de ce que je serai cette année. J'ai pourtant pour moi l'assurance d'être mieux aimée ; la preuve n'en est guère frappante, mais c'est pourtant réel. Il part d'ici dans deux jours, — et le 1er juillet pour le grand voyage. Je ne vous engage donc point à venir à présent, mais si dans le courant de l'été vous vous en sentez le courage, vous me ferez plaisir; et d'après ce que vous venez d'apprendre, vous serez, je pense, rassuré sur l'effet que pourrait faire votre tristesse. Je vous quitte, car vous savez dans quelles angoisses je dois être ; je ne puis causer plus longtemps. La chère *Souris* est ici aussi ; tout a été parfait depuis quinze jours, mais aussi tout est fini. »

Tout était fini, en effet, puisqu'il partait, on le sait, non-seulement pour Athènes et pour Jérusalem, mais pour Grenade. — M. de Custine m'écrivait de Naples, où il était en septembre 1849, et après avoir lu dans la *Revue des Deux Mondes* le peu que j'avais dit de sa mère (page 293) : « Ce peu de mots me l'a fait apparaître : j'ai retrouvé son cœur et même son visage, tandis que dans la décoration dont M. de Chateaubriand entoure laborieusement son cercueil, je n'ai vu que des louanges qui ne l'auraient pas flattée; car chez elle la reconnaissance ne prenait pas sa source dans la vanité. Mais de tous les ouvrages de l'illustre écrivain, les *Mémoires d'Outre-tombe* sont celui où il a le plus sacrifié à l'amour-propre des autres... Je me souviens que ma mère fut la première personne à qui M. de Chateaubriand lut, avant de l'envoyer, la démission qu'il adressa à Bonaparte le lendemain de la mort du Duc d'Enghien; c'est à elle aussi qu'au retour de la plaine de Grenelle, il apporta un mouchoir qu'il venait de tremper dans le sang de son cousin, Armand de Chateaubriand. J'aurais mieux aimé le souvenir de ces faits que les circonstances presque burlesques dans lesquelles il l'a mise en scène. Elle l'a aimé vingt ans, sans le flatter un jour, et jusqu'à la lecture de ses *Mémoires*, je l'ai cru digne de l'affection qu'il avait inspirée au cœur le plus vrai qu'il ait jamais rencontré. » — C'était un cœur bien vrai en effet que celui qui, dans les confidences de l'intimité, laissait échapper des mots et des aveux comme ceux-ci : « Voilà le cabinet où je le recevais. » — « C'est ici qu'il a été à vos genoux ! » — « C'était peut-être moi qui étais aux siens. »

GUENEAU DE MUSSY [1]

Il y avait, au moment où paraissaient le *Génie du Christianisme* et *René*, bien des jeunes gens doux, rêveurs, tristes, restés chrétiens sincères et croyants ou désirant l'être, pieux de fait ou de désir, et qui, reconnaissant dans ces livres nouveaux, qui faisaient énigme ou scandale pour les générations vieillies, leurs propres regrets, leurs tourments, leurs espérances, tout un monde de pensées chères et tendres, confuses encore la veille et flottantes, tout d'un coup exprimées dans un style magnifique, éblouissant, sentirent qu'une véritable aurore se levait pour eux : ils la saluèrent d'une acclamation filiale et fraternelle. Gueneau de Mussy était un des plus purs entre ces jeunes hommes, entre ces *jeunes frères* de M. de Chateaubriand, comme celui-ci se plaisait à le nommer. C'est ce premier Gueneau de Mussy que je veux retrouver en quelque sorte et joindre au groupe d'amis auxquels on a vu qu'il se rattachait si intimement. Depuis lors, M. de Mussy est entré dans la voie utile et pratique : comme ce fils du respectable Arnold qui, après avoir salué et chanté

[1] Il m'a été permis de donner à cette Notice sur un personnage modeste un développement que je n'avais point d'abord espéré, et d'en faire un pendant de l'Étude sur Chênedollé, grâce aux communications bienveillantes du fils bien digne d'un si digne père, du docteur Noël Gueneau de Mussy, médecin de l'École normale, lequel, dans ses conversations aimables, était lui-même à mes yeux une interprétation vivante, la meilleure de toutes et la plus fidèle, de celui dont nous parlions et que je n'avais pas connu.

Oberman, s'est fait un des serviteurs les plus appliqués et les plus zélés de l'Instruction publique en Angleterre, M. de Mussy, jeune encore, après avoir beaucoup rêvé et très-peu écrit, avoir publié quelques morceaux distingués qu'il ne signait pas, s'est porté tout entier dans l'honorable carrière où l'appela Fontanes, la seule où le public l'ait connu et respecté. Les soins de la famille, les soins de l'Université, cette famille plus grande, l'ont occupé uniquement et absorbé jusqu'à la fin. Il était de cette race morale qui n'aime rien tant que la suite et l'uniformité dans la vie. Les ouvrages qu'il avait pu d'abord concevoir, et dont il berçait lentement l'idée, il y a renoncé sans trop d'effort : ce qu'il y avait en lui de *René*, c'est-à-dire de vague, d'attristé, de douloureux, s'est guéri par les joies et le bonheur domestiques, par le sentiment du bien, qui l'animait dans l'exercice de ses devoirs et de ses fonctions tutélaires. Au lieu de rêver sur lui, il s'est occupé des autres. En contribuant si activement dès l'origine à restaurer les bonnes études, à les régler, il sentait qu'il réglait aussi les esprits et que, comme il s'était guéri lui-même de ce mal de rêverie qu'il avait ressenti en une ou deux saisons, il en guérissait à son tour ou en préservait les jeunes imaginations survenantes : car il n'est rien de tel pour cela que les études solides et positives[1]. En un mot, M. de Mussy a d'autant moins fait par-

---

[1] Un fin et judicieux observateur des sentiments aux différents âges (M. de Bonstetten) l'a remarqué : « Chez les âmes passionnées et actives, vous avez beau épuiser toutes les bonnes chances de la jeunesse, accomplir ses nombreux désirs, il s'attache, dans le fond de leur cœur, une soif de passions vives, un besoin de pensées nouvelles ou élevées, qui les poursuit, les agite et les tourmente jusqu'à la douleur. Plus les bornes de nos facultés, plus les limites de notre être sont reculées, et plus le vide qu'on éprouve est immense. Pour de telles âmes, il n'y a de repos que dans les études, et c'est des études que vous les privez ! » — Vous n'avez donc qu'à leur rendre les études, et elles se calmeront.

ler de lui dans la suite comme auteur et comme écrivain, qu'il était plus présent en esprit et à titre de Conseiller au sein de ce grand Corps renouvelé, — plus renouvelé même peut-être qu'il n'aurait voulu,— souvent attaqué du dehors, souvent travaillé au dedans,— où la tradition avait fort à faire pour se maintenir en accord avec une certaine nouveauté, et duquel s'échappaient incessamment des voix éloquentes, parfois inquiétantes.

L'homme juste et prudent, rempli de scrupules, et moins jaloux de briller que de disparaître, avait là de quoi occuper et remplir sa vie, et se faire oublier en faisant le bien : il y réussit. Nous ne parlerons donc de lui qu'*avant* l'Université. — Philibert Gueneau de Mussy, né à Semur en Bourgogne en 1776, était de deux ans plus jeune que son frère le médecin et le directeur de l'École normale, avec lequel il ne faut pas le confondre : celui-ci était un caractère vraiment austère, inflexible ; Gueneau était plutôt une nature tendre, timide, spontanée, aisément rougissante. Leur famille était une famille parlementaire qui avait figuré dans les États de Bourgogne : on trouverait leur nom dans les histoires et les archives du pays. Après la mort de Charles-le-Téméraire, des hordes pillardes désolaient les campagnes et menaçaient les villes : un Gueneau, viguier à Semur, les repoussa. Philibert avait commencé ses études au collége des Carmes à Semur; la Révolution vint les interrompre : il les continua auprès de Mme de Montbelliard, qui lui faisait traduire *Virgile* tout en tricotant ses bas. Cette personne distinguée, femme du collaborateur de Buffon, passe pour avoir rendu à son mari toutes sortes de bons offices littéraires, même pour les parties de style et de description : une tradition de famille lui attribue le *Rossignol*. Ce qui est certain, c'est qu'elle avait appris, pour aider son mari dans ses recherches, plusieurs langues anciennes et modernes. Un jour que des officiers étrangers débitaient des impertinences devant elle, croyant qu'elle ne comprenait pas : « Prenez garde, Messieurs, leur dit-elle, les femmes entendent les sottises en toute langue. » M. de Montbelliard, si lié avec Buffon, était en même temps son parent; mais les Mussy étaient plus parents du grand naturaliste, quoique les Montbelliard eussent plus de relations avec lui. Il y avait dans la branche des Mussy une grand'mère qui était une Le Clerc, ce qui ne semblait point alors un si grand honneur qu'il nous paraît aujourd'hui, à nous, qui avons le soleil de Montbar dans les yeux. Mais la mère de M. de Mussy, qui ne voyait pas les choses dans cette perspective, avait coutume de dire : « Le beau côté de M. Le Clerc, c'est son alliance avec notre famille. »

Comme un gentilhomme de Bourgogne qu'il était, le jeune Philibert se disposait à partir pour l'Émigration; il avait déjà son brevet de sous-lieutenant, lorsque son père tomba grièvement malade : il mourut pendant la Terreur. Cette maladie de son père et la loi contre les Émigrés qui survint l'arrêtèrent; il demeura en France avec sa mère, petite femme toute vive, tout énergique, et qui n'avait rien d'ailleurs de janséniste, sinon la vertu. Vieille, elle disait : « Mes enfants, j'ai vécu dans une société très-dépravée : les amis de votre grand-père me faisaient la cour. Je n'ai rien à me reprocher. C'est un doux oreiller pour ma vieillesse. »

J'ai prononcé ce mot de *janséniste;* car il est naturel de chercher d'où vint à M. de Mussy cette légère teinte de rigorisme qui distinguait sa religion. Elle lui vint non de la Bourgogne, où, comme on le voit, et comme on le sait de reste par les échos du monde de Buffon, la société était assez libre et gaillarde, mais de son frère aîné, qui sortait du collége des Oratoriens de Lyon et qui y avait pris un cachet marqué de Port-Royal. Le jeune Philibert reçut de cet aîné une impulsion décisive et une empreinte ; ils suivaient ensemble à Paris les Cours de l'École polytechnique et ne cessèrent d'en être élèves que sur leur refus de prêter le serment exigé de haine à la royauté. Philibert, élevé religieusement et confirmé surtout par l'exemple de son frère, resta pur et sans défaillance dans ce Paris licencieux et pendant ces années de première jeunesse. C'est alors qu'il connut quelques hommes de Lettres en renom qui appartenaient au parti religieux et monarchique, La Harpe, Fontanes.

S'il s'était conservé royaliste et chrétien, le jeune de Mussy n'était pas moins resté un classique fidèle, tout cela se tenait : il était en tout pour la tradition, pour le maintien de l'adoration ou de l'admiration et du respect. Il y avait alors des révoltés en littérature, de francs révolutionnaires et qui se permettaient sur Boileau, Racine et autres grands écrivains du XVIIe siècle, des impertinences à peu près aussi fortes que celles qu'on a pu ouïr depuis. Un jour qu'il avait entendu de tels blasphèmes contre Racine (et M. Joubert s'en permettait bien), M. de Mussy n'y put tenir ; il était hors de lui, et courant tout droit chez La Harpe comme vers le grand prêtre du goût, il se mit à lui raconter avec émotion ce qu'il venait d'entendre. Sur quoi La Harpe, se soulevant à demi et s'appuyant sur les bras du fauteuil où le retenait la maladie, lui dit pour toute réponse : « Eh bien ! petit, sais-tu ce qu'il faut faire quand on entend de telles choses ? prendre un grand verre d'eau et l'avaler. » Quintilien et les Anciens ont oublié ce conseil dans leurs rhétoriques ; mais aux grands maux les grands remèdes. Et La Harpe lui-même, ce classique ulcéré, depuis que la Révolution l'avait enlevé et retourné dans tous les sens, *romantisait* un peu dans son langage.

Les amis de M. de Mussy l'appelaient tous *petit* en ce temps-là, et cette dénomination revient sans cesse, *le petit Gueneau;* non qu'il fût petit de taille, mais il était humble, modeste, contenu, se retirant, s'effaçant volontiers et ne craignant point de se faire *petit.*

Ces mêmes amis, tout en lui donnant ce petit nom de familiarité, l'apprécièrent à son prix dès l'abord, et il en est trois qui lui accordèrent une estime, une affection particulière, Fontanes, Chateaubriand, et aussi M. Molé, plus jeune que lui d'âge, mais d'une maturité précoce et dont le suffrage comptait déjà.

Leurs lettres vont parler pour eux, et je les donnerai dans leur suite naturelle.

I

LIAISON AVEC FONTANES.

Fontanes d'abord. — Il en était encore avec son jeune ami au *monsieur*, au printemps de 1800; mais ce reste de cérémonie fit bientôt place à une familiarité, à un abandon sans réserve.

A M. GUENEAU DE MUSSY.

« 8 floréal an VIII (1800).

« Vos jeunes amis et les miens peuvent vous dire, Monsieur, avec quel intérêt je parle toujours de vous. J'aurais dû répondre plus tôt à la lettre aimable que vous m'avez adressée, mais des embarras de toute espèce font mon excuse. Je n'ai fait malheureusement qu'entrevoir Monsieur votre frère; son âme m'a paru digne de la vôtre. Je regrette bien que les circonstances me privent de ce qui me plairait le plus. Que n'ai-je la liberté de me livrer à mes goûts les plus chers! Je me livrerais aux arts, aux Lettres, avec ceux qui les aiment encore ; je m'entourerais de la société des jeunes gens qui, par leur éducation, leur esprit et leurs mœurs, sont l'espérance et seront un jour l'ornement de la patrie. Je vous aime et vous embrasse de tout mon cœur.   FONTANES. »

AU MÊME.

« (Fin de juillet 1803).

« Rien ne prouve mieux, mon cher ami, que le dernier *Mercure*, ce que je vous ai toujours dit sur ce journal. Vous n'avez nul besoin de mon travail pour le soutenir. Je n'ai rien fait dans le dernier numéro, et il n'en vaut pas moins. Je l'ai lu avec grand plaisir. L'entreprise ne tombera point si tous les coopérateurs ont du courage. Les vers de l'abbé Delille viennent à propos pour vous. Insérez les deux morceaux sur les Juifs et sur l'Arioste à la suite d'une ancienne traduction de l'*Art poétique*, depuis longtemps imprimée. La Motte vous fournira encore deux ou trois Énigmes. A mon retour je vous promets quelques pages ; je les ferai avec d'autant plus de plaisir qu'il n'y a plus obligation. On me mande que vous n'avez que mille souscripteurs réels ; mais ce nombre suffit pour cheminer. Soutenez toujours, et le temps viendra où vos soins seront récompensés. Je n'ai point besoin de vous recommander une extrême circonspection. Rendu est la prudence même : il faut que chaque mot soit pesé dans sa balance. D'ailleurs nous ne devons pas hurler, comme certains journaux, contre les philosophes, mais leur donner des ridicules. Cela est plus efficace : ils ne craignent que le mépris. Ils se félicitent des excès de Geoffroy, qui passe toute mesure et toute pudeur. Votre petit morceau sur Barthélemy est de très-bon goût. *Macte viam*[1] ! J'écris un mot à M. Flins sur Corneille. Il est très-préparé sur cette matière et n'a pas besoin de mes conseils. Je fais des vers, je joue Alvarez dans *Alzire*, je chasse le renard et joue aux échecs tous les soirs, après un excellent dîner ; voilà ma vie[2]. Elle est assez douce ; il n'y manque que vous et votre ami

---

[1] Ces mots reviennent volontiers sous la plume de Fontanes encourageant son jeune ami : je les donne comme je les trouve.

[2] Il était alors à Neuilly, chez Mme Bacciochi.

pour la rendre parfaite. Adieu, je vous embrasse de tout mon cœur.   F. »

AU MÊME.

« Paris, 5 fructidor — 23 août (1803).

« Si je ne vous croyais pas heureux dans le sein de votre famille, je ne me consolerais pas de votre départ. L'idée de votre bonheur me fait supporter votre absence. Paris est bien désert pour moi depuis que vous n'y êtes plus, mon cher ami. Je me promène encore au Luxembourg, mais je n'y converse plus avec vous [1]. *Les arbres parlent peu*, dit le bon La Fontaine, *et je voudrais parmi, quelque doux et discret ami*. Vous étiez cet ami qu'il demande, et je suis absolument seul. Notre bon Ambroise [2] vient me voir quelquefois, et j'ai le plaisir de lui parler du voyageur. A propos, cet excellent Ambroise a quelque espérance d'être auditeur : si le Consul Le Brun ne m'avait solennellement promis de le faire nommer, j'espérerais bien davantage [3]. Le jeune Félix est déjà placé. Nougarède en est aussi. Voilà ce qui explique la demande du *second extrait*; Cambacérès, qui avait lu *le premier*, a porté vivement Nougarède. On observe seulement qu'il est un peu mûr pour une place de ce genre; mais je crois qu'il veut passer là pour obtenir une préfecture. Vous pourrez dire bientôt :

    J'ai fait des Souverains et n'ai point voulu l'être.

Il faut pourtant être quelque chose. La nature vous a tout donné; vous êtes propre à tant de travaux! Je n'ai entrevu que deux fois le Maître depuis son retour; il m'a fort bien accueilli. Mais je voudrais bien qu'il me remît sur la voie et qu'il réclamât les *notes* dont il m'avait parlé avant son départ [4]; je vous

---

[1] M. Gueneau logeait à Paris, rue Cassette, près du Luxembourg.
[2] M. Rendu.
[3] Il y a là quelque épigramme sur un haut personnage poli qui donnait, à ce qu'il paraît, de l'eau bénite de Cour.
[4] Des Notes sans doute sur le personnel des gens de Lettres et sur les

y donnerais une belle place. Malheureusement le flot des grandes affaires détourne ailleurs l'attention, et le reste est oublié. D'ailleurs je n'ignore pas qu'on cherche à nuire et qu'un certain petit éclair de faveur a fort déplu aux ennemis... » (La fin de cette lettre manque.)

Dans toutes ses lettres, Fontanes se montre bien ce qu'il était, très-bon, très-naturel, d'une naïveté brusque. Il n'a aucune affectation de rôle; il ne s'en fait pas accroire sur son importance littéraire, et ne cherche pas à en imposer aux autres. Il sait ce qu'il vaut, ce qu'il peut faire, — mais aussi ce qu'il n'a pas fait.

A M. PHILIBERT GUENEAU DE MUSSY,
A Semur (Côte-d'Or).

« (1803).

« Notre cher Chateaubriand a ses tribulations à Rome[1]; j'ai les miennes à Paris. La paix n'est que dans la Bourgogne, sur les montagnes de la patrie et sous le toit paternel. Que n'y suis-je auprès de vous! Travaillez, méditez, faites valoir tous vos talents dans la jeunesse, mon bon ami. Ne soyez pas aussi paresseux que moi. J'ai perdu quinze ans de ma vie à des niaiseries et à pis encore. Le passé m'offre des regrets, l'avenir de faibles espérances. Mais il faut être juste, même envers soi : je suis assez content de mon travail depuis quelques mois, et j'espère une bonne récolte pour cette automne. Je vous embrasse de tout mon cœur.   Fontanes. »

AU MÊME,
Rue Cassette, n° 832, à Paris.

« Dimanche (mai 1804).

« L'Adresse du Corps législatif n'a point déplu, mon cher

jeunes gens qui promettaient; — un peu ce que Colbert avait autrefois demandé à Chapelain.

[1] Nous connaissons ces tribulations, et tout à l'heure Chateaubriand écrivant à son jeune ami va nous les remémorer encore. Je ne replace pas

ami[1]. Je sais qu'on doit la publier d'un jour à l'autre, mais j'ignore le moment ; on veut saisir l'à-propos. Je désire qu'on m'imprime exactement ; passez donc ce soir au Journal officiel, rue des Poitevins, et si on a envoyé le manuscrit de Saint-Cloud, corrigez quelques fautes, sur celui que je vous fais passer. La faute la plus essentielle est à la fin. Il s'agit du Pouvoir héréditaire : « *S'il veut trop s'étendre, il se relâche et se détruit,* » dit la bonne leçon que je vous adresse. Dans la copie remise au Premier Consul on lit : « Il se dénature et se détruit. » *Se relâche* est bien plus juste ; il y a plus de convenance entre les mots *s'étendre* et *se relâcher.* Vous trouverez aussi quelques bagatelles moins importantes que je vous prie de corriger d'après la copie ci-jointe.

« Vos relations actuelles avec Agasse vous donnent la facilité de me rendre ce service : d'ailleurs Sauvo le rédacteur est fort honnête. En s'annonçant de ma part, on est bien reçu.

« Adieu, je vous embrasse et vous attends toujours demain, mon cher enfant. FONTANES. »

AU MÊME,

A Semur (Côte-d'Or.)

« A Nîmes, 31 mai (1805).

« Un mois s'est déjà écoulé, mon cher ami, depuis notre séparation, et je ne vous ai point encore écrit ! Je vous ai

---

ici une lettre de Fontanes à M. de Mussy, du 5 octobre 1803, dont toute la partie intéressante a été donnée précédemment (seizième Leçon du Cours, tome I, page 389).

[1] Fontanes était Président du Corps Législatif : cette Adresse du 10 mai 1804 avait pour objet d'adhérer et d'applaudir à l'établissement d'un Gouvernement impérial héréditaire. On se demande d'abord comment une pareille Adresse aurait pu déplaire : c'est qu'il y avait, en effet, des paragraphes tels que ceux-ci : « On ne verra point le silence de la servitude succéder au tumulte de la démocratie. Non, Citoyen Premier Consul, vous ne voulez commander qu'à un Peuple libre : il le sait, et c'est pour cela qu'il vous obéira toujours. — Les Corps de l'État se balanceront avec sagesse ; ils conserveront tout ce qui peut maintenir la liberté, et rien de ce qui peut la détruire. »

pourtant désiré tous les jours. Le Pigeon voyageur avait tort : le plaisir de raconter ses voyages à son ami ne peut valoir celui de voyager ensemble. J'ai parcouru des lieux horribles et charmants, des montagnes sans fin et quelques vallons délicieux, un grand nombre de ruines et des villes superbes. Marseille est au-dessus de l'idée que j'en avais conçue. Si les campagnes de Marseille valaient celles qui environnent Lyon, rien ne me paraîtrait comparable. Mais le sol de la Provence est si aride, à l'exception de quelques vallées ! L'olivier, seul arbre qu'on y trouve avec abondance, n'a qu'une verdure si pâle et des formes si peu agréables ! Rien n'est plus chétif aux yeux que cet arbre, et c'est pour cela vraisemblablement qu'on l'avait consacré à Minerve, qui devait préférer le fruit à la forme et l'utile au beau [1]. Quelques crêtes de montagnes, couronnées çà et là de forêts de pins, forment un assez bel effet ; mais le plus grand nombre des hauteurs est stérile et calciné. On regrette à chaque pas les ormes, les chênes et les ombrages des autres provinces. Il est vrai que le ciel est d'une beauté ravissante, et le coup d'œil de la mer, qu'on découvre d'une élévation en approchant de Marseille, est un des plus grands spectacles dont il soit possible de jouir. Je ne m'étonne point de tous les éloges que les Anciens ont donné à cette ville. L'exil de Milon devait être fort doux. A la multitude de petites maisons de campagne répandues dans les environs de Marseille, et qui se prolongent du haut des montagnes environnantes jusqu'aux bords de la mer, je me suis rappelé une phrase de César qui est pleine de vérité : *Vidi urbem in campis disseminatam* [2]. On ne peut mieux peindre cette ville. Il est surprenant qu'elle ne renferme aucune antiquité, quoiqu'elle soit la plus ancienne de toutes. On en trouve bien davantage à Vienne, à Valence, à Orange, à Aix, Arles, et même dans des villages tels que Saint-Remy. J'ai souvent quitté les grandes

---

[1] Ces poëtes d'alors, s'ils couraient par hasard les champs, n'osaient considérer la nature que sous le bon plaisir de la mythologie et à travers toutes sortes de réminiscences *livresques*, qui jouaient devant leurs yeux et divertissaient leur regard.

[2] Est-ce que César a dit cela ?

routes, et ce que j'ai vu m'a bien dédommagé de mes fatigues. Je n'ai pas oublié la patrie de Massillon, Hyères, et j'ai demeuré chez son petit-neveu du même nom que lui. J'ai vu l'aloès, le dattier en pleine terre dans les jardins de ce pays-là. J'ai cueilli des oranges de l'année dernière à côté des orangers en fleurs, et presque sur la même tige. Les haies des champs sont formées de grenadiers, d'oliviers, d'orangers, de lauriers. Vous croyez être chez Calypso ou chez Alcinoüs. Les vents du soir vous portent tous ces parfums au bord de la mer, et, si vous le vouliez, une barque pourrait vous conduire dans vingt-quatre heures en Italie. Gênes et la Corse sont presque sous vos yeux. Pour arriver aux jardins d'Hyères il faut traverser un pays affreux, et surtout celui qu'on nomme *les Gorges d'Ollioules*. Les peintres qui voudront représenter les gouffres de l'Averne et les portes de l'Enfer peuvent venir là. C'est précisément l'Élysée après le Tartare. Le Tasse, qui a placé les jardins d'Armide après un désert horrible, avait vu sans doute des lieux semblables. Toulon, malgré tous les ravages qu'il a éprouvés et des Anglais et des Français, atteste encore toute la grandeur de Louis XIV. L'édifice appelé *la Corderie*, et bâti par Vauban, frappe d'admiration. Rien n'est plus simple et plus grand. C'est comme la cour de l'Hôtel des Invalides. Vous voyez au premier coup d'œil l'usage de cet édifice ; on ne peut porter plus de bon sens et de majesté dans l'architecture. La nature, en creusant la rade et le port de Toulon, semble avoir fait la France reine de la Méditerranée. Le port de Brest, tout beau qu'il est, me semble bien moins imposant. À la vérité, je ne l'ai pas vu depuis trente ans, et j'étais trop jeune peut-être pour en bien juger. Après de longs détours à droite et à gauche, toujours courant, toujours regardant, toujours rêvant, je suis arrivé à Nîmes. Je m'y suis un peu reposé. L'Amphithéâtre, la Maison-Carrée, la Fontaine de cette ville vaudraient seuls mon voyage. J'ai déjeûné hier sous une arche du pont du Gard. Quel magnifique monument de la grandeur romaine ! Je ne songeais pas sans émotion que ce pont avait été bâti par le gendre d'Auguste, par Agrippa, dont on a retrouvé l'urne et les cendres il y a quelque temps et presque au même lieu. Je ne vous parle point de la Fontaine de Vaucluse, de peur d'être trop long et trop bavard. Rien dans la Suisse, où j'ai voyagé deux fois, ne m'a fait le même plaisir. Pétrarque avait raison de dire que, *hors l'Italie*, on ne pouvait voir un site pareil. Après-demain je serai à Montpellier, je visiterai le Canal du Languedoc ; et de là à Toulouse, puis dans les Pyrénées, puis à Bordeaux et enfin à Paris, où je serai bien heureux de vous revoir et de vous embrasser. Promettez-moi de ne pas le quitter avant le mois d'août ; j'ai grand besoin de vous y retrouver. Notre bon, notre aimable Ambroise sera plus fidèle que vous ; je suis sûr qu'il ne m'abandonnera pas cet automne. Et le *Rollin?* Au nom de Dieu, ne vous découragez pas. Enrichissez les deux derniers volumes de quelques notes dignes de votre raison et de votre goût. Adieu, aimez-moi comme je vous aime. Mille choses tendres à notre cher Ambroise ; je lui écrirai. Parlez-moi de Chateaubriand et du bel ouvrage dont j'ai lu les cinq premiers Chants[1]. Répondez-moi à Toulouse.

« Ne m'oubliez pas près de Monsieur votre frère. »

Lorsqu'on n'était pas Chateaubriand le *poëte-voyageur*, lorsqu'on n'était pas Bernardin de Saint-Pierre, ni Jean-Jacques, et fût-on soi-même renommé à titre de poëte, c'est-à-dire pour avoir un *pinceau*, voilà pourtant comme alors on s'en servait et comme on décrivait le monde visible et ses variées richesses, à l'heure où on les découvrait dans toute la fraîcheur d'une première impression. Une narration courue, maigre, sèche, abstraite dans son élégance, on s'en contentait volontiers ; cela passait presque pour un tableau.

La différence est-elle assez grande pour l'art, la main-d'œuvre, — disons mieux, pour le sentiment aussi, pour l'habileté à bien voir comme à bien rendre, avec nos brillants pittoresques d'aujourd'hui, avec nos savants

---

[1] *Les Martyrs.*

paysagistes à la plume, les Georges Sand, les Théophile Gautier, les Fromentin? Je conçois que l'un d'eux m'ait pu dire un jour, dans une exagération piquante : « Ce n'est que depuis trente ans qu'on sait écrire. » Cela veut dire : Ce n'est que depuis trente ans qu'on sait décrire. Qu'il y ait de l'abus, je le sais; mais qu'il y ait une acquisition véritable et une conquête, un instrument et un organe nouveau, qui le pourrait nier[1]?

Et sur ce terrain même des Pyrénées où Ramond, — Ramond trop peu loué et trop peu lu, Ramond le Jean-Jacques et le Saussure pyrénéen, avait déjà passé, et où Taine devait un jour venir, Fontanes, on le va voir, est bien pâle, bien impuissant; il est sans ressources dans son admiration. Je n'ai pas voulu pourtant le supprimer; cela fait mieux mesurer le chemin parcouru.

A M. GUENEAU DE MUSSY.

« Bordeaux, 15 juillet 1805.

« Votre lettre est charmante, mon cher ami, et redouble le désir que j'ai de vous revoir. Me voici bientôt à la fin de mes longues courses. Il me tarde de causer avec vous sous les arbres du paisible Luxembourg. Cette ville (Bordeaux) est une insolente copie de Paris. Le port est magnifique; c'est un demi-cercle bordé de superbes édifices, et qui a près de deux lieues d'étendue. Mais quand on a vu le port, le théâtre, et le Cours, et les allées de Tourny, on peut partir. Un luxe triste fatigue partout les yeux, et la fureur du jeu introduite dans les meilleures maisons de cette ville en ferait pour moi le plus

---

[1] Il faut être juste : Victor Hugo doit être compté pour beaucoup, et plus qu'aucun maître depuis Chateaubriand, dans cet avancement pittoresque de la langue, dans ce *dernier pas*, qui a sans doute forcé en bien des points les choses, mais qui par là même les a enfoncées, et qui, en eût-on fort à rabattre, aura fait obtenir et gagner un certain résultat définitif.

ennuyeux séjour. Je me déplais d'autant plus ici que j'étais devenu presque montagnard dans les solitudes des Pyrénées. J'y ai vécu trois semaines avec délices. Je me suis souvent écrié : « Où es-tu Gueneau ? où es-tu Chateaubriand ? » Imaginez que, du pied du château où est né Henri IV jusqu'au village où il a été nourri, je me suis promené sous le plus beau ciel et dans les plus beaux paysages à la suite d'un grand nombre de vieillards, de jeunes gens, de jeunes filles qui allaient en pèlerinage au Calvaire de Bétaram, détruit pendant la Révolution et rétabli par la piété des Béarnais. Ce Calvaire est situé sur une montagne très-escarpée entre l'Espagne et la France. Au pied de la montagne coule un torrent terrible, au delà s'étendent des vallées délicieuses[1]. Le jour de la Saint-Jean, tous les villages du Béarn envoyaient une députation à ce Calvaire. On n'entendait que des cantiques et des psaumes sur la route. Les jeunes filles, les enfants portaient des faisceaux de fleurs. Un vieux prêtre, qui, pendant cinq ans, s'est tenu caché dans les souterrains de Bétaram et n'a échappé que par miracle à Dartigoyte[2], marchait à leur tête. Le soir tous les sommets des montagnes voisines ont été illuminés des feux de la Saint-Jean, selon l'usage antique de ce pays-là. Je n'ai jamais vu de spectacle plus ravissant[3]. Vous retrouvez en

---

[1] Un torrent *terrible*, des vallées *délicieuses* : nous voilà bien avancés. Voir Taine, *Voyage aux Pyrénées*, sur ces torrents, sur ces vallées, et sur les habitants dont tout à l'heure Fontanes va parler comme de bergers de Virgile. Ces classiques de la fin, je l'ai dit, n'osent voir la nature qu'à travers leurs livres, et en la rapportant bien vite, pour plus de simplicité, à un type connu et convenu. Oh ! que l'on a de peine à sortir de l'enfance, — à sortir du collége, — à sortir de la bibliothèque ou du salon !

[2] Membre de la Convention et fougueux montagnard, envoyé en mission dans les Hautes-Pyrénées : on racontait de lui des horreurs.

[3] Un *spectacle ravissant*, c'est bientôt dit. Et pourquoi et comment est-il *ravissant* ? et plus *ravissant* là qu'ailleurs ? Vous ne nous le montrez pas, et vous seriez bien embarrassé de le faire ; il y a toute une langue de formes, de couleurs, que vous ne savez pas, et quand on n'a pas la langue, on n'a pas les idées, au moins les idées bien démêlées ; et dans le cas présent, on n'a pas la vision complète et distincte.

Béarn et dans plusieurs gorges des Pyrénées les mœurs patriarcales ; des vieillards, assis à l'ombre, se lèvent avec la politesse des anciens temps, lorsqu'ils aperçoivent un voyageur. Si les Pyrénées sont moins hautes que les Alpes, les vallées en sont bien plus riantes ; si les pâtres en sont moins riches, ils sont bien plus aimables. Là, j'ai trouvé pour la première fois des bergers presque semblables à ceux de Virgile, avec des figures mélancoliques telles que la sienne. Ils vous font eux-mêmes admirer leurs sites ; ils vous conduisent dans les points de vue les plus favorables ; ils sont pleins d'esprit naturel et point avides comme ceux de la Suisse. Quand on voudra faire des églogues françaises, il faudra placer la scène dans la vallée de Campan ou dans celle d'Aure et d'Argelès.

« Adieu, mon ami, je vous verrai avant quinze jours.   F. »

Dans toutes les lettres suivantes, Fontanes paraît surtout préoccupé d'une chose, fixer son jeune ami à Paris, l'arracher à sa province, lui ouvrir une carrière, et triompher de ce sentiment d'excessive modestie et de timidité qui l'empêchait de se mettre en avant :

A M. PHILIBERT GUENEAU DE MUSSY,

A Semur (Côte-d'Or).

« 10 octobre (1805).

« Je suis bien affligé, mon cher ami. Vous voulez donc que cet hiver-ci me paraisse plus triste et plus long que tous les autres. A votre départ, j'avais reçu de meilleures espérances, et je ne puis encore y renoncer. Ne peut-on pas trouver quelque moyen de vous rappeler à Paris ? J'ai deux fois parlé à M. de Talleyrand du plaisir et de l'honneur qu'il se ferait en vous donnant quelques-uns de ces travaux qui conviennent au talent et à la probité ; je sais qu'il y en a quelquefois de ce genre, et comme le ministre en question a de l'esprit, je suis sûr qu'il ne vous choisirait qu'une besogne conforme à vos principes. Il n'ignore pas qu'un honnête homme qui sait écrire est tout aussi utile qu'un fripon, qu'il est même préférable dans certaines circonstances ; car on en est plus sûr, et il coûte moins. L'absence de M. de Talleyrand a suspendu et non détruit mes projets. M. de Bonald serait déjà adopté sans ses systèmes qui viennent à chaque mot qu'il écrit ; mais je ne désespère point encore de lui faire trouver avec vous une place dans les travaux secrets de ce ministère [1], qui sont favorables aux développements de l'esprit et de la pensée. Baudus est surchargé, et d'ailleurs son département ne serait pas le vôtre. On lui demande surtout des notes sur les Cabinets du Nord, qu'il a connus à fond pendant son séjour en Allemagne. Montlosier n'est presque bon à rien. Ainsi mes démarches, secondées par Laborie, peuvent n'être pas infructueuses. Les hommes qui savent penser et écrire sont plus rares de jour en jour, et ce double talent que vous avez reçu ne doit pas être enfoui sous le boisseau. Je pense même que si M. de Talleyrand nous manque, on ne doit pas perdre courage. Il fallait tomber entre les mains d'un imbécile comme Poignée pour que l'entreprise de Rollin ne fût pas une mine d'or, et ce sot-là s'avise encore de se ruiner comme un homme d'esprit ! D'autres entreprises du même genre, confiées à des mains plus sûres, peuvent fournir, sans beaucoup de peine, des ressources très-honorables. Cherchons en un mot, mon cher ami, tous les moyens possibles de rester à Paris. C'est votre place naturelle, et mon amitié a besoin de vous avoir pour voisin.

« J'ai déjà vu quelques sites de la Bourgogne et je sais que cette terre est fort poétique, *terra ferax virum*. Mais songez que vos compatriotes et vos prédécesseurs, Bossuet et Buffon, nés en Bourgogne, n'y sont pas restés. Faites comme eux. L'ouvrage que vous méditez est vaste et hardi. Courage ! *Macte viam !* quand pourrais-je en causer avec vous ? Mes entrailles paternelles sont vivement émues, et je bénis d'avance du fond du cœur, mon cher fils, le travail qui fera votre gloire et mon bonheur. Adieu, je vous embrasse tendrement.   Fontanes.

« Toute ma famille vous aime et veut que je vous le redise.

---

[1] Le ministère des Affaires étrangères.

Alphonse est retourné courageusement à Sainte-Barbe, Saint-Marcellin au lycée. Le page est toujours aimable ; tous les trois m'ont souvent parlé de vous. Je leur ai communiqué l'article de votre lettre qui les regarde ; ils sont enchantés. Je les aimerai davantage puisqu'ils vous aiment aussi. — Joubert est à Villeneuve, Chateaubriand avec lui. »

AU MÊME.
« 27 août 1806.

« J'ai été encore aveugle, mon cher ami, depuis que j'ai reçu votre lettre, et voilà l'excuse d'un silence que je ne me pardonnerais pas, s'il n'avait été involontaire. Tous ces petits maux m'annoncent l'approche de la vieillesse ; mais mon cœur sera toujours jeune en songeant à vous. Si vous avez la bonté de me regretter au milieu de vos vignobles et sur vos montagnes, je vous regrette bien davantage au milieu de la poussière et de la fumée de Babylone. Il est très-possible qu'à la fin de septembre je traverse votre Bourgogne, et le plaisir de vous voir un moment est un des premiers motifs de ce voyage. Si ce projet a lieu, je vous mènerai jusqu'à Genève ; vous touchez presque à cette ville par la Bresse et le Bugey. J'irai de là jusqu'à Lucques et Rome. Je reviendrai deux ou trois mois après et je vous reconduirai à Paris, si vous êtes un peu aimable pour moi. Ce voyage vous rit-il un peu ? Je le souhaite. J'ai grande envie de l'exécuter. N'allez pas croire cependant que ce ne soit là qu'une fantaisie poétique : l'âge des aimables folies est passé. Il y aurait dans ce voyage un objet d'utilité réelle ; je vous dirai tout cela quelque jour. Quand je vous vois à vingt-cinq ans sacrifier tous les plaisirs au devoir, je ne dois pas, moi qui serais votre père, sacrifier les devoirs au plaisir. Vous me rendez bien justice, mon cher ami ; la décision de mon sort ne me satisfera pleinement que lorsque j'y verrai les moyens de fixer le vôtre. Je ne sais encore rien de positif. Toujours même accueil, même bienveillance extérieure, et nulle parole formelle. On dit que je dois être tranquille, mais cet état équivoque a toujours quelques inconvénients. Heureux l'homme qui a un champ pour y vivre et mourir indépendant ! Descartes disait que mille francs de patrimoine valaient mieux que les appointements d'un premier ministre, et ce sentiment de Descartes est d'une belle âme et d'une vraie philosophie. Ne vous rebutez point, mon cher enfant, des détails épineux de vos affaires domestiques : rien n'est plus doux et plus honorable que d'avoir mis de l'ordre dans une fortune qu'on tient de ses pères. On est bien payé de l'ennui que donne ce genre de soins. Un de mes grands chagrins est d'avoir dissipé ou laissé dépérir mon petit patrimoine dans ma jeunesse. Je tiens qu'un honnête homme doit ménager et augmenter, s'il le peut, le revenu paternel. Chateaubriand et moi nous avons fait tout le contraire, et cela est très-peu moral, et très-anti-patriarcal. A propos de Chateaubriand, il m'a écrit une lettre aimable et touchante, datée de Trieste. Il était prêt à partir pour Smyrne; il me parle de vous et me charge de vous recommander le souvenir du voyageur. Il est sur les ruines d'Athènes dans ce moment, ou sur la cime du mont Liban. Il me promet bien qu'après cette course il s'arrêtera. L'amour du repos le tourmentait à la vue de la mer Adriatique où il allait s'embarquer, mais je crains bien que l'amour des voyages ne le saisisse dès qu'il aura mis pied à terre. Il est, dans un autre genre, l'usurier d'Horace qui vante la paix des champs et qui maudit les embarras de la Bourse et de la ville. Je me console des mille-louis qu'il jette dans le désert en songeant que ce pèlerinage peut valoir mille beautés nouvelles à son ouvrage. Une aussi belle imagination que la sienne ne doit pas voir impunément la plaine de Troie et Jérusalem. Lisez-vous quelquefois le *Mercure?* Vous y trouverez des morceaux de notre ami M. de Bonald qui confirment, ce me semble, ce que nous pensons en bien et en mal du talent de cet excellent homme [1].

---

[1] Sur M. de Bonald, pendant ces années, il n'y a qu'une voix dans tout ce monde qui lui est d'ailleurs si favorable (je ne parle pas de Chateaubriand un peu rival, mais Fontanes, Joubert, M. de Mussy), et sur son talent gâté par les systèmes. Plus tard j'ai été rudement tancé par des ultra-catholiques pour avoir dit la même chose de lui très-respectueusement. Il n'est pas jusqu'à Petitot qui, de Dijon, écrivant à Gueneau de Mussy en ces années, ne dise : « Je serais aussi très-curieux de con-

Lacretelle jeune l'a fait indignement persécuter [1] jusque dans le fond de ses montagnes pour un certain article sur *la Tolérance*, imprimé le 12 juin dans le *Mercure*. Imaginez-vous qu'on lui a fait signifier par un *gendarme* l'ordre de se rendre chez son Préfet pour entendre la lecture de la lettre la plus insolente. Sous l'ancien Régime, dont ces messieurs ont tant maudit la tyrannie, le Chancelier n'aurait pas écrit avec ce ton d'autorité et de mépris au dernier écrivain du charnier des Saints-Innocents. M. de Bonald m'a écrit : j'ai couru chez l'Empereur; il ne savait rien de cette persécution; trois jours après il a eu la bonté de me dire que tout était fini, et d'ajouter : *Que votre ami vienne*. J'ai tout mandé à notre ami, et je souhaite bien qu'il se rende à Paris. Le talent d'un grand

naître les études dont vous vous occupez : elles ne peuvent être que graves et utiles. Je désirerais seulement que vous ne vous livrassiez point à la métaphysique, dans laquelle vous êtes déjà fort instruit. C'est une science aride, systématique, où l'on s'égare avec les meilleures intentions. Voulez-vous savoir d'où vient mon humeur contre la métaphysique ? c'est qu'il me semble qu'aujourd'hui les plus grands esprits en abusent. Ils veulent tout faire rentrer dans leur système ; et les erreurs inévitables de cette méthode donnent matière aux faux philosophes de les critiquer et de les tourner en ridicule. *Il est cruel de voir tant de talent employé d'une manière qui en étouffe une partie; c'est une de mes peines secrètes : vous sentez l'application; je ne me confie qu'à vous.* » — Ainsi pensaient de M. de Bonald et de ses idées, antérieurement à toute complication et à tout conflit politique, les hommes même de son parti et de son plus proche voisinage. Mais les disciples et sectateurs sont moins commodes. Peste ! toucher à un de leurs Saints !

[1] On devra rabattre de cette première vivacité d'expression, échappée à la plume de Fontanes, contre un homme que nous avons connu si bon, si bienveillant, et qui, persécuté lui-même autrefois et *fructidorisé*, était certainement le plus incapable d'être persécuteur. Mais il était membre du bureau de la Presse, et, réprimandé ou craignant de l'être pour cet article de M. de Bonald, il aura fait du zèle. — Cet article de M. de Bonald, intitulé *Réflexions philosophiques sur la Tolérance des Opinions*, et inséré dans le *Mercure* du 21 juin 1806, est un des meilleurs de cet ingénieux et paradoxal écrivain ; mais il a un caractère provoquant, et il était comme un défi porté à tous les principes et aux habitudes sur lesquels repose l'ordre moderne.

publiciste comme lui ne peut avoir des directions bien sûres
que dans ce pays-ci, et l'opinion l'y protégera mieux contre
l'oppression que dans une province éloignée où des subal-
ternes ignorants exagèrent.... (la dernière page manque à cette
lettre si curieuse et tout à fait intéressante.) »

Les âmes *immodérées*, les âmes ambitieuses embrassent
trop, et bien souvent plus qu'elles ne peuvent ; les âmes
modérées souvent, au contraire, n'embrassent pas assez,
et, se méfiant trop d'elles-mêmes, elles ne sortent pas de
chez elles ; elles ne tirent pas de leur fonds tout le parti
possible : contentes de peu, elles sont sujettes à rester
toujours en deçà. La Rochefoucauld, qui croit peu aux
vertus et beaucoup au tempérament, a dit : « La modération dans la plupart des hommes n'a garde de combattre
et de soumettre l'ambition, puisqu'elles ne se peuvent
trouver ensemble, la modération n'étant d'ordinaire
qu'une paresse, une langueur et un manque de courage :
de manière qu'on peut justement dire à leur égard que
la modération est une bassesse de l'âme, comme l'ambition en est l'élévation. » C'est dur. Mais enfin la modération des désirs, redoublée par l'habitude de l'humilité
chrétienne, peut retenir plus qu'il ne convient un esprit
distingué, lui ôter tout essor, et ce trop de modestie permet à la paresse d'y trouver son compte, surtout s'il s'y
joint le prétexte d'un devoir. Fontanes, dans la lettre
suivante, s'impatiente de cette disposition chez son jeune
ami, et le stimule vivement, en prenant par bonne grâce
sa part du défaut :

« Paris, 7 septembre 1806.

« Je vous pardonnerais, mon cher ami, de rester dans votre
Bourgogne si elle était encore habitée par des Bossuet, des
Buffon, et des Sévigné. Je conviens que cela vaudrait mieux
que Paris, et qu'il est juste de chercher les gens qui nous

conviennent, où ils se trouvent. Mais quelque respect que j'aie pour l'ancienne Bourgogne, puisqu'elle a produit tant de grands hommes, et pour la moderne, puisqu'elle produit encore des hommes comme vous, je crois que vous pourriez en conscience lui préférer le faubourg Saint-Germain. Le vin de Dijon et de Semur est fort au-dessus de celui de Suresne et de Vaugirard, j'en conviens, mais je doute que vos Bourguignons et vos Bourguignonnes vaillent tant d'amis qui vous regrettent, et des femmes comme Mme de Vintimille qui me parlait encore hier au soir de vous. Je sais qu'un peu d'argent est nécessaire à Paris; mais un peu de travail vous l'aurait facilement procuré, en attendant une place selon votre mérite et mes vœux. Encore si vous profitiez de votre solitude! si, loin de Rome, vous travailliez à Tibur! je pourrais alors me consoler de votre absence : mais les charmes de la vie contemplative l'emportent chez vous sur les soins de la vie active. Vous diriez presque comme ce Chartreux à qui on demandait quelle avait été son occupation toute la vie : *Cogitavi dies antiquos, et annos æternos in mentem habui* [1]. Cela est très-beau; mais saint Jérôme songeait aussi à l'Éternité, et, tout en méditant dans le désert, il traduisait la Bible, il écrivait contre Rufin, et faisait des in-folio. Au reste, vous me direz peut-être : « Docteur, guéris-toi toi-même. » J'avoue mes torts :

> Je vous donne un conseil qu'à peine je reçois.

Mais c'est parce que je connais l'abus de la paresse que je la défends à mes amis. Ne soyez point étonné que je vous parle de saint Jérôme et des Pères du désert : M. l'abbé de La Trappe a dîné samedi dernier chez moi. Je lui avais donné pour convives MM. Molé, Clausel, et notre ami Ambroise Rendu. Nous vous avons bien regretté. Ambroise a seulement éprouvé un

---

[1] Fontanes a écrit en effet *in mentem*. Joubert citant le même verset (car c'est le verset 6 du Psaume LXXVI) dans une lettre à Mme de Beaumont, du 1er août 1801, a mis *in mente*, comme il y a dans la Vulgate. On peut cependant soutenir *in mentem* : devant l'esprit, en face de l'esprit.

grand chagrin en apprenant que l'abbé de La Trappe était sorti de Saint-Sulpice. Nous avons toujours, Ambroise et moi, quelques querelles sur le Jansénisme, mais d'ailleurs je ne connais pas un cœur plus honnête, un jeune homme plus laborieux, plus instruit et plus digne d'être aimé. Celui-là n'est pas un paresseux comme vous et moi. Je parie pourtant que j'aurai moins perdu que vous cet été et cet automne. Il est bien honteux qu'à mon âge ce soit moi qui fasse le jeune homme.

« On n'a point de nouvelles de M. de Chateaubriand : il voyage au pied du mont Sinaï; sa femme est très-justement inquiète. Je me rassure pourtant : une Providence particulière veille sur les poëtes et les enfants, et je regarde l'auteur du *Génie du Christianisme* comme un vrai poëte. Et puis, Horace n'a-t-il pas dit :

> Integer vitæ, scelerisque purus
> Non eget Mauris jaculis, neque arcu...

Puisque le Ciel protégeait Horace, il n'abandonnera pas Chateaubriand.

« Lisez-vous le *Journal de l'Empire*? M. Molé prétend qu'il devient excellent, et que trois derniers extraits d'une traduction des *Offices* de Cicéron sont trois chefs-d'œuvre. Mme de Vintimille a la même opinion. Vous voyez que les flambeaux d'Israël eux-mêmes commencent à pâlir. Revenez vite de Bourgogne, ou tout est perdu [1].

« Adieu, mon cher ami, je vous embrasse de tout mon cœur; tout paresseux que vous êtes, il n'est point d'homme que j'aime et que j'honore plus.   FONTANES. »

« P. S. M. de Bonald va venir à Paris; nouvelle raison d'y arriver. »

---

[1] Ces articles, à propos du traité *De Officiis* traduit par M. Brosselard, étaient de M. Delalot; relus aujourd'hui, ils justifient peu un tel éloge. Au reste tout cela est dit par manière de plaisanterie : « Prenez garde ! on commence dans la petite société à admirer Delalot, celui de tous les écrivains qu'on pouvait le moins souffrir : si vous ne revenez y mettre bon ordre, tout est perdu, c'en est fait du bon goût! »

L'occasion désirée tardait toujours. En attendant que se réalise ce grand projet d'Instruction publique dont Napoléon n'avait pas été sans entretenir déjà Fontanes, mais qui semblait reculer indéfiniment, Fontanes, attentif à tout ce qui peut rappeler son jeune ami, lui écrit pour lui proposer, comme pis-aller, une place à la Bibliothèque, au Cabinet des médailles. La lettre, charmante de cordialité, est d'ailleurs d'une parfaite insolence à l'égard des Allemands. C'est bien là un exemple des jugements légers et tranchants de ces esprits de pure race française, qui ne doutent de rien, qui se préfèrent naturellement à tous et se croient mieux faits que les esprits des autres nations : dans le cas présent, l'assurance de Fontanes est comique; il croit que la science de l'antiquaire s'improvise, qu'une certaine netteté d'exposition supplée à une longue étude comparée; il oublie, ou plutôt il ignore cette suite d'illustres Allemands organisateurs et créateurs en toutes les branches du savoir humain, depuis Leibniz jusqu'à Goethe et Humboldt; il ignore ces excellents critiques récents de l'Antiquité, Wolf sur Homère, Jacobs sur l'Anthologie; mais n'avait-il donc pas lu Heyne sur Virgile? Il en est encore sur le compte des Allemands où en était le Père Bouhours. C'est bien de l'homme qu'un jour dans un salon, pendant qu'il était en train de débiter ces conclusions impertinentes, M. Stapfer arrêta tout court en lui demandant : « Savez-vous l'allemand, Monsieur? » Fontanes n'en savait pas un mot, et n'en jugeait pas moins d'autorité toute une grande race intellectuelle. Mais j'oublie moi-même qu'une telle lettre est gaie et ne se discute pas :

« Paris, le 28 février 1807.

« Mon cher ami, j'ai sauté de joie hier quand on m'a offert un moyen de vous rappeler à Paris. M. Degérando est venu me voir ; il m'a dit qu'une place était vacante à la Bibliothèque Impériale : c'est celle de M. Winckler, employé dans la division des Médailles sous M. Millin, Conservateur. Votre ami M. Degérando peut, par son crédit au Ministère de l'Intérieur, vous obtenir beaucoup de voix. J'ai quelque influence près de M. Du Theil, et peut-être aussi de M. Dacier. Vous savez que ce genre de place est donné par les Conservateurs à la pluralité des voix. Consultez-vous bien, et dites-nous vite si de pareilles fonctions vous conviendraient. Les appointements sont médiocres, ils ne vont pas au delà de 100 louis ; mais on a une perspective d'avancement, et vous vivriez au milieu des livres et de tous les trésors de l'érudition. Voilà les avantages ; voici maintenant les difficultés. Les Conservateurs veulent un homme versé dans la science numismatique, et cette place exigerait, presque tous les jours, une assiduité continuelle. Ce Winckler, qui vient de mourir, était un de ces Allemands qui entassent beaucoup de faits dans leur tête, sans y mettre dans la même proportion la critique et l'esprit qui les font valoir. Ce Winckler est par conséquent fort loué et fort regretté dans les journaux ; car, de plus, il était luthérien et idéologue. Vous avez tout ce qui lui manquait en esprit, en goût et en lumières, mais je crois que vous n'êtes guère plus avancé que moi en science numismatique. J'avoue que c'est là un inconvénient ; mais si j'étais chef de la Bibliothèque Impériale, cet inconvénient serait peu de chose à mes yeux. Un homme d'esprit, avec de la bonne volonté, peut apprendre dans six mois à connaître les médailles d'une manière suffisante pour les montrer aux curieux. Un Allemand, au bout de trente ans, sait beaucoup, mais sait mal : un Français comme vous, au bout de quelques mois, sait un peu moins, mais sait très-bien. Je suis donc pour le Français, et je crois pouvoir vous répondre qu'en dépit du goût germanique, vous l'emporterez à la Bibliothèque Impériale, si vous donnez carte blanche à vos amis. J'attends impatiemment votre réponse. Ne nous refusez pas le plaisir de vous voir. Aimez-moi toujours comme je vous aime. FONTANES. »

« *P. S.* Mes yeux, qui sont toujours un peu faibles, m'obligent de dicter ma lettre ; c'est pour cela que je vous écris peu : mais je n'en songe pas moins vivement et tendrement à vous. »

Enfin l'heureux moment arrive où Fontanes, nommé Grand-Maître de l'Université restaurée, tend les bras à son jeune ami ; il ne perd pas une minute pour le lui dire et pour l'appeler :

« Paris, le 20 mars 1808.

« LE PRÉSIDENT DU CORPS LÉGISLATIF. (Cet *en tête* est imprimé dans l'original.)

« Venez, mon ami. Je vous aimais : je puis vous le prouver. Venez, venez avec abandon, confiance et courage. Je vous attends tous les jours, FONTANES. »

« Ambroise embrasse son bon ami. *His amor unus erat.... Communi portam statione tenebant* [1]. »

Ici la Correspondance de Fontanes et de M. de Mussy s'arrête pour nous naturellement ; la suite appartient à l'administration et concerne les affaires. Je ne donnerai plus qu'une seule lettre de Fontanes, et elle nous montrera à quel point l'Inspecteur général (ce fut la première fonction de M. Gueneau de Mussy, jusqu'à ce qu'il devint Conseiller ordinaire, en 1812) était en effet un des yeux et des bras du Grand-Maître :

« 6 juin 1811.

« Tous les renseignements que vous me donnez, mon cher enfant, sont les seuls qui m'éclairent véritablement. Vous

---

[1] Virgile, sur Nisus et Euryale (*Énéide*, IX, 182). — Dans une Note placée à cette occasion sous les yeux de l'Empereur, M. de Fontanes ne séparait pas les noms des deux amis : « Je les regarde, disait-il, lui (M. Ambroise Rendu) et M. Gueneau de Mussy comme mes principaux adjoints. Ces deux hommes sont en quelque sorte les yeux et les bras dont j'ai besoin pour voir et remuer le grande machine que vous me confiez. »

jugez tout avec sagesse et vous peignez tout avec esprit. Comme vous m'êtes aussi nécessaire de près que de loin, je vous exempte du voyage de Rhodez. La lettre ci-jointe vous dira comme je vous remplace. La Députation de Marseille qui se trouve à Paris dans ce moment me rassure un peu sur le Lycée de cette ville. Il faudra voir avec attention le Censeur d'Avignon, et vous savez pourquoi. Les reproches qu'on lui fait sont bien graves, mais j'avoue qu'ils me paraissent peu compatibles avec les mœurs et l'éducation que le neveu de M. l'évêque de Chartres doit avoir reçue : je lui aurais plutôt cru des inclinations contraires. Regardez et prononcez; je m'en rapporte à vous. Notre ami M. Joubert est un homme excellent; mais je sais qu'il se prévient pour ou contre avec assez de facilité. Il a l'imagination vive et le cœur droit; il soutient opiniâtrément ce qu'il a souvent imaginé de très-bonne foi. Je me défie quelquefois même de ses vertus [1]. Je crains bien que le Lycée de Montpellier ne vous paraisse encore plus malade que celui de Grenoble. Nous avons là un honnête homme de Proviseur, mais un homme engourdi, usé, qui n'a plus ni considération ni vigueur. Malheureusement ce M. C... est digne d'égards; on ne peut le traiter sévèrement; il a de bonnes intentions; les talents et les lumières lui manquent. Plus j'examine cette composition des Lycées, et plus je la trouve incohérente. L'École Normale donnera-t-elle ce que je désire et ce qu'appellent tous les besoins? Je l'espère, et je suis assez content des premiers résultats. Les Cours y sont bons et suivis. Lemaire y devient de jour en jour ridicule; les élèves de l'École Normale l'ont déjà jugé : cela est de bon augure [2]. Les vrais professeurs sont écoutés avec respect et beaucoup de fruit. Soyez ici pour la distribution des prix; nous avons besoin de vous, et d'ailleurs je ne veux pas me brouiller avec Mme Gueneau. Adieu, mon cher enfant, je vous embrasse de tout mon cœur.   FONTANES. »

[1] Voyez le jugement de M. Joubert sur Fontanes, précédemment, à la page 263; c'est la réciproque, mais que de délicatesse et d'aménité encore ces véritables amis portent jusque dans leurs sévérités !

[2] Il s'agit du célèbre professeur de la Faculté des Lettres, dont les

L'Université moderne, à sa naissance, a été toute réparatrice d'esprit ; non-seulement elle recueillit tout ce qu'elle put des membres dispersés de l'ancienne, et aussi des membres restants des anciennes Congrégations enseignantes, mais elle mit tout son soin à renouer cet ensemble de traditions littéraires et morales qui se personnifiait dans le nom de Rollin. Tout ce côté réparateur, et par où l'on s'appliquait à replanter plutôt que de bâtir (ce qui vaut bien mieux en matière d'institutions), nous est très-sensible dans l'œuvre universitaire par l'influence de M. de Mussy à l'origine, par l'esprit qu'il y porta et qu'il ne cessa d'y entretenir dans sa ligne profonde et modeste. M. Guizot, qui le rencontra encore dans le Conseil royal de l'Instruction publique en 1832, l'a nommé avec estime, en compagnie des autres membres du Conseil, à un endroit de ses Mémoires ; il aurait pu le nommer ailleurs, et plus particulièrement à la page où il est dit[1] : « C'était

élèves de l'École suivaient le Cours. Si Fontanes était si injuste pour les Allemands, il était sévère aussi pour les Français ; il aimait l'élégance, mais il voulait surtout de la simplicité, du goût dans l'enseignement ; l'enflure, la déclamation, le charlatanisme le révoltaient. Il assistait comme Grand-Maître à la première Leçon de la Faculté, à une leçon d'apparat ; il présidait cette séance d'installation. Des témoins, bons juges eux-mêmes, m'en ont plus d'une fois parlé : Fontanes, sur son siége et sous l'hermine du Grand-Maître, dissimulait mal la souffrance de l'homme de goût. Et comment n'aurait-il pas souffert en entendant Virgile et le sixième livre de l'*Énéide* commenté, paraphrasé avec emphase ; le *Tu Marcellus eris*, par exemple, accompagné de ces phrases à grand orchestre : « A ces mots j'entends un cri déchirant ; je vois le maître du monde pâlir de douleur !... Quelle est cette femme qui chancelle et qui tombe ?... Ah ! secourez donc Octavie... Secourez donc Auguste... Secourez Virgile lui-même ; la douleur les a tous terrassés ! » — M. N.-E. Lemaire a bien osé reproduire ces paraphrases, à peine retouchées, à la fin de son édition de Virgile (tome VII) ; il les donne comme étant demandées et désirées, dit-il, par un grand nombre de ses Souscripteurs.

[1] *Mémoires pour servir à l'Histoire de mon Temps*, tome III, page 90.

aussi une administration sincèrement et sérieusement préoccupée des droits et des intérêts religieux. Si les Chrétiens ennemis de l'Université s'étaient reportés à son origine, si l'état dans lequel elle avait alors trouvé l'Instruction publique avait été replacé devant leurs yeux, s'ils s'étaient rappelé tout ce qu'elle avait fait pour ramener à la religion les générations naissantes, toutes les luttes qu'elle avait soutenues, tous les obstacles qu'elle avait surmontés dans ce dessein; s'ils avaient été obligés de mesurer eux-mêmes la distance entre le point de départ de l'Université dans les voies chrétiennes en 1808, et le point où elle était arrivée en 1830, ils auraient, j'ose le dire, ressenti dans leur cœur quelque embarras à ne tenir aucun compte de tous ces faits, de faits si nombreux et si clairs. » Et M. Guizot cite les noms des principaux chefs de l'Université qui se sont succédé, M. de Fontanes, le cardinal de Bausset, M. Royer-Collard, M. Cuvier, l'abbé Frayssinous : mais parmi les secondaires, au premier rang était M. de Mussy, l'organe précisément le plus fidèle, l'expression la plus directe peut-être et la plus pure de cet esprit de modération et de réparation pieuse autant qu'éclairée. — Ami des innovations sages, il prit une part très-active à l'introduction et à l'organisation de l'enseignement historique dans les Colléges en 1818; nos premiers maîtres, MM. Cayx, Ragon, Poirson, lui avaient conservé bien de la reconnaissance pour l'intérêt avec lequel il avait suivi et encouragé leurs premiers efforts. Il avait même un goût particulier, un faible pour ce talent brillant et si gros d'avenir, M. Michelet, — M. Michelet, il est vrai, avant ses grands et derniers crimes.

II

LIAISON AVEC CHATEAUBRIAND.

Je reviens à notre sujet même, à Gueneau de Mussy dans le cercle premier où sa sensibilité osait se trahir à l'ombre et se produire comme la fleur sous l'herbe, sinon tout à fait s'épanouir. Chateaubriand l'aimait, et, dans un temps, il donnait à cette amitié vraiment tendre la forme d'une adoption privilégiée. Je lis sur un exemplaire de la première édition d'*Atala*, au premier feuillet, ces mots tracés de la main de l'auteur : « *Donné par l'amitié à mon jeune frère Gueneau, Chateaubriand.* » Les lettres qu'il lui adressa en ces années sont des plus affectueuses et des plus naturelles qu'il ait écrites. J'en ai déjà donné une [1] ; je mets ici les autres, qui, avec celles de Fontanes, forment la plus précieuse couronne autour du nom de M. de Mussy :

« Rome, 13 fructidor an XI, — 31 août 1803.

« Je commence par vous remercier, mon bon ami, de votre bel article [2]. Il me fait beaucoup d'honneur, et à vous encore davantage. Il y a une page pleine de charme sur la *suite de la Religion*, comme parleroit Bossuet. J'ai reconnu çà et là des choses que vous m'aviez dites, comme le Barbare vêtu de *peau*

---

[1] Dans la seizième Leçon du Cours, tome I, page 386.

[2] Dans le *Mercure de France* du 23 juillet 1803, on lisait en effet un article développé sur la *Nouvelle édition du Génie du Christianisme*, signé D. M. (de Mussy). Il y a une page de gémissement assez éloquent sur les ruines qui se faisaient de toutes parts, sur la démolition des monuments de nos pères ; et aussi une petite discussion sur la prééminence des Lettres sur les Sciences. M. de Mussy y plaidait pour le sentiment moral et pour l'imagination contre l'esprit d'exactitude sèche et d'analyse. C'était une de ses thèses favorites, et qui n'a pas cessé d'être à l'ordre du jour dans l'Université.

de bête et des *lambeaux de la pourpre romaine*, le raisonnement sur les mathématiques, etc. En un mot, si le *Mercure* avoit souvent de pareils articles, mon affaire seroit bonne. Mais, vous et Fontanes, vous n'avez point pitié de ma stérile *propriété*, qui n'attendoit qu'un peu de vos douces rosées pour devenir fertile [1]. Ch. D. (Delalot) me semble tout à fait retombé dans la *fréronaille*; P. (Petitot) fait bien, mais la couleur est bien pâle; l'article politique (aux extravagances près, ce qu'il faut toujours excepter avec Montlosier) est seul intéressant, et il soutiendra peut-être ce triste journal.

« Tout a bien changé ici, mon ami, depuis quelque temps. Je suis si malheureux que j'ai écrit à Fontanes et à Mme Bac...[2] pour les supplier de m'arracher aux *honneurs*. *N'espérez rien des hommes pour la Religion* : il faut maintenant un miracle pour qu'elle ne périsse pas en Europe. Mais au moins je ne veux pas avoir la main dans sa chute, et j'ai demandé mon rappel pour l'année prochaine. Je suis donc décidé, vers le printemps de l'autre année, à passer en Grèce. J'irai voir Athènes; je m'enfermerai ensuite trois mois avec les moines du mont Athos, pour parler un peu le grec. Je me rendrai à Constantinople, d'où je m'embarquerai pour la France. Je serai de retour à Paris pour l'hiver. Là j'exécuterai, si je puis, mon projet de retraite, et je mettrai un terme à tant de voyages, de sottises et d'erreurs, en m'ensevelissant dans quelque hutte, sur le côteau de Marly. J'aurai vu alors tout ce qu'un honnête homme peut à peu près désirer de voir, les déserts américains, les ruines de Rome et de la Grèce, le commencement des mœurs orientales ou asiatiques; j'aurai joui à peu près de tous les succès littéraires qu'un homme peut attendre pendant sa vie, et j'en connoîtrai la *valeur*; j'aurai connu un peu les divers états de la vie, les camps et la politique, la cour et la ville, le malheur et ce qu'on appelle la *prospérité*; j'aurai souffert la faim et le froid, et (*sic*) les festins et les salons;

---

[1] Chateaubriand était alors un des propriétaires du *Mercure*, qu'on avait essayé de régénérer.

[2] Mme Bacciochi, sœur du Premier Consul, et protectrice très-active de Chateaubriand.

j'aurai su ce que c'est que les peines et les joies du cœur les plus vives. Si je perds encore Mme de Beaumont, comme je le crains, je recevrai le dernier coup[1]. Il ne me manquera donc rien, mon ami, pour être un *sage*, puisque j'ai aussi un peu d'étude! et pourtant, mon cher et jeune ami, je sens que dans cette hutte, où très-certainement je finirai mes jours, je serai encore un fou, je serai encore tourmenté, agité. Mais je me console avec Pascal : « *On jette un peu de terre sur la tête, et en voilà pour jamais!* »

« Vous êtes maintenant dans vos montagnes, heureux comme un jeune corbeau et ne pensant pas que le pauvre vieux corbeau des Cordillières est triste comme un hibou sur les ruines de Rome. Travaillez-vous? J'ai vu la grotte dont vous me parlez, au bas de la montagne, et où l'on entend le retentissement des pas du voyageur. Je vous encourage fort à nous faire connoître les personnages de cette grotte[2] : laissez votre imagination se jouer à son aise : elle est belle, tendre et féconde; elle ne demande qu'à sortir de la contrainte où vous la retenez toujours.

« Je n'ai point eu de nouvelles du corbeau du Mont-Blanc[3] depuis mon départ de Paris. Je lui ai écrit trois fois, et je croyais qu'il m'aimoit assez pour me donner au moins quelquefois de ses nouvelles; je serois bien fâché de m'être trompé.

« Mon cher ami, j'ai le cœur navré. Mme de Beaumont m'écrit du Mont-d'Or des lettres qui me font trembler : elle dit qu'*elle sent qu'elle s'éteint, qu'il n'y a plus d'huile dans la lampe.* Si je perds cette amie, je deviendrai fou[4]. Je me désole d'être ici si loin d'elle. Adieu, cher jeune homme; écrivez-moi,

---

[1] Il semble que cela lui manque pour le compléter : singulier point de vue, quand on va perdre la femme qui vous aime!

[2] C'est une allusion à quelque projet d'ouvrage dont Gueneau de Mussy avait parlé à M. de Chateaubriand.

[3] Le *Corbeau du Mont-Blanc*, ce doit être Gueneau de Mussy lui-même, à moins que, par distraction, M. de Chateaubriand entende, à cet endroit, un autre que lui.

[4] Le voilà qui se ravise. S'il perd Mme de Beaumont, il en deviendra *fou*. Tout à l'heure, il disait qu'il ne lui manquait plus que cela

consolez-moi par votre amitié de toutes mes peines : elles sont bien grandes. Fontanes m'écrit souvent ; il gémit sur ma position ; il travaille à l'adoucir. Mille tendresses et souvenirs,
CH. »

« 20 décembre, 28 frimaire (1803).

« Votre lettre, mon jeune ami, m'a fait pleurer ; j'ai été très-sensible aux marques de votre bon cœur dans cette circonstance [1], d'autant plus que ma peine est extrême, et que ni vous, ni mes amis de Paris ne peuvent savoir, et peut-être ne croiront jamais ce que j'ai souffert ici. Je vous avoue que ce n'est pas une de mes moindres peines de penser que les personnes qui devoient le mieux me connoître, ont cru qu'il y avoit peut-être quelque *imprudence*, quelque *fausse démarche* de ma part, tandis que j'étois exposé aux plus infâmes calomnies, que j'avois le *poignard italien* (dirigé par la *philosophie françoise*) suspendu sur le cœur. Ce ne sont point de vains mots, c'est l'exacte vérité. J'achèverai mon année parce que je l'ai promis ; je serai conséquent avec moi-même ; mais j'espère que ceux qui attachent quelque prix à mon amitié et à mon honneur ne trouveront pas mauvais qu'au bout de ce temps je ne me laisse pas menacer des *galères*, de l'*exil perpétuel*, du *cachot*, de l'*exportation à la Guiane*. Si je ne trouvois pas un dédommagement dans l'opinion publique qui semble m'élever dans toute l'Europe à mesure qu'on cherche à me ravaler, je ne sais si j'aurois pu rester ici huit jours. Les infâmes ! n'ont-ils pas mêlé une femme adorable, ma bienfaitrice, et j'ose dire à présent une sainte, à leurs propos ? L'auteur du *Génie du Christianisme* ne devoit-il pas demander le divorce ? Eh bien ! la mort est venue. Que diront-ils ? Le monde entier a été appelé à ce spectacle ; le dernier rejeton d'une famille massacrée par eux est descendu chrétien [2] au tombeau ; certes le démenti est formel ; mais qu'il me coûte cher !

pour devenir *sage*. Quelle cervelle singulière que Chateaubriand ! et quelle singulière forme de sensibilité !

[1] La mort de Mme de Beaumont.
[2] La grammaire demande *chrétien*, le sens demanderait *chrétienne*;

« Je ne forme plus qu'un vœu ; c'est celui d'une petite retraite où je me puisse cacher pour écrire les Mémoires de ma vie avant de mourir. Ce sera un testament où je léguerai à la postérité (si la postérité entend parler de moi) la mémoire honorée du peu d'amis véritables que j'ai eus sur la terre [1]. Je ne vous cacherai pas, mon aimable *frère*, que ce n'est qu'avec des efforts prodigieux que je parviens à conserver ici un reste de foi. Votre pressentiment n'est que trop vrai, et je ne crois pas que *Babylone* puisse aller encore vingt années seulement

---

Chateaubriand l'avait d'abord écrit de cette dernière manière, puis en se relisant il a corrigé.

[1] Les Mémoires ont été écrits, mais dans un esprit combien différent de celui dans lequel ils avaient été projetés d'abord ! quelle place y tiennent ces premiers amis, ce *peu d'amis véritables* que Chateaubriand disait avoir rencontrés sur la terre ? quelle place y tient en particulier Gueneau de Mussy, à qui il écrivait cela ? « Êtes-vous bien sûr de vous ressouvenir dans dix ans du nom de tous vos amis ? » lit-on dans La Bruyère. Mais ici il s'agissait d'un ami intime, et son nom a été oublié. Un moraliste, qui a le secret des accents pénétrants, a dit : « Ne vous croyez jamais nécessaire : on est tout au plus utile à quelques-uns. Aucune vie ne se relie nécessairement à une autre vie. Le courant passe et emporte les attachements momentanés, de nouvelles phases d'intérêts surviennent, et, avec elles, leur contingent de relations destinées plus tard à être aussi supplantées par d'autres, et ainsi de suite. La vie n'est qu'une succession d'incidents ; l'individu, au point de vue de la société, n'y joue que le plus mince rôle ; c'est le premier objet sacrifié quand l'occasion s'en présente, et l'occasion ne manque pas de se présenter. » Bossuet avait dit en moins de mots : « ... l'illusion des amitiés de la terre, qui s'en vont avec les années et les intérêts. » Chateaubriand lui-même, par moments, n'était point sans remords, et il avait quelque conscience de son infidélité envers ses premiers amis, quand il disait : « L'indigence de notre nature est si profonde, que dans nos infirmités volages, pour exprimer nos affections récentes, nous ne pouvons employer que des mots déjà usés par nous dans nos anciens attachements. Il est cependant des paroles qui ne devraient servir qu'une fois : on les profane en les répétant. » Il pensait surtout à l'amour en écrivant cela ; mais pourquoi l'amitié délicate et tendre n'aurait-elle pas aussi ses paroles sacrées, qui une fois proférées, se gravent dans un coin de nous-même, et qu'au moins on n'oublie pas?

comme elle va. Je ne veux point sonder les voies de la Providence ; je n'ai déjà que trop murmuré.

« Pour vous, mon jeune ami, d'heureuses destinées vous attendent. Ce qu'il y a de certain, c'est que, tandis que je vivrai, vous êtes sûr d'avoir au monde un cœur qui vous est absolument dévoué. Mais vivrai-je longtemps? C'est ce que je ne puis dire. J'ai mangé imprudemment ici des choses qui m'ont détruit l'estomac : du moins mon médecin croit qu'il y a eu quelque chose d'extraordinaire dans les coliques convulsives que j'ai éprouvées. Je suis beaucoup mieux cependant, et comme mon tempérament est très-fort, j'espère surmonter le mal.

« Je vous prie de veiller un peu à mes intérêts littéraires; songez que c'est la seule ressource qui va me rester. Migneret a fort bien vendu ses éditions, mais il a confié sa marchandise à des fripons, et j'ai éprouvé cinq banqueroutes. Engagez M. Clausel à commencer le plus tôt possible son *édition chrétienne*[1]. Si j'en crois ce qu'il m'a mandé, elle se vendra bien, et cela me rendra encore quelque argent. Le monument de Mme de Beaumont me coûtera environ 9,000 francs. J'ai vendu tout ce que j'avois pour en payer une partie : il me reste encore une très-belle voiture ; mais comme notre amie est montée dedans deux ou trois fois, et que sa maladie est regardée ici comme contagieuse, j'ai peur de ne pouvoir me défaire de cette voiture. Mille tendres amitiés,   CH.

« P. S. Écrivez-moi : J'ai écrit au corbeau de Londres[2]. »

---

[1] Il s'agit de la petite édition du *Génie du Christianisme* à l'usage de la jeunesse et des écoles, de l'*édition chrétienne*, comme si, de l'aveu même de l'auteur, la grande édition ne l'était pas. M. Clausel la fit en effet. M. Clausel de Coussergues appartenait, on le voit, jusqu'à un certain point, à cette première génération d'amis littéraires de Chateaubriand, comme plus tard il appartiendra à son cortége d'amis politiques. Ici il abrége le *Génie du Christianisme*, comme plus tard il étendra, au contraire, et délayera un mot de Chateaubriand pour en faire un Acte d'accusation contre M. Decazes. Mais dans l'une et dans l'autre période, il n'a pas de caractère original, ni ce quelque chose de particulier dans la physionomie qui invite le regard et qui donne envie de s'y arrêter.

[2] Probablement Fontanes, à cause de son ancien séjour à Londres.

La lettre qu'on vient de lire est des plus curieuses, et je n'ai pas assez marqué tout ce qu'elle provoque de réflexions. Il y règne une certaine exaltation de douleur qui force le langage et qui fait ressembler la parole de Chateaubriand à une déclamation de l'abbé Raynal. On dirait même, à un certain endroit, qu'il fait allusion à quelque vague soupçon d'empoisonnement. Il est évident qu'à l'heure où il écrivait de telles choses, Chateaubriand n'avait pas seulement le cœur saignant, mais qu'il avait la tête très-montée [1].

Ce qui n'est pas moins à relever, c'est l'opinion qu'il exprime sur l'état du Christianisme à Rome : il craint lui-même d'y perdre le peu qui lui en reste. Pareil danger était arrivé déjà avant lui au vif et léger Coulanges; qui, témoin d'intrigues de toutes sortes pendant un Conclave, s'en trouvait fort embarrassé dans sa religion : et Mme de Sévigné là-dessus lui écrivait : « Mon pauvre cousin, vous vous méprenez. J'ai ouï dire qu'un homme d'un très-bon esprit tira une conséquence toute contraire au sujet de ce qu'il voyoit dans cette grande ville : il en conclut qu'il falloit que la Religion chrétienne fût toute sainte et toute miraculeuse de subsister ainsi par elle-même au milieu de tant de désordres et de profanations [2].

---

[1] On a annoncé, de la part d'un écrivain exact et placé à la source des informations, M. Prosper Faugère, un *Chateaubriand diplomatique* ; il serait bien à désirer qu'il parût. On y aurait la contre-partie; on y entendrait l'ambassadeur sur les incartades de son secrétaire de légation. Un des griefs, entre autres, du cardinal Fesch, c'était une visite que M. de Chateaubriand avait pris sur lui de faire au roi de Sardaigne à demi détrôné, visite qui sentait, disait-on (et l'on n'avait pas si tort), le royaliste et l'émigré.

[2] C'est l'histoire du marchand Juif de Boccace (seconde Nouvelle de la première Journée du *Décaméron*). L'ami qui travaillait à le convertir tremble quand il le voit décidé à aller à Rome, il essaye en vain de l'en détourner ; et il est bien agréablement surpris quand il l'en voit reve-

Faites donc comme lui, tirez les mêmes conséquences, et songez que cette même ville a été autrefois baignée du sang d'un nombre infini de martyrs; qu'aux premiers siècles, toutes les intrigues du Conclave se terminoient à choisir entre les prêtres celui qui paroissoit avoir le plus de zèle et de force pour soutenir le martyre; qu'il y eut trente-sept Papes qui le souffrirent l'un après l'autre, etc. Ramassez donc toutes ces idées et ne jugez point si légèrement; croyez que, quelque manége qu'il y ait dans le Conclave, c'est toujours le Saint-Esprit qui fait le Pape; Dieu fait tout, il est le maître de tout.... » — On ne sait trop si elle parle sérieusement ou si elle badine; et, quant à Coulanges, il n'en fit ni plus ni moins de chansons.

M. de Chateaubriand, en fait de religion, était plus responsable devant la société que Coulanges; il dut garder pour lui et pour ses intimes ses réflexions, et il resta pour tous, au dehors, l'homme de sa cause et de ses premiers engagements. De retour en France, son amitié avec M. de Mussy continue et s'entretient aussi vive pendant quelques années, comme le témoignent les lettres suivantes :

A M. PHILIBERT DE MUSSY,

A Semur (Côte-d'Or).

« Villeneuve-sur-Yonne, 9 octobre 1804.

« La nuit où vous avez passé à Villeneuve, mon cher ami, je ne dormois point, et je pensois à vous. J'entendis le bruit de votre diligence, et je me dis que le petit corbeau de Bourgogne pourroit bien être là. Le lendemain Joubert et moi nous allâmes reconnoître la trace des roues; car vous savez que, selon Bernardin de Saint-Pierre, quelque chose de la

nir converti, et par les raisons mêmes qui semblaient devoir l'aliéner à jamais.

personne qu'on aime reste dans l'air où elle passe. Le lendemain, je reçus votre lettre qui m'apprit que vous aviez été la veille à cinquante pas de nous; vous jugez que nous croyons plus que jamais aux pressentiments.

« Je pars pour Paris d'aujourd'hui en huit. J'y vais passer quinze jours, puis je reviens à Villeneuve pour le 4 novembre, jour fameux dans ma vie et dans celle de Joubert [1]. Ma femme reste ici à m'attendre; nous ne retournerons à Paris que vers la fin de décembre, lorsque toutes les fêtes qui me sont des deuils seront passées.

« Tâchez, mon cher ami, de travailler un peu dans votre Bourgogne. Vous ne sauriez croire combien la province et l'éloignement de tout ce qui blesse le cœur sont propres au travail. Ne perdez pas ce que la nature vous a abondamment donné, c'est-à-dire le talent et la science. Mes conseils sont peu de chose ; ils ne vous feront pas faire mieux, mais ils vous feront faire *plus*, si vous les écoutez.

« J'ai reçu un mot de Fontanes. Je ne sais rien de Clausel que je verrai bientôt. Je n'ai point encore chassé ; j'ai un peu lu, rêvé, écrit. Je fais des projets de retraite absolue. Mes trente-cinq ans viennent de sonner, le 4 de ce mois, à cette horloge qui ne marque jamais deux fois la même heure. Je songe que j'ai encore, tout au plus, autant d'années à languir dans le monde, que cela passe vite, et que tout ce qui m'afflige à présent sera bien peu de chose pour moi au dénoûment de la pièce. Cela me fortifie contre les vaines espérances, me jette dans une salutaire indifférence des événements, qui ne me sera jamais dangereuse, parce qu'il y a toujours un peu de chaleur au fond du cœur qui est dans ma poitrine. Ainsi je porte et pousse le temps [2], espérant vous voir, désirant vous embrasser, et vous mettant dans tous mes songes, quand ils valent la peine d'y mettre mes amis. Mille joies. Nous avons une vendange admirable, mais vous autres *gros messieurs*, vous dédaignez notre petite Bourgogne. Écrivez-moi ici. Dites-

---

[1] L'anniversaire de la mort de Mme de Beaumont.
[2] C'est le *Sic vita truditur* de Pétrone, le *Truditur dies die* d'Horace.

moi quand vous passerez parmi nous. Si vous voyez votre Gréco-Anglais [1], rappelez-moi à son souvenir. »

AU MÊME.

« Villeneuve-sur-Yonne, 16 octobre 1805. »

« Votre lettre, mon cher et indulgent ami, m'a fait un grand plaisir. Je demandois de vos nouvelles à tout le monde ; je ne savois ce que vous étiez devenu. Dieu soit loué ! vous voilà retrouvé, et, je le vois avec plaisir, plein d'une imagination rajeunie par la campagne et la solitude. Votre château me plaît fort, plaît fort à Joubert, à Mme de Chateaubriand. Allons, du courage ! vous êtes dans le bon chemin ; creusez votre Apocalypse [2] ; la longue vie et le grand talent ne vous manqueront point.

« J'ai été à Lyon, à Genève, au mont Blanc, dans le Pays de Vaud. Je suis revenu peu content des montagnes. J'habite Villeneuve depuis mon retour, et je ne serai à Paris que dans la première quinzaine de novembre. Je travaille peu ou point, et les dégoûts que je vous ai vus quelquefois pour le travail, je les éprouve à mon tour. Je fais des réflexions noires sur la vie qui m'ennuie : *Tædet animam meam vitæ meæ* ; enfin je suis digne d'habiter les tourelles du château que vous m'avez décrit si bien.

« N'allez pas vous aviser de rester cet hiver en province ; nous avons besoin de vous à Paris. Comment voulez-vous passer les longues soirées de l'hiver à Semur, et comment ferons-nous sans vous dans cette grande solitude de nos colonnes [3] ? J'espère que vous m'annoncerez bientôt un chan-

---

[1] M. Frisell, un Anglais qui resta très-lié jusqu'à la fin avec M. de Chateaubriand ; il était de ceux que la brusque rupture de la Paix d'Amiens avait *internés* en France.

[2] Allusion à l'ouvrage projeté par M. de Mussy ; c'eût été, je m'imagine, quelque chose dans le goût des premiers écrits de Ballanche, avec moins de vague et aussi moins d'imagination.

[3] La place Louis XV, où demeurait Mme de Vintimille. Chateaubriand y devait lui-même demeurer bientôt.

gement de résolution. Tâchez de régler votre départ sur le nôtre, afin que nous rentrions ensemble dans Babylone.

« Je ne sais rien de Fontanes, sinon qu'il mange moins que de coutume, et qu'il se porte très-bien. Toute la petite société, Mathieu [1], Mme de Vintimille, etc., rentre à Paris dans quelques semaines. Toutes les fois qu'ils m'écrivent, ils me parlent toujours de vous ; vous seriez ingrat de nous abandonner. M. de Bonald m'a écrit ; il me paroît fort triste. Je ne sais quels sont ses projets, ce qu'il veut faire, et ce qu'il devient. Je ne sais non plus ce que je dois lui souhaiter. Dans ce temps-ci, la conscience doit être la règle ; il faut l'écouter. On peut s'en reposer sur celle de M. de Bonald.

« Dites mille choses à M. Frisell, à sa carriole, à son fusil, à son grec, à tout ce qui fait le bonheur de sa vie. Mes hommages à qui il appartiendra, et ma tendre amitié au jeune et aimable corbeau. Écrivez-moi à Villeneuve. »

Mais tout à coup, à un certain jour, à une certaine heure, que s'est-il passé ? toute liaison cesse ; je n'ai pu m'en rendre compte, je n'ai pu tirer à clair le mystère. Ce ne peut être à cause d'un refus d'article sur *René* : M. de Mussy, à cet égard, avait dès longtemps payé sa dette. Ce ne peut être à cause d'une lettre irréligieuse écrite de Rome par Chateaubriand : on vient de voir que le chrétien devenu sceptique et le chrétien resté janséniste étaient assez d'accord dans leurs jugements sur la Religion romaine. Les explications qu'on a essayé de me donner ne me satisfont point et ne cadrent pas avec ce qu'on sait d'ailleurs. Je conjecturerais plutôt que ce fut à l'occasion du bel Eudore que vint le refroidissement, la mort soudaine de cette amitié. M. de Mussy n'aura point approuvé, n'aura point consenti à louer l'épisode profane des *Martyrs*. Ce qui est certain, c'est que, dans toutes les années qui suivent, le détachement est complet; et quand,

---

[1] M. Molé.

en 1824, M. de Chateaubriand tombé brusquement du ministère, M. de Mussy dit en l'apprenant : « Je ne vois plus depuis longtemps M. de Chateaubriand, mais je prends part à ce qui lui arrive, et *je vais m'écrire chez lui.* » — Dernier et triste hommage à cette ancienne et jeune amitié fraternelle !

III

LIAISON AVEC M. MOLÉ. — ANTIPATHIE DE M. JOUBERT. — LE *ROLLIN*.

C'est une figure qui mériterait d'être montrée que celle de M. Molé. Lui-même y aidera lorsque paraîtront, — mais dans un temps sans doute bien éloigné encore, — les *Souvenirs* qu'il a tracés de ses belles années, et où se verront, sur les hommes et les choses, des traits justes touchés avec goût, avec une simplicité élégante. Je trouve dans des papiers inédits qui me sont communiqués, un Portrait de lui très-fin, par quelqu'un qui l'a bien connu à une époque déjà fort ancienne :

« M. Molé, y est-il dit, n'était pas ce sage et cette espèce de philosophe aimable et religieux qu'on célèbre dans les Académies et qui aurait condescendu aux affaires politiques ; ce n'était pas ce jeune magistrat antique, se contentant de rajeunir en lui ses ancêtres : il était plus et mieux que cela ; au fond c'était un ambitieux, et de très-bonne heure il s'est cru appelé à prendre part très-activement au gouvernement des hommes ; il a tout fait pour y arriver et s'y maintenir. Sous ses dehors graves et fins, il était passionné.

« Il avait une singulière justesse et une balance d'esprit très-délicate et très-sûre, quand sa susceptibilité n'était pas en jeu. Il suffisait qu'on mît quelque chose dans cette balance, pour qu'elle vous en rendît compte et raison aussitôt. Il fournissait peu de son fonds, mais dès que vous lui présentiez une idée (et il suffisait de la lui laisser apercevoir), il s'en emparait, il l'adoptait, il la corrigeait, il vous la perfectionnait, il vous l'offrait comme sienne et vôtre en même temps, il vous associait à lui, il s'associait à vous et il trouvait moyen en tout cela de vous flatter et de vous faire plaisir. Il avait un charme et un art de séduction qu'il exerçait individuellement et à petit bruit, et il agissait sur vous par nuances.

« Sous l'Empire, il ne se donnait guère la peine de plaire, hors d'un cercle d'élite, — aux hommes du moins, — car aux femmes, il y pensa et y réussit toujours. Mais dans sa jeunesse, il paraissait grave et froid jusqu'au dédain ; il était assez peu aimé dans la société alors, et sa réserve passait pour de la hauteur ; il n'avait pas besoin, sous cette forme de Gouvernement d'un seul, de faire beaucoup de conquêtes individuelles : il lui suffisait de plaire au Chef ; et ce charme insinuant et doux, mêlé d'un regard et d'un coup d'œil presque tendre, il en avait fait l'essai et l'avait exercé sur Napoléon lui-même. Ce grand Despote avait pour lui plus que du goût, il l'avait en faveur singulière ; il ne pouvait se passer de sa conversation ; et même en 1815, dans les Cent-Jours, quand M. Molé refusa les deux ministères qu'il lui offrait et consentit seulement à redevenir directeur général des Ponts et Chaussées, Napoléon ne lui en voulut point, et il ne se passait presque pas de jour qu'il ne l'envoyât chercher pour causer avec lui.

« Ce ne fut que sous la Restauration que M. Molé, déchu d'abord de sa haute position influente, et sentant le besoin de la refaire, prit le parti qui ne lui était pas difficile et qui semblait tout naturel, d'être aimable pour chacun et de plaire, ce à quoi il réussit infiniment. Il s'y adonna tout à fait sous le régime de Juillet, et le plus bourgeois des députés était soigné par lui dans l'embrasure d'une croisée et traité d'un air de prédilection, de familiarité aisée, et avec une grâce à laquelle on résistait peu.

« Il portait d'ailleurs dans la politique une passion ardente, une vivacité fébrile et nerveuse qu'il mettait un grand art à dissimuler ; il avait de la femme en lui, ce qui, par moments, ne laissait pas de déranger et de troubler cette balance de justesse dont j'ai parlé. Il faut le bien voir à sa vraie date, éclos en 1802, sous l'astre du Consulat, dans ce monde des Chateaubriand, Fontanes, Bonald, Joubert. Je me le définis assez bien un *René* diverti et consolé qui a tourné de bonne heure à la politique, mais qui garda toujours quelque chose de la sensibilité première comme du procédé de séduction et du charme. »

Ceux qui ont eu l'honneur de connaître M. Molé et de l'approcher trouveront que le Portrait n'en dit pas trop sur sa grâce, mais il y aurait à insister davantage sur la qualité politique de son esprit; il avait réellement en lui du *Conseiller d'État* dans le sens élevé où le cardinal de Richelieu entend ce mot en son Testament politique; on a bientôt dit quand on a parlé de la justesse, mais ceux qui ont pu comparer à loisir M. Molé avec tant d'autres personnages politiques parlementaires qui se croyaient supérieurs à lui, et qui l'étaient en effet dans les luttes de la parole, n'avaient pas eu besoin du résultat des événements pour reconnaître combien ces hommes, malgré tous leurs talents, lui étaient réellement inférieurs dans le conseil, par la présomption, l'entêtement, un coin de système, par la profusion même des idées, qui souvent offusque l'unique et la bonne. M. Molé avait le *tact* politique. Enfin, sous le premier Empire, Napoléon, ce connaisseur d'hommes, l'avait discerné et jugé digne, avant trente-cinq ans, de succéder à Cambacérès dégoûté et fatigué, dans une position qui eût fait de lui le premier personnage de la hiérarchie civile. C'est là un suffrage.

En ce moment, et avec M. de Mussy, nous ne sommes pas encore si haut : avant d'en venir à la sphère politique et d'entrer dans la grande carrière, M. Molé, dont les études avaient été empêchées par la Révolution, sentit le besoin de réparer ce manque de base première, de se donner une éducation littéraire qui achevât l'honnête homme en lui, et aussi de se faire une réputation d'esprit dans le cercle distingué qui comptait le plus parmi la jeunesse. Tendrement lié alors avec M. de Chateaubriand, il inspira le goût le plus vif à M. Joubert, ce juge si difficile à contenter; il avait lui-même un goût marqué pour M. de Bonald, pour sa manière grave, un peu sentencieuse, et l'ouvrage qu'il publia en 1806 s'en ressentit [1].

M. Gueneau de Mussy fut, à son tour, une des amitiés de M. Molé, en ces années où le jeune héritier des vieilles races s'imposait un stage courageux. Il lui était utile par ses conversations sérieuses et pour la part de connaissances classiques qu'il lui mesurait. Il le consultait lui-même, et il lui avait communiqué son morceau sur Rollin, qui parut en tête du *Traité des Études* au printemps de 1805. C'est du moins ce qu'on peut conjecturer d'après la lettre que lui écrivait M. Molé lorsque l'ouvrage parut :

A M. PHILIBERT GUENEAU,

Rue Cassette.

« Ce jeudi 14 mars 1805.

« J'ai attendu pour vous remercier de votre aimable lettre, mon cher Philibert, que mes remercîments pussent être complets comme mes plaisirs, c'est-à-dire que j'eusse lu votre intéressant ouvrage. C'est ce que je viens de faire avec un sentiment qui est une vraie jouissance, et qui se compose de ces doux souvenirs de la jeunesse, de ces précieuses traditions dont vous donnez une si juste idée. Votre dernier morceau sur une génération dernière, est d'une vérité et d'une éloquence tout à fait remarquable. Ne me parlez pas de juge-

---

[1] C'est à ce moment que je rapporte ce mot de Chênedollé, que je donne comme je le trouve : « Molé ne cause plus, il n'a que des jugements. »

ment et d'indulgence, surtout sur un certain article : c'est pour cela surtout que je me récuserais, comme ne devant pas décider. Si vous m'avez vu quelque inquiétude sur deux ou trois expressions qui m'ont laissé encore un peu de regret, vous concevrez comme nous devions désirer qu'un jeune talent aussi distingué, dont les succès m'intéressent de tant de manières, ne se classât pas dans une de ses premières productions comme appartenant à une opinion qui a toujours quelque chose d'un parti, et qui effraye un grand nombre de gens de bien. C'est à tous les amis de la Religion, et du bon esprit, et des bonnes études, que votre talent doit appartenir, et il faudrait pardonner à vos amis d'être un peu jaloux dans les jouissances très-réelles que cet ouvrage doit leur procurer.

« Je vous renouvelle l'assurance de mes bien sincères sentiments.   Mathieu Molé. »

Je reviendrai tout à l'heure sur cette lettre et sur les jugements qu'elle contient ; mais, pour clore cette relation de M. Molé avec M. de Mussy, j'ajouterai une seconde lettre écrite trois ans plus tard et où, non pas toute amitié, mais toute familiarité a disparu. La distance s'est faite, la barrière officielle s'est interposée entre eux : M. Molé était depuis quelques mois préfet de la Côte-d'Or :

A M. PHILIBERT GUENEAU DE MUSSY,

A Semur.

« Dijon, ce 25 mars (1808).

« J'espère que vous n'êtes pas sincère, Monsieur, quand vous vous excusez de m'entretenir si souvent des intérêts de votre famille. Vous savez ce que je vous ai dit à Semur ; je vais le répéter à Paris. Mes affaires m'y appellent, et je pars mardi pour m'y rendre. Je suppose que je ne tarderai pas à vous y retrouver. L'Université vous appelle ; on s'étonne déjà que vous ayez tardé si longtemps. Je n'oublierai pas les moments que je viens de passer avec vous parmi les vôtres. Un mot que je vous disais et que vous entendiez me reposait de toutes les fatigues du jour. Je vous écris écrasé de fatigue et de dégoût ; ce n'est que dans deux jours que j'aurai terminé ma revue de toutes les plaies humaines. Je pars après avoir vu la dernière, et avec l'espérance de vous retrouver où je vous souhaite depuis si longtemps. MATHIEU MOLÉ. »

Je reviens sur l'écrit qui a donné lieu à la première lettre et au jugement de M. Molé, la *Vie de Rollin* ; c'est le grand morceau littéraire de M. de Mussy. Et puisque j'en suis à cette observation, à cette description attentive de ce que j'appelle un Groupe littéraire, je ne tairai point une particularité qui doit se reproduire plus ou moins dans tous les groupes littéraires semblables : en même temps que les affinités et les prédilections, il y a les répulsions et les antipathies. M. de Mussy, que nous venons de voir si aimé et estimé de Fontanes, de Chateaubriand, si apprécié de M. Molé, avait son *antipathique* en M. Joubert, cet homme excellent que j'ai tant loué, mais qui, sur ce point, était d'un caprice obstiné, récalcitrant. On a déjà vu ce qu'il disait de la conversation du jeune homme, qu'il croyait étudiée, tandis qu'elle n'avait besoin que de s'enhardir [1] ; probablement Gueneau de Mussy, qui devinait en M. Joubert un juge peu favorable, se sentait plus contraint devant lui. J'ai connu des personnes qui avaient l'air très-hardi, très-osé, même effronté, et qui prétendaient que ce qu'ils en faisaient n'était que par excès de timidité : ils se jetaient tout d'abord au delà, de peur de rester trop en deçà. C'étaient des peureux qui s'emportaient et qui prenaient le mors aux dents. M. de Salvandy, par exemple, soutenait gaiement qu'il était de ce nombre. M. de Mussy n'était point tel ; il ne sortait jamais de sa nature, mais il s'y renfermait trop quelque-

---

[1] Précédemment, page 206.

fois. Au lieu de le méconnaître, M. Joubert aurait dû trouver sur lui le vrai mot : le petit Gueneau est d'une *modestie effrénée*; voilà ce qu'il devait dire. M. Joubert, au reste, ne se cachait pas de sa prévention contraire; il écrivait à Mme de Beaumont, le 26 juillet 1803 : « Fontanes m'a écrit une grande lettre que j'ai reçue avec la vôtre... Il me parle de la désolation où le laissent les départs de tous ses amis : Gueneau est le dernier qui l'a quitté. C'est, je crois, l'absence de *celui-là* surtout qui lui a fait sentir le désert. Il m'en fait l'apologie et prétend que votre société ne l'aime pas, quoique je l'eusse positivement assuré que j'étais le seul qui eût le tort ou la raison de le goûter peu. » Il ne se peut rien de plus clair. Mais, là où je ne m'explique pas M. Joubert, parce que nous avons les pièces en main et qu'il s'agit de littérature, c'est dans son jugement sur la *Vie de Rollin*. Je ne veux pas exagérer le mérite de cet estimable travail; cependant, quand on l'a lu, comment s'expliquer la lettre suivante de M. Joubert à M. Molé?

« Villeneuve-le-Roi, 19 avril 1805.

« J'ai lu le livre que vous m'avez envoyé. Cela est détestable, non pas comme mauvais, mais comme imparfait. *Omnis corruptio optimi, pessima*. Je ne reprocherai pas au style de n'être convenable ni au sujet, ni à la place que cet écrit doit occuper; mais je l'accuserai du pire de tous les défauts, de n'être pas d'accord avec lui-même. Des quasi-platitudes et des quasi-affectations le bigarrent presque partout. Je n'y vois nulle part les exactitudes du soin, ni les excuses de la négligence. L'opuscule n'a pas été mieux conçu qu'il n'est exécuté, et il me semble que l'auteur ne s'est pas fait une idée nette et complète de son personnage.

« Quand il parle de Rollin comme on le connaît, il en fait un savant pieux, doux et modeste. Quand il le peint comme il le voit, c'est un recteur à tête ardente, qui a la voix forte, qui ordonne en public aux fanfares de redoubler, et qui, le jour de sa mort, gronde avec exclamation ceux qui le pleurent. Il lui donne de petites ruses, de petites malices, des mines et des attitudes, en opposition avec les mœurs de l'homme, l'esprit de sa profession, et le caractère du temps. Que dites-vous, par exemple, des jeunes professeurs qui font semblant d'être brouillés, pour se faire inviter à la table frugale du bon principal? Je ne sais si le fait est historique ou inventé; mais, dans l'un et l'autre cas, je ne connais rien de plus triste que le plaisir pris par l'auteur à raconter élégamment une pareille espièglerie. Il s'est trompé sur la naïveté, et cette erreur annonce un esprit qui est peu franc. En général, il me parait trop épris de tout ce qui sent le collége. Il faut qu'il soit né écolier, et je crois, en effet, que c'est là son naturel. C'est au moins ce qui seul peut excuser la déférence très-coupable qu'il a eue pour l'école moderne, en disant beaucoup de mal de M. Crevier... »

Quant on lit la *Vie de Rollin,* il n'y a rien qui justifie de tels anathèmes; les passages dénoncés par M. Joubert sont des plus simples et ne faussent en rien l'idée qu'on doit se faire de Rollin. M. Molé touche plus juste en relevant quelques mots qui décèlent de la partialité janséniste; mais il a raison de louer sans réserve la péroraison de tout le morceau, ce *Gémissement,* où règne d'un bout à l'autre une note profonde, attendrie, éloquente. Je donnerai en entier ces pages, parce qu'elles sont un des signes de ce temps-là. On a connu bien des formes et des variantes de *René;* mais en voici une forme très-originale en son genre, très-imprévue, une tristesse et une mélancolie qui tourne à l'universitaire; c'est celle de M. de Mussy. Il exprimait en cela son vœu le plus cher et le plus fervent, il traçait d'avance le programme de sa vie entière, et il l'a rempli :

« En racontant les travaux et les simples événements qui

remplirent la vie de Rollin, disait-il en terminant, nous nous sommes quelquefois reporté à une époque qui s'éloigne de nous tous les jours, et une réflexion douloureuse s'est mêlée à nos récits. Nous avons parlé des Études françaises, et il n'y a pas longtemps qu'elles étaient interrompues. Nous avons retracé le gouvernement et la discipline des Colléges, où s'élevait une jeunesse heureuse, loin des séductions de la société, et la plupart sont encore déserts. Nous avons rappelé les services de cette Université célèbre et vénérable par ses souvenirs, ses antiques honneurs, et cet esprit de corps, qui perpétuait la tradition des bonnes études, et les maîtres qui devaient la répandre; et elle n'est plus, elle a péri comme tout ce qui était grand et utile. Les quartiers même où fleurissait l'Université de Paris témoignent le deuil de cette destruction; leur célébrité n'y attire plus sans cesse de nouveaux habitants, et la population s'est écoulée vers d'autres lieux, pour y donner le spectacle d'autres mœurs. Où sont les éducations sévères qui préparaient des âmes fortes et tendres? Où sont les jeunes gens modestes et savants qui unissaient l'ingénuité de l'enfance aux qualités solides qui annoncent l'homme[1]? Où est la jeunesse de la France? Une génération nouvelle lui a succédé. Eh! Qui ne jetterait un cri de douleur en la voyant ainsi dépouillée de grâces, de vertus, et même de ces nobles traits de la physionomie qui semblaient héréditaires! Les enfants de cette génération nouvelle portent sur le front la dureté des temps où ils sont nés[2]. Leur démarche est hardie, leur langage superbe et dédaigneux. La vieillesse est déconcertée à leur aspect....

« Qui pourrait redire les plaintes et les reproches qui s'é-

---

[1] Est-il besoin de remarquer qu'un tel âge d'or universitaire n'a jamais existé que dans l'imagination de ceux dont le culte est tout entier vers le passé?

[2] Cette dureté des temps que la génération nouvelle portait sur le front devait d'autant plus le frapper que lui, le jeune homme pudique, il avait le *front tendre*, et il le garda tel toujours. A cinquante ans il rougissait en entrant dans un salon. « J'honore les générations ambitieuses, » a dit M. Guizot; lui, il n'en était pas.

lèvent tous les jours contre ces nouveaux venus? Hélas! ils croissaient presque à l'insu des pères, au milieu des discordes civiles, et ils sont absous par les malheurs publics; car tout leur a manqué : l'instruction, les remontrances, les bons exemples, et ces douceurs de la maison paternelle qui disposent l'enfant aux sentiments vertueux et *lui mettent sur les lèvres un sourire qui ne s'efface plus*[1]. Cependant, ils n'en témoignent aucun regret; ils ne rejettent point en arrière un regard de tristesse. On les voit errer dans les places publiques, et remplir les théâtres, comme s'ils n'avaient qu'à se reposer des travaux d'une longue vie. Les ruines les environnent, et ils passent devant elles sans éprouver seulement la curiosité ordinaire à un voyageur : ils ont déjà oublié ces temps d'une éternelle mémoire[2].

« Génération vraiment nouvelle! et qui sera toujours distincte et marquée d'un caractère singulier qui la sépare des temps anciens et des temps à venir! Elle ne transmettra point ces traditions qui sont l'honneur des familles, ni ces bienséances

---

[1] Dussault fit des articles sur ce *Rollin* publié par MM. Rendu et de Mussy; il parut regretter vivement que Fontanes, qui devait d'abord se charger de l'édition, eût été obligé de la confier à des mains étrangères, quelque habiles qu'elles fussent; et il ne rendit justice au travail de M. de Mussy qu'avec des réserves. Il accuse, chose assez étrange! le jeune auteur de néologisme et d'*affectation*; et il cite comme exemples de ce dernier défaut précisément quelques-unes de ces expressions qui nous semblent heureuses : *lui mettent sur les lèvres un sourire qui ne s'efface plus... un gémissement secret et inconsolable...* Dussault avait l'amour du commun. — De sorte qu'aux yeux de M. Joubert, le curieux et le subtil, M. de Mussy tenait trop du collège, et qu'aux yeux de Dussault, l'avocat des *saines doctrines* et des locutions convenues, il sacrifiait trop à la mode. Cette humble Notice sur Rollin eut à passer entre deux feux.

[2] *Ces temps d'une éternelle mémoire...* Illusion des contemporains et douce chimère des âmes sensibles : rien n'est d'une éternelle mémoire. Chaque génération recommence et veut vivre pour son compte. « Nos neveux qui s'embarrasseront très-peu de nos souffrances et qui *danseront sur nos tombes...* » a dit M. de Maistre. J'ai, de mes propres oreilles, entendu, un jour de mercredi des Cendres, un enfant qui disait à un autre petit camarade, près de la grille de la rue de l'Arcade : « Viens-tu *rigoler* à la chapelle Louis XVI ? »

qui défendent les mœurs publiques, ni ces usages qui sont le lien de la société ; elle marche vers un terme inconnu, entraînant avec elle nos souvenirs, nos bienséances, nos mœurs, nos usages : et les vieillards ont gémi de se trouver plus étrangers à mesure que leurs enfants se multipliaient sur la terre.

« Ah ! sans doute, il faut pleurer les vertus exilées du toit paternel, les traditions qui s'effacent, les talents qui ne rempliront pas leur destinée ; mais il faut plaindre encore ces victimes de la plus terrible expérience qui ait été faite sur des hommes. Déjà ils nous révèlent, malgré eux, toute la tristesse de cette indépendance que l'orgueil avait proclamée au nom de leur bonheur, et rendent témoignage à la sagesse d'une éducation si bien assortie aux besoins de l'homme, qui préparait à l'accomplissement des devoirs par de bonnes habitudes, hâtait le développement de l'intelligence sans le devancer, et retenait chaque âge dans les goûts qui lui sont propres. Ces apparences austères gardaient au fond des cœurs la joie, la simplicité, et une sorte d'énergie heureuse qui doit animer la suite de la vie. Ces résistances opposées au premier essor des passions étaient en même temps l'appui de la raison et devenaient la force des vertus. Maintenant le jeune homme, jeté comme par un naufrage à l'entrée de sa carrière, en contemple vainement l'étendue. Il n'enfante que des désirs mourants et des projets sans consistance. Il est privé de souvenirs, et il n'a plus le courage de former des espérances. Il se croit désabusé, et il n'a point d'expérience. Son cœur est flétri, et il n'a point eu de passions. Comme il n'a pas rempli les différentes époques de sa vie, il ressent toujours au dedans de lui-même quelque chose d'imparfait qui ne s'achèvera pas. Ses goûts et ses pensées, par un contraste affligeant, appartiennent à la fois à tous les âges, mais sans rappeler le charme de la jeunesse ni la gravité de l'âge mûr. Sa vie entière se présente comme une de ces années orageuses et frappées de stérilité, où l'on dirait que le cours des saisons et l'ordre de la nature sont intervertis ; et, dans cette confusion, les facultés les plus heureuses se sont tournées contre elles-mêmes. *La jeunesse a été en proie à des tristesses extraordinaires, aux fausses douceurs d'une ima-*

gination bizarre et emportée, au mépris superbe de la vie, à l'indifférence qui naît du désespoir : *une grande maladie s'est manifestée sous mille formes diverses.* Ceux même qui ont été assez heureux pour échapper à cette contagion des esprits, ont attesté toute la violence qu'ils ont soufferte : ils ont franchi brusquement toutes les époques du premier âge, et se sont assis parmi les anciens, qu'ils ont étonnés par une maturité précoce, mais sans y trouver ce qui avait manqué à leur jeunesse [1].

« Peut-être en est-il de ces derniers qui visitent quelquefois ces asiles de la science dont ils ont été exilés. Alors, revoyant ces vastes enceintes qui retentissent de nouveau du bruit des jeux et des triomphes classiques, ces hautes murailles où on lit toujours les noms à demi effacés de quelques grands hommes de la France, ils sentent revivre en eux des regrets amers, et des désirs plus douloureux que les regrets. Ils demandent encore cette éducation qui porte des fruits pour toute la vie, et qui ne se remplace point. Ils demandent tant de plaisirs innocents qu'ils n'ont pas connus ; ils demandent jusqu'à ces peines et à ces chagrins de l'enfance qui laissent des souvenirs si tendres et si sensibles. Mais c'est inutilement : voilà qu'après avoir consumé bientôt quinze années, *cette grande portion de la vie humaine* [2], dans le silence et pourtant au milieu des révolutions des empires, ils n'ont survécu aux compagnons de leur âge, et pour ainsi dire à eux-mêmes, que pour toucher à ce terme où l'on ne fait plus que des pertes sans retour. Ainsi donc ils seront toujours livrés à un gémissement secret et inconsolable. Et désormais ils resteront exposés aux regards d'une autre génération qui les presse,

---

[1] Ceci peut paraître une allusion à quelques-uns des amis de l'auteur, et, je le croirais, à M. Molé lui-même, d'un sérieux si précoce, et de qui M. Joubert, vers le même temps, disait : « M. Molé est un jeune Français d'une probité patricienne, d'une gravité consulaire et d'une figure romaine. Il a l'air froid, mais son esprit est très-ardent... »

[2] *Per quindecim annos, grande mortalis ævi spatium* (Tacite, *Vie d'Agricola*, III). Ce mot cité d'abord par M. de Mussy, retenu par Chateaubriand et mis en circulation par lui, est devenu banal. On le voit ici dans sa première et neuve application.

comme des sentinelles qui lui crieront de se détourner des routes funestes où ils se sont égarés.

« Leur voix sera entendue ; des jours meilleurs se préparent. Nous recueillons dans les restes de l'orage des signes d'espérance. Les Études interrompues avec la société recommencent avec elle. Nous avons assez parlé d'éducation, de bonheur, de perfection et de vertu. Déjà même il semble que tous nos systèmes soient relégués parmi ces erreurs célèbres de l'Antiquité, qui sont l'objet de l'érudition. Sans doute nous ne perdrons pas cette leçon accablante pour l'orgueil et la curiosité des esprits : Que sur les intérêts de la morale et de la société, il n'est point d'erreur innocente et purement spéculative, puisqu'il n'en est point dont l'ignorance et les passions ne viennent à tirer les conséquences, et qu'à côté d'un faux système on peut toujours compter un grand malheur... »

Cette péroraison de la *Vie de Rollin*, ou mieux cette élégie d'un lévite universitaire sur les ruines de Sion, fut très-remarquée dans le temps ; elle préludait à la restauration qui eut lieu trois ans après. Le ton m'en rappelle d'autres Gémissements sur d'autres ruines qui étaient également chères à Gueneau de Mussy ; je veux parler des *Gémissements d'une Ame touchée* sur la destruction de Port-Royal des Champs. Il y a comme un écho de ces lamentations dans celles que Gueneau de Mussy profère sur les ruines de l'Université : c'est qu'il était lui-même de cette religion et de cette tradition directe des justes (ou se croyant tels) qui avaient souffert. Il regrettait sans doute de n'avoir pu faire avec M. Hersan et avec Rollin le pèlerinage vers cette sainte vallée, alors que l'abbaye était encore debout et peuplée de vierges ; s'il avait été des leurs en ce voyage, il en aurait écrit au retour quelque Relation pareille à celle qui nous en a été conservée [1].

---

[1] Voir au tome V de *Port-Royal*, page 120, la Relation de ce pèlerinage de Rollin et de M. Hersan, par un de leurs compagnons, M. Louail ;

Contraint de se taire sur ces touchants détails qu'il rencontrait en étudiant la Vie de Rollin, le sentiment comprimé s'était amassé en lui pour se répandre ailleurs, et quand il s'exprime avec tant d'onction sur des ruines plus récentes et plus vastes, quelque chose de ces larmes étouffées avait passé dans sa voix.

J'abandonne, comme je l'ai annoncé, M. de Mussy à son entrée dans l'Université; mais là encore, quand on le voyait de près et qu'il se développait à loisir dans un entretien familier, on reconnaissait la vérité de ce mot qui le définit si bien : sous un personnage grave, un esprit charmant[1].

---

elle est digne, par le ton, d'être rapprochée des pages précédentes de M. de Mussy.

[1] M. Gueneau de Mussy mourut en février 1834, à l'âge de cinquante-huit ans. — Dans les courts articles qu'ont donnés sur lui les Biographies, il en est un trop singulier pour ne pas être noté : c'est dans la *Nouvelle Biographie générale,* dirigée par un savant docteur allemand, et où se trouvent en effet de fort bons articles ; mais ce n'est pas le cas ici. Philibert Gueneau de Mussy y est désigné sous ce titre : *Pédagogue français;* et à l'occasion de sa place de Conseiller de l'Université, il est dit : « Il sut garder sa place jusqu'à sa mort et sous *tous les nombreux Gouvernements* qui se succédèrent en France. » Mais un homme sensé et qui sait de qui il parle, peut-il regretter que le Gouvernement de la Restauration ou le Gouvernement de Louis-Philippe n'ait pas destitué M. de Mussy, ou que lui-même ne se soit pas jugé incompatible avec ces deux régimes? Quant à la qualification de *pédagogue français* qui lui est attribuée (dans un sens tout allemand), il peut paraître étonnant que de telles choses s'impriment et s'autorisent chez M. Firmin Didot, c'est-à-dire au cœur de la librairie française, et là où l'on est le plus à même de consulter le *Dictionnaire de l'Académie* sur la signification française des mots. — O Fontanes, que dirais-tu si tu voyais de telles choses ! et pour le coup tu aurais raison !

CHATEAUBRIANA,

NOTES DIVERSES

SUR CHATEAUBRIAND

OU A PROPOS DE LUI.

Hominem pagina nostra sapit.
MARTIAL.

CHATEAUBRIANA

¶ On doit me croire : si, dans le courant de ces deux volumes, je n'ai point une seule fois cité l'ouvrage que M. Villemain a publié sur M. de Chateaubriand, c'est que j'ai évité de le lire. Cela m'a coûté. Mais si mon ouvrage n'avait pas été fait presque tout entier auparavant et dès 1849, je ne l'eusse, certes, point entrepris : on ne va point de gaieté de cœur faire concurrence à M. Villemain. Il sait bien quels sont làdessus mes sentiments, et que, malgré d'assez fréquentes libertés de langage, je suis de ceux qui rendent un hommage sincère à sa durable supériorité. Ce que je puis dire pour m'excuser de publier mon ouvrage après le sien, c'est que je ne crois pas que ce soit tout à fait le même sujet que nous ayons traité : il a dû considérer surtout M. de Chateaubriand comme personnage public, il a dû insister sur le rôle politique et le développer ; tout ce qui étend et ouvre les horizons, tout ce qui donne occasion à l'éloquence dans la critique, est le triomphe de M. Villemain. Moi, je me suis tenu à un Chateaubriand antérieur, tout littéraire, plus familier, s'abandonnant dans un cercle intime : mon livre ainsi fait et bâti sur ses fondements propres, s'appuyant sur des pièces de première main, et portât-il la marque de mes tâtonnements, de mes retouches, de mes continuelles entailles, peut avoir, par cela même, son coin d'originalité.

¶ Les deux volumes que M. de Marcellus a publiés sur M. de Chateaubriand, en 1853 et en 1859, ont de l'intérêt et renferment bien des particularités essentielles et curieuses sur le grand écrivain. Il y a maint détail d'intérieur qui éclaire le caractère de l'homme, quantité de mots pris sur le vif, et des fragments de conversation très-bien notés. Au lieu de ce titre ambitieux : *Chateaubriand et son Temps*, qu'il a donné à l'un des volumes, l'auteur aurait dû, en le diminuant des deux tiers, le réduire à n'être, par le titre comme par le fond, que des *Souvenirs et Conversations de Chateaubriand*. Ce serait alors une lecture agréable. On y lirait, par exemple, bon nombre de pages comme celle-ci (et on ne les achèterait pas au prix de toutes les inutilités qui les interrompent et qui remplissent les intervalles) ; — il s'agit des citations fréquentes et de toute sorte, que M. de Chateaubriand s'accordait volontiers quand il causait, comme quand il écrivait :

« Il ne faut pas croire, disait-il, que l'art des citations soit à
« la portée de tous les petits esprits qui, ne trouvant rien chez
« eux, vont puiser chez les autres. C'est l'inspiration qui donne
« les citations heureuses. La mémoire est une Muse, ou plutôt
« c'est la mère des Muses, que Ronsard fait parler ainsi :

Grèce est notre pays, Mémoire est notre mère.

« Les plus grands écrivains du siècle de Louis XIV se sont
« nourris de citations... Cicéron, qui n'avait qu'un seul idiome
« au service de son érudition, prodigue les citations égale-
« ment... Pour ma part, je n'y ai fait faute. Le *Génie du Chris-*
« *tianisme* est un tissu de citations avouées au grand jour.
« Dans *les Martyrs*, c'est un fleuve de citations déguisées et
« fondues. Dans l'*Itinéraire*, elles devaient régner par la nature
« même du sujet. Je les admets volontiers partout... Socrate a
« dit quelque part, chez Platon, qu'il était lui-même comme
« une coupe s'emplissant des eaux des sources étrangères au
« profit de son auditoire. »

¶ M. de Chateaubriand n'était pas d'abord si gâté, si quinteux et d'humeur si bizarre qu'on l'a vu depuis. Une personne de grâce et de distinction, qui habitait près d'Aulnay en 1812, me raconte que quelquefois, le matin, on allait, en compagnie, surprendre M. de Chateaubriand à son ermitage de la Vallée-aux-Loups. Il quittait aussitôt son travail, fourrait sa plume sous son papier, ou sous un certain coussin de canapé, comme un écolier qu'on délivre (il n'avait pas encore de secrétaire), et faisait gaiement, le reste du jour, des promenades où il se montrait tout à fait *bon garçon.* Ce qui le gâta surtout, à dater de 1814, ce fut l'ambition politique, et aussi les belles dames qui se mirent à rivaliser, à son égard, d'adorations et d'adulations.

¶ Chateaubriand, en terminant ses *Martyrs*, faisait ses adieux aux Muses : il ne devait entrer dans la politique que sous l'invocation des Furies (la brochure *de Buonaparte et des Bourbons*), et sa politique, en général, ne fut rien ou fut une *Némésis.*

Une âme qui s'est un jour ouverte à de telles fureurs, à des haines aussi atroces, n'est plus faite pour les pures Lettres ni pour l'amitié. Elle s'est empoisonnée elle-même. Le Chateaubriand d'avant 1814 ne s'est plus retrouvé depuis.

¶ Je reviens sur ce qui a été dit en passant à la page 103 de ce volume. On lit dans la nouvelle Préface que M. de Chateaubriand mit en tête des *Martyrs* dans l'édition de ses Œuvres complètes en 1826 : « Au reste, cet ouvrage me valut un redoublement de persécutions sous *Buonaparte* : les allusions étoient si frappantes dans le portrait de Galérius et dans la peinture de la Cour de Dioclétien, qu'elles ne pouvoient échapper à la Police impériale ; d'autant plus que le traducteur anglois, qui n'avoit pas de ménagements à garder et à qui il étoit fort égal de me compromettre, avoit fait, dans sa Préface, remarquer les allusions. Mon malheureux cousin, Armand de Chateaubriand, fut fusillé à l'apparition des *Martyrs* : en vain je sollicitai sa grâce ; la colère que j'avois excitée s'en prenoit même à mon nom. » — Il y a lieu de s'étonner que M. de Chateaubriand ait pu écrire de telles choses, qui sont contraires à la vérité des faits et arrangées après coup dans la mémoire au gré de la haine. Quoi ! la colère qu'aurait excitée dans l'âme de Napoléon la publication des *Martyrs* aurait influé sur la condamnation du cousin de M. de Chateaubriand ? Quoi ! le nom seul que portait ce malheureux parent lui aurait été fatal?... La vérité est que M. de Chateaubriand ayant fait parler à l'Empereur par Mme de Rémusat en faveur de ce cousin, l'Empereur répondit très-nettement : « M. de Chateaubriand veut la grâce de son cousin? pourquoi ne la demande-t-il pas lui-même? » Mais M. de Chateaubriand, qui, apparemment, ne voulait pas en savoir gré ensuite ni contracter une obligation personnelle, n'alla pas plus loin, ne fit point de demande en grâce toute franche et directe, et la condamnation eut son effet. Il tenait plus à son grief et à sa vengeance future qu'à son cousin.

¶ M. de Chateaubriand encore jeune, et dans les années du *Génie du Christianisme*, avait pris fort en amitié M. Molé très-jeune, et il allait souvent le chercher rue de la Ville-l'Évêque : « Venez, Mathieu, lui disait-il, que je vous corrompe ! » — « Et où allons-nous? » — « Dans le *Champ-aux-Lapins*, » répondait Chateaubriand. (Ou peut-être la *Butte*-aux-Lapins.) On appelait ainsi un grand espace en friche du côté de la rue Miroménil. Ils y causaient de toutes sortes de choses, chrétiennes ou autres. Dans ces entretiens familiers, son imagination se donnait toute carrière et vagabondait incroyablement.

¶ M. de Sismondi, libéral et protestant, avec les lumières et aussi quelques-unes des préventions de son bord, étant venu à Paris en 1813, eut l'occasion de rencontrer M. de Chateaubriand chez Mme de Duras et de l'entendre causer. Voici ce qu'il en dit dans son Journal :

« 14 mars 1813. — Chateaubriand considère l'Islamisme comme une branche de la Religion chrétienne, dans laquelle cette secte est née, et en effet il a raison. Il observait la décadence universelle des Religions tant en Europe qu'en Asie, et il comparait ces symptômes de dissolution à ceux du Polythéisme au temps de Julien. Le rapprochement est frappant en effet; mais je n'aurais pas osé le faire devant lui, pour ne pas le scandaliser. Il en concluait la chute absolue des nations de l'Europe, avec celle des Religions qu'elles professent. J'ai été assez étonné de lui trouver l'esprit si libre, et il m'a paru plus spirituel que je ne le croyais... »

« 25 mars 1813. — Chateaubriand a parlé de Religion chez Mme de Duras, il la ramène sans cesse, et ce qu'il y a d'assez étrange, c'est le point de vue sous lequel il la considère ; il en croit une nécessaire au soutien de l'État ; il aime les souvenirs, et il s'attache à celle qui a existé autrefois dans son pays, mais il sent fort bien que les restes auxquels il veut s'attacher sont réduits en poudre ; il croit nécessaire aux autres et à lui-même de croire ; il s'en fait une loi, et il n'obéit pas. Il y a dans tout cela beaucoup d'inconséquence, et beaucoup moins de mauvaise foi que je ne l'aurais supposé. Sa raison n'est nullement d'accord avec son sentiment, et il écoute les deux ; mais il suit bien plus la première lorsqu'il parle, et le second lorsqu'il écrit. »

¶ Victor Hugo, revenant un matin du Jardin du Luxembourg (1828 ou 1829), me dit : « Si je voyais Béranger, je lui donnerais le sujet d'une jolie chanson. Je viens de rencontrer M. de Chateaubriand au Luxembourg ; il ne m'a pas vu ; il était tout pensif, absorbé à considérer des enfants qui, assis à terre, jouaient et faisaient des figures sur le sable. Si j'étais Béranger, je ferais une chanson là-dessus : « J'ai été ministre, j'ai « été ambassadeur, etc. ; j'ai le Saint-Esprit, j'ai la Toison-d'Or, « le grand cordon de Saint-André, etc... ; et une seule chose, « à la fin, m'amuse : c'est de voir les enfants jouer sur le sa- « ble... — J'ai fait *René*, j'ai fait le *Génie du Christianisme*, j'ai « tenu tête à Napoléon, j'ai ouvert l'ère poétique du siècle..., « et je ne sais plus qu'une chose qui m'amuse : voir jouer les « enfants sur le sable. — J'ai vu l'Amérique, j'ai vu Rome et « la Grèce, j'ai vu Jérusalem, etc. » Et après chaque énumération de fortunes diverses, de grandeurs ou d'honneurs, tout revenait toujours à ceci : *voir les enfants jouer et faire des ronds sur le sable.* Le cadre tracé par Victor Hugo était parfait et bien mieux que je ne le dis ici; mais on saisit le *motif*, on tient le *refrain*. Jamais ce qui sépare la chanson, même la plus élevée, de l'ode proprement dite, ne m'a été mieux défini.

¶ Chateaubriand et Lamartine (ceci a été écrit du vivant du premier) ne s'aiment pas, mais ils ont toujours été bien officiellement et solennellement, par bon goût. Quand Lamartine publia son *Voyage en Orient*, il y parla très-bien de Chateaubriand. Celui-ci lui écrivit une petite lettre en deux lignes, tout orientale : « Vous avez fait, Monsieur, comme ces anciens rois de Perse : quand ils rencontraient un vieux palmier, ils s'arrêtaient un moment et y attachaient un collier d'or. ». Lamartine répondit aussi par quelque image magnifique, je ne sais plus bien laquelle; par exemple : « Il est de certains noms qui, quand ils tombent dans le vase d'airain, y résonnent comme un talent d'or. » (Mieux que cela.) — C'est ainsi que, comme des princes d'Asie, ils échangeaient leurs présents.

Il est vrai que dès ce temps-là, le dos tourné, Lamartine ne se gênait pas et disait en parlant de Chateaubriand : « Je le voyais à la Messe l'autre jour; figure de faux grand homme; un côté qui grimace. » Mais ces choses se disaient en causant et ne s'imprimaient pas. Le décorum s'observait devant le public.

Cela a bien changé dans la suite. Le besoin d'écrire des pages, la nécessité de fournir de la *copie* à l'imprimeur, ont, depuis la mort de M. de Chateaubriand, amené M. de Lamartine à s'exprimer avec une franchise sans bornes et sans mesure sur le compte de son glorieux Ancien et de son rival si longtemps respecté. Dans le Quarante-neuvième Entretien de son *Cours familier de Littérature*, s'étant mis à décrire le salon de Mme Récamier un jour où l'on devait y lire le *Moïse* de M. de Chateaubriand, M. de Lamartine, après avoir établi son cadre et montré avec plus ou moins de fantaisie l'ameublement du salon, continue en ces termes :

« Au-dessous du tableau de Corinne figurait, comme un Oswald vieilli, M. de Chateaubriand ; cette place dissimulait, derrière les paravents et les fauteuils des femmes, la disgrâce de ses épaules inégales, de sa taille courte, de ses jambes grêles ; on n'entrevoyait que le buste viril et la tête olympienne.

« Cette tête attirait et pétrifiait les yeux ; des cheveux soyeux et inspirés sous leur neige, un front plein et rebombé de sa plénitude, des yeux *noirs* (?) comme deux charbons mal éteints par l'âge, un nez fin et presque féminin par la délicatesse du profil ; une bouche tantôt pincée par une contraction solennelle, tantôt déridée par un sourire de Cour plus que de cœur ; des joues ridées comme les joues du Dante par des années qui avaient roulé dans ces ornières autant de passions ambitieuses que de jours ; un faux air de modestie qui ressemblait à la pudeur ou plutôt au fard de la gloire : tel était l'homme principal au fond du salon, entre la cheminée et le tableau. Il recevait et il rendait les saluts de tous les arrivants avec une politesse embarrassée qui sollicitait visiblement l'indulgence. Un triple cercle de femmes, presque toutes femmes de Cour, femmes de Lettres ou chefs de partis politiques divers, occupait le milieu du salon. On y avait laissé un vide pour le lecteur... »

Mais puisqu'on est en train de tout dire les uns sur les autres, et que la courte taille, les *épaules inégales* elles-mêmes[1] ne sont pas épargnées par celui que la comparaison flatte, et qui a le mérite d'être grand et mince, je veux montrer que M. de Chateaubriand n'était pas en reste, et qu'il aurait pu, lui aussi, rendre la pareille à son avantageux successeur, en le touchant au défaut de la cuirasse. Je me défierais de mes souvenirs d'aujourd'hui se rapportant à des choses si légères et déjà si éloignées ; mais dans une espèce de registre où je retrouve d'anciennes notes, je lis celle-ci que j'écrivais avec précision dans le temps même ; je ne me doutais pas, en l'écrivant, que j'aurais à l'imprimer un jour à titre de revanche :

« L'autre jour, j'étais chez Mme Récamier ; il n'y avait qu'elle et Chateaubriand. On annonça Lamartine ; *Jocelyn* venait de paraître dans la huitaine, on ne parlait que de cela.

---

1. Elles n'étaient pas inégales, ces épaules ; M. de Chateaubriand avait une trop forte tête, la plus belle du monde, sur un trop petit corps ; cette tête était un peu engoncée dans les épaules qui étaient trop hautes ; mais il avait une constitution saine, robuste, plus robuste que celle de M. de Lamartine lui-même.

Mme Récamier, avec son empressement habituel, le mit là-dessus dès le premier mot : « Je vous lis, Monsieur, nous vous lisons, nous vous devons bien des plaisirs; M. de Chateaubriand surtout est bien charmé... » Chateaubriand, ainsi provoqué en témoignage, ne disait mot; il avait pris son foulard, selon son habitude, et le tenait entre ses dents, comme quand il est décidé à ne pas parler (il mord alors son foulard, et le tire de temps en temps avec la main, en le retenant avec les dents, ce que ses anciens amis appellent *sonner la cloche*). Il sonnait donc de la cloche sans rien dire, et Mme Récamier se prodiguait d'autant plus pour couvrir son silence : « On vous a fait, Monsieur, disait-elle à Lamartine, des critiques bien peu fondées, sur le mariage des prêtres, et sur le style... qui est si pur, si charmant! » Lamartine, dès l'abord, était entré sans façon dans cet éloge de lui-même; au premier compliment de Mme Récamier, il l'avait interrompue, en lui demandant *à quelle lecture elle en était*. « Mais à la première ! » — « C'est, reprit-il, qu'*on ne goûte bien le livre qu'à la seconde.* » — « Mais, dès cette première fois même, répondit-elle, je n'ai pas de peine à comprendre combien il y a de beautés qui doivent gagner sans doute à être relues. » — Quand elle eut prononcé le mot de *style* et dit quelque chose des critiques injustes qu'on avait faites à l'auteur sur ce point, Lamartine s'écria : « Le style! c'est précisément ce que j'ai soigné le plus, c'est fait *à la loupe!* » Après un certain temps de conversation sur ce ton, elle louant et lui l'y aidant avec cette fatuité naïve, il sortit : elle l'accompagna jusque dans le second salon pour lui redoubler encore ses compliments; mais là portière de la chambre était à peine retombée que Chateaubriand, qui jusque-là n'avait pas desserré les dents (quoique deux ou trois fois Mme Récamier se fût appuyée de son témoignage dans les éloges), éclata tout d'un coup et s'écria, comme s'il eût été seul : « Le grand dadais ! » — J'y étais et je l'ai entendu. »

(Quelque chose, je crois, de cette anecdote a été imprimé autrefois dans une *Revue suisse*, mais cette version-ci est la bonne.)

¶ Un jour Chateaubriand, recevant la visite de son vieil ami M. Molé, lui dit : « La Mennais est en prison, et je me demande si je dois aller le voir. Qu'en dites-vous, Mathieu ? » — Et il ajouta : « Tenez, voilà un livre sur ma table où il nie la divinité de Jésus-Christ. » — « Mais, lui répondit M. Molé, il me semble que vous ne devez pas oublier que vous êtes l'auteur du *Génie du Christianisme*. » — « Je crois que vous avez raison, repartit Chateaubriand ; eh bien ! je n'irai pas. » — Deux jours après, on lisait dans les journaux que l'illustre patriarche était allé visiter l'illustre prisonnier. Il n'avait pu y tenir.

Et peut-être avait-il plus raison (si ce n'était pas toutefois une envie de popularité qui le poussait) d'obéir à un mouvement humain et naturel que de se renfermer dans un rôle percé à jour et auquel il avait déjà tant de fois manqué.

¶ La Mennais eut avec Chateaubriand des relations assez diverses. A l'origine, dans le même parti, ils s'aimaient peu. Le succès du premier volume de *l'Indifférence* avait pu donner quelque ombrage à Chateaubriand, mais il dut être vite rassuré en voyant les tomes suivants où le système tenait la plus grande place. D'ailleurs ce qui dominait alors en La Mennais, c'était le logicien, le déclamateur éloquent, il n'y avait rien du poëte qui n'est éclos que bien plus tard en lui, et toujours incomplétement. Il n'avait ni au front ni dans sa parole le *rayon*, et le rayon seul tentait Chateaubriand. Lorsque celui-ci ouvrit sa polémique de 1824 dans *les Débats*, et entra bannière déployée dans le libéralisme, La Mennais, resté l'homme de la Congrégation, du parti-prêtre, de l'Ultramontanisme pur, de la loi du Sacrilége, n'avait que mépris et pitié pour le grand écrivain fourvoyé. Ses lettres de ce temps-là, qu'on a publiées, et celles qu'on retient encore, sont remplies de paroles amères, outrageuses, telles qu'il en avait aisément pour tous ceux qui pensaient autrement que lui :

« Si je voulais faire un jeu de mots, je dirais que M. de Chateaubriand se *débat*[1]. A force d'esprit, il est parvenu à jouer le rôle de l'homme qui en aurait le moins ; et, par malheur, il le joue en maître. Des opinions fausses l'ont conduit dans une position fausse ; et, pour en sortir, il fausse encore ses opinions. Cela me paraît un cercle terriblement vicieux. Depuis quatre ans, je n'ai pas eu à me louer de Chateaubriand, mais j'avoue que je ne saurais me défendre d'une grande pitié en voyant M. Fiévée tendre d'en haut la main à l'auteur du *Génie du Christianisme*. Oh! qu'un peu d'orgueil serait souvent utile à la vanité ! » (Lettre du 10 septembre 1825, à M. de Coriolis.)

« Si vous lisez *les Débats*, vous verrez qu'ils ne sont qu'un second tirage du *Constitutionnel*. M. de Chateaubriand disait dernièrement à Michaud : « Je sens bien que je me perds. » A quoi celui-ci répliqua ingénument : « Qui est-ce qui vous y force? » (Lettre du 11 janvier 1826, à Mme de Senfft.)

« M. de Chateaubriand nous donne articles sur articles ; cela n'a point de fin. Il ne peut se détacher de la diplomatie. On ne conçoit pas, et lui moins que personne, que l'Europe se passe de ses talents. Il lui annonce qu'elle s'en trouvera mal, et qu'elle périra par la *conspiration des Absolutistes*. » (Lettre du 22 janvier 1826, à M. de Senfft.)

« Nous verrons quel rôle va jouer, à la session prochaine, l'auteur que M. votre fils juge si bien. Je ne crois pas que celui-là voulût des ministères *au meilleur marché*. Il paraît avoir fait le sien avec la Révolution. Dieu veuille qu'il lui tourne à honneur et à profit ! Il se contenterait peut-être du dernier, et ce serait sagesse en ce moment, car il a bien à courir pour rattraper l'autre. » (Lettre du 3 décembre 1827, à M. de Coriolis.)

(A propos des conditions qu'aurait faites M. de Chateaubriand pour son entrée dans le ministère :) « Il est vrai qu'on ne mettait pas à un prix médiocre l'appui qu'il sollicitait, et c'eût été véritablement payer un peu cher « le bâton du voyageur. » Les détails que vous me donnez sur ce marché proposé et rompu si singulièrement, ont quelque chose de merveilleux, même de nos jours : ce sont comme les Mille et une Nuits de la bêtise et de l'orgueil. » (Lettre du 31 janvier 1828, à M. de Coriolis.)

1. Allusion à ses articles du *Journal des Débats*.

(A propos de la reprise de polémique contre le ministère Polignac :)
« Le parti libéral, qui se divisait, a fait trêve à ses querelles intérieures pour se réunir contre le ministère, et Chateaubriand vient de se jeter dans cette opposition violente, qui trouve dans l'opinion un puissant appui. On dit que *les Débats* lui assurent une pension de 10,000 francs ; ce qui n'empêche pas les Journaux du parti auquel il s'allie de chanter des hymnes en l'honneur du *vieillard pauvre et désintéressé*. Cette louange m'a paru plaisamment choisie. » (Lettre du 5 septembre 1829, à M. de Vitrolles.)

M. de la Mennais poussait si loin l'antipathie contre M. de Chateaubriand, qu'il me dit un jour (vers 1830 ou 1831) : « Cet homme-là n'aime personne ; il vient de vous parler avec sourire, avec amitié, ce semble, et en le quittant on tomberait d'apoplexie au bas de son escalier, qu'il dirait : *Qu'on emporte cet homme !* » Ils se revirent pourtant, et chez Mme Récamier d'abord. M. Ballanche, qui avait un grand goût pour La Mennais, aida à cette rencontre. Je m'y trouvais présent : il était curieux de les entendre s'appeler *M. l'abbé, M. le vicomte,* en se raccrochant à des temps déjà bien éloignés, et où ils étaient l'un et l'autre fort différents. Le duc de Laval, qui entra comme M. de La Mennais venait de sortir, ne pouvait se remettre de sa surprise quand on le lui dit ; il faisait questions sur questions sur le compte du redoutable abbé, et ne put tirer de M. Ballanche d'autre réponse, sinon que c'était un *homme charmant*. Ce faible de Ballanche pour La Mennais tenait à plus d'une cause. C'était un utopiste fort avancé que Ballanche, et il ne voyait pas sans une satisfaction personnelle celui qui avait paru longtemps représenter le système immobile du passé y faire défection et se mettre en marche dans une direction qui le rapprochait de lui. Ce qui ne l'empêchait pas de dire parfois d'un air pensif : « J'ai des craintes pour M. de La Mennais ; c'est un esprit absolu, et il est entré à bien des égards dans le doute. » Mais le moyen de résister à l'attrait, lorsque La Mennais, qui faisait bon marché de son passé, lui disait en parlant des années du *Conservateur* : « Il faut convenir qu'alors nous étions de grands fous ; mais vous, vous étiez déjà un peu sage. » — Les relations reprises entre Chateaubriand et La Mennais durèrent, et, Béranger y aidant comme lien, elles en vinrent même à une sorte d'amitié assez étroite. La Mennais, dans sa conversion démocratique finale, dépassait de beaucoup Chateaubriand, comme il l'avait dépassé autrefois dans son zèle d'absolutiste ultramontain; mais le sublime indifférent le laissait dire, et leurs misanthropies combinées s'accordaient assez contre le présent. Il n'y avait qu'un article sur lequel Chateaubriand n'entendait pas raison et l'arrêtait court, c'est quand La Mennais entamait l'attaque contre la Religion catholique. Chateaubriand n'était pas assez sûr de sa foi pour en laisser discuter l'objet. — « Je veux croire, » disait-il pour toute réponse.

¶ Un jour, chez Mme Récamier on parlait devant lui des choses singulières qui se rattachent au magnétisme animal, de la catalepsie, du somnambulisme; on citait des faits merveilleux dont on avait été témoin. Quand l'auteur de ces récits fut sorti, M. de Chateaubriand, qui était resté assez silencieux, dit : « Pour moi, je suis bien malheureux; j'ai voulu voir toujours et n'ai pu jamais rien voir de tout cela, rien ne s'est jamais révélé à moi; j'ai la fibre trop grossière.... J'ai dîné un soir avec le mystique Saint-Martin, et quand a sonné minuit, je m'en suis allé sans avoir rien vu.... Peut-être au reste cela tient-il à ce que toute ma foi est occupée ailleurs, vers un but déterminé. Je crois en Dieu aussi fermement qu'en ma propre existence; je crois au Christianisme, — comme grande vérité toujours, — comme religion divine, tant que je puis. J'y crois vingt-quatre heures; puis le Diable vient qui me replonge dans un grand doute que je suis tout occupé à débrouiller. Il en résulte du moins que toutes mes puissances de foi étant tendues de ce côté, je n'en ai pas à perdre sur ces objets de crédulité secondaire. »

FRAGMENT DE LETTRE.

¶ « Il a été inconséquent, il s'est beaucoup contredit, je le sais bien. Qui de nous, en nos temps disparates, ne s'est contredit autant que lui ? Et comment voulez-vous que l'on écrive et que l'on imprime durant trente années sans se contredire ? L'unité de la vie ne se rencontre que dans la brièveté des jours. Les plus belles destinées n'ont eu qu'un éclair ! La mission de Jeanne d'Arc n'a été que de dix-huit mois, et elle avait déjà trop duré. Celui qui fut le Verbe par excellence ne prêcha pas plus de trois années le monde. »

¶ Chateaubriand, dans ses relations avec Béranger, avec Carrel, était charmant : c'étaient des adversaires. Chateaubriand ressemblait à ces maris qui gardent toute leur mauvaise humeur pour la maison, pour leur femme. Sa femme, c'était le parti royaliste.

¶ (20 novembre 1845.) Je viens de Champlâtreux, où Chateaubriand, il y a près de quarante ans, a écrit un chant des *Martyrs*, l'épisode de Velléda ; j'ai causé à fond de lui avec M. Molé, un des hommes en petit nombre qui l'ont bien connu. Fontanes, Joubert, M. Molé et M. de Lamoignon, oncle de ce dernier, sont peut-être les seuls qui l'aient bien connu dans le bon temps et pénétré sous sa triple et quintuple peau de serpent, *clypei septemplicis orbes*. M. Bertin l'aîné le connaissait certes aussi, mais par les côtés tout positifs et réels, et pour l'y avoir poussé ; il était l'ami épicurien. Les autres l'avaient vu sous son premier éclair d'idéal, naturel encore et séduisant, pendant son séjour de Londres et tout au retour. Ses hautes qualités de *talent*, proprement dit, ne sauraient assez s'admirer, et elles sont plus grandes que la postérité probablement ne les sanctionnera en définitive ; mais quelle *manière* gâtait tout cela ! comme il arrivait vite à se guinder ! Et puis il redevenait enfant, naïf, par moments ; et puis tout aussitôt il s'apercevait qu'il l'était, et il affectait de l'être. A Champlâtreux, qui n'était pas alors ce château majestueux d'aujourd'hui, Chateaubriand jouait quelquefois comme un écolier ; le soir, en montant se coucher, c'étaient des cris dans les corridors, des combats à la porte des chambres, on se jetait les pots à l'eau à la tête. Chateaubriand et un M. Jullien (dont il est question dans les Lettres de Joubert) étaient les boute-en-train. Cela était très-naturel de la part de Chateaubriand dans le premier moment, mais dans le second moment ce n'est pas bien sûr. J'espère que M. Molé nous le peindra au vrai dans ses *Souvenirs*; il est assez fin et assez délicat d'esprit pour cela. D'autres qui croient le connaître ne l'ont pris que par les dehors et par le gros bout. Quant au public, il n'a pu voir que les produits du talent, et il n'a jamais rien compris à l'homme.

Pour tous ceux qui connaissent Chateaubriand, c'est sensible; sa figure à de certains moments *se pince*.

¶ A Vichy, aux eaux, à une certaine année, M..., qui me l'a dit, était avec Chateaubriand et mesdames de D... et de Mouchy, que ce Jupiter-René dévorait toutes deux à petit feu, et qu'il se plaisait ainsi à consumer. Car la sensibilité de Chateaubriand n'est pas moins compliquée que le reste; j'ai lu une lettre de M. Joubert à M. Molé (pendant la légation de Chateaubriand à Rome); c'est la seule pièce qui puisse le faire bien connaître, tant l'analyse y est fine et subtile comme son objet. J'espère que cette pièce, que m'a fait lire M. Raynal, l'éditeur si distingué des *Œuvres* de M. Joubert, mais qu'il ne pouvait donner, se retrouvera un jour. La psychologie de Chateaubriand y est coulée à fond.

¶ Je connais la race de René : elle a des instants de malheur où elle crie par-dessus les toits, et se plaint à l'univers; elle a des journées de bonheur et de délices qu'elle ensevelit en silence.

¶ La *Vie de Rancé* par Chateaubriand est un véritable bric-à-brac; l'auteur jette tout, brouille tout, et vide toutes ses armoires.

Cette *Vie* est encore une vraie *Tentation de saint Antoine* ; il y a toute sorte de farfadets.

¶ (Décembre, 1847.) M. de Chateaubriand ne dit plus une parole ; on ne peut plus lui arracher un son. Béranger prétend qu'il trouve encore moyen, quand il y va, de le faire causer un quart d'heure ou vingt minutes. Mais, comme Thiers le remarque très-bien, quand Béranger a parlé à quelqu'un, il s'imagine volontiers que ce quelqu'un a parlé.

FRAGMENT DE LETTRE.

¶ « (1847.) Un mort bien illustre et qui mérite de s'appeler mort en effet, puisqu'il ne vit plus de la seule vie qu'il avait rêvée, Chateaubriand est bien malheureux ; il ne peut plus sortir de sa chambre. Mme Récamier l'y va voir tous les jours, mais elle ne le voit que sous le feu des regards de Mme de Chateaubriand, qui se venge enfin de cinquante années de délaissement. Elle a le dernier mot sur le sublime volage, et sur tant de beautés qui l'ont tour à tour ravi. Cette femme est spirituelle, dévote et ironique ; moyennant toutes ses vertus, elle se passe tous ses défauts. Ah ! que vous valez mieux, vous autres ! C'est vous, Hortense, qui aurez donné à M. de Chateaubriand ses dernières joies, ses derniers ressouvenirs de René ; car Mme Récamier le prend avec lui sur un ton plus bas ; ce n'est plus notre Chateaubriand, elle en fait un *autre* ; mais pour vous il retrouve des restes de souffle et des bruits lointains de Germanie et de Gaule sauvage. Gardez bien ses derniers petits billets ; ce seront des choses *vraies* de la part d'un génie illustre, mais qui a eu trop peu de ces éclairs de vérité. Vous lui ferez honneur un jour avec ces gages imprévus. Sa mémoire aura fort à faire ; car il est de ceux qui ont trop longtemps vécu. — Ce que j'en apprends me donne une profonde tristesse : il disait l'autre jour à une personne de ses amis qu'il eut peine à reconnaître, et qu'il prit d'abord pour le père, puis pour l'oncle :

« Je ne puis plus suivre une idée deux minutes de suite. »
— Sentant cela, il se tait. Je lui rends le dernier hommage de respect en ne le voyant pas. C'est ainsi que, moi-même, je voudrais être traité.... »

¶ (Mai, 1848) Chateaubriand est comme en enfance ; il ne parle plus ; il ne dit que des monosyllabes. Quand Béranger vient le voir, il ne trouve à lui dire qu'un mot: « Eh bien ! vous l'avez, votre république! » — « Oui, je l'ai, répondit hier Béranger ; mais j'aimerais mieux la rêver que l'avoir. »

¶ M. de Chateaubriand est mort (4 juillet 1848) : il était depuis trois ou quatre ans dans un état d'affaissement qui avait fini par être une véritable oblitération des facultés. Il ne s'intéressait à rien, ne causait plus, répondait à peine un *oui* tout court. Sa tête n'était plus assez forte pour suivre une idée. En un mot, il ne vivait plus, il végétait. Là-dessus on vient d'écrire dans les journaux qu'il était mort dans la plénitude de ses facultés, et l'abbé D... a déclaré qu'il *avait rendu son dernier soupir en pleine connaissance :* « *Une intelligence aussi belle devait dominer la mort*, et conserver sous son étreinte une visible liberté. » A quoi bon dire ainsi le contre-pied de la vérité et en même temps quelque chose d'aussi anti-chrétien quand on est prêtre ?

Dans cette même lettre de l'abbé D..., il est dit que la mort de sa femme fut pour M. de Chateaubriand un coup mortel, et que la mort de M. Ballanche l'acheva. Ce sont deux contre-vérités.

¶ Je viens du service funéraire de Chateaubriand (8 juillet); il y avait foule. Béranger y était ; il n'a cessé durant l'office de causer avec son voisin, M. de Vitrolles. Ils étaient tous les deux en coquetterie. Voilà donc la fin de tout. O néant ! Soyez Chateaubriand, c'est-à-dire royaliste et catholique, faites le *Génie du Christianisme*, et *la Monarchie selon la Charte*, pour qu'à vos funérailles, toutes convictions étant usées comme l'ont été les vôtres, Béranger et M. de Vitrolles se rencontrent et ne se quittent plus !

FRAGMENT DE LETTRE.

¶ « Prenez garde, Monsieur, vous avez une sorte de penchant à être sévère pour René. De ceux qui vont parler de lui, vous serez le plus en droit sans doute, et celui peut-être dont il faisait le plus de cas. Mais vous n'avez pas le droit d'être sévère, car vous sortez un peu de lui, du moins vous en dérivez. En lisant *René*, Amaury s'écrie : *Me voici!* Vous aussi, vous avez trop pris la Croix pour le vrai Dieu et voulu raviver les vieilleries; vous aussi, vous avez un peu manqué à ces demi-dieux du xviiie siècle.... René emporte, dans son tombeau sur l'Océan, ce fond de vérité qui présidait à l'expression un peu forcée de ses sentiments dans un monde d'affectation dont le charme l'entraîna trop. On ne produit pas, en France, un effet brillant sans être homme du monde, et l'homme du monde, en lui, a nui parfois à la simplicité plus qu'à la vérité; car il avait les émotions et les passions dont la société lui a fait un peu forcer les expressions. »

FRAGMENT DE LETTRE.

¶ « ....Il m'a dit souvent que l'homme devenait meilleur en vieillissant. Il était bon et bienveillant. Le caractère de son génie, c'était surtout l'élévation. Il avait cette élévation dans la vie habituelle...

« La seule femme qu'il ait vraiment aimée, c'est la duchesse de M... : c'était une enchanteresse, qui lui a cédé tard. Il m'en parlait avec ravissement. Mais il en a aimé bien d'autres encore.

« Je ne doute pas qu'il n'ait été très-attaché à Mme Récamier, et très-séduit; ils avaient mille points de contact, et il ne m'a jamais dit la vérité à ce sujet. Il trompait dans ces choses-là, mais c'était un homme sincère et impétueux. Il était très-fier, surtout avec moi qui étais plus jeune que lui; il ne croyait pas qu'on pût tant l'aimer....

« Ne croyez pas qu'on le regrette vulgairement, comme un autre homme, en versant beaucoup de larmes. La gloire, qui était sa compagne et la seule rivale de l'amour, fait sentir autrement. D'abord, il désirait mourir; dans sa fierté, il était blessé d'être vieux, assis, brisé. Laissons-le donc retrouver peut-être une forme jeune, ou s'enchanter peut-être dans l'éternelle lumière.

« Je racontais l'autre jour à Béranger qu'il me disait dans cette Révolution, avec une profonde et douloureuse impatience : « Mon Dieu, mon Dieu, quand donc, quand donc se-
« rai-je délivré de tout ce monde, ce bruit; quand donc, quand
« donc cela finira-t-il? »

« Prenez donc garde à ce que vous allez dire. Souvenez-vous que Bacon dit qu'il faut se garder d'ôter les défauts des pierres précieuses, dans la crainte de nuire à la valeur de l'ensemble. »

¶ Dans un petit livre intitulé : *Troisième petit livre*, publié à Paris, en 1851 [1], je trouve les Stances suivantes, censées traduites du grec moderne; mais il me semble que si, partout où il y a *Grèce* on lit *France*, et que si, au lieu de *Lasthénès* on met *Chateaubriand*, on reconnaîtra que l'hommage rendu au noble poëte par un cœur de femme est digne de lui.

A LASTHÉNÈS.

« Pieuse fut pour toi ma tendresse, longue tendresse, couronne de mes beaux jours, qui ne cessa jamais et t'a vu mourir. Réfugiée jeune dans ton sein, après un trop cruel naufrage, tu calmas mes sens encore endormis : ta longue expérience, ta sagesse, ce charme de tes discours, cette grâce en toi qui valait la jeunesse, ton génie qui avait délivré et enivré la Grèce, tout en toi enchanta à jamais ma vie. Quand un amour irrésistible me fit te quitter, combien nobles et tendres tes reproches, et à mon retour combien aimable et doux ton pardon! combien vive et

---

1. Chez Renault, libraire, rue du Paon-Saint-André-des-Arcs, 8.

cent fois exprimée ta reconnaissance ! Depuis lors, toujours partie et toujours revenue, je me réglai sur les inégalités permises à toi, permises aux Dieux de la Grèce.

« Était-ce l'amour? Non, il n'accepte pas de telles conditions. C'était plutôt un sentiment à part comme toi, éternellement jeune comme toi, un sentiment au-dessus de ce qu'on voit sur la terre, ordonné pour adoucir les ennuis et les devoirs de ta vie sans t'en donner ; un sentiment qui, trop heureux de rencontrer le tien, se plut seulement à t'être agréable et heureux.

« Tu venais à moi dans un enchantement qui était comme la nature même de ton âme superbe, mais douce et bienveillante. Tu m'élevas sur ces hauteurs d'où ensemble nous ne descendîmes plus. Entre nous, rien de dur, d'amer; point de froissement ni de froideur. J'étais le sûr refuge où ta tendresse prenait l'essor, sans contrainte, sans esclavage, sans ces douleurs qu'on n'épargna guère à la bonté la plus tendre et la plus facile du monde.

« Toi seul tu faisais des reproches, mais chers, mais bien reçus, mais vite effacés par ta justice et une affection dont tu ne doutais pas. Un souvenir, une promenade ensemble emportaient ta colère ; et moi, accueillant une merveille, je ne me justifiais pas, je ne cherchais pas la dispute, je me contentais d'être heureuse et de te voir heureux.

« J'avais compris combien la vie du monde froisse les âmes d'élite, éveille leur juste orgueil, leur haine puissante, leur amertume redoutable : je laissai de côté la guerre; jamais ma main ne s'arma pour éprouver, même doucement, la tienne. Nos camps ni nos drapeaux n'étaient les mêmes, tu le savais, mais nous ne le sentîmes pas ; et dans ces régions suprêmes, où tu daignas me convier, je ne connus avec toi que l'union et la douceur.

« La plus haute séduction que l'homme puisse offrir, je la trouvais en toi : ton âme était d'une élévation que rien n'eût pu altérer ni faire plier ; fidèle aux instincts les plus nobles et les plus irrésistibles, tu laissas à la Grèce un bel exemple de l'honneur et du désintéressement ;

et aussi fier, aussi élégant dans ta vie privée que dans ta vie publique, tu me semblas toujours le Dieu de pure lumière qui règne sur ce Parnasse où ta place est marquée.

« Toi, né dans la Grèce, habitant mon pays, je te retrouvais sans cesse, le plus exquis, le plus Grec des Grecs. Ton visage, tout pareil à celui d'Alexandre, conserva toujours la grâce et la beauté ; plus fin, plus pur à mesure que l'âge y marqua sa trace, chère et sacrée sur ton front. Tu représentais bien notre pays ; tu me le fis mieux comprendre ; tu en avais tous les charmes, tous les talents puissants, avec la légèreté, l'agrément qui te fit partout adorer, et qui aussi doit faire tout pardonner.

« Crois-moi fidèle à ta mémoire, comme tu voulais que je le fusse. Tu aimais de mêler à nos plaisirs l'idée de ta mort ! Ta mort ! Non, tu vis, et toi qui sentis si bien la grandeur des Dieux, la beauté de la nature, tu existes, tu éprouves dans leur plénitude ces impressions suprêmes qui te rendaient malade dans leur force, et qui sont les avant-coureurs des émotions sacrées quand notre corps et notre vie mortelle ne nous empêcheront plus de les goûter sans souffrir. »

¶ La préoccupation de Chateaubriand pour la gloire était excessive, elle était constante : il se disait tout ce qui se peut dire contre, et cependant lui qui aimait si peu la vie sous sa forme directe, il avait l'ambition que son nom vécût, et une sorte de désespoir que cette immortalité du nom fût si courte de durée et si bornée d'espace. Il se faisait dire par la Muse à l'heure de ses poétiques pèlerinages : « Sache apprécier cette gloire dont un obscur et faible voyageur peut parcourir le théâtre en quelque jours ! » C'est ainsi que l'Africain, dans ce *Songe* merveilleux, montrait du haut des sphères à son petit-fils la terre si petite dans son lointain, tachetée çà et là de quelques points habités, et ces points séparés eux-mêmes par de si vastes solitudes, par des déserts ou des mers si démesurées, que le bruit que font les hommes dans une de ces parties du monde ne se transmet point jusqu'à l'autre partie prochaine, et meurt dans l'intervalle. Retranchez tous ces espaces perdus pour le renom et le retentissement humain : que de peuples vous ignorent! et ceux qui en parleront, pour combien de temps! « *Quibus amputatis, cernis profecto quantis in angustiis vestra gloria se dilatari velit. Ipsi autem, qui de vobis loquuntur, quam loquentur diu!* »

Chateaubriand se disait toutes ces mêmes choses que Cicéron, et il se les disait d'un peu moins haut peut-être. Quoique chrétien de profession, il n'avait point l'Éternité du Dieu vivant assez présente à l'esprit et au cœur pour s'y rejeter en idée avec amour, et y habiter dans l'éblouissement et dans la gloire. Ignorant des choses physiques, et, comme la plupart des hommes de Lettres, ne se représentant point la nature dans l'infinie variété de ses combinaisons et dans ses successions perpétuelles, il ne savait point renoncer à ce qui décidément est vain; il ne savait pas se dire que non-seulement le théâtre est étroit, entrecoupé, tout semé d'espaces perdus et vides, mais que l'humanité elle-même tout entière n'y a très-probablement qu'une existence limitée, et déterminée par quelque grande perturbation nécessaire, par quelque grande période physique dont nous n'avons pu encore mesurer la longueur ni deviner la loi, mais avant laquelle d'autres régimes, d'autres générations innombrables, innommées, existaient, et après laquelle d'autres organisations imprévues, écloses à quelque grand printemps futur, éclateront, pour remplacer ou dominer les précédentes, et pour disparaître elles-mêmes à leur tour. Ces vues habituelles sont seules capables de remettre à sa place l'orgueil individuel, et de rectifier l'illusion de cet être d'un jour qui s'appelle *Moi*. — Poëtes, quand nous parlons de l'immortalité, quand nous y croyons, sachons encore que c'est une immortalité relative, la seule qui soit possible, et qui soit proportionnée aux horizons humains. — Buffon, qui croyait à la gloire, savait cela. Lucrèce l'avait su également.

¶ Chateaubriand, brun de chevelure dans sa jeunesse,

avait-il les yeux noirs ou les yeux bleus ? Grave question qui n'est pas si aisée à résoudre qu'on le croirait.

Un brillant écrivain de la presse périodique, qui a le secret des mots heureux, qui en trouve sur chacun, fût-ce à nos dépens, et des pages duquel on tirerait bien des traits pénétrants et fins à la Rivarol, M. Barbey d'Aurevilly, rappelant une parole de Chateaubriand sur Washington (*Jamais visage d'homme ne m'a fait trembler*), ajoutait : « Il l'avait regardé à vingt ans avec ces beaux yeux que nous lui avons connus à soixante, et *qui avaient toujours été si noirs de mélancolie indifférente.* » — C'est bien dit ; mais ces yeux noirs, Chateaubriand ne les avouait pas. « Comprenez-vous, disait-il un jour à M. de Marcellus, qu'une baronne allemande se soit avisée, en traçant mon portrait, de me faire hommage d'une taille élancée? Mais, en revanche, elle m'a donné des yeux noirs, et je prétends aux yeux bleus. » Ceci pourrait sembler décisif ; mais enfin l'œil ne se voit pas lui-même, et j'ai voulu interroger une personne que j'ai crue compétente sur cette nuance qui fait question. La réponse m'a laissé dans la même incertitude qu'auparavant ; la voici : « *Ottavio* avait les yeux noirs les plus beaux, les plus pleins d'ivresse qu'on puisse voir ; *Guglielmo* seul avait un œil noir à lui comparer. *Henri* a l'œil bleu clair de sa race normande, éraillé par la petite vérole dont il est marqué. *Raoul*, mon seigneur et maître, a l'œil bleu clair d'un chevalier français, plein de fierté et d'arrogance, qui fait peur quand il est furieux. Ceci est pour vous dire que c'est la force et la jeunesse qui donnent l'éclair à l'œil. *René* avait, je crois, les yeux noirs ; mais je n'ai pas vu cet œil furieux, je n'ai pas gardé ce regard dans ma mémoire ; il le croyait très-beau ; il l'avait été sans doute, mais l'éclair n'y était pas. D'ailleurs, il ne regardait pas en face ; je le lui reprochais, parce que, en fait d'amour, il vivait dans les trahisons. Il faut voir l'homme de près et dans les crises pour se rappeler son œil. » Eh bien ! nous voilà aussi peu avancés qu'auparavant, et il en est de la couleur des yeux de Chateaubriand comme de la couleur des cheveux de Marie Stuart, et comme de tant d'autres choses ; il faut se résigner à douter. *Que sais-je?*

¶ Le mariage de M. de Chateaubriand a été, dans le temps, l'objet de procès et d'assertions contradictoires singulières. Revenu d'Amérique et à la veille d'émigrer, M. de Chateaubriand épousa, au commencement de 1792, Mlle Céleste de La Vigne-Buisson, petite-fille de M. de La Vigne-Buisson, qui avait été gouverneur de la Compagnie des Indes à Pondichéry :

« Mes sœurs se mirent en tête, dit-il en ses Mémoires du ton le plus dégagé, de me faire épouser Mlle de La Vigne, qui s'était fort attachée à Lucile. L'affaire fut conduite à mon insu. A peine avais-je aperçu trois ou quatre fois Mlle de La Vigne... Je ne me sentais aucune qualité du mari. Toutes mes illusions étaient vivantes, rien n'était épuisé en moi ; l'énergie même de mon existence avait doublé par mes courses. J'étais tourmenté de la Muse. Lucile aimait Mlle de La Vigne, et voyait dans ce mariage l'indépendance de ma fortune. — « Faites donc, » dis-je. — Chez moi, l'homme public est inébranlable ; l'homme privé est à la merci de quiconque se veut emparer de lui, et pour éviter une tracasserie d'une heure, je me rendrais esclave pendant un siècle.

« Le consentement de l'aïeul, de l'oncle paternel et des principaux parents fut facilement obtenu : restait à conquérir un oncle maternel, M. de Vauvert, grand démocrate ; or, il s'opposa au mariage de sa nièce avec un aristocrate comme moi, qui ne l'étais pas du tout. On crut pouvoir passer outre, mais ma pieuse mère exigea que le mariage religieux fût fait par un prêtre *non assermenté*, ce qui ne pouvait avoir lieu qu'en secret. M. de Vauvert le sut, et lâcha contre nous la magistrature, sous prétexte de rapt, de violation de la loi, et arguant de la prétendue enfance dans laquelle le grand-père, M. de La Vigne, était tombé. Mlle de La Vigne, devenue Mme de Chateaubriand sans que j'eusse eu de communication avec elle, fut enlevée au nom de la Justice, et mise à Saint-Malo, au couvent de la Victoire, en attendant l'arrêt des tribunaux.

« Il n'y avait ni rapt, ni violation de la loi, ni aventure, ni amour dans tout cela ; ce mariage n'avait que le mauvais côté du roman : la vérité. La cause fut plaidée, et le tribunal jugea l'union valide au civil. Les parents des deux familles étaient d'accord, M. de Vauvert se désista de la poursuite. Le curé constitutionnel, largement payé, ne réclama plus contre la première bénédiction nuptiale, et Mme de Chateaubriand sortit du couvent, où Lucile s'était enfermée avec elle... »

Mais voici bien autre chose. Ce n'est plus du côté d'un oncle maternel démocrate que le mariage est attaqué, c'est du côté de l'oncle paternel et dans un esprit tout différent. M. de Chateaubriand va se trouver entre deux oncles.

Je cite mes auteurs. M. Viennet, dans ses Mémoires (inédits), raconte qu'étant entré au service dans la marine vers 1797, il connut à Lorient un riche négociant, M. La Vigne-Buisson, et se lia avec lui. Quand l'auteur d'*Atala* commença à faire du bruit, M. Buisson dit à M. Viennet : « Je le connais ; il a épousé ma nièce, et il l'a épousée de force. » Et il raconta comment M. de Chateaubriand, ayant à contracter union avec Mlle de La Vigne, aurait imaginé de l'épouser comme dans les comédies, d'une façon postiche, en se servant d'un de ses gens comme prêtre et d'un autre comme témoin. Ce qu'ayant appris, l'oncle Buisson serait parti, muni d'une paire de pistolets et accompagné d'un vrai prêtre, et, surprenant les époux de grand matin, il aurait dit à son beau-neveu : « Vous allez maintenant, Monsieur, épouser tout de bon ma nièce, et sur l'heure. » Ce qui fut fait.

M. de Pongerville, étant à Saint-Malo en 1851, y connut un vieil avocat de considération, qui lui raconta le même fait, et exactement avec les mêmes circonstances.

Naturellement, dans ses *Mémoires*, M. de Chateaubriand n'a touché mot de cela : il n'a parlé que du procès fait à l'instigation de l'autre oncle. Faut-il croire que, selon le désir de sa mère, ayant à se marier devant un prêtre *non assermenté*, et s'étant engagé à en trouver un, il ait imaginé, dans son indifférence et son irrévérence d'alors, de s'en dispenser en improvisant l'étrange comédie à laquelle l'oncle de sa femme serait venu mettre bon ordre ? — Ce point de sa vie, si on le pouvait, serait à éclaircir, et l'on comprendrait mieux encore par là les chagrins qu'il donna à sa mère, chagrins causés, dit-il, *par ses égarements*, et le mouvement de repentir qu'il dut éprouver plus tard en apprenant sa mort avant d'avoir pu la revoir et l'embrasser.

¶ Les finances de Chateaubriand seraient un chapitre à écrire de son histoire. On ne peut même prétendre ici à l'esquisser. Il se croyait (comme Lamartine) très-habile à l'économie et à la discussion des Finances publiques : *Les Finances que j'ai toujours sues*, disait-il ; et, sur cet article, il ne se sentait point disposé à baisser pavillon devant M. de Villèle lui-même. Vers l'époque du *Génie du Christianisme*, qui lui fut d'un si bon rapport, il ne parut pas trop mal s'entendre au maniement de ses intérêts particuliers. Mais, depuis 1814, le principe de gloire et de magnificence qu'il introduisit dans sa conduite, dérangea tout. S'étant fait rayer, comme ministre d'État titulaire, par suite de la publication de *la Monarchie selon la Charte*, mais aussi privé dès lors du traitement très-effectif qui était attaché à cette sinécure, il se vit réduit à vendre son ermitage de la Vallée-aux-Loups, et c'est depuis ce temps-là qu'il se vantait de ne plus avoir de bibliothèque. Une des amies les plus fidèles et les plus sincères qu'il ait eues, la duchesse de Duras, le connaissant comme elle faisait, s'inquiétait beaucoup de cette situation de fortune, et sa sollicitude perce dans quelques parties qu'on a données de sa Correspondance, au milieu des charmantes choses dont elle est semée.

Au commencement de 1818, à l'occasion d'un léger accident arrivé à l'illustre écrivain, Mme de Duras écrivait à Mme Swetchine :

« M. de Chateaubriand s'est cassé un muscle de la jambe ; le voilà pour quarante jours sur son canapé. Je vais le voir ; mais vous n'avez pas l'idée du vide que fait dans ma vie de ne plus le voir une ou deux heures le matin dans ce cabinet, à penser tout haut avec moi. Je suis triste à mourir. Il n'y a rien de si intérieur que le bonheur, et pourtant que sont les objets extérieurs sans lui ? C'est la lumière qui les éclaire ; tout est terne et sans vie quand il se retire. »

Et, trois jours après :

« ... MM. Benoist, d'Harcourt, tous nos amis sont toujours là. Je vois de plus M. de Villèle, qui est aussi spirituel dans la conversation qu'à la tribune ; vous savez bien que mon goût est de l'autre côté : en fait d'*ultras*, je n'aime que trois ou quatre hommes distingués, les généraux ; mais leurs soldats m'ennuient à mort, et je ne les vois guère. Si M. de Chateaubriand était longtemps malade, je deviendrais ministérielle par l'ennui et la déraison de ce qui entoure sa chaise longue. »

Elle écrivait encore, en ce moment, à propos de démarches qu'elle tentait probablement du côté de la Cour, en faveur de M. de Chateaubriand :

« Andilly, 19 août (1818). ... Je vais à Paris le 23 au soir. Lord Wellington est arrivé, mais je n'espère rien. C'est égal, il faut agir de même ; mais tout ce que je ferai sera détruit par ce qu'écrit mon pauvre ami ; il est poussé à bout, et jugez ce qui sortira de sa plume lorsqu'il ne ménagera plus rien, et qu'il écrit dans le lieu où l'on a les opinions les plus exagérées. Il ne faut rien espérer ; *il y a des caractères et surtout des sortes de talents qui sont toujours opprimés ou qui se figurent l'être : il avait fallu forcer la nature pour tirer de là M. de Chateaubriand.* Enfin il restera pair de France, *mais, s'il pouvait perdre cela, soyez sûre qu'il le perdrait.* »

On ne saurait mieux exprimer ce besoin de tout jeter par la fenêtre, qui prenait par accès à M. de Chateaubriand. Il semait l'or dès qu'il en avait. M. de Marcellus, qu'il avait fort judicieusement établi son intendant et trésorier pendant son ambassade de Londres, a raconté là-dessus des particularités domestiques qui prouvent toute l'incurie du poëte ambassadeur et sa parfaite inaptitude en matière de chiffres. Mme de Duras, qui savait si bien son faible, tremblait pour lui de le voir dans ces postes de grande représentation. Elle écrivait à M. de Marcellus (24 mai 1822) :

« M. de Chateaubriand ne gâte pas ses amis. J'ai peur qu'il ne soit un peu gâté lui-même par leur dévouement. Il ne répond jamais rien qui ait rapport à ce qu'on lui écrit, et je ne suis pas sûre qu'il le lise. Faites-moi le plaisir de lui donner quelques bons conseils à ce sujet, et tâchez qu'ils ne soient pas perdus comme les miens... Ses lettres ont toujours l'air d'être écrites le pied dans l'étrier. Dans le peu qu'il me dit, il m'effraye, et je tremble de ses énormes dépenses. J'ai vécu si longtemps à Londres, que je sais comme on y est entraîné bien plus loin qu'on ne veut. Veillez à cela, de grâce, pour lui épargner les dettes et les embarras de fortune, qui viennent, dans l'ordre des chagrins, tout de suite après ceux du cœur. »

Mme de Duras avait bien raison ; ces embarras d'argent pour les hommes publics tiennent de près à la dignité. M. de Lamartine, qui le sait mieux que personne, s'est montré bien sincère pour autrui, quand il a dit de M. de Chateaubriand et de sa conduite en 1828, à l'avènement du ministère Martignac :

« Cependant, pour fermer la bouche de M. de Chateaubriand, d'où sortaient des tempêtes, ou du moins des bruits qui importunaient la royauté, il fallut payer plus d'une fois ses dettes et lui donner l'ambassade de Rome, magnifique consolation de son ambition déçue à Paris. Il eut de la peine à s'y résigner, mais la majesté romaine de l'exil et la haute fortune dont on lui devrait cet exil le firent enfin partir. Des anecdotes bien curieuses sur les négociations financières qui précédèrent ce départ, et qui impatientèrent le roi, pourraient être racontées ici ; Mme Récamier ne dut rien ignorer de ces pressions exercées par les besoins de son ami sur Charles X ; mais on n'en trouve pas trace dans ses Mémoires : on les trouvera dans M. de Vitrolles [1]. »

M. de Vitrolles nous dira sans doute, avec tous les détails que sa familiarité en Cour le mettait à même de connaître, que lorsqu'en 1828 le ministère Villèle tomba, et que se forma le ministère Martignac, M. de Chateaubriand réclamait le portefeuille des Affaires étrangères ; et comme Charles X ne voulait à aucun prix entendre parler de lui pour ministre, M. de Chateaubriand fit ses conditions avant de consentir à n'être qu'ambassadeur : or, l'une de ces conditions fut que, comme il avait été *indûment* privé de son titre de ministre d'État, en 1816, et, par suite, du traitement qui y était affecté, on lui tiendrait compte de tout l'*arriéré* qui (le principe admis) lui était dû, c'est-à-dire de toutes les années de ce traitement qu'il n'avait pas touchées depuis 1816. Il fallut, pour satisfaire à cette incroyable exigence, mettre à contribution

---

1. *Cours familier de Littérature*, Entretien LI, page 169.

la caisse secrète de deux ministères. M. Portalis savait tout cela dans le dernier détail, ayant été l'un des ministres payants; et c'est sans doute pour le punir d'avoir su de telles choses, que M. de Chateaubriand a si maltraité, dans ses Mémoires, ce respectable personnage. M. de Marcellus, qui relève cette amertume singulière de l'auteur des Mémoires contre M. Portalis, devenu ministre des Affaires étrangères après M. de La Ferronnays, et qui fait remarquer que jamais sa colère n'a éclaté avec autant de violence, même contre M. de Talleyrand, ne sait trop comment se l'expliquer; mais il me semble que l'explication est toute naturelle : M. Portalis occupait la place que M. de Chateaubriand estimait sienne; et, de plus, il était dans le secret d'une négociation peu glorieuse. Combien n'eût-il pas mieux valu être moins grand, moins prodigue et, par là même, moins besoigneux ! Le vrai désintéressement, celui qui s'exerce sans faste y eût trouvé son compte.

Du moins, avec Chateaubriand, il suffisait de boucher des trous, il ne s'agissait pas de combler des abîmes, ni de le crier au monde par-dessus les toits.

Ces tristes nécessités satisfaites, Chateaubriand était le plus libéral et le plus généreux des hommes. Peu après la Révolution de Juillet, son libraire vint un matin le trouver et commença un discours sur la difficulté d'acquitter les engagements contractés avant les derniers événements. Chateaubriand comprit aussitôt, et, sans le laisser continuer, lui demanda de quelle somme il s'agissait : elle était considérable. Il lui en donna quittance à l'instant.

La Correspondance de Béranger nous montre Chateaubriand, lorsque le célèbre chansonnier dut renoncer à la jolie résidence de La Grenadière, lui offrant de lui venir en aide; et c'était au moment où lui-même se voyait obligé de quitter sa retraite, trop dispendieuse, de la rue d'Enfer : « Je vous ai dit, je crois, écrivait à ce propos Béranger à Mme Cauchois-Lemaire (26 juin 1838), combien Chateaubriand, qui quitte aussi ses arbres et ses fleurs, a été bon pour moi dans cette circonstance. Il est revenu à la charge et semblait ne pas comprendre que, grâce au petit nombre de mes besoins, et à mes humbles habitudes, je suis encore le plus riche des deux, même en supposant que ses libraires le payent. »

Un noble cadre lui seyait bien et lui était même indispensable, mais il n'avait pas de besoins personnels ; il aimait à donner, à se dépouiller ; quand il voulait plaire, sa galanterie ne connaissait pas de mesure ; ambassadeur ou ministre, il eût mis tout son traitement de l'année dans une fête, dans une corbeille ; il eût fondu toutes les perles de l'Océan, toutes les étoiles du ciel, pour un sourire de Cléopâtre. Il avait un cœur de roi ou plutôt une fantaisie de poëte.

¶ Tout en disant que je ne m'occupe pas de Chateaubriand politique, j'en parle et je me permets de l'apprécier. Je veux poser la question dans toute sa netteté et sa vérité.

La durée, la stabilité de la Restauration était-elle possible, et à quelles conditions ?

M. de Chateaubriand était-il l'homme qui pût lui faire remplir ces conditions et assurer cette durée, cette vie ; — qui pût consommer l'alliance de la Légitimité et de la Liberté, la réconciliation des anciennes races avec les générations nouvelles ?

C'est là la question ; car ç'a été là sa prétention et son ambition singulière, entre tant de personnages politiques distingués qui se produisirent durant cette époque, d'être l'homme indiqué, le ministre nécessaire.

Le premier vice de la Restauration était d'avoir été opérée par le triomphe de l'étranger : le plus contraire des auspices !

Aussitôt après l'installation, la mise en train fut aussi des plus malencontreuses, et depuis avril 1814 jusqu'à mars 1815, on imaginerait difficilement un Gouvernement plus maladroit, plus à contre-temps, conspirant plus contre lui-même : il n'eût point agi autrement s'il eût pris à tâche de choquer le bon sens public et d'offenser l'amour-propre national.

Après un tel début, qui amena les Cent-jours et qui devait dans tous les cas aboutir à une première culbute, rétablie une seconde fois, et de par l'étranger encore, qu'avait à faire la

Restauration pour reprendre racine et vie, s'il était possible, dans le sol national ?

Louis XVIII, tout d'abord, dans cette seconde Restauration, se montra plus prévoyant et plus sage qu'il n'avait été dans la première : il paraît avoir essayé sincèrement d'un Gouvernement par les hommes modérés d'un régime moderne, par les hommes politiques qui tenaient compte de 89 et des intérêts nés de la Révolution ; il leur avait fait appel et avait commencé à les rallier, à les grouper ; il écoutait leurs conseils et en adoptait quelques-uns : mais cette tentative qui, à un moment, parut avoir chance de l'emporter, fut toujours compromise et comme viciée par le *favoritisme* qui était le faible de ce roi ; qui ôtait, quoi qu'on en dise, autorité et dignité dans le pays au ministre, même habile, de son choix et de sa prédilection, et qui allumait aussi contre ce dernier en Cour des haines violentes, des animosités exaspérées et du plus mauvais caractère.

Un déplorable incident, exploité aussitôt par les passions, la mort du duc de Berry, fit tomber le ministre favori qui savait se faire écouter, et avec lui ruina les dernières chances d'un Gouvernement libéral tempéré.

Le parti de l'ancien régime et d'un système tout monarchique et théocratique fit brèche dans la place et bientôt s'en empara. Il était aussi suspect et aussi odieux au gros de la nation que le ministre favori avait pu l'être au parti de la Cour. Il finit par succomber devant l'opinion publique presque unanime, après un long exercice ministériel, durant lequel il avait pu opérer des réformes administratives utiles, mais où il avait proposé des lois funestes.

A cette heure de son renvoi, régnait Charles X qui, *s'il avait été autre*, aurait pu tirer parti de la situation et réparer les fautes commises. Mais le faible de Charles X était de ne *rien* comprendre aux choses de la société moderne et d'avoir toujours une pensée *de derrière*, une arrière-pensée d'ancien régime pur et simple, avec son ministère de Cour *in petto* pour le réaliser.

La société française qui, à cette date de 1828 (car 1828 et

1818 furent les deux instants critiques [1] de la Restauration), eût été assez disposée à s'accommoder des Bourbons raisonnables, avait affaire (les plus avisés le sentaient) à un Bourbon étroit et incorrigible.

Je l'ai dit ailleurs : on ne peut séparer une situation ou un régime politique des hommes qui le représentent et le personnifient. De là, Charles X étant donné, la folie des Ordonnances royales, suivie de la chute et de la catastrophe en 1830.

Or, quelle était la prétention de M. de Chateaubriand dès l'origine ? C'était, presque seul, ou plus et mieux que personne, de comprendre le régime nouveau, les institutions nouvelles, et d'être homme à s'en servir pour satisfaire à la fois la Dynastie et la France.

Il faut convenir que dans la première partie de sa carrière politique sous la Restauration, de 1814 à 1824, il remplit bien incomplétement ce programme.

Son entrée dans la politique par le pamphlet *de Buonaparte et des Bourbons* fut une insulte non-seulement au colosse qui s'écroulait, mais aussi à tous ceux qui avaient pris part de près ou de loin à ce régime impérial, à cette grandeur militaire. J'ai vu de droits et de nobles cœurs qui, même après des années, restaient ulcérés contre M. de Chateaubriand pour ce début d'incendiaire et qui ne purent jamais le lui pardonner. Un récent historien du Gouvernement parlementaire a écrit que cette brochure répondait à deux besoins du moment : « Elle donnait une voix, dit-il, à des sentiments longtemps réduits à se cacher et à se taire; elle apprenait à Paris et à la France quelle était la famille qui, après plus de vingt années, allait rentrer aux Tuileries. » Elle ne répondait, je le crois, qu'au besoin des passions les plus violentes et au zèle des énergumènes. Je ne pense pas que cette brochure ait été utile à rien, si ce n'est à ce Royalisme excessif et outrageux, qui, dès le premier jour, était un danger.

Ce serait une vue inexacte et fausse que d'aller aujourd'hui

---

1. J'entends *critiques* dans le sens favorable : on semblait en voie d'une bonne solution.

chercher dans les *Réflexions politiques* publiées en 1814, comme dans *la Monarchie selon la Charte*, publiée en 1816, les parties libérales et *selon la Charte* qu'elles contenaient, en les isolant de l'intention et du but. L'effet que firent alors ces pamphlets (car l'un de ces écrits était un pamphlet contre Carnot, comme l'autre un pamphlet contre M. Decazes), et l'effet qu'ils devaient produire, c'était d'irriter les hommes de l'opinion libérale et nationale, tous ceux qui tenaient grand compte des *intérêts révolutionnaires*, la bête noire de M. de Chateaubriand. Je prends les plus modérés d'entre eux, les moins liés aux fautes du passé et les plus sincèrement libéraux, les rédacteurs du *Censeur*; ils disaient, à propos des *Réflexions* :

« On est d'abord étonné que l'auteur, après soixante-six pages d'injures gratuites contre son adversaire (Carnot), arrive tout d'un coup, on ne sait comment, à la même conclusion que lui, savoir, que tous les Français n'ont rien de mieux à faire que de se rallier franchement à la Charte constitutionnelle, comme au *Palladium* de la tranquillité et du bonheur publics.

« Qu'était-il nécessaire que M. de Chateaubriand fît un livre pour n'établir aucune vérité nouvelle, et pour se traîner péniblement sur les pas de celui qu'il s'efforce en vain de dénigrer ?...

« Il faudrait un ouvrage aussi volumineux que celui de M. de Chateaubriand pour relever toutes ses contradictions réfléchies, pour le suivre dans le labyrinthe de ses arrière-pensées. C'est par des personnalités atroces qu'il appelle à la réconciliation ; c'est par des insinuations perfides qu'il invite à la concorde : il dit qu'il faut verser de l'huile sur les plaies, pendant que sa main y répand des poisons. C'est en parlant d'humanité qu'il déchire les entrailles ; c'est en invoquant la Religion qu'il plonge le poignard dans le sein. Quelle profanation de ce qu'il y a de plus sacré parmi les hommes ! C'est Némésis parlant au nom de Jéhovah [1]. »

Sans y voir tant de noirceur, il y a de la *Némésis* en effet dans tout ce qu'a écrit en politique M. de Chateaubriand : *Némésis* contre Bonaparte ; — *Némésis* contre Carnot et les hommes de la Révolution qui prennent d'abord la Charte au

[1] *Le Censeur*, tome III, pages 141-149 (1815).

sérieux et ont la simplicité de s'y vouloir rallier ; — *Némésis* contre M. Decazes ; — *Némésis* contre M. de Villèle...

Tous ses écrits politiques sont semés de vues brillantes, d'aperçus historiques supérieurs, de pages d'éclat ; mais regardez-y bien, comme on y regardait tout naturellement alors, dans le temps même : c'est toujours agressif, blessant, irritant d'intention et d'application. Les Royalistes et les *honnêtes gens* d'un côté, de l'autre les Révolutionnaires et les criminels ! ici les amis, là les ennemis ! les boucs et les brebis, le *bon grain* et l'*ivraie* : c'est en ces termes qu'il établit et maintient sa division tranchée de la France dans toute sa croisade antérieure à son ministère. Il voulait qu'on fît tout par les purs, et rien que par les purs.

Au sujet de *la Monarchie selon la Charte*, les rédacteurs du *Censeur Européen* que j'aime à citer, non parce qu'ils sont *illustres* (ce qu'ils n'ont jamais été ni pu être, eux les plus ternes de tous les écrivains), mais parce qu'ils étaient honnêtes et sensés, disaient encore :

« Nous parlons de cet écrit, quoiqu'il soit déjà ancien, parce que nous croyons qu'il n'a pas été jugé d'une manière juste et convenable. On s'est évertué à en réfuter les principes, qui en général sont excellents ; on a à peine cherché à en dévoiler les intentions qui nous paraissent détestables. Nous voulons réparer ces deux torts. Nous commencerons par rendre hommage à la doctrine que renferme l'ouvrage ; et puis nous tâcherons de faire connaître les vues dans lesquelles il semble avoir été publié...

« Les quarante premiers chapitres de l'ouvrage de M. de Chateaubriand sont consacrés à développer les principes du Gouvernement représentatif. Cette partie de son livre, quoiqu'elle ne renferme rien de neuf, ne laisse pas que d'être assez remarquable ; elle est un résumé très-net, très-concis, très-énergique de ce qui a été écrit de plus raisonnable sur l'organisation d'une Monarchie constitutionnelle ; elle nous paraît, à beaucoup d'égards, digne de devenir le manuel de quiconque veut se former, en peu de temps, des idées justes sur cette matière...

« Mais qu'est-ce qui a déterminé M. de Chateaubriand à publier de telles vérités ? Comment se trouvent-elles dans son livre ? en forment-elles la partie principale ? a-t-il voulu offrir au public un manuel de droit politique ? Tel n'a point été son objet ; sa Préface seule le prouve.

Dès sa Préface, en effet, il tire le canon de détresse, et appelle tout le monde au secours. Or, s'il ne voulait qu'exposer des maximes de droit public, il est clair qu'il ne commencerait pas par faire tout ce tapage. Il se propose donc un autre objet. Cet objet est de demander au public aide et assistance contre les ministres, qu'il accuse d'une grande conspiration contre la Légitimité, contre la Religion, contre la Charte, contre le Roi, contre la Famille royale, mais qui, au fond, ne sont coupables que de vouloir arracher le pouvoir à la faction ultra-royaliste, au moment où cette faction croit enfin le tenir, au moment où elle croit en être incontestablement maîtresse. C'est là ce qui fait jeter les hauts cris à M. de Chateaubriand, ou plutôt au parti auquel il sert de trompette. C'est là ce qui fait sonner l'alarme à ce parti. N'étant pas soutenu cette fois par les baïonnettes étrangères, il est obligé d'invoquer l'appui de la nation française, de l'appeler au secours; et comme il n'a pas beaucoup de chances d'en être écouté, il essaye, pour se faire entendre, de parler le langage de la liberté, et il fait, par l'organe de M. de Chateaubriand, la profession de foi si énergique et si libérale que nous venons d'analyser.

« Tel est l'objet de cette déclaration de principes. L'écrit où elle est renfermée n'est proprement que le Manifeste du parti des *Ultra* dans la lutte où ce parti s'est engagé l'année dernière avec les ministres, lutte où l'on ne parlait que de défendre la liberté, et où il ne s'agissait que d'envahir la puissance. Le livre de M. de Chateaubriand renferme la preuve complète que, pour le parti royaliste, il ne s'agissait en effet que de cela. Les maximes constitutionnelles, si vivement défendues dans la première partie, reçoivent un démenti formel dans la seconde [1]. »

Il est facile aujourd'hui et loisible à ceux qui écrivent, avec bien de la distinction d'ailleurs [2], l'histoire du Gouvernement parlementaire, de *trier* dans les livres et brochures de M. de Chateaubriand, d'en extraire des maximes théoriques et constitutionnelles exemplaires, et de dire que dès lors (en décembre 1814 !) « il y eut un court moment où, grâce au talent de M. de Chateaubriand, l'union des Royalistes et des Constitutionnels parut près de s'accomplir, et où l'on put croire que, moyennant quelques concessions mutuelles, la Dynastie restaurée et la France libérale parviendraient à s'en-

---

[1] *Le Censeur européen*, tome I, pages 236-249 (1817).
[2] M. Duvergier de Hauranne.

tendre. » Écrire ces choses, c'est avoir oublié combien, au sein d'un même parti, de simples nuances d'opinion créaient autrefois d'irritations et de griefs; c'est être devenu aussi coulant comme historien qu'on l'était peu, et qu'en général les hommes de parti le sont peu, dans la pratique politique; c'est de loin accorder trop aux ressemblances, lorsque de près, soi-même, on savait si bien le prix des différences.

Non, l'homme qui écrivit de M. Decazes : *Le pied lui a glissé dans le sang*, n'était point alors, ni avant ni un peu après, l'homme d'une fusion possible, et ce *pitoyable système de fusion et d'amalgame*, comme il l'appelait, était ce qu'il avait le plus en horreur à ce moment ; il n'avait pas assez de paroles méprisantes pour le flétrir. Il prétendait gouverner la France par les seuls royalistes : il croyait ce gouvernement possible moyennant l'exaltation du sentiment dynastique et une liberté de presse entière où il eût déployé toutes ses flammes. Mais ces libertés qu'il invoquait si pleinement en principe auraient eu dans la pratique bien des contre-poids et des commentaires aggravants qu'il ne faut pas supprimer. Il prêchait la liberté, soit ! mais il haïssait l'égalité. La loi du Recrutement elle-même, due au maréchal Saint-Cyr, il l'appelait *corruptrice de l'esprit de l'armée*. Il sonnait le tocsin contre tout ce qui s'est fait ou tenté alors de bon et de raisonnable.

C'est bien le même qui écrivait, dans son pamphlet (car c'en est un encore) sur *la Vie et la Mort du Duc de Berri*, ces pages à l'adresse des générations nouvelles :

« Tirons au moins de notre malheur une leçon utile, et qu'elle soit comme la morale de cet écrit.

« Il s'élève derrière nous une génération impatiente de tous les jougs, ennemie de tous les Rois ; elle rêve la République, et est incapable, par ses mœurs, des vertus républicaines. Elle s'avance ; elle nous presse ; elle nous pousse : bientôt elle va prendre notre place. *Buonaparte* l'aurait pu dompter en l'écrasant, en l'envoyant mourir sur les champs de bataille, en présentant à son ardeur le fantôme de la Gloire, afin de l'empêcher de poursuivre celui de la Liberté; mais nous, nous n'avons que deux choses à opposer aux folies de cette jeunesse : la Légitimité escortée de tous ses souvenirs, environnée de la majesté des siècles ; la Monarchie représentative assise sur les bases de la grande Propriété, défendue par une vigoureuse Aristocratie, fortifiée de toutes les Puissances morales et religieuses. Quiconque ne voit pas cette vérité ne voit rien et court à l'abîme : hors de cette vérité, tout est théorie, chimère, illusion. »

La *vigoureuse aristocratie*, et toutes les puissances *morales et religieuses*, qu'il appelait de ses vœux, eurent pour commentaire naturel les projets de loi du ministère Villèle-Peyronnet, — loi d'aînesse, — loi du sacrilége, que M. de Chateaubriand essaya ensuite de repousser ; mais tel était, en 1820, et avant qu'il eût passé par le ministère pour tomber du ministère dans l'Opposition, — tel était l'état d'esprit de cet Achille du Royalisme ; telles étaient ses promesses, ses menaces et, il faut le dire, ses insultes aux générations survenantes, en attendant qu'il devînt tout à fait flatteur pour elles et caressant.

Car c'est là le point sur lequel j'insiste et où j'en veux venir : le Chateaubriand de 1828 n'était plus le même que celui-là, et c'est en quoi il se faisait illusion quand il se figurait que toute cette ligne politique chez lui était une et suffisamment consistante.

Arrivé au ministère en 1823, il se flatte, en effet, d'avoir fait la plus grande chose possible pour la Dynastie par la guerre d'Espagne : « Le fond de notre affaire, écrivait-il à M. de Marcellus (14 mai 1823), c'est, contre tout opposant, de rajeunir la vieille gloire de la maison de Bourbon, et de faire de ses princes des héritiers complets du *roi vaillant,* le Béarnais ! »

Or on ne me fera jamais croire que le sous-lieutenant Carrel s'étant trouvé à la Bidassoa avec le drapeau tricolore pour y débaucher les soldats du drapeau blanc, Chateaubriand soit resté le même homme, l'homme de sa guerre d'Espagne et de la réhabilitation du drapeau blanc, lorsqu'il allait ensuite trinquer gaiement avec Carrel, même quand c'était par haine commune de Louis-Philippe.

L'homme qui faisait des avances à Béranger, à l'irréconciliable ennemi des Bourbons, et à l'intime ami de Manuel, et qui lui faisait ces avances au lendemain des dernières chansons dénigrantes contre la Dynastie, à la veille de la chute de celle-ci, n'était plus le même que celui qui, de 1814 à 1823, voulait que l'on rompît tout pacte avec l'impiété, — que celui qui, ministre, s'applaudissait, se glorifiait, comme d'un triomphe personnel, de l'expulsion de Manuel arraché de son banc à la Chambre, et de cette violation des libertés parlementaires :

« Je ne sais, écrivait-il à M. de Marcellus (le 6 mars 1823), si mon Discours[1], réussira partout en Angleterre, mais son effet a été immense à Paris ; le Gouvernement en est devenu cent fois plus fort. Il a précipité Manuel et son parti dans cette scène dont tout le monde rit ici. »

Tout le monde n'en riait pas. On était étonné et choqué en Angleterre de cet acte inconstitutionnel et exorbitant. M. de Marcellus, alors Chargé d'affaires à Londres, en écrivait très-sincèrement à M. de Chateaubriand :

« Votre dernière dépêche officielle me donnait des explications rassurantes sur les troubles qui ont précédé et suivi l'exclusion de M. Manuel ; j'ai essayé de les faire comprendre à plusieurs ministres avec lesquels je dînais avant-hier chez lord Westmoreland. Ils blâment comme nous le langage de cet orateur, mais moins que nous ils s'en indignent : et si quelques-uns ont pensé qu'une pénalité devait s'appliquer à ces excès de la parole, tous ont jugé que l'*exclusion* était une peine trop sévère, et que le *silence imposé* suffisait. Ils ont unanimement condamné l'intervention définitive des gendarmes. Tout ce que, pour vous obéir, j'ai pu faire insérer dans les Journaux britanniques sur ce point sera inutile, et ne redressera pas l'opinion. Ceci touche à la représentation nationale, aux libertés parlementaires, et ces deux intérêts sont réglés et respectés ici depuis trop longtemps pour que je puisse réussir à rectifier même les préjugés qui s'y rattachent. — Vous ne sauriez croire combien hautement la conduite de la Chambre des Députés dans cette circonstance a été désapprouvée par la société, par le peuple, et même dans le Conseil des ministres. »

1. Le Discours sur la loi relative à l'emprunt de 100 millions, qu'il avait prononcé à la Chambre des Députés le 25 février, et dans lequel il avait traité la question du droit d'intervention en général, et par rapport à l'Espagne en particulier.

Cet écho de l'opinion anglaise ne ramenait pas du tout M. de Chateaubriand, qui continuait d'écrire à M. de Marcellus sur le même ton de mépris léger, et en méconnaissant également l'impression d'indignation très-vive produite en France sur la jeune opinion (10 mars 1823) :

> « Vous aurez vu toute la farce de nos libéraux ! Ils en sont bien honteux ; ils n'ont pas pu, à propos de Manuel, ameuter quatre Savoyards. Ils boudent encore, mais on croit qu'ils reviendront voter le Budget. Nous sommes en plein succès. »

Je suis dans le vif de la question et au cœur de la contradiction flagrante. Il faut donc admettre ce qui a réellement été : Chateaubriand sorti, rejeté insolemment du ministère Villèle, devient un autre homme ; il retourne sa *Némésis* en sens inverse, il reprend ses vieilles opinions, indifférentes au fond sur tant de points ; c'est un indépendant qui s'en moque pourvu qu'il se venge : il n'est plus l'ultra-royaliste, le conservateur violent, aristocratique et religieux, qui ne demandait que *sept hommes par département* pour brider la France ; et s'il espère redevenir ministre, et cette fois ministre qui imposera ses conditions, c'est en s'appuyant sur d'autres que sur son ancien parti. Il a désormais de nouveaux amis, et d'une tout autre origine que les premiers.

Chateaubriand, en tant que politique, est donc et reste excessif, cassant, non élastique : il n'a jamais été d'un parti sans rompre avec l'autre. J'exprime cela en disant que les deux moitiés de Chateaubriand politique ne se rejoignent pas. Il n'avait pas en lui cette continuité, cet équilibre et cette modération nécessaire, jointe à la force, pour opérer l'union, la fusion entre les modérés des deux partis, si elle eût été possible et s'il y avait eu assez de modérés pour cela.

Je me figure que son rêve politique dans son beau (s'il l'a jamais eu bien entier et consistant, même à l'état de rêve) eût été, après avoir conquis la France au royalisme pur, une fois maître, de faire découler de haut, par pure libéralité et générosité, bien des choses, libérales en effet, mais sans aucun mélange ni soupçon d'origine révolutionnaire ; et je place ce moment en 1824, après le succès de sa guerre d'Espagne ; mais le *pot au lait*, aussitôt plein, fut aussitôt renversé.

Et ici une autre question, qui s'ajoute d'elle-même, et qui ne se rapporte plus aux conditions principales du rôle, mais à des conditions accessoires et pourtant bien essentielles aussi : Avait-il dans le caractère les qualités indispensables pour s'emparer de l'esprit du maître, de l'esprit et de la confiance du roi, et pour s'y maintenir en Cour, que ce roi eût été Charles X ou Louis XVIII, ou je dirai même tout autre en leur place ?

Poser une telle question, c'est y répondre. Il n'avait certes ni la patience, ni la dextérité, ni le ménagement et la souplesse, cette suite de petites choses qui sont souvent la condition des grandes et qui les rendent possibles. Premier ministre avec l'un ou l'autre des deux rois avec qui il eût fallu s'entendre et compter, on ne se figure pas qu'il ait pu y tenir longtemps ; il serait arrivé un matin quelque aventure. « M. de Chateaubriand aime les *crises*, » disait M. Canning.

En un mot, M. de Chateaubriand comprenait assurément et la Restauration, et ce qu'elle apportait et ce qui lui manquait, et la société nouvelle ; il avait assez de supériorité d'esprit pour tout comprendre ; mais il ne comprenait tout cela que par saillies, par illuminations et successivement : il ne parut si bien embrasser tout d'abord la Charte que parce qu'il voulait s'en faire une arme contre des ministres fort incomplets, mais plus d'accord que lui cependant avec l'esprit de la Charte : plus tard il n'entra si bien dans l'esprit des générations assaillantes que parce qu'il avait rompu au fond avec son goût pour la Légitimité, et qu'il ne s'en souciait plus. Il ne recommença à s'en soucier que quand elle fut par terre.

De tout cela je conclus que Chateaubriand était bien loin d'être le ministre principal qui eût rendu la Restauration viable et possible ; ce n'était pas un homme d'État ni un vrai politique, bien que ce fût un publiciste des plus brillants ; c'était un homme de Lettres passé à la politique, un poëte désœuvré et dégoûté que la politique avait débauché sous les plus beaux prétextes. Et comment ne s'y fût-il point laissé prendre ? Il se sentait le goût de la polémique ; il avait l'instinct et le don de l'à-propos. Il avait le glaive en main, et l'art de s'en servir ; le carquois tout plein de flèches retentissantes, et l'art de les lancer : on résiste difficilement à ses talents.

Il mourut en se flattant, d'ailleurs, d'avoir été méconnu par tout un grand côté de lui-même ; il crut que son génie littéraire avait nui à la destinée de son génie politique. « Richelieu, a-t-il écrit quelque part, *dont le génie, heureusement pour lui, n'était deviné de personne*, est fait secrétaire d'État par la protection du maréchal d'Ancre. » Lui, il avait été deviné, c'était son malheur ; sa première gloire littéraire le dénonçait à tous ; on le craignait, on était en garde : ainsi s'expliquait-il ses échecs, et les piéges où il avait donné dans le cours si accidenté de sa seconde carrière ; l'amour-propre est ingénieux à se déguiser ses disgrâces ; — et c'est ainsi qu'il ne put être le Richelieu, pilote de la Restauration et sauveur de la Légitimité.

¶ J'ai dit que les deux moitiés de Chateaubriand politique, la moitié ultra-royaliste d'avant 1824, et la moitié libérale depuis 1824, ne se rejoignent pas. On m'a répondu, et il a répondu lui-même qu'elles se rejoignent suffisamment, moyennant sa doctrine de l'entière liberté de la Presse qu'il a professée dans ces deux moitiés de sa carrière, et qui en fait comme le trait d'union. Je le sais bien. Il a été d'accord avec lui-même en cela, — non dans le but, mais dans le moyen. Usant merveilleusement et à la française de ce redoutable instrument d'action, il a longtemps prétendu qu'en laissant tout dire et imprimer, sauf une forte pénalité de répression, on aurait une France royaliste, une Chambre royaliste, un ministère royaliste. Il écrivait, même en 1828, cette phrase : « C'est par la liberté de la Presse que les droits des citoyens sont conservés, que justice est faite à chacun selon son mérite ; c'est la liberté de la Presse, quoi qu'on en puisse dire, qui, à l'époque de la société où nous vivons, est *le plus ferme appui du Trône et de l'Autel.* » Il écrivait encore : « Si cette liberté avait existé sous nos premières Assemblées, *Louis XVI n'aurait pas péri.* » C'est être bien osé, que de savoir si bien, dans une pareille tempête, ce qui serait sorti des flots, en les supposant, s'il est possible, encore plus déchaînés. Il a rassemblé tout ce qui se peut dire en faveur de cette liberté dans le Discours qu'il devait prononcer à la Chambre des Pairs, en 1827, sur la loi relative à la police de la Presse. Il n'était pas resté au pouvoir assez longtemps pour être mis directement à l'épreuve. Avant d'y arriver, en 1820, il écrivait : « Des hommes d'État, amis de l'ordre, sans avoir recours à des mesures d'exception toujours odieuses, auraient bientôt trouvé le moyen d'arrêter ce débordement d'écrits impies, séditieux et calomniateurs. Mettez à la tête du ministère *une vertu active et vigoureuse*, et vous verrez s'évanouir devant elle l'audacieuse lâcheté du crime. » Il ne nous dit pas le moyen qu'aurait employé cette *vertu*, et le bouclier de Méduse dont elle se serait armée. Il tomba lui-même du pouvoir avant que ses collègues eussent essayé des mesures d'exception qui le révoltaient. Il les aurait repoussées toujours. Adversaire loyal, et plus sûr même aux adversaires qu'aux amis, aimant les coups d'épée, sachant les rendre au centuple à la face du soleil, c'était un magnifique duelliste de plume, un paladin que tentaient les hasards de la lice ; il croyait, comme Roland à Ronceveaux, qu'il suffirait seul, au besoin, à pourfendre toute l'armée des infidèles, et qu'il n'en serait jamais réduit à sonner du cor d'ivoire pour appeler le vieux Charlemagne à son secours. Cette question de la liberté de la Presse, qui est si délicate, si impossible à traiter en France, soit que cette liberté triomphe, soit qu'elle pâtisse, et qui, dans tous les cas, ne se traiterait que devant des juges du camp intéressés, il l'entendait à la française, brillamment, populairement, en faisant appel à tous les échos, en ne doutant jamais de l'issue. Et puis, une fois lié et voué à une profession de foi éclatante, il était homme à dire : « Périsse ma cause, périsse le vaisseau lui-même et toute la machine, plutôt qu'un principe ! »

C'était un grand journaliste que Chateaubriand [1].

---

[1]. Des articles polémiques de Chateaubriand, lisez ceux qu'il écrivait dans *les Débats* contre le ministère Villèle, et qu'il a recueillis au tome XXVI de ses Œuvres

¶ Retiré de la lice, il jugeait tout autrement des résultats de cette liberté, et ne semblait plus croire que la vérité y gagnât en définitive, mais plutôt le contraire. En avril 1846, calomnié dans un article du *National*, au sujet d'un prétendu Traité secret conclu à Vérone, il disait à M. de Marcellus, qui venait l'en entretenir, et qui était d'avis de publier une Réfutation détaillée : « En vérité, mon cher ami, je ne sais trop que vous conseiller... Faites ou ne faites pas, je vous en laisse entièrement le maître. Quant à moi, je ne dirai plus rien, et voici pourquoi. Vous aurez beau préciser, citer, rapprocher les dates, entasser des montagnes de négations,

Ossa sur Pélion, Olympe sur Ossa,

on ne vous croira pas plus qu'on ne m'a cru, ou, pour m'exprimer mieux, on nous croira l'un et l'autre, mais l'on dira tout le contraire... Il y a tant de gens qui n'ont jamais lu dans l'histoire que ce qu'ils voulaient y lire !... Je sens d'ailleurs que, tout innocent que je suis, les Journaux sur ce point, comme sur tant d'autres, auront toujours raison de moi et de ma candeur. J'aime donc mieux me rendre tout de suite et passer condamnation... Je vous le déclare, s'ils m'accusaient d'avoir assassiné mon père, je n'essayerais pas de le nier aujourd'hui, parce que demain ils me démontreraient, de quelque façon, que je me suis défait de ma mère aussi, et, sur ma seconde protestation, ils feraient entrevoir, en outre, que j'ai bien un peu guillotiné M. de Malesherbes... Misérables musiciens ! qui torturent un instrument admirable pour en tirer des sons aigres et faux, au lieu de lui faire rendre de divins accords !... »

complètes. « Voulez-vous réussir dans le gouvernement des États, étudiez le génie des peuples : pour toute science, favorisez ce génie... » C'est ainsi qu'il déclarait vivement, qu'il entamait cette guerre alerte et cruelle (juin 1824), piquant l'adversaire au vif, l'insultant pour ce qu'il n'a pas, et faisant, à tout coup, appel à l'honneur, « qui est, disait-il, l'esprit public de la France. » Ces articles sont de petits chefs-d'œuvre ; mais de la politique de Chateaubriand, il ne faut guère relire que cela.

Cet *instrument admirable* est évidemment dans sa pensée la liberté de la Presse, dont on peut jouer, en effet, bien ou mal, et qui n'est qu'un instrument. Et sur ce que M. de Marcellus lui représentait qu'une calomnie peut à la fin prendre racine, qu'un mensonge n'est pas plutôt répété deux ou trois fois qu'il devient vérité : « Eh ! que m'importe ! mon cher ami, répliquait-il, croiriez-vous donc aussi à l'impartialité de l'histoire ? Vous ne voulez pas voir comme on l'écrit de votre temps. Je suppose que, cédant, — vous, à votre susceptibilité que j'admire, — et moi, à l'influence de votre exemple, nous allions l'un et l'autre aujourd'hui nier, avec serment, si vous voulez, ce qui, à mon sens, en vaut si peu la peine ; voici ce qui va arriver. Demain tous les Journaux riposteront à nos démentis. Deux ou trois battront des mains, je vous l'accorde ; mais comme ils sont nôtres, ils sont dès lors récusés. Parmi le reste, les plus impolis diront : *Ils nient, donc c'est vrai*; les plus rusés commenteront l'adage : *Tout mauvais cas est niable*; quelques-uns amplifieront ceci : *S'il ne l'a fait, il était bien capable de le faire.* Plusieurs se croyant en voix, chanteront sur un air à eux :

Si ce n'est lui, c'est donc son frère.
— Il n'en a point. — C'est donc quelqu'un des siens... »

Comment concilier ce mépris final de la Presse et de la mauvaise foi irrémédiable qui en corrompait, selon lui, les jugements, avec son ancienne opinion, si intrépidement confiante, qu'il suffit de tout laisser imprimer pour que le bon droit surnage ? Ceux qui tiennent pour la théorie première de M de Chateaubriand sont libres de supposer que, dans cette conversation de 1846, il cédait à l'affaiblissement de l'âge, et qu'il baissait.

¶ La Correspondance de M. de Chateaubriand avec M. Bertin l'aîné, a été détruite par M. Armand Bertin à la suite des événements de Février 1848 : c'est fort à regretter. Cette Correspondance, fût-elle de nature à n'être jamais publiée *in extenso*, aurait pu fournir un jour des éclaircissements curieux sur les sentiments politiques successifs de M. de Chateanbriand, sur ses revirements soudains et ses tumultes de passion aux heures critiques ; au point de vue littéraire qui est préférablement le nôtre, elle eût appris à mieux apprécier Chateaubriand *journaliste*. On y aurait pu surprendre le secret de cette perfection, de cette *irréprochabilité* classique qu'on remarque dans ses articles du Journal des Débats, et qui tenait uniquement peut-être à ce que l'auteur, après les avoir écrits, ne les revoyait pas, et qu'il laissait M. Bertin maitre absolu d'y corriger, d'y effacer ce qu'il jugerait à propos, ou même de les supprimer tout à fait. Cet homme de grand sens, en usant même discrètement de ce droit (et je sais qu'il en usait), dut rendre ainsi au bon goût plus d'un service dont la réputation de son ami a profité.

¶ A l'étranger, M. de Chateaubriand est médiocrement goûté et perd beaucoup : ses défauts choquent; ce côté vaniteux qu'il a au suprême degré, et qui nous froisse moins parce qu'il est aussi le nôtre, offense tout d'abord et crève les yeux; beaucoup de ses qualités, toutes françaises et d'écrivain, échappent nécessairement; cette magie, qui n'est que dans les syllabes, a fui. Il a besoin, pour paraître grand, de son cadre qui est la France, — la brillante, la vaine, la folle et douce France.

Un des hommes d'État les plus considérables de la Monarchie autrichienne, M. de Fiquelmont, parlant des Mémoires de Chateaubriand, a dit :

« M. de Chateaubriand a dit que sa vie avait eu trois buts différents :
« 1° Il a voulu découvrir un passage au Pôle nord ; c'est sa vie de voyageur ;
« 2° Il a consacré les efforts de sa pensée au rétablissement du Catholicisme si fortement ébranlé ; c'est sa vie d'auteur;
« 3° Il a travaillé à fonder en France la Monarchie représentative ; c'est sa vie politique.
« Il a fait des voyages sans arriver au but qu'il s'était proposé.
« Il a vu les principes du Christianisme s'affaiblir chaque jour davantage, et sa voix ne s'est si fort élevée que pour marquer davantage son impuissance.
« Il a vu la forme politique qu'il travaillait à établir en France ne

donner que des troubles et des malheurs à sa patrie ; il a vu la vieille race, l'objet de son culte, vouée à l'exil et au mépris des hommes...

« S'il se fait le héros de son odyssée pour nous montrer combien tous ses travaux ont été stériles, s'il veut nous prouver par son exemple le néant des choses humaines, et combien l'homme est le jouet de forces qui lui sont supérieures, nous devons rendre justice à ce sentiment de morale et d'humilité chrétienne. Mais pourquoi se choisir en exemple ? Qu'y a-t-il de si merveilleux dans la vie de M. de Chateaubriand ? Les vicissitudes qu'il a éprouvées n'ont-elles pas été celles de tous les hommes ses contemporains ? Il a marché à côté des événements, leur opposant souvent un très-beau et très-noble caractère. Voilà son titre de gloire comme homme, mais il n'a eu aucune influence sur ces événements. Simple soldat de l'honneur, ses compagnons ont été nombreux et sont plus modestes ; s'il eût laissé aux autres le soin de le louer, on lui aurait fait meilleure part ; car ce n'est qu'à sa propre conscience qu'il faut parler de soi.

« M. de Chateaubriand a traité sa vie comme un poëme ; l'inspiration ne le quitte pas ; il a du génie, il en a toujours ; mais c'est le génie de l'amour-propre qui n'a pour l'homme que des regards intérieurs. Il ne voit pas juste autour de lui ; il a deux mesures : la plus haute est pour lui. Il sait, en habile écrivain, faire valoir les contrastes de sa vie. Ainsi, après avoir raconté les misères du jeune émigré en Angleterre, il annonce tout à coup, et sans dire le temps qu'il a fallu pour opérer la métamorphose : « M. le vicomte de Chateaubriand, ambassadeur extraor« dinaire de Sa Majesté très-chrétienne, etc., etc. » Mais ceci n'est que du fracas de style ; c'est de l'artifice d'auteur. Qu'y a-t-il donc d'extraordinaire dans ce fait ; qu'y a-t-il d'étonnant dans ce changement de fortune ? Comment s'étonner aujourd'hui de sa propre destinée, d'une destinée quelconque ? et comment oser la produire à l'admiration et à l'instruction des hommes ?

« Un simple gentilhomme corse, lieutenant d'artillerie, a signé comme Empereur des Français des décrets impériaux datés de Moscou : cet homme est mort sur un rocher perdu dans l'Océan. Il a fait monter et descendre avec lui des millions d'hommes ; il a brisé des trônes, il a pris et donné des couronnes. Et c'est au milieu de cet immense mouvement de gloire et d'infortune qu'on ose citer une destinée particulière !

« Il y avait à Marseille une fille de négociant[1] ; elle était jeune, riche et jolie. Un capitaine d'artillerie, pauvre et jeune, la demande en mariage ; la famille tient conseil. Son frère aîné avait épousé la sœur aînée,

---

1. Mlle Clary.

c'est assez. Ce second parti n'est pas trouvé sortable; le jeune homme est refusé. Un autre militaire, aussi jeune, aussi pauvre. mais plus beau, plus insinuant, se présente ; il plaît, il est accepté : le premier était Napoléon, le second Charles-Jean. Cette fille de marchand pouvait être impératrice ; elle n'est que reine. Et M. de Chateaubriand s'étonne de se trouver ambassadeur au bout de quarante ans de mouvement et d'agitation, il s'étonne d'avoir parlé aux rois, aux empereurs, d'avoir assisté à des congrès, d'avoir signé des traités ! Tant d'autres hommes l'ont fait avant lui, avec lui, autour de lui, que ce fait seul n'est encore qu'une destinée commune [1]...

« Mais enfin, il est le maître de son histoire, elle est à lui, il peut en faire ce qu'il veut, l'estimer à la valeur qui lui convient, c'est son bien ; à lui ses œuvres et ses récits ; à nous le droit de les juger. Nous avons plus que le droit, nous en avons le devoir, car il a fait du mal. Il a remué les esprits, mais sans savoir les conduire; il a créé du mouvement sans direction fixe; il a fait du bruit, il a acquis de la célébrité, mais la célébrité n'est pas de la gloire, de la véritable gloire. Ce n'est pas de l'homme littéraire que j'aurais la hardiesse de parler, mais de l'homme politique tel qu'il a voulu l'être. M. de Chateaubriand a su longtemps cacher les erreurs de son esprit sous des fleurs qu'il savait toujours jeter à pleines mains, riches de fraîcheur et de couleur ; le poëte cache l'homme, et l'homme était faible ; car personne plus que lui n'avait mangé de ce fruit que porte l'arbre de la Science du bien et du mal....

« Il a l'orgueil qui fait tomber, et ses pensées d'Outre-tombe en sont pleines. Il n'y a rien de radieux et de doux dans son espérance. Assis sur des ruines, il chante les misères du cœur; il raconte celles du monde ; et, comme un prophète de la vieille Loi, il n'élève la voix que pour en prédire de plus grandes encore. Chateaubriand cherche des suffrages; sa phrase est ambitieuse comme son caractère ; il veut régner ; n'ayant pas de sceptre, il veut en faire un de sa plume... Faites une révolution, disait-il, donnez-moi une plume et du papier, et dans un an, je rétablirai les Bourbons sur leur trône. — La révolution est faite, le trône qu'il voulait servir est renversé; on lui laisse sa plume ; elle est libre, plus

---

[1]. En général, M. de Chateaubriand a cette illusion de croire que toutes les choses qui arrivent à tant d'autres hommes ne sont faites que pour lui seul : « Ne prenez point modèle sur moi, mon cher ami, disait-il un jour à M. de Marcellus; car je ne ressemblé à personne. Ma destinée n'a rien de commun avec les autres destinées. Je vais toujours seul, je ne sais où... Je ne suis point un homme comme un autre. Ce que vous avez vu de ma vie doit vous le démontrer... Il ne faut donc pas me juger comme un autre individu, mais plutôt comme une âme en dehors de la société. » (*Chateaubriand et son Temps*, 1859, page 383.)

libre que jamais, et les Bourbons exilés pleurent sans doute, comme une de leurs fautes, la confiance qu'ils lui avaient donnée. »

¶ Rien n'est plus vain que de prétendre recomposer l'histoire et la refaire autre qu'elle n'a été ; il ne l'est pas moins sans doute de vouloir refaire et redresser, après coup, la vie des hommes célèbres : je ne me l'interdirai cependant point pour Chateaubriand ; ce sera une dernière manière de le juger et de faire mieux sentir ce qu'il n'a pas été, en n'ayant l'air que de vouloir montrer ce qu'il aurait pu être. La vue du lecteur gagnera à cette confrontation, et le portrait achèvera de se dessiner par le contraste.

L'ordre littéraire et poétique est supérieur, selon moi, comme région *habituelle* où réside et respire l'esprit, à l'ordre politique[1]. Chateaubriand a donc dérogé réellement à son ordre naturel et à son rôle, en se livrant si éperdument, corps et âme, aux passions et aux luttes politiques, lui né pour une autre vie, doué d'autres dons, les ayant assez hautement déclarés par d'immortels ouvrages, et qui n'était pas destiné d'ailleurs à être souverain dans cette voie des intérêts et des enthousiasmes vulgaires. Souverain et maître, il n'était pas trempé pour l'être en cela ; il n'avait pas ce qu'il faut de froideur, de ruse, de patience, d'ambition positive et de tous les jours, d'estomac à l'épreuve des dégoûts, de tête à l'abri des coups de soleil, pour être un conducteur de peuples ; il ne pouvait être que combattant et meneur, un brillant athlète de plus : il n'en manque jamais.

Aussi, après *les Martyrs* et l'*Itinéraire*, après *le Dernier Abencérage*, je me le figure retiré dans sa *Vallée-aux-Loups*, y écrivant ses Mémoires, les composant avec lenteur, discrétion, fidélité et charme, et pressentant très-nettement, dans un avenir prochain, l'immense chute, le grand changement social

[1]. Entendons-nous bien : je ne prétends pas, ce qui serait ridicule, que les hommes littéraires soient supérieurs aux hommes politiques ; je ne prétends pas qu'ils s'occupent de choses plus importantes : il n'y a rien de plus important pour la société que de subsister et d'être convenablement gouvernée. Je veux dire seulement qu'ils s'occupent de choses plus innocentes.

qui se préparait; non pas indifférent, mais non pas non plus conspirant, comme il le fit dès les derniers mois de 1813; n'ayant pas l'idée de ce pamphlet incendiaire et révoltant par lequel il fit chorus avec ceux qui tirèrent la corde à la statue de la Colonne Vendôme. Ces hommes étaient des énergumènes, quelques-uns de vrais sots, dont l'active et nuisible nullité s'est depuis prodiguée et étalée en bien des sens. C'était déchoir, pour M. de Chateaubriand, que de se mettre de leur groupe et de leur bande en avril 1814. Royaliste d'ailleurs, monarchien comme il l'était, je le conçois dans le courant de cette même année frappé de tous les contre-sens, de toutes les inepties irritantes auxquelles il assistait, du fait de ses amis, et publiant quelque brochure politique pour les rappeler à la sagesse, à la prudence. Lui qui n'était pas un émigré rentrant d'hier, qui était redevenu Français depuis quatorze ans, il connaissait bien la France ; il pouvait renseigner ceux de son parti et de sa couleur, inutilement, je le crois bien, mais honorablement.

Je le conçois encore, après 1816, — et sans être allé à Gand en 1815, — essayant de redonner le ton juste à ces mêmes hommes de son parti ou de sa cause, mais non point se jetant à corps perdu avec eux dans la mêlée : il serait resté encore dans sa *Vallée* et sur sa colline. Il lui eût été difficile d'éviter la Pairie; il l'eût acceptée, mais en réservant la meilleure part de son temps et de lui-même à l'achèvement de quelque ouvrage de longue et forte application, qui l'eût maintenu dans l'équilibre moral et la sérénité.

Dès que le mouvement littéraire de la Restauration se prononça (et il se prononça de bonne heure), il serait allé à M. de Chateaubriand comme à son chef, à son inspirateur naturel et à son promoteur : et lui, au lieu de l'accueillir avec humeur et impatience, il l'aurait favorisé, il y aurait souri. Il aurait lu les *Méditations poétiques* de Lamartine, non point parce qu'on les jeta un jour dans sa voiture par une sorte de stratagème, mais avec intérêt et avec la droiture d'un maître qui jouit de voir s'élever un disciple à la fois ressemblant et différent. Plein d'expérience et consulté, il eût conseillé les novateurs ;

il eût été écouté à coup sûr. La tradition moderne se serait
établie par lui, et par lui se serait nouée à l'ancienne ; classique à la fois et romantique, lui seul avait crédit et caractère
pour cela. Au lieu de mépriser et d'affecter d'ignorer ses
grands émules ou devanciers d'outre-Manche et d'outre-Rhin,
il eût pris plaisir à s'en informer, à les mieux connaître : il
n'eût point prononcé avec un accent sarcastique le nom de
Byron, en se détournant, comme il fit un jour à la vue de son
buste ; il l'aurait *lu*, ce qu'il est douteux (ô honte !) qu'il ait
jamais fait. Il n'eût point écrit cette chose ridicule : « A peine
Dupaty avait quitté l'Italie, que Gœthe vint le remplacer. »
Car c'est encore plus fort et plus monstrueux que si l'on disait
dans une histoire de la Littérature française : « A peine *Dorat*
s'éteignait-il, que parut Chateaubriand. » Il eût été le premier
à profiter de la libre communication intellectuelle ouverte en
ces années pour élargir ses horizons un peu trop circonscrits
littérairement, trop purement romains et gallo-romains. Il
n'eût pas attendu la fin de 1830 pour faire sa distribution calculée, intéressée et médiocrement sincère, de témoignages et
récompenses, de *satisfecit*, aux différents chefs des jeunes
écoles, déjà produits en dehors de lui ; mais de bonne heure
et dès 1819, il les eût connus et suivis du regard, ce qui valait
mieux que de les louer en bloc après coup, pour se mettre en
règle avec eux. Il eût accueilli, redressé par des conversations
bienveillantes et autorisées ces jeunes et fervents admirateurs
qui vinrent à lui malgré tout, et qui y seraient venus beaucoup plus tôt sans les barrières et les balustrades ultra-monarchiques dont il s'entoura. Il n'eût point fait la part la plus
injuste et la plus maussade à ceux précisément qui avaient
avec lui le plus d'affinités, et qui lui témoignaient le plus de
sympathie, le plus de piété poétique ; grâce à cette paternité
avouée d'eux, et que lui seul était disposé à renier, il avait
qualité et moyen pour influer sur leur avenir et sur leurs
œuvres par ses conseils, par ses exemples. Je dis ses exemples,
car certes, au sein de cette vie où la politique ne lui aurait
dicté qu'un ou deux beaux discours par an, il aurait eu tout le
loisir de composer encore quelque grand et bel ouvrage (le

plus puissant des conseils pour ses jeunes neveux), — soit quelque partie considérable, quelque période entière d'Histoire de France dignement traitée, au lieu des fragments informes qu'il a laissés tomber de son portefeuille, — soit quelque écrit de haute critique littéraire comparée, un véritable *Essai sur la Littérature et la Poésie anglaise*, au lieu de l'incomplet et incohérent farrago qu'il a donné plus tard sous ce titre. Enfin, il n'aurait eu garde de songer jamais à devenir ministre, ni même ambassadeur (une ambassade ne lui ayant jamais paru qu'un couloir pour le cabinet des Affaires étrangères); mais il serait devenu de plus en plus, simplement et nécessairement, le père et l'oracle de notre jeune Littérature, le *Pater Oceanus* de toutes les sources et des ruisseaux modernes, penché sur son urne avec mélancolie, mais avec bienveillance, comprenant véritablement son temps et toutes les études qui y affluent ou qui en dérivent; sans l'insulter à tout moment pour le flatter ensuite, et sans l'exalter pour le ravaler l'instant d'après.

C'eût été là un emploi plus estimable, plus digne assurément d'une intelligence vouée et consacrée à l'Art, que d'échauffer, de monter les têtes, et, en suivant le flot qu'on croit conduire, d'agiter les peuples.

C'est alors que nul n'aurait pu lui reprocher ses liaisons avec les hommes de parti divers, qui seraient, insensiblement, venus à lui de tous les camps, et qu'il eût doucement dominés sans avoir à briser avec son passé, avec ses œuvres, et avec ses paroles gravées dans toutes les mémoires.

Les pronostics politiques auxquels il excellait, dégagés alors aussi de la personnalité et de l'humeur qui en corrompaient le sens, n'auraient point perdu le caractère qu'ils devaient avoir, et n'auraient paru que ce qu'ils étaient souvent au fond : les vues élevées d'un esprit qui a des ailes, et non des boutades, des menaces ou des vengeances.

Il n'eût certes point continué de siéger sous Louis-Philippe, et sous ce régime d'expédients, lequel, bien qu'utile peut-être et commandé sans doute par les circonstances, n'allait point avec la netteté de ses lignes et avec la pureté de son symbole; mais, en se retirant, il ne se fût point fait un chef de parti, un

Vendéen posthume et inconséquent; il n'eût lancé ni la foudre ni la fange; il eût souhaité encore bonne fortune au Génie un peu voilé de la France; et, de plus en plus calme et méditatif, il eût accepté, sans le maudire comme il l'a fait, cet avenir démocratique imminent, mais capable encore, à le bien prendre, de sciences, de lettres, d'humanité et de toutes les sortes de gloires. L'imagination outrée de mécomptes ne se fût point gendarmée une dernière fois contre la raison. L'auteur désabusé de l'*Essai sur les Révolutions* aurait reparu peu à peu sous l'auteur vieillissant du *Génie du Christianisme*, mais sans les contrastes violents, sans ces disparates où perçait l'humeur morose. Il n'aurait rien eu de l'ambitieux trompé et dépité, et n'aurait fait que nous offrir une figure de Gœthe à la française, moins froide, plus animée dans sa majesté de patriarche, avec un nuage touchant de tristesse, avec des retours d'éclairs de jeunesse dans les yeux, — un Gœthe-René, se ressouvenant et faisant ressouvenir de son *Werther*. Et ses *Mémoires*, moins amers, et non sans cesse refaits selon les arrangements de salon ou les lubies de chaque jour, n'auraient paru qu'à vingt ou vingt-cinq ans de là, après un juste intervalle de silence sur la tombe.

Tel est mon rêve et le Chateaubriand idéal, impossible sans doute, mais non pas indigne de l'autre, ni tout à fait chimérique, que j'aurais voulu. — « Que faites-vous, s'écrie une femme qui vient de me lire, vous lui ôtez tous ses défauts, ses défauts individuels et si français, si charmants; vous me faites un Chateaubriand-Grandisson, un Chateaubriand à la Washington; celui-là m'ennuierait; je préfère et je veux mon Chateaubriand tel quel :

Que dis-je? tel qu'il est, le monde l'aime encore. »

— A la bonne heure; je n'ai rien à répondre, si le monde l'aime encore comme cela; mais je craignais que, tel qu'il s'est trop montré, sous sa seconde et troisième forme, le monde ne l'aimât plus. Et le poëte en Chateaubriand, ce premier type, ce père de qui nous émanons, je tiens non-seulement à ce qu'on l'admire, mais à ce qu'on l'aime toujours.

SUR LES *MÉMOIRES D'OUTRE-TOMBE*

La vraie critique à Paris se fait en causant : c'est en allant au scrutin de toutes ces opinions que le critique composerait son résultat le plus complet et le plus juste. Au moment où ils paraissaient par feuilletons, je suis allé au scrutin sur les fameux *Mémoires*. J'étais absent de Paris, et l'on m'en écrivait en des sens divers. Voici le pêle-mêle de ces propos :

¶ — « (1848). On lit beaucoup les *Mémoires* : on en dit les choses les plus contraires, et tout le monde a raison. On y trouve à foison de quoi blâmer, et de quoi admirer. — Ce sont les fragments d'un talent, ce sont les morceaux cassés d'un tout. S'*il* est au Ciel, de là-haut on dirait qu'il laisse tomber ce qui fut lui ; puis nous ramassons sans mettre en ordre, et cela fait des taches et des rayons. — Quant au style, Mme Nariskin me disait : « *Mais c'est du breton.* » Le fait est que je ne comprends pas tout. Puis, il y a de ces beautés d'expression qui n'appartiennent qu'à lui, mais il s'égare dans le grandiose ; il le parcourt, et le dépasse. — Quant au fond, il se rappelle les faits, et a oublié les impressions : il les met après coup. Ce sont les gestes d'un jeune homme, et les réflexions d'un vieillard, de sorte que c'est vrai et c'est faux à la fois. Jamais on n'a mis l'intelligence d'autrui à une plus rude épreuve. Elle s'embrouille. — Oublie-t-on *Atala*, *René*, l'*Itinéraire* en lisant ces *Mémoires*, et le passé reconnaissant ne protége-t-il pas un peu l'œuvre du jour? N'y a-t-il pas un peu le prestige des souvenirs? Je ne saurais dire. — Si c'était un premier ouvrage ferait-il une réputation? J'en doute. Mais en étant une dernière parole, cela ne dépare rien et cela supporte l'enchaînement avec le reste. — Je crains bien que le commencement ne soit le meilleur. L'amour, les rêves, un vieux château, la mer, — ce sont des textes qui vont à tout le monde. Mais ce langage, cette fantaisie, ce défaut de plan, appliqués à la politique, que sera-ce?...

« Le docteur R. me disait que cette lecture lui faisait l'effet des Mémoires du *Chat Murr* dans Hoffmann, pour l'interruption continuelle et la bigarrure. »

¶ — « Je veux vous dire que j'ai lu les *Mémoires* de Chateaubriand; je les trouve très-intéressants, d'un style ferme, avec un dehors tout sentimental et poétique. Ce côté *chevalier* me plaît. Il y a plus de tête que de cœur, mais assez de cœur pour qu'on l'aime.... »

¶ — « A propos de ces *Mémoires*, je me refroidis, non pour l'ouvrage, mais pour le héros; il est malveillant, et il *sue l'orgueil*. Je suis tenté de croire qu'il est resté vierge, se trouvant trop *Dieu* pour rien partager avec une mortelle.... L'intérêt, quant au livre en lui-même, ne persiste pas moins. Il y a des choses superbes, j'en ai noté beaucoup; il y a de la grandeur, mais le souffle est court.... »

¶ — Puis, dans une lettre de la spirituelle Mme Hamelin, je lis :

« Oui, les *Mémoires* se réchauffent; mais voyez la fatale comparaison! Rousseau légua son chef-d'œuvre pour ouvrage posthume : Chateaubriand nous laisse sa défaillance. Puis, puis, en vérité, sa personnalité tue son esprit. Il est plus orgueilleux que Rousseau, et tout, mais tout est ramené vers lui seul. Ah! René! Amélie surpasse Lucile. »

— Et puis, ce qu'on ne dit pas, c'est qu'on était jeune du temps d'Amélie.

¶ « Les *Mémoires d'Outre-Tombe* m'intéressent malgré tout. J'aime encore mieux ce *moi* que bien d'autres, qui ne crient pas moins fort, sans y joindre l'avantage d'une belle voix. » (Décembre 1848.)

¶ « Que pensez-vous des *Mémoires*? Ils sont devenus les plus spirituels du monde. Peut-on être plus gai et plus aimable? Il me disait : « *On n'aura rien lu de pareil.* » C'est bien vrai. On est séduite et emportée. »

¶ « Ce que vous dites de ces Mémoires *extraordinaires de talent*, voilà ce qu'il voulait; vous lui accordez tout. On veut montrer au public sa force, et non sa bonté. »

¶ Mais prenez garde! ceci est d'un grand peintre, d'un des plus riches héritiers de Chateaubriand, de Georges Sand :
« Je lis les *Mémoires d'Outre-Tombe*, et je m'impatiente de tant de grandes poses et de draperies. C'est un ouvrage *sans moralité*. Je ne veux pas dire par là qu'il soit immoral, mais je n'y trouve pas cette bonne grosse moralité qu'on aime à lire, même au bout d'une fable ou d'un conte de Fées. Jusqu'à présent, cela ne prouve rien et ne veut rien prouver. L'âme y manque, et moi qui ai tant aimé l'auteur, je me désole de ne pouvoir aimer l'homme. Je ne le connais pas, je ne le devine pas en le lisant, et pourtant, il ne se fait pas faute de s'exhiber : mais c'est toujours sous un costume qui n'est point fait pour lui. Quand il est modeste, c'est de manière à me faire croire qu'il est orgueilleux; et ainsi de tout. On ne sait pas s'il a jamais aimé quelque chose ou quelqu'un, tant son âme se fait vide avec affectation. Cette préoccupation de montrer le contraste de sa misère et de son opulence, de son obscurité et de sa célébrité, me paraît d'une profondeur puérile, presque

bête, le mot est lâché. Je lui pardonne d'être injuste, furieux, absurde, en parlant de la Révolution qu'il ne devait pas comprendre dans son ensemble et dont le détail même n'était pas sous ses yeux. Je lui pardonne d'autant plus que quand il épanche sa bile, au moins je retrouve sa physionomie de gentilhomme breton, et je sens en lui quelque chose de vivant; mais le reste du temps, c'est un fantôme; et un fantôme en dix volumes, j'ai peur que ce ne soit un peu long! Et pourtant, malgré l'affectation générale du style qui répond à celle du caractère, malgré une recherche de fausse simplicité, malgré l'abus du néologisme, malgré tout ce qui me déplaît dans cette œuvre, je retrouve à chaque instant des beautés de forme grandes, simples, fraîches, de certaines pages qui sont du plus grand maître de ce siècle, et qu'aucun de nous, freluquets formés à son école, ne pourrions jamais écrire en faisant de notre mieux. »

¶ En refaisant *René* dans les *Mémoires d'Outre-Tombe*, Chateaubriand a travaillé plus qu'il ne voulait se l'avouer, pour les générations d'après *Olympio*, et il a réussi en effet à se rajeunir à leurs yeux. Il m'est arrivé d'écrire en 1831 : « Une bien forte part de la gloire de Chateaubriand plonge déjà dans l'ombre.... On commence à croire que, sans cette tour solitaire de *René*, qui s'en détache et monte dans la nue, l'édifice entier de Chateaubriand se discernerait confusément à distance. » Si cela était vrai en 1831, qu'était-ce donc en 1848 ? Les *Mémoires d'Outre-Tombe* ont rendu aux générations nouvelles un Chateaubriand vigoureux, heurté, osant tout, ayant beaucoup de leurs défauts, mais par cela même plus sensible à leurs yeux et très-présent. Il y en a parmi les jeunes qui se sont remis à le respecter et à l'admirer, précisément par ce côté des *Mémoires* qui a choqué si fort les anciens amis et la belle société.

¶ Ces *Mémoires*, après tout, sont sa grande œuvre, celle où il se révèle dans toute sa nudité égoïste et aussi dans son immense talent d'écrivain. C'est le livre peut-être le plus composé de Chateaubriand. Tout est calculé pour produire l'effet et se mettre lui-même en lumière; et, ce qu'il y a de piquant, c'est que cet effet est désagréable et au désavantage du portrait même, et de celui qui le trace. L'auteur a peut-être le sentiment de son égoïsme, mais il n'a pas celui de sa vanité : sans quoi il aurait pris garde. Tel qu'il est, ce livre est quelque chose d'unique.

EXTRAIT DE MÉMOIRES INÉDITS

J'aime en Chateaubriand l'homme naturel, et je n'aime pas l'homme officiel. Tout ce qui, même dans la période du personnage officiel, nous ramène à cet homme naturel me plait.

EXTRAIT DE MÉMOIRES INÉDITS

« A Rome, je fus curieuse de voir M. de Chateaubriand, notre ambassadeur, mais je n'osais. Enfin je m'appuyai du nom de Mme Hamelin; je lui écrivis un petit mot. Il répondit tout de suite, et j'allai chez lui le lendemain. Il me reçut avec coquetterie et se montra charmant et charmé. Je l'avais beaucoup admiré en lisant *Atala*, il y avait peu de temps, et je lui exprimai une vive admiration. Son beau visage et sa bonne grâce me le firent trouver agréable. Il me traita avec beaucoup de distinction et parla de nous revoir....

« Le lendemain, c'était le jour de Pâques (1829), j'étais sortie pour me promener du côté de Sainte-Marie-Majeure, quand M. de Chateaubriand vint, vers deux ou trois heures, me rendre ma visite. Je lui écrivis aussitôt mon vif regret de ne pas m'être trouvée chez moi, fort étonnée qu'il fût venu sitôt....

« M. de Chateaubriand revint ; il revint plusieurs fois ; il commença une sorte de cour. J'en étais surprise, j'en étais flattée ; son ton plein de grâce m'était des plus agréables ; son âge s'oubliait, et son beau et noble visage me plaisait. C'était un homme déjà arrivé, déjà au bout de ces rêves que Jérôme et Guglielmo m'avaient tant exprimés. L'homme d'action, l'homme politique, l'écrivain, je l'abordais ici : c'était lui-même qui venait me parler d'action et de gloire : plus de vague espoir, d'avenir éloigné ; le pouvoir même venait me parler. On peut juger déjà où ceci va me conduire. [1]

1. La femme distinguée qui a écrit ces pages était, on le devine, une de ces femmes dont l'intelligence s'intéressait fort à la politique et qui étaient nées et avaient grandi sous l'astre de Mme de Staël.

« Cependant Camillo[1] partait. Il partait amoureux et regretté, mais il partait. Au moment de monter en voiture, il m'envoya une petite bague; c'était un petit camée qui représentait un chien courant; il se comparait à ce chien, disant qu'il fuyait. Dans ma douleur, je lui renvoyai sa bague avec un petit mot vif et sensible. Le domestique sortait avec ma réponse quand M. de Chateaubriand entra: « Vous voyez une femme bien mécontente, lui dis-je, entraînée je ne sais comment, ces Italiens ne savent pas aimer. » — « Est-ce vous, Madame, reprit-il, qui pouvez dire qu'on ne saurait pas aimer? » — « Oui, c'est moi, Monsieur; » et je continuai sur ce ton. Il s'offrit tout de suite, me demanda si je voulais permettre qu'il tentât de plaire, qu'il m'offrît ses soins : il en appellerait à des séductions dignes de moi, dignes de l'esprit et des goûts élevés qu'il me voyait.

« J'oublie tous les aimables propos de ce moment. Depuis lors, M. de Chateaubriand vint tous les jours et dit tout ce qu'il croyait pouvoir me plaire. Un de ces jours, j'étais sortie, et comme il attendait chez moi, je rentrai avec don Michele, qui m'avait ce matin-là donné le bras. M. de Chateaubriand, voyant ce jeune homme, sortit tout de suite, sans vouloir écouter un mot, et le lendemain il revint fâché, s'expliqua vivement, et dit que s'il me voyait entourée par cette jeunesse, il se retirait tout net. Il ne me fut pas difficile de le calmer. Il me demanda à lire mon manuscrit de *Jérôme*, que je lui donnai en hésitant; mais le jour suivant, il me rapporta le manuscrit en me disant (en vérité je n'exagère pas) que j'avais du génie, que c'était admirable. Que ne me dit-il point? Je voyais clairement qu'il était flatteur; sa flatterie était secondée par sa bienveillance. Il dit ce qui pouvait le plus m'encourager et me charmer. Je crois le voir encore dans ce salon de la *Via delle quattro fontane !* C'était pourtant bien rapide pour être tout à fait sincère; car pouvait-il s'éprendre si vite? Et moi? l'enchantement que ses ouvrages m'avaient causé tout récemment encore m'entraînait, mais je ne pouvais aimer

---

[1]. Un noble Florentin, qui s'est illustré par ses vertus et par son patriotisme.

si promptement. Il jouait un peu la comédie, et je le voyais bien ; mais il avait aussi un entraînement véritable, et il aimait beaucoup les femmes. Il venait à pied chez moi, une fleur à sa boutonnière, très-élégamment mis, d'un soin exquis dans sa personne ; ses dents étaient parfaitement belles ; il était léger, semblait heureux ; déjà on parlait dans Rome de sa gaieté nouvelle. L'Italie, qu'il avait d'abord revue avec tristesse, venait de prendre pour lui un attrait nouveau. Il aimait tout à coup Rome, dont il était fatigué. Il remarquait la solitude de ma petite maison, le voisinage des Bains de Dioclétien, cet air d'abandon de tout à Rome ; il entrait dans ma chambre, voulait la visiter. Je le laissais aller, me fiant à son esprit pour me juger plus tard. Il mettait à mes pieds la France, me parlait du pouvoir où il allait peut-être revenir. Et comme je lui dis qu'une chose nous séparait, il demanda laquelle : je le fis attendre ; il en était fort curieux. Enfin, le jour après, je lui dis que c'était sa guerre d'Espagne. Il resta surpris : il se défendit ; il dit que son projet était de faire donner une Constitution par le roi ; que les événements trop précipités ne le lui avaient pas permis. Il me répéta tout ce qu'on peut dire, tout ce qu'il avait dit avec tant de talent, en faveur de cette guerre....

« Mais Chateaubriand avait un esprit si vaste, si tolérant, si vraiment libéral, une âme si élevée, si accessible et un caractère si aimable et si doux, qu'excepté sur la Religion catholique on pouvait bien s'entendre avec lui.

« Je comprenais sa doctrine de la liberté unie à la grandeur. Dans ce moment même je le voyais agité par les affaires de Paris. Le ministère du prince Jules de Polignac se préparait dans l'ombre ; plusieurs intrigues se croisaient à la Cour. Des lettres donnaient à Chateaubriand l'espoir qu'il serait nommé premier ministre ; il n'en savait rien ; on lui conseillait de revenir ; il était agité ; voyant combien j'aimais les questions politiques, il voulait me séduire par là, me disait qu'il n'allait agir que pour me plaire, qu'il mettrait le pouvoir et la France à mes pieds ; toutes choses que j'écoutais en riant....

« On me contait que durant ce temps il faisait la cour à une grande dame romaine assez jolie ; il s'en défendait fort en me disant qu'elle avait les yeux ronds....

« Enfin, tout à coup, il décide son départ. Il vient ; il l'annonce ; il demande un aveu, un espoir ; il fallait parler ou le perdre ; il partait. Je voyais bien que tout ceci allait trop vite, mais je me fiais à lui pour me juger plus tard. Je lui dis ce mot qu'il voulait. Transport de son côté. Mais il demande une *preuve* ; et cette preuve, c'est de partir pour Paris. Il fallut y consentir. Il disait, il écrivait les choses les plus aimables ; il m'envoyait ses ouvrages ; il disait : « Disposez d'eux et de moi à jamais. » Sans doute il comptait peu dans l'avenir sur une si jeune femme ; mais il aimait noblement ; il mettait tout sur ce ton délicat, exquis, dont ses ouvrages ont si bien le parfum.

« Il me dit qu'à moins de grands changements à Paris, il reviendrait à Rome dans trois mois ; il se faisait une fête de ce retour et de nos promenades ; pour moi, je quittais l'Italie sans l'avoir voulu quitter ; je l'aimais plus que jamais. Jamais je n'eusse consenti à la perdre sans ce motif et sans cet espoir de la retrouver dans trois mois....

(Paris, juin 1829.) Arrivons à ces jours si doux avec René ; il a dit une fois : « Muse céleste,... vous qui placez votre trône solitaire sur le Thabor, vous qui vous plaisez aux pensées sévères, aux méditations graves et sublimes, j'implore à présent votre secours ; enseignez-moi sur la harpe de David les chants que je dois faire entendre ; donnez surtout à mes yeux quelques-unes de ces larmes que Jérémie versait sur les malheurs de Sion. » Je ne vais pas comme lui invoquer une Muse si austère, mais je dis : « O Muses qui fûtes pour lui si favorables, enseignez-moi à raconter le dernier enchantement de sa vie, moi qui vais dire comment il sut, dans sa belle imagination, parer une dernière idole. Dites comment il fit sortir ici de son sein une nouvelle Atala, une nouvelle Velléda, dont il ornait les cheveux des fleurs du désert et du chêne des Gaules... »

« Chateaubriand restait chez moi tous les jours deux ou

trois heures de suite ; il disait des choses tendres, aimables, souvent mélancoliques ; il se plaignait de ma froideur. Il parlait noblement de son âge, se disait trop imprudent, trop séduit. Il m'apporta bientôt les épreuves de *Jérôme* qu'il avait donné à imprimer à Ladvocat ; nous les corrigeâmes ensemble ; il m'enseignait les corrections, les *que*, les *et* à supprimer ; si je lui demandais la raison du changement, il n'en donnait pas ; il disait que c'était le goût ; qu'il fallait sentir cela.

« Un soir, il vint chez moi tout chargé de ses Ordres, et sortant d'un dîner chez M. Pozzo di Borgo. Je m'amusais de le voir avec la Toison d'or et tant de décorations si bien portées...

« Je continuais de corriger les épreuves de *Jérôme* sous un grand maître. Ces corrections étaient très-gaies, très-tendres... C'était en tout une bienveillance, une bonté, une égalité parfaite, une gaieté innocente, une moquerie inoffensive, toute l'amabilité de l'esprit unie à la grâce et à la politesse... Souvent en me parlant de mes jeunes ans et de son imprudence, de son inquiétude, du charme qu'il trouvait en moi et de l'entraînement qu'il subissait sans s'aveugler, disait-il, sur lui-même et sur l'avenir, il me parlait d'un roman qu'il projetait, où il voulait peindre un tel amour. Il y mettrait la passion, la vérité ; souvent je le vis plein de son sujet et du talent qui le poussait. Un jour, je me rappelle, il me tint presque sur ses genoux, me supportant sur ses deux bras, la tête levée, rêvant perdu dans je ne sais quelles pensées. Que rêvait-il ainsi, tout pareil à René dans sa distraction et sa tristesse ? Tout à coup parfois l'homme de talent, l'homme de génie paraissait seul, dans sa contemplation. Je ne lui disais rien alors, je le laissais à lui-même ; il en sortait plus aimable et plus empressé, plus ravi...

« Il allait partir pour prendre les eaux des Pyrénées. Il me demanda de me rencontrer sur sa route à Étampes, et je partis pour le trouver là. J'arrivai quelques moments avant lui... Il fut conduit en arrivant dans une chambre à côté de celle où je venais d'entrer. Il vint chez moi quand on l'eut laissé seul, me dit à la hâte que nous allions nous retrouver, puis sortit pour éloigner ses gens et leur donner ses ordres, commander le dîner qu'on nous servit dans ma chambre. Il revint aussitôt à son aise, livré à la joie, et nous dînons comme deux jeunes amants fugitifs et cachés au désert. Il était heureux, riait, me disait mille choses aimables et tendres ; car sa manière d'être heureux, c'était d'aimer, d'admirer, de louer, de répéter sur tous les tons combien il était enchanté et reconnaissant. Jamais plus élégante, plus gracieuse nature ne peut se rencontrer. Moi, j'étais tout à fait éprise, et, comme lui, j'éprouvais de la reconnaissance ; car s'il savait gré à ma jeunesse de l'aimer, moi je savais gré à ses talents de vouloir bien m'accorder tant d'instants. Nous disions toutes les choses aimables, toutes les choses riantes qu'on dit en pareil cas. Je n'étais plus intimidée par lui, j'étais très-animée. Nous étions vrais chacun et charmés l'un de l'autre. Son visage était beau, sa personne soignée. Nous ne nous hâtions pas ; nous aurions voulu retenir les heures [1]...

« Ce nouveau ministère (celui du 8 août) fit revenir des Pyrénées M. de Chateaubriand. Il vint me voir en sortant du ministère des Affaires étrangères, près de chez moi[2], où il venait d'apporter sa démission au prince de Polignac. Le prince fit tout pour le retenir ; il lui dit qu'il était sûr des voix de l'Assemblée, qu'il avait une majorité certaine. Mais on savait bien que non. D'ailleurs Chateaubriand avait toujours été contraire à cette fraction royaliste conduite par Monsieur et qui ne comprenait pas la liberté. Pouvait-il rester pour voir des fautes et les accepter ? Il n'avait pas le choix, il le sentait, mais il regrettait vivement Rome dont il s'était de nouveau enchanté ; il y avait d'ailleurs fait des dépenses qui allaient le gêner. Mais dans ce premier moment il ne pensait qu'aux affaires et à leur difficulté. Il était très-animé, très-inquiet en sortant de chez M. de Polignac ; il doutait de la France et craignait l'avenir.

---

1. « Qui de nous ignore combien de jeunes cœurs se prodiguaient en pensée et jusqu'en amour à l'auteur de *René* et d'*Atala* descendant déjà de l'autre côté de la vie ? La beauté est la tentation de l'homme ; la gloire est la séduction de la femme. » (Lamartine, *Cours de Littérature*, 41e Entretien).

2. L'auteur de ces pages demeurait alors rue Godot.

« J'aimais l'Italie; je la regrettais; Guglielmo m'attendait à Florence, il me l'écrivait avec amitié; j'allai pourtant loger encore au faubourg Saint-Germain, rue de l'Université, et j'atteignis ce qu'on cherche en vain, dit-on, j'atteignis le bonheur, un bonheur calme mais élevé, comblé par une tendresse la plus haute et la plus charmante du monde. Ce temps passa trop tôt; mais pourquoi la jeunesse est-elle sans cesse poussée à de nouvelles destinées? Chateaubriand a dit dans ses *Mémoires*, sans s'expliquer autrement, que cette année avait été la plus heureuse de sa vie. Il venait me voir régulièrement, et notre affection s'établit. Mon amour prit un nouvel éveil; il fut vif, continuel. C'était l'automne[1], le temps de la tendresse et de la mélancolie. Sa pensée, son génie, son visage, son amour, s'emparèrent de ma vie; toutes mes impressions, depuis mon lever jusqu'à mon coucher, furent pleines de douceur et d'un enchantement croissant. Enfin, mon cœur tendre et si longtemps tourmenté trouvait où s'abandonner sans douleur, sans combat, au sein de la plus noble ivresse. C'était un bonheur de le voir; c'en était un de le lire. Je voyais sa sincérité; il ne doutait pas de la mienne. Je n'avais à ce sujet nulle inquiétude. Sa vie était ordonnée d'une façon qui me répondait de lui; son âge et sa dignité naturelle m'étaient déjà une garantie; mais outre cela il était tenu chez lui et dans le monde par des liens tyranniques; deux femmes âgées dont je n'étais pas jalouse (la sienne et une autre) le gardaient comme pour moi seule[2]...

« Chateaubriand aimait comme moi la campagne, et souvent nous faisions ensemble de grandes promenades hors Paris. Il y avait, du côté du Champ de Mars, des espaces remplis de sable et de terre inculte que nous comparions aux

---

1. L'automne de 1829.
2. Comparer, si l'on est moraliste, avec les *Souvenirs et Correspondance tirés des papiers de Madame Récamier*, tome II, pages 374 et suivantes : « M. de Chateaubriand arriva à Paris le 27 mai 1829 ; sa joie fut vive en se retrouvant l'Abbaye-aux-Bois. Il développait à Mme Récamier avec tout l'éclat, toute la séduction de sa belle imagination, un plan de vie que rempliraient la religion, l'amitié et les arts, etc., etc. » O éternelle duplicité et triplicité du cœur humain!

champs romains. Plus loin nous trouvions une vieille femme qui avait des vaches et qui nous donnait du lait. Cette femme nous connut bientôt, nous attendit. Nous causions longuement, en allant et revenant, sur mille sujets, moi mêlant beaucoup de gaieté et de folies à mes propos.

« D'autres fois nous allions au Champ de Mars, en revenant à pied par les Champs-Élysées, où nous prenions une voiture. Je me rappelle un jour, causant ensemble sur une de ces montées qui sont sur les côtés de la barrière de l'Étoile, il me parlait de l'horreur de la mort, certaine à l'âge qu'il avait. Il disait qu'il était un homme condamné à mort; ce serait dans vingt ans ; c'est toujours une mort certaine, etc.[1].

« D'autres fois nous allions nous promener sur une longue jetée qui a depuis disparu, du côté du pont suspendu des Champs-Élysées, où nous marchions au milieu des eaux de la rivière. Un jour il s'assit là au soleil. Ses paroles étaient souvent mélancoliques, mais toujours aimables ; si j'oubliais son âge, lui ne l'oubliait pas ; il me parlait souvent de sa mort, et il aimait de voir mes yeux se mouiller de larmes.

« Nous commençâmes d'aller faire ensemble, les jours où il était libre, des dîners au Jardin des Plantes[2]. Notre rendez-vous était sur le pont d'Austerlitz. Nous venions l'un à l'autre avec bien de la joie. Je me crois encore à ce moment de notre rencontre ; je vois son beau et charmant sourire, son air de fête. Nous faisions quelques pas sur le pont, puis nous entrions au Jardin pour nous promener un peu sous les arbres. Il était gracieux, très-soigné de sa personne. Bientôt nous entrions dans une grande maison, là où on donne à dîner, et où on prit bientôt l'habitude de nous voir. Nous avions une petite salle à nous, au premier, donnant sur le boulevard et la campagne. On nous servait vite et assez bien. Notre dîner était gai et très-aimable, Chateaubriand heureux comme un enfant,

---

1. Mais n'est-ce pas ainsi pour tous les hommes ? On l'a dit, nous sommes tous des condamnés à mort, avec des sursis indéfinis.

2. Chateaubriand, dans sa jeunesse, avait beaucoup aimé le Jardin des Plantes, comme on le voit par des pages et des notes de son *Essai sur les Révolutions* ; vieux, il y retrouvait ses anciennes et douces impressions.

doux et tendre. Il m'excitait à dîner, me reprochait de ne pas manger; il avait de l'appétit, et tout l'amusait. Nous parlions des Lettres, des événements; moi je disais toujours beaucoup de folies; il ne comprenait rien à la politique du moment, si bête et si imprudente. Nous parlions souvent de Rome et de l'Italie que nous regrettions. Il disait que c'était une contrée, un peuple, une race supérieure aux autres.

« Il revenait tendrement sur son âge, la mort, la fin de tout ici-bas, et ces joies imprudentes où il s'abandonnait. Je lui parlais de mes lectures. Je me rappelle lui avoir rapporté les idées de Creutzer sur les Religions et sur celle de l'Inde. Ce récit l'intéressait; il connaissait ces choses, parlait avec lumière sur les cultes, montrait sa philosophie, ses vues perçantes, cet esprit vaste et indépendant que rien ne pouvait borner. Je lui disais qu'il était savant; je m'amusais à le louer sous ce rapport qui n'était pas celui où on le connaissait le mieux. Il riait, heureux de plaire.

« Il demandait du vin de Champagne pour animer, disait-il, ma froideur; je lui chantais alors quelques chansons de Béranger, *mon Ame, la bonne Vieille, le Dieu des bonnes gens...* Il les écoutait ravi, et cette belle poésie et cette voix de sa maîtresse l'attendrissaient. Touché, exalté, il revenait sur lui-même, disait qu'il avait fait aussi des chansons, qu'il eût aimé d'être poëte. Il revenait sur la chanson que j'avais chantée, me la faisait chanter encore, en relevait quelques beaux vers, quelque belle expression :

> Apparaissez, Plaisirs de mon bel âge,
> Que d'un coup d'aile a fustigés le Temps.

Il répétait : *Que d'un coup d'aile a fustigés le Temps.* Dans la chanson de l'*Ame* il admirait tout, comme dans celle du *Dieu des bonnes gens.* Ces Chansons le sortaient de lui-même, éveillaient son génie, le jetaient dans un état exalté, triste et doux. Je les vis toujours produire sur lui cet effet puissant.

« Dans cet état, il était plus amoureux, plus vif; il me disait que je lui donnais les plaisirs les plus charmants, m'appelait séductrice. Enfin, il donnait, à mon grand regret, le signal du départ ; nous partions à cause de la gêne où on le tenait chez lui... Je l'aimais, certes, et parfaitement ; j'en étais amoureuse, avec douceur et joie, sans tourment et sans trouble, et c'était lui qui modérait mon sentiment.

« Il étudiait beaucoup cette année-là ; il achevait ses *Études historiques*, et il en composait la Préface qui parut bientôt. Un jour, dans la campagne, il m'avait dicté ce passage de cet ouvrage : « La Croix sépare deux mondes, etc [1]. » Il avait ajouté : « Je mourrai sur ton sein, tu me trahiras, et je te le pardonnerai. »

« Plusieurs fois, quand il venait chez moi, je me plus à prendre ses ouvrages, et à lui lire les passages qui m'avaient charmée. Il me laissait lire, il disait qu'il aimait ma voix, et bientôt il s'animait à ses propres accents. Je lui lisais cette belle comparaison entre les Arabes et les Américains :

« Caché aux extrémités de l'Occident, dans un canton dé-
« tourné de l'univers, le Canadien habite des vallées ombra-
« gées par des forêts éternelles, et arrosées par des fleuves
« immenses : l'Arabe, pour ainsi dire, jeté sur le grand che-
« min du monde, entre l'Afrique et l'Asie, erre dans les
« brillantes régions de l'Aurore, sur un sol sans arbres et
« sans eau. Il faut, parmi les tribus des descendants d'Ismaël,
« des maîtres, des serviteurs, des animaux domestiques, une
« liberté soumise à des lois. Chez les hordes américaines,
« l'homme est encore tout seul avec sa fière et cruelle indé-
« pendance : au lieu de la couverture de laine, il a la peau
« d'ours ; au lieu de la lance, la flèche ; au lieu du poignard,
« la massue ; il ne connaît point et il dédaignerait la datte, la
« pastèque, le lait du chameau ; il veut à ses festins de la chair
« et du sang. »

Je cherchais aussi les descriptions de la Judée, où la grandeur et l'élégance sont incomparables. Quel homme dans notre langue a atteint si haut, a trouvé de telles inspirations, de tels tableaux ?

---

[1]. L'auteur cite de mémoire ; il s'agit probablement du passage de la Préface : « Le monde moderne prend naissance au pied de la Croix... »

« Quand on voyage dans la Judée, d'abord un grand ennui
« saisit le cœur... (et tout ce qui suit ; voir l'*Itinéraire*). »

« La description entière est écrite de ce style, avec ce tour
digne du sujet. Quelquefois, pour toucher plus tendrement
Chateaubriand, je prenais le martyre d'Eudore, les discours
et les chants des sages confesseurs, ces scènes pathétiques de
la prison et des tourments : il ne pouvait retenir ses larmes.
— Un jour, il pleurait, je lisais toujours ; il allait jusqu'aux
sanglots, je continuai, et je les vis éclater à ce passage où Eudore, dans le cours de ses actes glorieux, avait offert secrètement son sacrifice pour le salut de sa mère, punie encore
parce qu'elle avait aimé ses enfants avec trop de faiblesse. A ces
mots si tendres, il ne sut plus, ne voulut plus se contenir.
C'étaient des émotions qui remontaient à leur source ; il était
en pleurs, ravi, atteint par tous les côtés de son âme exaltée.
Il se montrait touché et reconnaissant. Il me disait qu'il n'avait jamais joui ainsi. Il me donnait tous les doux noms qu'on
donne aux Muses. Il s'imaginait que j'étais belle ; il louait
surtout mes yeux, mon regard, il croyait, dans sa folie, n'avoir
rien vu de pareil ; jamais je n'ai vu un homme de si bonne
foi, si aveuglé et si ravi, ou plutôt si lumineux et si créateur,
qui sût si bien voir et adorer ce qu'il créait.

« Jamais homme d'ailleurs n'a sacrifié mieux dans la conversation tout le reste à l'agrément. Jamais homme ne fut
moins pédant, parlant moins de ses succès ou de son pouvoir
passé. C'était en tout essentiellement un homme de goût. Son
savoir était immense ; il ne le montrait point. Il avait dominé
un moment son pays, il ne le rappelait pas. Il était bienveillant pour les personnes, louait facilement, mais au fond son
dédain était grand, et c'était la seule marque qu'il donnât
qu'il se plaçait haut. Sa supériorité en causant s'appuyait bien
de sa délicatesse ; on sentait l'union de sa grande intelligence
et de sa grande intégrité ; quelque chose de droit en tout frappait, comme ces belles proportions des Grecs dont il a si bien
parlé, et on comprenait, en l'entendant, où il avait trouvé
tant d'accents sublimes... »

Le chapitre est plus long ; je n'en ai donné que le seul extrait qui me fût permis. En rendant le manuscrit à l'auteur, je lui écrivais :

« Je vous remercie de m'avoir fait lire ce curieux chapitre, qui résume et précise bien des conversations d'autrefois. Je vous assure que vous avez entre les mains et dans le souvenir un Chateaubriand plus vrai et plus aimable que celui qu'on nous donne tous les jours, et qu'il a tout fait lui-même pour nous laisser en dernier lieu. Ses *Mémoires*, si extraordinaires de talent, ne lui ont pas fait honneur comme caractère. Voilà qu'on vient de publier en deux volumes les *Souvenirs et Correspondance de Mme Récamier*. Les billets de Chateaubriand, sauf quelques-uns datés de Rome de 1829 et derrière lesquels vous êtes (invisible pour tout autre que pour nous), sont encore peu agréables, et d'une personnalité qui ne plaira pas, qui est faite à bon droit pour choquer, sinon pour provoquer le sourire ; on a ajouté des morceaux de sa vieillesse, tels que la *Description du Château de Maintenon*, qui sont d'une visible décadence. Pour vous et avec vous, au contraire, il n'a cessé d'être vrai, naturel, aimable, et vous nous le rendez tel que vous l'avez connu. Ce silence qu'on fait partout, cette omission absolue de vous m'indigne ; lui-même a eu ce tort. Il n'offrait au-devant de la scène que ce qui était du goût des spectateurs ou des auditeurs immédiats : il sacrifiait à la mode, à la gloriole de société ; vous étiez en dehors, vous aviez rompu, vous n'étiez plus dans le tourbillon et dans ce cadre doré dans lequel il était flatté que l'on figurât. C'est, à mes yeux, un de ses crimes de ne vous avoir nulle part nommée ; c'est aussi l'un de ses châtiments, puisque cela le juge, et par un côté des plus faibles de son éminente nature. Il avait du fat en lui, dès qu'il se voyait des témoins ; il posait vite, et, dans vos loyales simplicités, vous n'étiez pas de celles que l'on fait poser à côté de soi. Mme Récamier, qui fut certainement une de ses amitiés délicates, était avant tout un de ses arrangements, son arrangement suprême : aussi, en artiste, en peintre, en décorateur de premier ordre, il a pris son parti, et en écrivant ses Souvenirs, il lui a tout sacrifié. Vous êtes bonne enfant, et vous ne lui en voulez pas. Rendez à sa mémoire le service de publier un jour, et sans l'altérer, sans le masquer de faux noms (ce qui déroute et désintéresse le lecteur) le chapitre que vous me faites lire en ce moment; au milieu de vos admirations et de vos tendresses fidèles, vous lui infligerez cependant, sans le vouloir, une mauvaise note, la seule que vous ne puissiez pas lui épargner, — d'avoir consenti à paraître ingrat pour un pareil lien, si léger, si vrai pourtant, si conforme à sa nature, et de n'en avoir nulle part consacré, ne fût-ce que par un mot, le sincère souvenir. » — Je disais encore : « Vous avez un Chateaubriand à vous, et que bien peu connaissent. Je ne l'ai pas vu tel, mais je le comprends tel en vous lisant. Le demi-dieu s'est montré à vous dans tout son charme et dans toute sa naïveté; naïveté bien rare! Mais il se sentait compris, aimé, non gêné, non garrotté, pris et admiré pour ce qu'il était, pour ce qu'il serait (quoi qu'il fît), dans une sécurité parfaite d'amour-propre : il se déployait et se répandait devant la Prêtresse. »

FIN DU SECOND VOLUME.

TABLE DES MATIÈRES

CONTENUES

DANS LE SECOND VOLUME.

DIX-SEPTIÈME LEÇON.

Les trois manières de Chateaubriand. — Caractère de son épopée. — Appareil d'emprunt. — L'antique refait. — Beauté descriptive. — Paradis et Enfer : embarras. — Récit d'Eudore. — Parti pris de tout christianiser. — Hiéroclès trop laid. — Un charme dans la confession. — Le golfe de Naples; pureté et mollesse. — Trouble de Cymodocée. — Impressions de voyages d'Eudore. — La bataille des Franks. — L'art sous l'Empire. 1

DIX-HUITIÈME LEÇON.

Eudore prisonnier des Franks; — en chasse au Pont-Euxin; — au tombeau d'Ovide. — Scène et peinture de l'Enfer; — difficulté et impossibilité. — Épisode de Velléda. — Création neuve. — Passion et magie. — Attendrissement du rêveur sur lui-même. — L'auteur docile à la critique. — Procédé perpétuel des *Martyrs*. — Effort et lutte sans défaite. 25

DIX-NEUVIÈME LEÇON.

Suite des *Martyrs*. — Alternative de beautés et de défauts : — ceux-ci plus sensibles en avançant. — Début du dernier chant; admirable adieu à la Muse. — Poésie et histoire. — La vie coupée par le milieu. — Jugement général du poëme. — Les articles critiques du temps : — Hoffman; — M. De Place. — Fontanes, ami consolateur. — Chateaubriand blessé. 47

VINGTIÈME LEÇON.

L'*Itinéraire* : pourquoi entrepris? — Diversité des motifs. —Poursuite de l'image. — Vérité et gaieté. — Une Grèce non solennelle. — Ruines de Sparte; grandeur historique. — Critique du docteur d'Argos. — L'Acropole d'Athènes; triomphe du peintre. — Seconde moitié de l'*Itinéraire* moins agréable. — *Le dernier Abencérage*. — Perfection et roideur. — La *Romance d'Hélène*; de la poésie en vers de Chateaubriand. 70

VINGT ET UNIÈME ET DERNIÈRE LEÇON.

Article du *Mercure*. — Colère de Napoléon; ne pas l'exagérer. — Chateaubriand nommé à l'Institut. — Discours de réception non prononcé. — Passion politique. — Son rôle sous la Restauration. — Jugement général. — Des amis de Chateaubriand. — Fontanes, le critique. — M. Joubert, le délicat. — Dernier regret. 100

CHATEAUBRIAND ET SES AMIS LITTÉRAIRES SOUS LE CONSULAT ET SOUS L'EMPIRE (*pour faire suite à la dernière leçon du Cours*). . 143

CHÊNEDOLLÉ. 145

GUENEAU DE MUSSY. 327

Chateaubriana, ou notes diverses sur Chateaubriand. . . 381

Sur les *Mémoires d'Outre-tombe*. 434

Extrait de Mémoires inédits. 439

FIN DE LA TABLE DU SECOND VOLUME.

Correction essentielle : à la page 85, où je cite un passage de l'*Itinéraire*, dans cette phrase : « J'ai vu du haut de l'Acropolis le soleil se lever entre les deux cimes du mont Hymette : les corneilles qui nichent autour de la citadelle, mais qui ne franchissent jamais son sommet, planaient au *dessus* de nous, » il faut lire : « planaient au dessous de nous. »

Page 191, à la dernière note, rétablir le chiffre 5, qui est tombé.

Page 330, ligne 19, au lieu de : *grièvement* malade, » lisez : « gravement malade. »

Page 358, à la note 3, au lieu de : « à moins que, par distraction, M. de Chateaubriand *entende*... » lisez : « n'entende. »

Paris. — Imprimerie de P.-A. BOURDIER et Cⁱᵉ, rue Mazarine, 30.

www.ingramcontent.com/pod-product-compliance
Lightning Source LLC
Chambersburg PA
CBHW070217240426
43671CB00007B/684